गणितीय कोश

गणितीय कोश

डॉ. ब्रज मोहन

वाणी प्रकाशन

वाणी प्रकाशन

4695, 21-ए, दरियागंज, नयी दिल्ली 110 002

शाखा

अशोक राजपथ, पटना 800 004

फ़ोनः +91 11 23273167 फ़ैक्सः +91 11 23275710

www.vaniprakashan.in
vaniprakashan@gmail.com

GANITEEYA KOSH
by Dr. Braj Mohan

ISBN : 978-81-8143-378-7
Kosh/Maths

प्रथम संस्करण 2017

मूल्य : ₹ 950

रजौरिया प्रिंटर्स, दिल्ली 110 093 में मुद्रित

वाणी प्रकाशन का लोगो मक़बूल फ़िदा हुसेन की कूची से

अनुक्रम

भाग–1 : गणितीय परिभाषा

भाग–2 : गणितीय शब्दावली

भाग 1

गणितीय परिभाषा

(The Technical Language of Mathematics)

1

वैज्ञानिक शब्दावली

वैज्ञानिक साहित्य

यह बात तो अब प्रायः सभी विद्या विशारदों ने मान ली है कि इस देश में विज्ञान का विकास तब तक नहीं हो सकता जब तक हमारे विद्यालयों में शिक्षा का माध्यम देशी भाषाएँ न हो जाएँ। इस हेतु हमें सबसे पहले देशी भाषाओं में, विशेषकर राष्ट्र भाषा हिंदी में, वैज्ञानिक साहित्य तैयार करना होगा। अभी तक हिंदी में वैज्ञानिक साहित्य का अभाव ही रहा है। इस दिशा में छोटे मोटे उद्योग तो कई स्थानों पर हुए हैं परंतु यदि उन उद्योगों की पश्चिम की किसी भी संपन्न भाषा के वैज्ञानिक साहित्य से तुलना की जाय तो वह उद्योग नगण्य ही दिखायी देंगे। यह कहना अधिक उपयुक्त होगा कि दोनों की तुलना हो ही नहीं सकती क्योंकि बाहुल्य और शून्य में कोई समानता नहीं है।

इस परिस्थिति के कई कारण हैं। एक प्रत्यक्ष कारण तो यह है ही कि अभी तक हमारे देश में शिक्षा का माध्यम एक विदेशी भाषा रही है। जब कभी शिक्षा के माध्यम का प्रश्न उठाया जाता था, हमें यह टकसाली उत्तर दिया जाता था कि शिक्षा का माध्यम हिंदी कैसे हो सकती है जब हिन्दी में वैज्ञानिक और पारिभाषिक विषयों का साहित्य ही उपलब्ध नहीं है। यह कितना लचर बहाना है। यह तो ऐसा ही है जैसे कोई यह कहे कि ''मैं तब तक नदी में पैर नहीं रखूँगा जब तक मुझे तैरना न आ जाय।'' वैज्ञानिक अथवा पारिभाषिक विषयों की पुस्तकें आकाश से नहीं टपका करतीं। प्रकाशक उसी प्रकार की पुस्तकें प्रकाशित करते हैं जिसकी माँग हो। जब तक हिंदी शिक्षा का माध्यम न हो जायेगी तब तक वैज्ञानिक विषयों की हिंदी पुस्तकों की माँग ही बाजार में उत्पन्न नहीं होगी। हिंदी में वैज्ञानिक साहित्य का सृजन हिन्दी को शिक्षा का माध्यम बनाने का परिणाम होगा न कि कारण। परंतु अब तो देश की बागडोर हमारे ही हाथों में आ गई है। परिणाम स्वरूप देश की कई प्रांतीय सरकारों ने इस दिशा में पग बढ़ाया है। इसमें तनिक भी संदेह नहीं कि आज से कुछ ही वर्षों में हिंदी में वैज्ञानिक और पारिभाषिक विषयों की पुस्तकें प्रचुर मात्रा में तैयार हो जाएँगी।

वैज्ञानिक शब्दावली

हिंदी में वैज्ञानिक साहित्य के अभाव का दूसरा कारण यह है कि अभी तक हिंदी में वैज्ञानिक शब्दावली बन नहीं पायी है। पिछले 60 वर्षों में इस दिशा में थोड़े बहुत छिटपुट प्रयत्न होते रहे हैं। परंतु अभी तक हमारी शब्दावली न प्रचुर है न उपयुक्त न सम्पूर्ण। मैं यह मानता हूँ कि यह एक वास्तविक कठिनाई है जिसके कारण हमारे वैज्ञानिक साहित्य की गाड़ी रुकी पड़ी है। शब्दावली निर्माण का कार्य जितना महत्त्वपूर्ण है उतना ही कठिन; दूर से देखने में जितना सुगम है, वास्तव में उतना ही कष्टकाकीर्ण। यह कार्य ऐसा नहीं है जिसे कोई एक दो या दो चार व्यक्ति मिलकर एक दो वर्ष में भी पूरा कर सकें। इस कार्य के लिए एक विस्तृत योजन चाहिए। एक सार्वदेशिक आधिकारिक संस्था बनाई जाए जिसमें प्रत्येक वैज्ञानिक विषय के दो-दो चार-चार विशेषज्ञ रखे जाएँ जो अपना पूर्ण समय इसी कार्य को दें। इस संस्था में प्रचुर संख्या में हिंदी और संस्कृत के विद्वान मनोनीत किए जाएँ। इसके अतिरिक्त संस्था को पर्याप्त मात्रा में सहायक, लिपिक (क्लर्क) और अन्य कर्मचारीगण दिए जाएँ। संस्था को द्रव्य और अन्य साधनों की कोई कमी न हो। यह कार्य लाख दो

लाख रुपए में नहीं हो सकता। इसके लिए प्रचुर मात्रा में धन चाहिए। जब इस प्रकार की संस्था बने और उसे पूरे साधना उपलब्ध हों तब यह आशा की जा सकती है कि सारे वैज्ञानिक विषयों की एक प्रामाणिक हिंदी शब्दावली 10 वर्ष में तैयार हो जाए। यह विषय बड़ा महत्त्वपूर्ण है और मैं स्वयं भी कई वर्ष से इसी दिशा में अपनी तुच्छ क्षमता के अनुसार कार्य कर रहा हूँ। अतएव इसी विषय पर इस लेख में मैं अपने विचार विस्तारपूर्वक व्यक्त करना चाहता हूँ।

शब्दावली की आवश्यकता

कुछ लोगों का मत है कि हिंदी में वैज्ञानिक शब्दावली बनाने की आवश्यकता ही क्या है? इन लोगों के विचार में अंग्रेज़ी की वैज्ञानिक शब्दावली अंतरराष्ट्रीय रूप धारण करती जा रही है। क्यों न हम उसी को अपना लें। यदि हम अपनी एक नई शब्दावली बनाने का प्रयास करेंगे तो देश की बहुत सी शक्ति उस कार्य में लग जाएगी। क्यों न इस शक्ति को बचा लिया जाए और रचनात्मक कार्य में लगाया जाए। दूसरी बात यह है कि हमारे विद्यार्थियों और अध्यापकों को, जो अंग्रेज़ी शब्दावली के अभ्यस्त हैं, एक नई शब्दावली सीखनी पड़ेगी जो उनके मस्तिष्कों पर मृतभार हो जाएगी। हिंदी शब्दावली के निर्माण से तीसरी हानि इन लोगों के विचार में यह होगी कि हम लोग वैज्ञानिक दौड़ में पश्चिम से पीछे रह जाएँगे। यदि हम लोग दस बीस वर्ष शब्दावली के बनाने में लगा देंगे तो आज का विज्ञान दस बीस वर्ष आगे बढ़ जाएगा। जब तक हम विज्ञान की नई खोजों से संबद्ध नए शब्दों के लिए हिंदी पर्याय निर्माण करेंगे तब तक वैज्ञानिक विषय दस बीस वर्ष और आगे बढ़ जायेंगे। वैज्ञानिक ज्ञान के साथ-साथ हम कभी चल ही न सकेंगे। पश्चिमी देशों के वैज्ञानिकों से हमारा संपर्क टूट जाएगा। और हम कूप मंडूक बन जायेंगे।

मुझे इस प्रकार के तर्कों में तनिक भी तथ्य दिखाई नहीं देता। मेरी तो निश्चित धारणा है कि ऐसे तर्क अधिकतर वही लोग उपस्थित करते हैं जिन्होंने शब्दावली की समस्या पर तनिक भी समय न लगाया हो। मुझे विश्वास है कि जो कोई व्यक्ति भी व्यावहारिक रूप से इस प्रश्न पर विचार करेगा वह इसी निष्कर्ष पर पहुँचेगा कि अंग्रेज़ी की शब्दावली से हमारा कार्य एक दिन भी नहीं चल सकता। उदाहरणार्थ मैं दो एक वाक्य रसायन से लेता हूँ—*

Ethyl alcohol occurs naturally in the form of its *esters with organic acids* in many *essential* oils and fruits.

यदि इस वाक्य में हम पारिभाषिक शब्दों को ज्यूँ का त्यूँ रहने दें तो इसका अनुवाद इस प्रकार होगा—

Ethyl alcohol प्रकृति में esters के रूप में बहुत से essential तेलों और फलों में organic acids के साथ पाया जाता है।

पाठक कहेंगे कि मैं क़दाचित वाक्य को जानबूझ कर बिगाड़ रहा हूँ। परंतु मैं कहता हूँ कि मैं वाक्य को यथा साध्य सँभालने का उद्योग कर रहा हूँ। इस वाक्य में मैंने केवल उच्च पारिभाषिक शब्दों को ही अंग्रेजी रूप में रखा है। शेष शब्दों में कई ऐसे हैं जो अर्धपारिभाषिक कहे जा सकते हैं। यदि उन्हें भी ज्यूँ का त्यूँ रखा जाए तो अनुवाद इस प्रकार होगा—

Ethyl alcohol प्रकृति में esters के form में बहुत से essential oils और fruits में organic acids के साथ पाया जाता है।

मैं अपना तात्पर्य स्पष्ट करने के लिए एक वाक्य और लेता हूँ।

The *aqueous* layer which still contains *acetone* and other impurities is mixed with powdered *anhydrous calcium chloride* whereby a *crystalline compound* of the composition $Ca\ Cl_2\ 4CH_3\ OH$ separates out.

इस वाक्य में भी यदि तिरछे लिखे हुए शब्दों को ही ज्यूँ का त्यूँ रखा जाए तो इसका अनुवाद इस प्रकार होगा—

Aqueous परत में, जिसमें अब भी Acetone और अन्य अशुद्धियाँ विद्यमान हैं, पिसा हुआ Anhydrous Calcium Chloride मिला दिया जाता है जिससे एक Crystalline Compound जिसकी रचना $Ca\ Cl_2\ 4CH_3\ OH$ है, अलग हो जाता है।

* मेरी समझ में हम को अंग्रेजी शब्द भी नागरी लिपि में ही लिखने चाहिए परंतु इस विशिष्ट प्रसङ्ग में रोमन लिपि में ही लिखना वांछनीय दिखाई देता है। यह बात आगे चलकर स्पष्ट हो जाएगी।

इस वाक्य में भी कई शब्द और भी ऐसे हैं जो वास्तव में पारिभाषिक हैं—जैसे—

Layer, impurities, mixed, powdered, composition,

यदि इन शब्दों को भी ज्यूँ का त्यूँ रखा जाए तो हमारा हिंदी अनुवाद और भी भद्दा हो जाएगा।

अब तनिक इन दोनों वाक्यों के यथाकथित हिंदी अनुवादों पर विचार कीजिए। क्या इस ढंग की भाषा से कभी भी हमारे वैज्ञानिक साहित्य की आवश्यकताओं की पूर्ति हो सकती है : पहला प्रश्न तो मैं इस ढंग की भाषा के समर्थकों से यह करना चाहता हूँ कि ''आप लोग अंग्रेजी के पारिभाषिक शब्द रोमन लिपि में ही अपनाना चाहते हैं या उन्हें नागरी लिपि में लिखेंगे।'' यदि रोमन लिपि में ही अपनाएँगे तो इसका अर्थ यह होगा कि हमारे विद्यार्थियों को नागरी लिपि के अतिरिक्त एक अन्य लिपि सदैव सीखनी होगी। तनिक सोचिए कि हमारे भविष्य के विद्यार्थियों के मस्तिष्क पर कितना अनावश्यक बोझ यह लोग डालना चाहते हैं। इसके अतिरिक्त हमारे मुद्रणालयों में सदैव रोमन लिपि की मुद्राएँ भी रखनी पड़ेंगी। हिंदी की छपाई तो यूँ ही कठिन है। एक बड़ी भारी कठिनाई यह और बढ़ जाएगी। बहुत से कार्यालयों में हिंदी मुद्रलिख (टाइपराइटर) के अतिरिक्त अंग्रेजी मुद्रलिख भी रखने पड़ेंगे। प्रेस के कंपोज़िटरों और कार्यालयों के बहुत से क्लर्कों को दोनों लिपियाँ सीखनी पड़ेंगी। इसमें देश की धन, जन शक्ति का कितना ह्रास होगा, कदाचित इसका अनुमान इन लोगों ने नहीं लगाया है।

अब मान लीजिए कि हम अंग्रेज़ी के पारिभाषिक शब्द नागरी लिपि में लिखना स्वीकार कर लें तो उपरिलिखित दूसरा वाक्य इस प्रकार का हो जाएगा—

एक्वियस परत में, जिसमें अब भी ऐसीटोन और अन्य अशुद्धियाँ विद्यमान हैं, पिसा हुआ ऐन्हाइड्रस कैल्शियम क्लोराइड मिला दिया जाता है, जिससे एक क्रिस्टैलाइन कंपाउण्ड, जिसकी रचना सी-ए सी-एल 2 4 सी एच3 ओ एच है, अलग हो जाता है।

इस ढंग की भाषा हमारे भविष्य के कितने विद्यार्थियों के गले के नीचे उतर सकेगी? एक ऐसे विद्यार्थी को जो रोमन लिपि और अंग्रेज़ी भाषा नहीं जानता, हम किस प्रकार समझाएँगे कि सी-ए का क्या अर्थ हुआ और सी-एल का क्या अर्थ हुआ। यदि हम विद्यार्थियों को नागरी लिपि में ही रोमन वर्णमाला का ज्ञान भी करा दें तो भी यह तथ्य उसे कैसे हृदयंगम होगा कि सी-ए का अर्थ है 'कैल्शियम' और सी-एल 2 का अर्थ है 'क्लोरीन'। एक बात और भी है। आज हमारे विद्यार्थी इंटरमीजियेट तक अंग्रेज़ी भाषा का पर्याप्त ज्ञान प्राप्त करके उच्च वैज्ञानिक विषयों में पदार्पण करते हैं, तो भी वैज्ञानिक विषयों के सहस्रों नहीं लाखों पारिभाषिक शब्द ऐसे हैं जिनका मूल वह लोग समझ नहीं पाते। अंग्रेजी की वैज्ञानिक शब्दावली के अधिकांश शब्द लैटिन और ग्रीक से लिए गए हैं। यही कारण है कि ये शब्द अंग्रेजी भाषियों को भी अपरिचित लगते हैं। अपने परिचितों में से प्राणिकी (जूओलोजी) के किसी एम. एस-सी के विद्यार्थी अथवा किसी अध्यापक को ही पकड़ लीजिए और उससे पूछिए कि कितने प्रकार के प्राणि परिवारों के पारिभाषिक नाम उनको याद हैं। मुझे विश्वास है कि ऐसे शब्दों की संख्या 5 प्रतिशत भी न निकलेगी। फिर उससे यह पूछिए कि जो शब्द उसको स्मरण भी हैं उनमें से कितने ऐसे हैं जिनके मूल और उत्पत्ति वह समझता है। ऐसे शब्द और भी कम निकलेंगे। जब आज यह दशा है.तो भविष्य में, जब हमारे विद्यार्थी सारी वैज्ञानिक शिक्षा हिंदी में प्राप्त करेंगे और उनका अंग्रेजी भाषा का ज्ञान बहुत कम अथवा नगण्य होगा, तब उनके शब्दावली संबंधी ज्ञान की क्या दशा होगी, इसका अनुमान सहज ही में लगाया जा सकता है।

मैं एक छोटा सा उदाहरण लेता हूँ। एक कहार, एक नाई और एक धोबी के बच्चे को लीजिए, और उन तीनों को निम्नलिखित तीन शब्द बताइए—

ट्रायङ्गिल, हाइड्रोजन, प्वाइण्ट

और फिर इन्हीं तीनों के हिंदी पर्याय

त्रिभुज, उदजन, बिंदु

बताइए। अगले दिन देखिए कि उन बच्चों को हिंदी शब्द अधिक याद हैं या अंग्रेजी शब्द। मुझे पूरा विश्वास है कि उन तीनों को, चाहे वह सर्वथा अशिक्षित हों, हिंदी शब्द ही अधिक याद होंगे। और जब हमारे विद्यार्थी हिंदी शिक्षा-प्राप्त होंगे और अंग्रेजी से अपेक्षाकृत अनभिज्ञ होंगे तब तो उनकी हिंदी और अंग्रेज़ी शब्द-ग्रहण-शक्ति में आकाश पाताल का अंतर पड़ जाएगा। एक हिंदी का विद्यार्थी, 'त्रिभुज' का अर्थ जानने से पहले भी 'त्रिभुज' शब्द से सर्वथा अपरिचित नहीं होगा।

क्योंकि वह जानता है कि 'त्रि' का क्या अर्थ है और 'भुज' का क्या अर्थ है। यदि उसने 'उदजन' शब्द पहले न भी सुना हो तो भी 'उद' और 'जन' के उच्चारण से वह सर्वथा अपरिचित नहीं है। क्योंकि वह हिंदी के बहुत शब्दों में इस प्रकार के उच्चारणों का प्रयोग कर चुका है जैसे 'उदास' और 'राजन' में। परंतु Hydro और gen के उच्चारण से वह सर्वथा अपरिचित है। अतएव अंग्रेज़ी शब्दों की अपेक्षा हिंदी शब्द उसे अधिक सुगम, बोधगम्य और ग्राह्य होंगे।

अब मैं दूसरे तर्क पर आता हूँ। यह कहना तथ्यहीन है कि हमारे विद्यार्थी और अध्यापक अंग्रेज़ी शब्दावली तो पढ़ ही चुके हैं। उनके ऊपर एक दूसरी शब्दावली का बोझ क्यों डाला जाए! प्रश्न केवल विद्यार्थियों और अध्यापकों की वर्तमान पीढ़ी का ही नहीं है। प्रश्न भविष्य की असंख्य पीढ़ियों का है। किसी राष्ट्र के इतिहास में एक या दो पीढ़ियों का महत्त्व नगण्य है। यदि हम किसी उपाय से आगामी पीढ़ियों का मार्ग सरल और प्रशस्त कर सकें तो क्यों न कर दें? यदि इस उद्योग में वर्तमान पीढ़ी को असाधारण भार उठाना पड़े तो कोई चिंता नहीं। जो लोग परिवर्तन काल में रहते हैं, उन्हें तो थोड़ा बहुत असाधारण कष्ट झेलना ही पड़ता है। अतएव इस तर्क को तो मैं यहीं छोड़े देता हूँ।

अब प्रश्न रह गया अंतरराष्ट्रीय संपर्क का। सारे देश के निवासियों में से कितने ऐसे हैं जो विश्वविद्यालयों की उच्च शिक्षा प्राप्त करते हैं। इन उच्चशिक्षा-प्राप्त मनुष्यों में से भी कितने ऐसे हैं जो उच्चतम उपाधि प्राप्त करके अनुसंधान कार्य करते हैं। किसी भी देश में ऐसे अनुसंधानकताओं की संख्या पूरे देश की जनसंख्या का एक प्रतिशत भाग भी न होगी। इन थोड़े से व्यक्तियों को ही अन्य राष्ट्रों के वैज्ञानिक साहित्य के अध्ययन की आवश्यकता पड़ती है। क्या हम इन 1 प्रतिशत व्यक्तियों के कारण देश के 99 प्रतिशत निवासियों पर एक जटिल विदेशी भाषा की दुरूह वैज्ञानिक शब्दावली लाद दें? यह कहाँ की बुद्धिमानी होगी। देश की शिक्षा नीति 99 प्रतिशत जनता की सुविधा पर आधारित होनी चाहिए, न कि 1 प्रतिशत की।

एक बात और भी ध्यान देने योग्य है। हमारे अनुसंधान छात्रों का कार्य आजकल भी केवल अंग्रेज़ी से नहीं चलता। उनमें से बहुतों को फ्रेंच और जर्मन पढ़नी पड़ती है, और देश के कुछ वैज्ञानिक रक्षन और इटैलियन का भी अध्ययन करते हैं, और विज्ञान के अनुसंधान छात्रों के लिए कई यूरोपीय भाषाओं का अध्ययन आवश्यक बताते हैं। भविष्य में इस स्थिति में थोड़ा सा ही अंतर पड़ेगा। हमारे गवेषणा छात्रों को जैसे आज फ्रेंच और जर्मन पढ़नी पड़ती है, वैसे ही अंग्रेज़ी भी पढ़नी पड़ेगी। इसके अतिरिक्त हम यह तो नहीं कहते कि अंग्रेज़ी को देश से बोरिया बँधना निकालकर बाहर फेंक दिया जाएगा। हमारे देश की उच्च शिक्षा में अंग्रेज़ी का कोई न कोई स्थान अवश्य ही रहेगा, चाहे अनिवार्य रूप में अथवा वैकल्पिक रूप में। यदि हम चाहें तो यह नियम बना सकते हैं कि उन्हीं छात्रों को गवेषणा करने की अनुज्ञा दी जाएगी जो कालिज की कक्षाएँ अंग्रेज़ी लेकर पास करेंगे। इस प्रकार ऐसे छात्रों की आवश्यकता की पूर्ति हो जाएगी। और देश की साधारण जनता पर इसके कारण कोई अनावश्यक बोझ भी नहीं पड़ेगा।

शब्दावली का इतिहास

जहाँ तक मुझे पता है एक भारतीय भाषा में वैज्ञानिक साहित्य निर्माण करने का प्रथम प्रयास सन् 1888 में बड़ौदा में हुआ था। महाराजा सयाजीराव गायकवाड़ ने इस कार्य के लिए 50000) का दान दिया था। कला-भवन, बड़ौदा के कार्यकर्त्ता प्रो. गज्जर ने कई वर्ष यह कार्य किया और कुछ पुस्तकें भी प्रकाशित कीं। परंतु, जैसा उन्होंने कला-भवन के वार्षिक विवरणों में स्वीकार किया है, भारतीय भाषाओं में पारिभाषिक शब्दों के अभाव के कारण उस संस्था की गाड़ी ठप हो गई। उन्होंने भारतीय भाषाओं में एक शब्दकोश बनाने का उद्योग भी किया परंतु उसमें उन्हें विशेष सफलता नहीं मिली।

वैज्ञानिक शब्दावली संबंधी दूसरा प्रयोग कलकत्ते के बंगीय साहित्य परिषद ने किया। इस संस्था ने रसायन, भूगोल और खगोल की शब्द सूचियाँ प्रकाशित कीं परंतु थोड़े ही समय पश्चात् इस संस्था का कार्य मंद पड़ गया और इस प्रकार शब्दावली संबंधी प्रयास भी समाप्त हो गया।

हिंदी में वैज्ञानिक शब्दावली निर्माण का प्रथम प्रयास काशी नागरी प्रचारिणी सभा ने किया। उक्त सभा ने संवत् 1998 में एक पारिभाषिक शब्दावली समिति बनाई। इस समिति को पं. सुधाकर द्विवेदी का सहयोग प्राप्त था। द्विवेदीजी इससे पूर्व भी वर्षों से हिंदी में गणितीय विषयों की पुस्तकें लिख रहे थे। आपने बहुत से प्राचीन गणितीय विषयों के शब्दों को

खोजकर अपना लिया था। और कुछ नए शब्द भी बनाए थे।

इस शब्दावली समिति ने 8 वर्ष के परिश्रम के पश्चात् एक हिंदी वैज्ञानिक शब्दावली प्रकाशित की जिसमें गणित, दर्शन, भौतिकी, (Physics) अर्थशास्त्र, भूगोल और खगोल के विषयों का समावेश था। इस शब्दावली का संपादन प्रसिद्ध हिंदी सेवी स्वर्गीय बा. श्याम सुन्दरराम ने किया था। सन् 1930 में सभा ने शब्दावली की पुनरावृत्ति के लिए एक समिति बनाई जिसके अधिकांश सदस्य काशी हिंदू विश्वविद्यालय के वैज्ञानिक विषयों के अध्यापक थे। इस समिति ने वैज्ञानिक शब्दावली को परिष्कृत रूप में सन् 1931 में प्रकाशित किया। यह शब्दावली बहुत उपयोगी सिद्ध हुई है और अभी तक भारत के हिंदी भाषी वैज्ञानिकों में प्रमाणिक मानी जाती है।

सन् 1944 में प्रयाग के भारतीय हिंदी परिषद ने विज्ञान के छः मुख्य विषयों की शब्दावली के निर्माण में हाथ लगाया : गणित, भौतिकी, रसायन, खगोल, औद्भिदी (Botany) और प्राणिकी। यह शब्दावली हस्तलिपि रूप में तैयार हो गई है और शीघ्र ही प्रकाशित होनेवाली है।

इस दिशा में प्रयाग के विज्ञान परिषद का कार्य भी उल्लेखनीय है। इस परिषद ने पिछले 34 वर्षों में हिंदी की बड़ी सेवा की है। इसने इस अवधि में सरल विज्ञान और उद्योग धंधों पर 30 से अधिक पुस्तकें प्रकाशित की हैं और एक रसायन शब्द सूची का निर्माण भी किया है।

परंतु इस दिशा में पिछले पाँच-छः वर्षों में जो कार्य सरस्वती विहार, नागपुर के अधिष्ठाता डा. रघुवीर ने किया है, विशेषरूप से प्रशंसनीय है। उक्त डाक्टर जी ने 'आँगल भारतीय महाकोश' का निर्माण किया है। आपका उद्देश्य है ज्ञान के समस्त विषयों–लगभग–600–में एक संपूर्ण पारिभाषिक कोष का निर्माण करना। अभी तक आपने उसके दो ही भाग प्रकाशित किए हैं–भाग 1 'अप्रांगरिक रसायन' (Inorganic Chemistry) का, और भाग 3 'रासायनिक साधित्र' (Chemical Apparatus) का। इस महाकोश की दो विशेषताएँ हैं–

1. इसमें केवल मौलिक शब्दों के ही पर्याय नहीं दिए गए हैं वरन् ऐसे शब्दों से उत्पन्न समस्त शब्दों के पर्यायों का भी समावेश है।

2. इस प्रयास का उद्देश्य है भारत की समस्त भाषाओं के लिए एक ही शब्दावली का निर्माण करना। और इस हेतु इस महाकोश में समस्त शब्द शुद्ध संस्कृत से लिए गए हैं।

यह महाकोश अपने ढंग का अनूठा है। यदि यह कहा जाए कि हिंदी पारिभाषिक शब्दावली के क्षेत्र में यह प्रथम पद्धतिशील, विस्तृत और आत्मसंपूर्ण प्रयास है तो इसमें तनिक भी अत्युक्ति न होगी। देखना है वैज्ञानिक जगत इसका कहाँ तक स्वागत करता है।

2

गणितीय शब्दावली

आज कल देश की कई संस्थाएँ पारिभाषिक शब्दावली की समस्या को सुलझाने के प्रयत्न में संलग्न हैं। परंतु इन संस्थाओं में आपस में कोई सहयोग नहीं है। इतने बड़े देश में किसी भी प्रश्न पर मत मतांतर होना स्वाभाविक ही है। कुछ व्यक्तियों का तो यह विचार है कि हमें किसी भी विदेशी शब्द को अपनाना नहीं चाहिए। जो शब्द हमारी भाषा में चालू हो गए हैं, उन्हें भी निकाल बाहर करना चाहिए। यह लोग तो 'लाल्टैन' को 'हस्त-काच दीपिका' या 'प्रकाश मंदिर' और रेलवे स्टेशन को 'पटरी-गाड़ी-विराम-स्थल' या 'भाप गाड़ी विराम-स्थल' कहना पसंद करेंगे। इसको तो मैं केवल दृष्टि की संकीर्णता समझता हूँ। जिस प्रकार स्वस्थ्य मनुष्य उसे कहते हैं जो अधिक से अधिक भोजन हज़म कर सके, उसी प्रकार जीवित भाषा उसी भाषा को कहेंगे जो अधिक से अधिक शब्द पचा सके। यदि अंग्रेजी में से समस्त जर्मन, ग्रीक, लैटिन आदि भाषाओं के शब्द निकाल दिए जाएँ तो पता नहीं अंग्रेजी में कितने शब्द बचेंगे। आज भारतवर्ष का बच्चा-बच्चा समझता है कि अञ्जन, स्टेशन और रेडियो किसे कहते हैं। यदि इन शब्दों के लिए भी नए शब्द गढ़े जाएँ तो देश भर में उन शब्दों का नए सिरे से प्रचार करना होगा और देश के भावी युवकों के मस्तिष्क पर एक भारी बोझ आ पड़ेगा। ऐसी योजना न आवश्यक है न वांछनीय, न संभव।

दूसरा मत उन व्यक्तियों का है जिनके विचार में हमें समस्त पारिभाषिक शब्द अंग्रेजी से ज्यों के त्यों ले लेने चाहिए, जैसा कि जापान ने किया है। ऐसा करने से एक लाभ तो अवश्य होगा। आज कल बहुत से कार्यकर्ताओं की शक्ति जो पारिभाषिक शब्दावली बनाने में खर्च हो रही है, सब बच रहेगी और रचनात्मक कार्य में लग जाएगी। परंतु सब दृष्टिकोणों से विचार करने से क्या ऐसी योजना स्तुत्य होगी? भारत की यदि अशिक्षित जनता को छोड़ भी दें तो—अर्धशिक्षित जनता—या केवल भारतीय-भाषा-भाषी जनता के लिए अंग्रेजी शब्दों का सीखना सरल है या भारतीय भाषाओं के शब्दों का? परीक्षण के लिए एक बच्चे, एक धोबी और एक कहार को एकत्र कर लीजिए और उन्हें दो शब्द अंग्रेज़ी के, औक्सीजन (Oxygen) और क्वाड्रीलैटरल (Quadrilateral) और दोनों के हिंदी पर्याय 'ओषजन' और 'चतुर्भुज' याद करा दीजिए। फिर अगले दिन उनसे पूछ कर देखिए कि उन्हें अंग्रेज़ी शब्द याद हैं या हिंदी शब्द। उपरिलिखित मत के समर्थक यह कहते हैं कि आज कल सब विद्यार्थी अंग्रेज़ी शब्द याद करते हैं। यदि हम हिंदी में एक नई शब्दावली बनाएँगे तो उन्हें नए सिरे से हिंदी शब्द याद करने पड़ेंगे। इससे उन्हें दुहरा परिश्रम करना पड़ेगा। परंतु यह कठिनाई केवल वर्तमान पीढ़ी के विद्यार्थियों को ही पड़ेगी। अगली पीढ़ी के विद्यार्थी स्कूल से ही हिंदी शब्द सीखेंगे, उन्हें अंग्रेज़ी शब्दों के सीखने की आवश्यकता ही नहीं पड़ेगी।

इन दोनों मार्गों के बीच में एक मध्य पथ भी है। जो शब्द हमारी भाषा में चालू हो गए हैं, उन्हें ज्यों का त्यों रहने दिया जाए चाहे वह शब्द किसी भी स्वदेशी या विदेशी भाषा की उपज हों। 'फाउण्टेन-पेन' को 'निर्झरिणी' और 'रेडियो' को 'नभोवाणी' बनाने की कोई आवश्यकता नहीं। इस तरह ज्ञात नामों के स्थान पर कठिन अज्ञात नाम रखना कहाँ तक युक्तिसंगत होगा? आज से लगभग 15 वर्ष पूर्व काशी नागरी प्रचारिणी सभा ने एक वैज्ञानिक शब्दावली तैयार की थी। उस शब्दावली के बहुत से शब्द ऐसे हैं जो वैज्ञानिक पुस्तकों में प्रचलित हो गए हैं। 'इन सर्किल' (In circle) को सब लेखक अंतःवृत्त और डाइनैमिक्स (Dynamics) को गतिविज्ञान लिखते हैं। इस प्रकार के जितने शब्द चालू हो गए हैं, उनमें कोई संशोधन करना उचित न होगा जब तक कि पर्याय बिल्कुल ही अनुपयुक्त या कठिन न हों। उस शब्दावली में कुछ शब्द

अवश्य ऐसे हैं जो या तो बहुत बड़े हैं या अन्य कारणों से अनुपयुक्त हैं। ऐसे शब्दों को बदलना होगा। 'वर्टिकल' (Vertical) का पर्याय 'ऊर्ध्वाधर' बहुत बड़ा और कठिन है। हम 'वर्टिकल' को 'ऊर्ध्व' 'हौरीज़ौण्टल' (Horizontal) को 'क्षैतिज' और 'स्लैण्ट' (Slant) को 'तिरछा' कह सकते हैं। इसी प्रकार एक लम्बा शब्द है 'नाभिग लम्ब जीवा' जो (Latus Rectum) का पर्याय है। इसका काम हम छोटे से शब्द 'उत्थान' से ले सकते हैं। मैं यहाँ लंबे शब्दों के केवल दो उदाहरण और देता हूँ—

Epi-cycloid	बहिश्चक्र वृत्तजात
Epi-trocoid	बहिर्वक्र वृत्तजात

इस संबंध में मेरे प्रस्तावित शब्द ये हैं—

Cycle	चक्र
Cyclic	चक्र, चक्रीय
Cyclide	गोलज
Cycloid	चक्रज
Cycloidal	चक्रजी
Trochoid	वक्रज
Epi-cycloid	प्राग्चक्रज
Epi-trochoid	प्राग्वक्रज
Hypo-cycloid	पराचक्रज
Hypo-trochoid	परावक्रज

इस बात का उद्योग भी होना चाहिए कि समस्त भारतीय भाषाओं में एक ही पारिभाषिक शब्दावली बन जाए। ऐसा तभी हो सकेगा जब समस्त नए शब्द संस्कृत मूल से लिए जाएँ। इस दिशा में डा. रघुवीर का कार्य स्तुत्य है। उन्होंने हाइड्रोजन (Hydrogen) और आक्सिजन (Oxygen) के लिए नए शब्द 'उदजन' और 'जारक' बनाए हैं। यह असंभव नहीं है कि इन्हीं शब्दों को भारत की समस्त भाषाएँ (उर्दू को छोड़कर) स्वीकार कर लें। कितना अच्छा होता यदि उर्दू भाषी भी इस नामावली को अपना लेते। परंतु उन लोगों को तो संस्कृत के नाम से चिढ़ है। वह तो अपना स्फुरण अरबी और फारसी से लेते हैं। उस्मानिया विश्वविद्यालय ने जो नामावली तैयार की है उसमें इन दोनों गैसों के नाम हैं 'हमज़ीन' और 'मायीन'। यह सोलह आने विदेशी शब्द किसी भी अन्य भारतीय भाषा को स्वीकार नहीं हो सकते। समस्त देश की एक शब्दावली बनाने के लिए उसी मार्ग का अवलंबन करना होगा जिसका डा. रघुवीर कर रहे हैं।

कुछ लोगों का मत है कि प्रत्येक अंग्रेज़ी शब्द के लिए एक ही हिंदी पर्याय होना चाहिए, परंतु यह संभव नहीं है। यह अंग्रेज़ी की विशेषता (या दोष?) है कि अधिकांश शब्दों के कई-कई अर्थ होते हैं। इन सब अर्थों के लिए हिंदी का एक ही पर्याय होना युक्तिसंगत नहीं है। यह बात मैं तीन शब्दों के उदाहरण लेकर दिखाता हूँ, एक ऐसे शब्द का जिसका अर्थ पारिभाषिक विषय में साधारण अर्थ से भिन्न हो जाता है, दूसरा एक अर्ध-पारिभाषिक शब्द का और तीसरा एक पारिभाषिक शब्द का।

(1) Sense

Sense	समझ
In what sense have you used the expression?	तुमने व्यंजक का प्रयोग किस अर्थ में किया है।
What is the sense of the Statement?	वक्तव्य का आशय क्या है?
In the same sense=taken the same way round (Mathematical)	एक ही दिशा में

(2) Standard

Standard of measurement	मापदंड
Standard of liviing	जीवन का स्तर
Standard dictionary	प्रामाणिक शब्द-कोश
Standard formula	नियत सूत्र

(3) Compound

Compound Addition	मिश्रयोग
Compound Interest	चक्रवृद्धि
To compound (forces)	(बल) संयोजन करना

इन उदाहरणों से स्पष्ट है कि भिन्न-भिन्न अर्थों के भिन्न-भिन्न पर्याय बनाने पड़ेंगे। साथ ही, यह उद्योग करना चाहिए कि यथा-साध्य हिंदी का प्रत्येक शब्द केवल एक ही अर्थ के लिए नियुक्त किया जाए। इन पंक्तियों के लेखक ने शब्दावली बनाने में इस उद्देश्य की पूर्त्ति का गंभीर प्रयत्न किया है। हिंदी में 'घन' शब्द अभी तक तीन अर्थों का द्योतक है–Third power, cube और Solid. इन तीन शब्दों के लिए मेरे प्रस्तावित पर्याय ये हैं–

Third power	घन
Cube	वर्गज
Solid	ठोस

हिंदी शब्द 'श्रेणी' के भी कई अर्थ है–पंक्ति, सेना, जुलूस, कक्षा, array, series। इनमें से पहले तीन अर्थ तो साधारण बोलचाल के हैं, शेष तीनों गणित के पारिभाषिक शब्द हैं। इस संबंध में हमें गणित में पाँच शब्दों के पर्याय बनाने होंगे–Class, series, array, matrix, determinant. इनमें से अंतिम शब्द के लिए तो 'सारणिक' शब्द बन चुका है। शेष चारों के लिए हम इस प्रकार शब्द नियुक्त कर सकते हैं–

Class	वर्ग (जो प्रचलित है)
Series	श्रेणी (जो प्रचलित है)
Array	सरणी
Matrix	व्यूह

इस प्रकार 'श्रेणी' शब्द केवल एक ही अर्थ में लिया जाएगा और भ्रांति की संभावना बिलकुल नहीं रहेगी। इसी प्रकार बहुत से शब्दों का हम केवल एक ही अर्थ में प्रयोग कर सकते हैं। परंतु यह सब दशाओं में संभव नहीं है। कुछ शब्द जो रूढ़ हो गए हैं, उन्हें हटाना वांछनीय नहीं है। 'सम' का शब्द कई अर्थों में प्रचलित हो चुका है–

(1)	सम	=	बराबर
	समभुजीय	=	Equilateral
	समकौणिक	=	Equi-angular
	समता	=	Equality
(2)	सम	=	Regular (समभुजीय और समकौणिक)
	सम बहुभुज	=	Regular polygon
(3)	सम	=	चौरस
	समतल	=	Plane, plane surface
	समतल भूमि	=	चौरस भूमि
	विषमतल	=	Rough surface, रूक्ष भूमि
(4)	सम	=	Uniform (constant)

	सम गतिवृद्धि	=	Uniform acceleration
(5)	सम	=	Uniform (of uniform material)
	सम छड़	=	Uniform rod
(6)	सम	=	एक
	समरेखिक	=	Collinear
	समचक्रीय	=	Con-cyclic
(7)	सम (संख्या)	=	Even (number)

(8) समकोण—Right Angle में 'सम' का विशेष अर्थ है। इसका नाम 'समकोण' इसलिए रखा गया होगा कि इस दशा में दोनों संलग्न कोण बराबर हो जाते हैं। परंतु यह अर्थ विशेष है, इसमें केवल 'बराबर' की ही धारणा नहीं है। आज हम Right Angle को ही 'समकोण' कहते हैं। Equal Angles को 'समकोण' नहीं कहते बल्कि 'समान कोण' कहते हैं। 'समान' का वास्तविक अर्थ है like परंतु समस्त गणितीय पुस्तकों में 'समान' 'बराबर' के अर्थ में प्रयुक्त हो चुका है। गणितीय शब्दावली में इस अर्थ का बदलना संभव नहीं है। न्यायतः हमें equality के लिए 'समानता' कहना चाहिए परंतु यह असंभव है क्योंकि आज तक 'समानता' कभी इस अर्थ में प्रयुक्त नहीं हुआ। इसलिए साधारण जनता 'समानता' से likeness का अर्थ लगायेगी। अतः हमें अपनी शब्दावली इस प्रकार बनानी पड़ेगी—

Equal Angle	समान कोण
Equality	समता
Like terms	सजातीय पद
Likeness	सजातीयता

ऊपर लिखे उदाहरणों से स्पष्ट है कि शब्द 'सम' कई भिन्न-भिन्न अर्थों में रूढ़ हो चुका है। इस शब्दावली में हेरफेर करना उचित नहीं है। कुछ लोग यह कह सकते हैं कि छठे अर्थ को तो हम हटा सकते हैं। collinear को हम 'एक रैखिक' और con-cyclic को 'एक चक्रीय' कह सकते हैं। परंतु ऐसी दशा में Non collinear को 'अनेक रैखिक' या अ-एकरैखिक या वि-एकरैखिक कहना होगा। यह शब्द बहुत ही भद्दे और अनुपयुक्त होंगे। अतः मेरे विचार में शब्दावली इस प्रकार की होनी चाहिए—

Collinear	=	सरैखिक
Non-collinear	=	असरैखिक
Coplanar	=	समतली
Non-coplanar	=	असमतली
Concyclic	=	संवृत्तीय
Non-concyclic	=	असंवृत्तीय

पारिभाषिक शब्द जहाँ तक हो सके सरल और छोटे होने चाहिए। गणित की पुरानी पुस्तकों में theorem को प्रमेयोपपाद्य और problem को निर्मेयोपपाद्य कहते थे। यह नाम इतने बड़े थे कि किसी समय में भी इनका चालू होना कठिन था। इन्हीं शब्दों के संक्षिप्त रूप 'प्रमेय' और 'निर्मेय' आजकल गणित की समस्त पुस्तकों में प्रचलित हो गए हैं। prism और pyramid के लिए अभी तक गणित की पुस्तकों में 'समपार्श्व' और 'सूचीस्तम्भ' शब्दों का उपयोग हो रहा है। इन नामों का उच्चारण कठिन है। यह आवश्यक है कि इनके नाम बदले जाएँ। यदि हम 'समपार्श्व' के स्थान पर 'समकोर' कहें तो क्या हानि है? 'समकोर' का तात्पर्य एक ऐसे ठोस से है जिसके 'कोर' (Edges) बराबर हों। अतः 'समकोर' से Prism का ही मतलब निकलेगा। इसी ठोस का एक दूसरा उपयुक्त नाम 'संक्षेत्र' भी हो सकता है। pyramid के लिए एक अन्य पुराने शब्द 'स्तूप' का प्रयोग हो सकता है। यह नाम पुराने समय में कई प्रकार की ठोस आकृतियों के लिए प्रयुक्त होता था जिनमें से एक pyramid की आकृति भी थी। जब इतना सरल और छोटा नाम मिल रहा है तो इसे क्यों न अपना लिया जाए? Approximation का पुराना पर्याय 'सन्निकटीकरण' बहुत कर्ण-कटु लगता है। मेरे विचार में इस शब्द के लिए 'उपनयन' अथवा 'उपसदन'

कहें तो बहुत उपयुक्त होगा।

कुछ सज्जनों का मत है कि हमें समस्त अंग्रेजी शब्दों का यथा तथा शब्दानुवाद कर देना चाहिए, शब्दों के अर्थ पर बिल्कुल ध्यान नहीं देना चाहिए। ऐसी नीति तनिक भी युक्तिसंगत न होगी। Calculus का वास्तविक अर्थ कंकड़ हैं। तो क्या आज हम Differential calculus को 'चलन कलन' न कह कर 'अंतरीय कंकड़ कहें? ऑडिटर (Auditor) का शाब्दिक अर्थ है 'सुनने वाला'। अनुमान से कह सकते हैं कि आरंभ में ऑडिटर किसी संस्था के भिन्न-भिन्न कर्मचारियों से एक दूसरे की शिकायतें सुना करता होगा। परंतु आज इसका काम केवल 'आय-व्यय' परीक्षण ही रह गया है। इसीलिए भिन्न-भिन्न संस्थाओं में ऑडिटर का पर्याय 'निरीक्षक' या 'आय-व्यय परीक्षक' रखा जाता है यदि हम इसको 'सुनक' कहना चाहें तो कहाँ तक उचित होगा? स्पष्ट है कि पारिभाषिक शब्द बनाने में अर्थ पर ही विशेषरूप से ध्यान देना होगा। (वर्चुअल) (Virtual) का शाब्दिक अर्थ है 'वास्तविक'। अतः हम गणित में वर्चुअल वर्क (Virtual Work) का शाब्दिक अनुवाद 'वास्तविक कार्य' कर सकते हैं। परंतु आधुनिक गणित में इसका अर्थ 'वर्चुअल' का बिल्कुल उल्टा है। 'वर्चुअल वर्क' उस 'कार्य' को कहते हैं जो देखने में वास्तविक सा प्रतीत हो परंतु यथार्थ में केवल काल्पनिक हो। अतः 'वर्चुअल वर्क' को 'वास्तविक कार्य' के बदले 'आभास कार्य' कहना होगा।

इसके विपरीत कुछ लोग दूसरे ही छोर पर पहुँच जाते हैं। वह चाहते हैं कि पर्यायवाची शब्द में अर्थ का इतना समावेश हो कि शब्द की सारी परिभाषा उससे स्पष्ट हो जाए। Parallelopiped का पुराना नाम है 'समानांतर षड्फलक'। इस नाम से ठोस की परिभाषा तो बिल्कुल स्पष्ट हो गई—ऐसा ठोस जिसमें छः फलक (faces) हों और सम्मुख फलक समानांतर हों। परंतु क्या वास्तव में इस गाड़ी भरे नाम—समानांतर षड्फलक—के बिना काम नहीं चल सकता? इस संबंध में अपने तीन चार प्रस्तावित नाम मैं यहाँ देता हूँ—

अंग्रेज़ी नाम	पुराना नाम	मेरा प्रस्तावित नाम
Parallelogram	समानांतर चतुर्भुज	समानाभुज
Rhombus	सम चतुर्भुज	चतुः समभुज (र)
Trapezium	समलंब चतुर्भुज	समलंब (र)
Parallelopiped	समानांतर षड्फलक	समानाफलक

दो वृत्तों की 'रैडिकल ऐक्सिस' (Redical Axis) का यह गुण है कि 'यदि उसके किसी बिंदु से दोनों वृत्तों को स्पर्शी खींचे जाएँ तो वह आपस में बराबर होंगे।' इसीलिए नागरी प्रचारिणी सभा की शब्दावली में इसका पर्याय 'समस्पशक्षि' दिया है। इस नाम में 'रैडिकल ऐक्सिस' की सारी परिभाषा निहित है परंतु इतने बड़े शब्द तो तभी बनाए जाएँ जब छोटे शब्द बन न सकें। हम अपनी शब्दावली इस प्रकार क्यों न बनाएँ?

Root	मूल
Radical Sign	करणी चिह्न
Radical Axis	मूलाक्ष
Radical Centre	मूल केंद्र

पाठक कहेंगे कि यहाँ शब्दानुवाद क्यों किया, अर्थानुवाद क्यों नहीं किया? बात यह है कि शब्दावली का प्रधान नियम यह होना चाहिए कि शब्द सरल और छोटे बनें। शेष सब सिद्धांत इस नियम पर बलिदान हो सकते हैं। इस नियम का उल्लंघन तभी करना चाहिए जब अर्थ का अनर्थ होता हो या किसी अन्य कारण से 'सरल और छोटा' शब्द अनुपयुक्त प्रतीत होता हो। ऑडिटर को 'सुनक' कहने में अर्थ का अनर्थ होता है, रैडिकल ऐक्सिस को 'मूलाक्ष' कहने में अर्थ का अनर्थ नहीं होता।

मेरे मित्र डा. राजनाथ* ने मुझे भौमिकी के दो बहुत ही सुंदर शब्द बताये हैं। कभी-कभी ऐसा होता है कि कोई नदी अपने पथ में एक अर्ध-वृत्त बनाती हुई चलती है। कुछ वर्ष पश्चात् वह अर्ध-वृत्ताकार पथ को छोड़ कर सरल रेखा में चलने लगती है। इस प्रकार छोड़े हुए अर्ध-वृत्त को भौमिकी की अंग्रेज़ी शब्दावली में 'आक्स-बो लाइन' (Oxbow line) कहते हैं।

---

* काशी हिंदू विश्वविद्यालय के भौमिकी (Geology) विभाग के अध्यक्ष।

ग्रामीणों में इसका नाम 'छाड़न' है। दूसरा शब्द है 'Streamlet' । पहाड़ी लोग इसको 'डोरा' कहते हैं। 'Several streamlets make a stream' का अनुवाद होगा–'कई डोरों के मिलने से एक नाला बनता है।' 'छाड़न' और 'डोरा' कितने सरल, छोटे और उपयुक्त शब्द हैं। भौमिकी की हिंदी शब्दावली में क्यों न इन दोनों शब्दों को ज्यों का त्यों अपना लिया जाए?

अंग्रेज़ी में बहुत से पारिभाषिक शब्द ऐसे हैं जो संज्ञा और विशेषण दोनों का कार्य करते हैं। ऐसे शब्दों के लिए हिंदी में दो पृथक् पृथक् पर्याय बनाने की कोई आवश्यकता नहीं। एक ही शब्द से काम चल सकता है। दो एक उदाहरणों पर विचार कर लीजिए :–

(1) Variable (विशेषण) = चल :–
X is a variable quantity
= 'य' एक चल राशि है।
Variable (संज्ञा) = चल :–
How many variables are there in the equation?
= समीकरण में कितने चल हैं?

(2) Solid = ठोस :–
A solid sphere floats in water
= एक ठोस गोला पानी में तैरता है।
Solid (संज्ञा) = ठोस :–
Solids of Revolution are of there kinds
= परिक्रमण ठोस तीन प्रकार के होते हैं।

भाषा में यथाशक्ति सरलता लाने का उद्योग करना चाहिए। कुछ लेखक संज्ञा और विशेषण में सर्वथा अंतर करना चाहते हैं। उपरिलिखित जिन दोनों वाक्यों में शब्द संज्ञा के रूप में आए हैं, उनके अनुवाद वे इस प्रकार करेंगे।

समीकरण में कितनी चल राशियाँ हैं?

परिक्रमण ठोस पिंड तीन प्रकार के होते हैं।

परंतु यह अनुवाद Variable Quantity और solid body का हुआ, Variable और Solid का नहीं हुआ। वास्तविक अनुवाद करने के लिए 'चल' और 'चलराशि' के अतिरिक्त एक तीसरा शब्द Variable (संज्ञा) के लिए बनाना पड़ेगा। इसी प्रकार 'ठोस' और 'ठोसपिंड' के अतिरिक्त एक तीसरा शब्द Solid (संज्ञा) के लिए बनाना पड़ेगा। परंतु इतनी छानबीन की क्या आवश्यकता है? अंग्रेज़ी में कम से कम पारिभाषिक भाषा में एक ही शब्द अबाध्य रूप से संज्ञा और विशेषण दोनों का काम करता है। उसी प्रकार हम भी हिंदी में, कम से कम पारिभाषिक विषयों की भाषा में दोनों का काम एक ही शब्द से क्यों न निकाल लें? भाषा को आवश्यकता से अधिक क्यों जटिल बनाया जाए?

पारिभाषिक शब्द के संबंध में एक बात यह भी ध्यान देने योग्य है कि अंग्रेज़ी में बहुत से शब्द ऐसे हैं जिनके साधारण अर्थों में बहुत सूक्ष्मांतर है, परंतु पारिभाषिक अर्थों में महान् अंतर हो जाता है। साधारण बोलचाल में type, kind class, category, species, rank, degree—शब्दों के अर्थों में बहुत थोड़ा-थोड़ा अंतर है। परंतु गणितीय विषयों में इनमें से लगभग प्रत्येक का एक विशेष अर्थ है। अतः गणितीय शब्दावली में इन सबके लिए पृथक् पृथक् पर्याय नियुक्त करने होंगे। हमारी शब्दावली इस प्रकार की हो सकती है–

Type	प्रतिरूप
Kind	प्रकार
Class	वर्ग
Order (of a diff. coeff.)	वर्ण
Order (of terms)	क्रम
Category	जातिवर्ग, निकाय

Species	जाति
Rank (of a matrix)	पदवी
Degree (of an equation)	घात
Degree (in an angle)	अंश

यदि किसी शब्द का पर्याय बनाना कठिन हो तो अंग्रेज़ी के शब्द ज्यों के त्यों लेने में कुछ हानि नहीं है, यदि शब्द सरल और छोटे हों। 'स्केल' को हम 'मापदंड' नहीं कह सकते क्योंकि 'मापदंड' हम 'standard' के अर्थ में ले चुके हैं। इसके अतिरिक्त 'स्केल' एक छोटा और सरल शब्द है जिसके याद करने में अशिक्षित लोगों को भी कठिनाई नहीं होगी। अतः 'स्केल' शब्द को हम ज्यों का त्यों अपना सकते हैं। इसी प्रकार का शब्द pole है जिसके चार अर्थ हैं—

Pole (of polar coordinates)	आदि बिंदु
Pole and polar	ध्रुव और ध्रुवी
Pole (measure)	पोल
Pole (of a function)	ध्रुव बिंदु

परंतु हम अंग्रेज़ी के केवल ऐसे ही शब्द ग्रहण कर सकते हैं जिन पर हिंदी व्याकरण के नियमों का प्रयोग न करना पड़े। 'पोल' और 'स्केल' शब्दों को हम इसलिए अपना सकते हैं कि गणितीय भाषा में इन शब्दों के किसी रूपांतर की आवश्यकता नहीं पड़ती। परंतु यदि हम 'Graph' शब्द को अपनाना चाहें तो Graphic, Graphical, Graphically और Graph-paper को क्रमशः 'ग्राफ़ीय', ग्राफ़ात्मक, ग्राफतः और ग्राफ़-पत्र कहना होगा। 'ग्राफ़-पत्र' को तो हिंदी-भाषी कदाचित अंगीकार कर भी लें परंतु अन्य शब्द कदापि स्वीकार नहीं हो सकते। इसलिए 'ग्राफ़' के लिए एक नए शब्द 'आलेख' का सृजन करना आवश्यक है। इस प्रकार उपरिलिखित शब्दों के पर्याय ये होंगे—

Graph	आलेख
Graph paper	आलेख-पत्र
Graphic-representation	आलैखिक प्रदर्शन
Graphical method	आलेख-विधि
Graphically	आलेखतः

व्यक्तिवाचक शब्दों के पर्याय तो व्यक्तिवाचक ही बनाने पड़ेंगे। Abel's Theorem को 'औबेल का प्रमेय' के अतिरिक्त और कुछ भी कहना युक्तिसंगत न होगा। इस प्रकार के शब्दों में तो कोई कठिनाई नहीं पड़ेगी। परंतु कुछ व्यञ्जक ऐसे हैं जिनके नाम विभक्ति रूप में नहीं हैं वरन् व्यक्तियों के नामों के रूपांतर मात्र हैं। Jacobi's determinant का एक स्वतंत्र नाम Jacobian ही पड़ गया है। इसी प्रकार Wronski's determinant का नाम Wronskian ही पड़ गया है। इन नामों के पर्याय यदि हम चाहें तो 'जैकोबी का सारणिक' और 'रौंस्की का सारणिक' रख सकते हैं। परंतु यहाँ एक बात विचारणीय है। जब हम Euler's constant कहते हैं तो उसका अर्थ होता है 'एक ऐसा अचल जिसका अध्ययन या उपलंभन सबसे पहले औयलर ने किया था।' इसलिए इसे 'औयलर का अचल' कहना ही उचित होगा। इसी प्रकार यदि हम Jacobian को 'जैकोबी का सारणिक' कहें तो कोई विशेष हानि नहीं है। परंतु Jacobian के विषय ने अपना एक स्वतंत्र अस्तित्व स्थापित कर लिया है जिसका 'सारणिक' के साधारण नियमों से कोई बिशेष संबंध नहीं रह गया है। Jacobian के प्रसंग का अब वास्तविक विश्लेषण (Real Analysis) में ऐसा ही स्थान है जैसा रेखागणित में वृत्त का या बीजगणित में निष्पत्ति और अनुपात का। इसलिए यदि Jacobian का सारणिक विषय से एक बिल्कुल स्वतंत्र नाम रख दिया जाए तो अत्युत्तम होगा। अतः Jacobian को हिंदी में भी "जैकोबियन" ही क्यों न कहें? यदि यह व्यापक नियम बना लें कि अंग्रेज़ी के जो शब्द व्यक्तियों के नामों के रूपांतर मात्र हैं, उन्हें ज्यों का त्यों हिंदी में अपना लिया जाए तो बहुत सुविधाजनक होगा। इस प्रकार हिंदी में भी Hessian को 'हेसियन' और 'Wronskian' को 'रौन्स्कियन' ही कहेंगे।

3

पारिभाषिक लिपि

आजकल ‘नागरी लिपि में सुधार’ का प्रश्न छिड़ा हुआ है। इस प्रश्न के व्यापक अंगों से तो मुझे इस समय कोई प्रयोजन नहीं है। यहाँ मुझे केवल उन्हीं अंगों पर विचार करना है जिनका संबध पारिभाषिक शब्दावली से है। सबसे पहली बात तो यह दृष्टिगोचर होती है कि अंग्रेज़ी में कुछ स्वर ऐसे हैं जिनके लिए हिंदी में संवादी स्वर नहीं हैं, जैसे God और Hockey में 'o' का उच्चारण और Hat और And में 'A' का उच्चारण। लोग प्रायः Hat को ‘हैट’ और And को ‘ऐण्ड’ लिखते हैं। यह रीति अब लगभग सर्वव्यापी हो गई है। परंतु अंग्रेज़ी के God को कुछ लोग गाड, कुछ गॉड और कुछ अन्य लोग ‘गौड’ लिखते हैं। प्रश्न यह है कि इन तीनों में से किस रूप को उचित माना जाए।

इसी प्रकार अंग्रेज़ी के शब्द 'Pen' के 'e' के उच्चारण के लिए हिंदी में कोई स्वर नहीं है। हिंदा भाषी इन शब्दों के लिखने में ‘ए’ की मात्रा से ही काम लेते हैं। अतः यह लोग Pen को पेन, Get को गेट, pest को पेस्ट लिखते हैं। इस प्रकार अंग्रेज़ी के Get और Gate में, Pen और Pain में तथा Pest और Paste में कोई अंतर नहीं रहता। इसलिए कुछ लोगों ने यह प्रस्तावित किया है कि अंग्रेज़ी के इस स्वर के लिए हिंदी की ‘ए’ की उल्टी मात्रा निर्धारित की जाए। यदि यह प्रस्ताव मान लिया जाय तो हम उपरिलिखित शब्द इस प्रकार लिखेंगे—

Get गेट	Gate गेट
Pen पेन	Pain पेन
Pest पेस्ट	Paste पेस्ट

यह प्रस्ताव तर्क-सम्मत तो प्रतीत होता है परंतु युक्ति संगत नहीं है। प्रश्न यह है कि हम हिंदी का पारिभाषिक शब्द-भांडार बढ़ाना चाहते हैं अथवा हिंदी भाषियों को अंग्रेज़ी सिखाना चाहते हैं। जिस दिन हिंदी भाषियों को नागरी लिपि द्वारा अंग्रेज़ी का ज्ञान कराना होगा उस दिन तो नागरी लिपि अथवा वर्णमाला में थोड़े बहुत हेर फेर करने आवश्यक होंगे ही। परंतु आज तो प्रश्न केवल हिंदी की शब्द-संपत्ति बढ़ाने का है। इस अभिप्राय की पूर्ति के लिए यह बिल्कुल अनावश्यक है कि कोई नया स्वर बनाया जाए। जितनी जीवित भाषाएँ संसार में हैं सब की सब अन्य भाषाओं से शब्द ग्रहण करती हैं परंतु वह उन शब्दों को अपनी लिपि और वर्णमाला के अनुसार तोड़ मरोड़ लेती है, और उन्हें अपने ही व्याकरण के नियमों से बाँधती हैं। उनके लिए कोई नया स्वर या व्यंजन नहीं बनातीं। चाणक्य का नाम अंग्रेज़ी में इस प्रकार Chanakya लिखा जाता है, ‘ण’ के लिए कोई नया व्यंजन नहीं बनाया जाता। गङ्गा जी के नाम को बिगाड़ कर अंग्रेज़ों ने Ganges बनाया है। यदि नाम न भी बिगाड़ा होता तो भी वह लोग गङ्गा को Ganga लिखते। ‘ङ’ के लिए कोई नया अक्षर नहीं बनाते। हिंदी के अनेक शब्द और नाम ऐसे हैं जिन्हें अंग्रेज़ी में शुद्ध रूप में लिख ही नहीं सकते। ऐसे शब्दों का अंग्रेज़ी में निकटतम विकृत रूप ही लिखा जाता है और वही चालू हो जाता है जैसे विज्ञान—Vigyan या (Vijnan), दर्शन—Darshan, इतिहास—Itihas। केवल कहीं-कहीं वह लोग इतना अवश्य कर देते हैं कि ऐसे स्थलों पर n, d, t, के नीचे एक बिंदी लगा देते हैं। परंतु यह प्रथा भी सर्वव्यापी नहीं है। यदि आज हम अंग्रेज़ी नामों अथवा शब्दों को अपनी पारिभाषिक शब्दावली में ग्रहण करते समय नए-नए चिह्न और स्वर बनाने लगें तो कल को यदि हम कोई शब्द फ्रेंच, जर्मन या रूसी भाषा से लेंगे तो कदाचित हमें और भी कई नए चिह्न बनाने पड़ेंगे। इस प्रकार को नए-नए चिह्नों के निर्माण का कभी अंत ही न होगा। जब हम Platt

नाम हिंदी में लिखते हैं तो 'प्लैट' लिखा जाता है, 'A' के उच्चारण के लिए कोई नया स्वर नहीं बनाया जाता। इसी प्रकार यदि हमको गणितज्ञ 'Abel' का नाम लिखना हो तो हम 'आबेल' या 'औबेल' क्यों न लिखें। उसके लिए एक नए स्वर 'ऑ' का सृजन क्यों करें?

अंग्रेज़ी का एक और भी उच्चारण है जिसके लिए हिंदी में कोई चिह्न नहीं है। अंग्रेजी के शब्द People को मैंने हिंदी में कई प्रकार से लिखा देखा है–

पीपुल, पीपल, पीपिल, पीप्ल

वास्तव में यह चारों हिज्जे अशुद्ध हैं क्योंकि इनमें से एक भी उस उच्चारण का द्योतक नहीं है जो अंग्रेज़ी के शब्द People में समाविष्ट है। तो क्या हम इस उच्चारण के लिए भी एक नए चिह्न की सृष्टि करें? इस प्रकार तो हमारी चिह्न सूची अथवा वर्णमाला बढ़ती ही चली जाएगी। मेरी समझ में तो जहाँ कहीं हिंदी में अंग्रेज़ी के किसी उच्चारण का अभाव दिखाई दे वहाँ निःसंकोच रूप से उसके निकटतम हिंदी उच्चारण के चिह्न से काम लेना चाहिए। इस प्रकार के थोड़े से शब्दों और नामों के उदाहरण मैं यहाँ देता हूँ–

College	कौलिज
Hockey	हौकी
Gauss	गाउस
Wronski	रौन्सकी
Landau	लैण्डाउ
Hessian	हेसियन
Euler	औयलर
Schlicht	श्लिख्ट
Rank	रैंक
Whipple	ह्विपिल
Littlewood	लिटिलवुड

इस संबंध में एक प्रश्न और भी विचारणीय है। वह है विदेशियों के नामों के रूप का। फ्रेंच और जर्मनों के नामों के विकृत रूप ही अंग्रेज़ी में प्रचलित हो गए हैं। जैसे De Moivre का वास्तविक उच्चारण 'दःम्वाव्रे' था। परंतु अंग्रेज़ी में अधिकतर लोग इसे 'डी मौयवर' पढ़ते हैं। अब प्रश्न यह है कि जब हम De Moivre का नाम हिंदी में लिखें तो 'दःम्वाव्रे' लिखें या 'डीमौयवर'। हिंदी लेखकों में इस प्रकार के नामों के लिखने की कोई निश्चित पद्धति नहीं है। मेरी समझ में जो नाम भारतवर्ष में जिस रूप में अंग्रेज़ी में प्रचलित हो गया है उसे हिंदी में भी उसी रूप में लिखा जाए। अतः हम उपरिलिखित नाम को डी मौयवर लिखेंगे न कि दःम्वाव्रे। जिन नामों के दो या अधिक उच्चारण प्रचलित हों उनके वह उच्चारण लेंगे जो अधिक प्रचलित हों। अतः हम नामों को इस प्रकार लिखेंगे–

Dirichlet	डिरिचले
Des Cartes	दःकार्ते
Schwarz	श्वार्ज़
Vander Pol	वैन्दर पोल

4

भाष्कर की शब्दावली

आजकल पारिभाषिक शब्दावली के क्षेत्र में बड़ी अराजकता फैली हुई है। अभी तक शब्दावली का प्रमापीकरण (स्टैंडर्डाइज़ेशन) नहीं हुआ है, अतः अधिकांश लेखक जब कोई पुस्तक लिखने बैठते हैं, तो मनमाने पारिभाषिक शब्द गढ़ लेते हैं। 'आक्सीजन' शब्द ही लीजिए। इसके लिए कुछ लेखकों ने 'अक्सजन' शब्द बना लिया है केवल अंग्रेज़ी के शब्द के ध्वनि सादृश्य के कारण। कुछ अन्य लेखक इसके स्थान पर 'ओषजन' और कुछ 'प्राण वायु' लिखते हैं। आज तक देश में इस ढंग की कोई आधिकारिक संस्था नहीं बनी जो विचारपूर्वक इन शब्दों का अध्ययन करे, और इनमें से जो सबसे उपयुक्त हों वह जनता के सम्मुख रखे। इस दिशा में 'सरस्वती विहार' का कार्य प्रशंसनीय और स्तुत्य है, परंतु यह संस्था अभी तक केवल रसायन की ही शब्दावली बना पाई है।

यह प्रवृत्ति बहुत से लेखकों में पाई जाती है कि अंग्रेज़ी के शब्दों को ही तोड़ मरोड़ कर किसी प्रकार उनका हिंदी पर्याय बना लिया जाए। एक लेखक ने अंग्रेज़ी शब्द 'केबिल' का पर्याय बनाया है 'कईबल' (वह वस्तु जिसमें कई बल अर्थात् लपेट पड़े हुए हों)। एक लेखक ने 'ऐमोनियम' का पर्याय बनाया है 'आम'। इसी प्रकार का एक पर्याय है 'नेत्रजन' 'नाइट्रोजन' के लिए । भला इस प्रकार भी कहीं शब्दावली बना करती है। शब्दावली बनाने के लिए तो एक नियमित पद्धति होनी चाहिए और इसका प्रयत्न सामूहिक रूप से होना चाहिए। भिन्न-भिन्न लेखकों को यह स्वतंत्रता नहीं होनी चाहिए कि मनमाने शब्द बनाते चले जाएँ।

वैज्ञानिक शब्दावली के संबंध में सबसे पहली बात मस्तिष्क में यह आती है कि प्राचीन हिंदू विज्ञान की समस्त पुस्तकों का अवलोकन किया जाए और उनमें से सारे पारिभाषिक शब्द एकत्र किए जाएँ। उनमें से जितने शब्द ऐसे हों जो आधुनिक बहुल शब्दावली की आवश्यकताओं को पूरा कर सकें उन्हें ज्यों का त्यों अपना लिया जाए। इसमें संदेह नहीं कि आधुनिक वैज्ञानिक विषयों के बहुत थोड़े पारिभाषिक शब्दों के पर्याय प्राचीन पुस्तकों में मिल सकेंगे, परंतु चाहे इन शब्दों की प्रतिशतता बहुत ही कम हो, फिर भी यह परिश्रम करने ही योग्य है। इन पंक्तियों के लेखक का अब तक यह विचार था कि गणित की प्राचीन पुस्तकों में जितने उपयुक्त पारिभाषिक शब्द थे सबका संकलन नागरी प्रचारिणी सभा की 'गणितीय शब्दावली' में हो चुका है। परंतु जब प्राचीन ग्रंथों को फिर एक बार देखने का अवसर मिला तो पता चला कि अभी बहुत से शब्द अछूते रह गए हैं। इन लेखों का एक मात्र उद्देश्य यही है कि गणित के प्राचीन ग्रंथों में से खोज-खोज कर पुराने शब्द निकाले जाएँ।

इस लेख में भष्कर की प्रसिद्ध पुस्तक 'बीजगणितम्' के कुछ पारिभाषिक शब्द दिए जाते हैं, जिनपर कदाचित अभी तक गणित के विद्वानों का ध्यान नहीं गया है।

बीजगणित में दो प्रकार की संख्याएँ होती हैं; 'अंकगणितीय' और 'बीजीय'। इन्हें अंग्रेज़ी में अरिथमेटिकल और अलजबरिकल नंबर कहते हैं। व्यंजक

$$5 क + 6 य - 3$$

में क और य बीजीय संख्याएँ हैं और 5, 6, 3 अंकगणितीय संख्याएँ। इन्हें प्राचीन हिंदू गणित में क्रमशः 'वर्ण' और 'रूप' कहते थे। इस व्यंजक में दो व्यंजक हैं और तीन रूप।

यदि किसी व्यंजक के समस्त पदों में एक ही वर्ण हों तो उन्हें 'सजातीय पद' कहते थे जैसे–

5 ग–3 ग + 7 ग

में तीन पद हैं जो सजातीय हैं, परंतु व्यंजक

5 ग–3 घ + 7 ग

में पहले और तीसरे पद 'सजातीय' हैं; किंतु दूसरा पद 'विजातीय' । इस पूरे व्यंजक को 'मिश्रित मान' कहेंगे।

हमारे प्राचीन ग्रंथों की शब्दावली बहुत ही विकसित थी। उनमें कुछ पारिभाषिक शब्द तो ऐसे थे जिनके लिए अंग्रेज़ी में भी स्वतंत्र शब्द बनाने की आज तक आवश्यकता नहीं समझी गई। इनमें कुछ शब्द तो बहुत ही सरल और सुंदर होते थे। यदि हम 'क' को 'क' से गुणा करें तो गुणनफल 'क वर्ग' कहलायेगा। इसी प्रकार क×कd×क अर्थात् $क^3$ को 'क घन' कहेंगे। इन भावों के लिए तो अंग्रेज़ी में भी शब्द विद्यमान हैं 'क स्क्वेयर्ड' और 'क क्यूब्ड'। परंतु यदि हम दो विजातीय पदों क और ख का गुणन करें तो गुणनफल 'भावित' कहलाता है। अतः 5 क ख अथवा 7 य र ल 'भावित' हैं। गुणन चिह्न को 'भा' कहते हैं अतएव

7 × 5

को पढ़ेंगे 7 भा 5। अंग्रेज़ी में इसको कहते हैं 7 इनटू 5। 'भा' का पर्याय 'इनटू' है, परंतु 'भावित' का अंग्रेज़ी में कोई पर्याय नहीं है।

यदि क को ख से भाग दें और शेष कुछ न बचे तो कहते हैं कि 'संख्या क शुद्ध हो गई।' परंतु यदि कुछ शेष बच रहे तो उसे अपूर्ण भाग कहते हैं। संख्या 42 सात से भाग देने से शुद्ध हो जाती है परंतु 11 से भाग देने से भाग अपूर्ण रहता है।

दो करणियों के जोड़ने और घटाने की विधि भाष्कर ने इस प्रकार दी है।

मान लो कि $\sqrt{32}$ और $\sqrt{2}$ का योग और अंतर निकालना है।

इन संख्याओं को क 32 और क 2 लिखा जाता था (क=करणी)।

इनको साधारण संख्याओं की भाँति जोड़ने से क 34 आया।

इस संख्या क 34 अर्थात् $\sqrt{34}$ को महती संज्ञा कहेंगे।

और दोनों निर्दिष्ट संख्याओं के गुणन से क 64 अर्थात् $\sqrt{64}$ अर्थात् 8 प्राप्त हुआ।

इस संख्या के दुगुने के मूल को लघु संज्ञा कहेंगे।

अतः इस उदाहरण में लघु संज्ञा हुई $\sqrt{16}$

और महती संज्ञा क 34 और लघु संज्ञा क 16 को साधारण संख्याओं की भाँति जोड़ने से क 50 आया। यही निर्दिष्ट संख्याओं का योग हुआ।

अर्थात् $\sqrt{32}+\sqrt{2}=\sqrt{50}$ ।

और महती संज्ञा से लघु संज्ञा घटाने से क 18 प्राप्त हुआ। यही निर्दिष्ट संख्याओं का अंतर हुआ।

अर्थात् $\sqrt{32}-\sqrt{2}=\sqrt{18}$ ।

इस विधि की उपपत्ति बहुत सरल है। स्पष्ट है कि यह विधि निम्नलिखित एकात्म्यों पर निर्भर है।

$$\sqrt{क}+\sqrt{ख}=\sqrt{क+ख+2\sqrt{कख}}$$

$$\sqrt{क}-\sqrt{ख}=\sqrt{क+ख-2\sqrt{कख}}$$

अब मान लो कि दो संख्याओं का लघुतम समापवर्त्य निकालना है। तो विधि इस प्रकार होगी।

```
भाजक  भाज्य  लब्धि
 39)   90   (2
       78
      ----
      12)  39   (3
           36
          ----
           3)   12   (4
                12
               ----
                 0
```

अब यदि इन लब्धियों और शून्य को ऊपर नीचे एक ऊर्ध्व रेखा में रखें तो इस प्रकार का संख्या कुलक प्राप्त होगा।

2
3
4
0

इस संख्या कुलक को वल्ली कहते हैं।

इस वल्ली में संख्याओं की संख्या 4 है जो एक सम संख्या है। अतः इसे सम वल्ली कहेंगे।

यदि संख्याएँ 77 और 295 की जाएँ तो विधा इस प्रकार की होगी–

```
भाजक  भाज्य  लब्धि
 77)  285   (3
      231
     -----
      54)  77   (1
           54
          ----
          23)  54   (2
               46
              ----
               8)  23   (2
                   16
                  ----
                   7)   8   (1
                        7
                       ---
                        1)   7   (7
                             7
                            ---
                             0
```

इनकी वल्ली इस प्रकार की होगी।

3
1
2
2
1
7
0

इसमें 7 संख्याएँ हैं, अतः इसे विषम वल्ली कहेंगे।

प्राचीन हिंदू गणित में कुट्टक के अध्याय में वल्ली का बहुत प्रयोग होता था।

कुछ अन्य पारिभाषिक शब्दों का अर्थ समझाने के लिए एक प्रक्रिया का उल्लेख करना होगा।

भाष्कराचार्य अपनी पुस्तक 'बीजगणित' के 'वर्ग प्रकृति' अध्याय के आरंभ में यह श्लोक देते हैं–

इष्टं ह्रस्वं तस्य वर्गः प्रकृत्या क्षणो युक्तो वर्जितो वा सयेन।
मूलं दद्यात्दोपकं तं धनर्णं, मूलं तच्च ज्येष्ट मूलं वदन्ति।

श्री 'विशुद्धानन्द गौड़' * ने इसका अनुवाद इस प्रकार किया है–

'पहले किसी एक राशि की इष्ट कल्पना करो। फिर उसका वर्ग करो। फिर उसे प्रकृति से गुणा करो। प्रकृति से गुणा हुआ वह जिस अंक से युक्त अथवा ऊन करने पर मूल पद हो जाय उस अंक को क्रम से धन और ऋण करो। फिर मूल लो। उस अंक को धन और ऋण क्षेपक कहते हैं और मूल को ज्येष्ठ मूल कहते हैं। पहले जिस राशि की इष्ट कल्पना किया है, उसको ह्रस्व लघु तथा कनिष्ठ भी कहते हैं।

इसका अर्थ एक उदाहरण से स्पष्ट हो जाएगा–

उदाहरण–वह कौन सा वर्ग है जिसको 5 से गुणा करें और गुणन फल में 4 जोड़ दें तो वर्ग हो जाता है।

इस प्रश्न में 5 प्रकृति कहलाएगा और 4 क्षेपक।

मान लो कि हमने 1 को इष्ट कल्पना किया।

तो हमारा कनिष्ठ 1 हुआ।

कनिष्ठ 1 के वर्ग को प्रकृति 5 से गुणा किया तो फल 5 हुआ।

इस गुणनफल 5 में 4 जोड़ा तो 9 आया।

इस 9 का मूल 3 हुआ।

3 हमारा ज्येष्ठ हुआ।

प्रकृति 5 कनिष्ठ 1 ज्येष्ठ 3 क्षेपक 4

यदि हम गुणनफल 5 में 4 जोड़ने के बदले उसमें से 1 घटाएँ तो 4 मिलता है, जिसका मूल 2 है। उस दशा में हमारी संख्याएँ इस प्रकार होंगी–

प्रकृति 5 कनिष्ठ 1 ज्येष्ठ 2 क्षेपक–1

अब मान लीजिए कि हमने 1 के स्थान पर इष्ट संख्या के लिए 3 की कल्पना की। 3 का वर्ग हुआ 9

9 और प्रकृति 5 का गुणनफल हुआ 45

45 का समीपतम वर्ग है 49 जो 4 जोड़ने से मिलता है। और 49 का वर्ग मूल है 7

अतएव हमारी संख्याएँ ये हुईं–

प्रकृति 5 कनिष्ठ 3 ज्येष्ठ 7 क्षेपक 4

ऊपर दिए हुए श्लोक के आगे भाष्कराचार्य इस प्रकार के प्रश्नों के उत्तर निकालने की विधि बताते हैं। परंतु यहाँ हमारा उद्देश्य केवल पारिभाषिक शब्दों का अर्थ समझना है। अतएव हम 'वर्ग प्रकृति' के विस्तार में नहीं जाना चाहते, केवल तीन चार अन्य पारिभाषिक शब्दों का वर्णन करते हैं।

मूलानयन=मूल निकालना

ऊन=हीन अर्थात् कम किया हुआ–11 ऊन 3 का अर्थ हुआ 3 कम 11 अर्थात् 11–3 अर्थात् 7

दुष्ट=असंभव प्रश्न को दुष्ट अथवा अशुद्ध प्रश्न कहते हैं। मान लो कि कोई ऐसा प्रश्न करे–

उस त्रिभुज का क्षेत्रफल निकालो जिसकी भुजाएँ 2,4 और 9 हों, तो यह दुष्ट उदाहरण कहलायेगा क्योंकि इन लंबाइयों की भुजाओं का त्रिभुज बन ही नहीं सकता।

---

* विशुद्धानंद गौड़, बीजगणितम्, 1943, पृ. 127

इस प्रकार के शब्द पारिभाषिक भाषा में डालने का कारण यह प्रतीत होता है कि प्राचीन समय में हमारे पूर्वज प्रत्येक विद्या को धार्मिक दृष्टिकोण से देखते थे। अतएव उनकी समस्त पुस्तकों में, चाहे वह किसी भी विषय की हों, धार्मिक पुट रहता था। इस प्रसंग में 'लीलावती' के क्षेत्र व्यवहार का एक श्लोक देना अनुपयुक्त न होगा।

लम्बयोः कर्णयोर्वकम निर्दिश्या परान्कथम्।
पृच्छत्य नियतत्वेऽपि नियतं चापि तत्फलम्।।
स प्रच्छकः पिशाचो वा वक्ता वा नितरां ततः।
यो न वेत्ति चतुर्बाहौ क्षैत्रे ह्य नियतां स्थितिम्।।*

इसका अर्थ यह है कि 'किसी एक चतुर्भुज में एक लंब अथवा एक कर्ण न दिया हो तो चतुर्भुज अनियत रहता है। जो कोई बिना कर्ण अथवा लंब दिए चतुर्भुज का क्षेत्रफल पूछता है, पिशाच है। और जो कोई ऐसे प्रश्न का उत्तर देने का प्रयत्न करता है, महा पिशाच है'।

* दुर्गाप्रसाद द्विवेदी—लीलावती, 1931, पृ. 256

5

'लीलावती' की शब्दावली

इतिहासज्ञ लिखते हैं कि हमारे पुरखों को किसी वाक्य में से एक स्वर घटाने में उतना ही आनंद मिलता था जितना एक पुत्र के जन्म में। कम से कम गणितीय शब्दावली के संबंध में तो यह बात अक्षरशः सत्य बैठती है। हमारे प्राचीन गणितज्ञों की शब्दावली बहुत विकसित थी। यदि हम यह कहें कि जितना विकास आज हम अंग्रेज़ी की शब्दावली में देखते हैं उससे भी अधिक विकास हमारे पूर्वजों की गणितीय शब्दावली में हो चुका था तो इसमें कोई अतिशयोक्ति न होगी। एक उदाहरण मैं यहाँ देता हूँ।

मान लो कि का खा गा घा एक चतुर्भुज है। का खा उसका **आधार** अथवा **भूमि** है और घा, गा से घा चा, गा छा भूमि पर लंब डाले गए हैं। तो यह दोनों चतुर्भुज के लंब कहलाते हैं।

स्पष्ट है कि का चा $= \sqrt{\text{घा का}^2 - \text{घा चा}^2}$

का चा को लंब घा चा की संधि कहते हैं।

भूमि का खा का शेष भाग चा खा इस संधि की पीठ कहलाता है। इसी प्रकार छा खा लंब गा छा की संधि हुई और का छा इस संधि की पीठ।

छा खा लंब घा चा के लिए **परसंधि** हुई और का छा **परपीठ**।

इसी प्रकार लंब गा छा की परसंधि का चा है और परपीठ चा खा।

मान लो कि विकर्ण का गा लंब घा चा को जा पर काटता है।

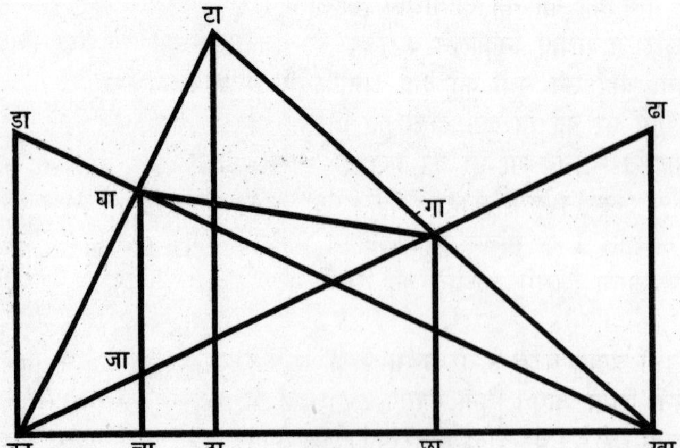

आकृति 1

लीलावती के क्षेत्रव्यवहार नामक अध्याय में यह सूत्र आता है—

$$\frac{\text{संधि} \times \text{परलंब}}{\text{परपीठ}} = \text{लंब का अधोखंड}$$

'लंब का अधोखंड' से तात्पर्य जा चा से है।

हमारी आकृति के शब्दों में

$$\frac{\text{का चा} \times \text{गा छा}}{\text{का छा}} = \text{जा चा।}$$

इसी प्रकार का जा को विकर्ण का अधोखंड कहते हैं जिसके लिए संवादी सूत्र है—

$$\frac{\text{सन्धि} \times \text{विकर्ण}}{\text{परपीठ}} = \text{विकर्ण का अधोखण्ड}$$

$$\text{अर्थात्} \quad \frac{\text{का चा} \times \text{का गा}}{\text{का छा}} = \text{का जा।}$$

तत्पश्चात् कुछ जटिल व्याख्याएँ दी हैं :

$$\frac{\text{सन्धि} \times \text{परलम्ब}}{\text{लम्ब}} = \textbf{लम्ब का सम}$$

सम + परसंधि = **लंब का हार**

अब मान लो कि चतुर्भुज की भुजाएँ का घा, खा गा बढ़ाने से टा पर मिलती हैं। तो त्रिभुज का खा टा चतुर्भुज का सूची कहलाता है।

इस त्रिभुज की ऊँचाई टा ठा सूचीलंब और भुजाएँ टा का, टा खा सूचीभुज कहलाती हैं।

का ठा और ठा खा भूमि का खा की आबाधाएँ कहलाती हैं।

सूचीलंब, सूचीभुज और आबाधाएँ निकालने के लिए भी सुघटित नियम दिए गए हैं। परंतु इस समय मेरा प्रयोजन केवल शब्दावली से है। अतः यहाँ उन सूत्रों का देना अनावश्यक प्रतीत होता है।

अब का के मध्येन् भूमि पर का डा लंब डालो जो विस्तृत विकर्ण से डा पर मिले। तो का डा को लंब घा चा का वंश कहेंगे। इसी प्रकार आकृति में लंब गा छा का वंश ढा खा है।

पाठक इस उदाहरण से अनुमान लगा सकते हैं कि हमारे प्राचीन गणितज्ञों की शब्दावली बुद्धि कितनी विकसित थी। इन पंक्तियों के लेखक ने आकृति 1 के समान आकृतियाँ न जाने कितनी बार कक्षा में श्यामपट्ट पर बनाई हैं परंतु आज तक कोई भी प्रसंग ऐसा न आया जिसमें आकृति की भिन्न-भिन्न रेखाओं को इतने विस्तारपूर्वक पृथक्-पृथक् नाम दिए गए हों।

आज जब हम शब्दावली बनाने बैठते हैं तो सबसे पहला प्रश्न यह उपस्थित होता है कि क्या पुराने समस्त पारिभाषिक शब्दों को ज्यों का त्यों अपना लिया जाए। बिना कारण उन शब्दों को बदलना तो न्यायसंगत दिखाई नहीं देता। उन शब्दों पर हिंदू संस्कृति की छाप लगी हुई है। वह शब्द हमारे पूर्वजों के अमिट पद चिह्न हैं, अतः समय द्वारा सम्मानित हैं। अतएव उद्योग तो यही होना चाहिए कि वह शब्द ज्यों के त्यों हमारी शब्दावली में अपना लिए जाएँ। परंतु कहीं-कहीं शब्दों में परिवर्तन करना आवश्यक हो सकता है, विशेषकर ऐसे शब्दों में जो बहुत लंबे हों अथवा सर्वथा अनुपयुक्त हों। मैं दो एक उदाहरण देकर अपना तात्पर्य स्पष्ट करता हूँ।

लीलावती के 'क्षेत्र व्यवहार' नामक अध्याय में निम्नलिखित शब्दावली का प्रयोग किया गया है।

समचतुर्भुज	रूहौम्बस
समकरण-समचतुर्भुज	वर्ग (स्क्वेयर)
समान लंब-चतुर्भुज	ट्रैपेज़ियम

यदि मान लिया जाए कि समचतुर्भुज रूहौम्बस के लिए उपयुक्त पर्याय है तो भी क्या वर्ग के लिए इतना लंबा नाम—समकर्ण समचतुर्भुज—रखना उचित होगा? माना कि इस नाम से वर्ग की आकृति की पूरी व्याख्या स्पष्ट हो जाती है, परंतु पर्यायवाची शब्द का प्रयोजन केवल संक्षिप्त नामकरण है न कि विस्तारपूर्वक गुण वर्णन। व्यक्तियों के नाम भी इस ढंग से नहीं रखे जाते कि नाम से ही व्यक्ति के सारे गुण स्पष्ट हो जाएँ।

समानलंब चतुर्भुज भी वर्णनात्मक नाम है : ऐसा चतुर्भुज जिसके दोनों लंब समान हों। परंतु यदि यह शब्द बहुत छोटा न भी हो सके तो भी इसे समलंबभुज तो कह ही सकते हैं।

प्राचीन ग्रंथों में एक शब्द प्रचलित है। **'समानांतर चतुर्भुज'**—पैरेललोग्राम का पर्याय। प्रथम तो यह नाम सर्वथा निरर्थक है। कोई चतुर्भुज कैसे समानांतर हो सकता है और किसके समानांतर होगा। तिस पर यह नाम लंबा बहुत है। यदि यही नाम सरल और सुंदर होता तो अनुपयुक्त होते हुए भी अपना लिया जाता। छोटे नाम एक प्राकृतिक आकर्षण होता है। बड़े नाम में नैसर्गिक विकर्षण होता है। मेरी समझ में इस नाम में अवश्य ही परिवर्तन करना चाहिए। मैंने अपनी पुस्तकों में इसके स्थान पर 'समानाभुज' लिखा है। गणितज्ञ इस नाम पर विचार कर लें। यदि इससे भी छोटा नाम बन सके तो गणितीय जगत को उसका हार्दिक स्वागत करना चाहिए।

इसी प्रकार का एक लंबा चौड़ा नाम है **'समानांतर षड्फलक'**—पैरेलेलीपाइपेड् का पर्याय। यदि इसके स्थान पर 'समानाफलक' नाम रखा जाए तो अनुचित न होगा। इसी ढंग का एक बड़ा बेढंगा नाम देखने में आया है : **समकोण-समानांतर भौमिक घन** क्यूबौयड का पर्याय।

गणित के प्राचीन ग्रंथों में जो पर्यायवाची शब्द आए हैं, उसमें से बहुतों को पं. सुधाकर द्विवेदी ने अपना लिया था। संवत् 1998 में नागरी प्रचारिणी सभा ने एक पारिभाषिक शब्दावली समिति बनाई। इस समिति ने 8 वर्ष के परिश्रम के पश्चात् एक 'हिंदी वैज्ञानिक शब्दावली' प्रकाशित की। इस समिति को पं. सुधाकर द्विवेदी का सहयोग प्राप्त था। इस शब्दावली में भी बहुत से प्राचीन शब्द समाविष्ट थे। सन् 1930 में सभा ने शब्दावली की पुनरावृत्ति के लिए एक उपसमिति बनाई जिसके अधिकांश सदस्य काशी हिंदू विश्वविद्यालय के वैज्ञानिक विषयों के अध्यापक थे। इस उपसमिति ने प्रत्येक शब्द का परीक्षण किया और पुनरावृत्त शब्दावली सन् 1931 में प्रकाशित कर दी। यह शब्दावली बहुत उपयोगी सिद्ध हुई है और अभी तक भारत के हिंदी भाषी वैज्ञानिकों में प्रामाणिक मानी जाती है।

सन् 1944 में प्रयाग के 'भारतीय हिंदी परिषद' ने विज्ञान के छः मुख्य विषयों की शब्दावली के निर्माण के लिए छः व्यक्तियों को नियुक्त किया। गणित की शब्दावली का कार्य इन पंक्तियों के लेखक को सौंपा गया। लेखक ने 'हिंदी वैज्ञानिक शब्दावली' से प्रचुर सहायता ली और अधिकांश प्राचीन शब्दों को ज्यों का त्यों अपना लिया। परंतु इस शब्दावली में केवल इंटरमीजियेट तक के ही शब्द आए थे। अतः बी. एस-सी. और एम. एस-सी. के अधिकांश शब्द नए बनाने पड़े। एम. एस-सी. तक की शब्दावली सन् 1945 में 'भारतीय हिंदी परिषद' के कार्यालय में भेज दी गई। अभी उसका मुद्रण नहीं हो पाया है। उसकी एक मुद्रलिखित प्रतिलिपि नागपुर के 'सरस्वती विहार' को भी भेजी गई है जहाँ प्रायः 5 वर्ष से शब्दावली निर्माण कार्य हो रहा है। 'सरस्वती विहार' ने भी इस नीति को अपनाया है कि उस शब्दावली में से यथासाध्य समस्त प्राचीन शब्द ज्यों के त्यों ले लिए जाएँ।

इस प्रकार यह प्रत्यक्ष है कि प्राचीन गणितीय शब्दों का संरक्षण किया जाएगा। इस पंक्तियों के लेखक का अभी तक यह विचार था कि प्राचीन शब्दों में से बहुत थोड़े ऐसे रह गए होंगे जिनका समावेश इन शब्दावलियों में न हुआ हो। परंतु इधर फिर एक बार 'लीलावती' का अवलोकन करने से यह धारणा निर्मूल सिद्ध हुई। इसी एक पुस्तक में अभी दर्जनों शब्द ऐसे पड़े हैं जो सरल, सुंदर और उपयुक्त हैं और अभी तक अछूते बचे हुए हैं। एक सूची मैं यहाँ देता हूँ।

लीलावती का शब्द	अर्थ
अबाधा, अवधा	खंड (सेग्मैंट)
प्रकार	विधि
संपात	कटान
धनुष	चाप (अ कं)
वेध	गहराई
अपवर्तनांक	कौमन फैक्टर
अन्त्य	अंतिम
उपान्त्य	अंतिम से पहला
छित्, छेद	हर (डिनौमिनेटर)
उदिष्ट	न्यस्त, दिया हुआ
जात्य त्रिभुज	समकोण त्रिभुज
आसन्न मान	ऐप्रोक्सिमेट वैल्यू
जलसम भूमि	समतल भूमि
अस्त्र	कोण
सूक्ष्म भिन्न	प्रौपर फ्रैक्शन
स्थूल भिन्न	इम्प्रौपर फ्रैक्शन
तष्ट करना	भाग देना

इन शब्दों में से कुछ का प्रयोग कभी-कभी कुछ लेखक करते हैं परंतु अभी तक इनका समावेश कदाचित किसी शब्दावली में नहीं हो पाया है।

इस सूची में केवल ऐसे ही शब्द दिए गए हैं जिनके संवादी पर्याय अंग्रेजी गणितीय शब्दावली में विद्यमान हैं परंतु हमारी प्राचीन शब्दावली में अनेक शब्द ऐसे भी हैं जिनके अर्थों के लिए अंग्रेजी में विशेष नाम कभी रखे ही नहीं गए। उनके स्थान पर पूरे-पूरे वाक्यांशों का प्रयोग होता है। हम यहाँ कुछ उदाहरण लीलावती के 'समांतर श्रेढ़ी'—अरिथमेटिक प्रोग्रेशन नामक अध्याय से देते हैं :

आदि, मुख	श्रेढ़ी का प्रथम पद
चय, वृद्धि	सार्वांतर
गच्छ	पदों की संख्या
अन्त्यधन	श्रेढ़ी का अंतिम पद
मध्यधन	श्रेढ़ी का मध्य पद
सर्वधन, श्रेढ़ीफल	श्रेढ़ी के पदों का योग

हमारे प्राचीन गणितज्ञ सूत्रों को वर्णनात्मक भाषा में लिखा करते थे। कदाचित इसी कारण उन्हें इतने अधिक पारिभाषिक शब्द बनाने पड़ते थे। ऊपर दिए हुए छः शब्दों में से एक के लिए भी अंग्रेजी में कोई अकेला पर्याय नहीं है। इन भावों को अंग्रेजी में वाक्यांशों द्वारा ही व्यक्त किया जाता है।

अब तनिक सर्वधन के सूत्र पर भी विचार कीजिए :

व्येकपदघ्नचयो सुखयुक् अन्त्यधनं स्यात्। तत्मुखयुग् दलितं मध्यधनं भवति, तच्च पदगुणितं सर्वधनं भवति।

अर्थात् एक से हीन गच्छ को चय से गुणा करके आदि जोड़ दो, तो अन्त्यधन मिल जाएगा। अन्त्यधन में आदि जोड़ कर आधा करने से मध्यधन आता है। मध्यधन को गच्छ से गुणा करने से सर्वधन होता है।*

---

* श्री सीताराम झा, लीलावती सं. 2002, पृ. 88

मान लो कि किसी समांतर श्रेढ़ी में

आदि = आ; चय = च, गच्छ = ग,

अन्त्यधन = अं, मध्यधन = म सर्वधन = स

तो उपरिलिखित सूत्र के अनुसार

एक से हीन गच्छ = ग–1,

अन्त्यधन = च (ग – 1) + आ

$$\text{मध्यधन} = \frac{\text{अन्त्यधन} + \text{आ}}{2} = \frac{\text{च (ग} - 1) + 2\ \text{आ}}{2}$$

यह बात यहाँ ध्यान देने योग्य है कि यदि श्रेढ़ी के पदों की संख्या विषम हो तो उसका मध्यधन कोई पद नहीं होता। श्रेढ़ी

3, 5, 7, ...41 पदों तक का

$$\text{मध्यधन} = \frac{2 \times 40 + 6}{2} = 43$$

जो श्रेढ़ी का 21 वाँ पद है।

परंतु श्रेढ़ी

2, 6, 10 ....20 पदों तक का मध्यधन = $\frac{4.19 + 4}{2} = 40$

इस श्रेढ़ी का 10 वाँ पद 38 है और 11 वाँ पद 42 परंतु कोई पद 40 नहीं है। फिर भी श्रेढ़ी का मध्यधन 40 ही कहलाएगा। इस बात से स्पष्ट है कि 'मध्यधन' शब्द के बनाने की आवश्यकता केवल इसलिए पड़ी कि सूत्र को शब्दों में लिखा जा सके।

सूत्र का अंतिम भाग यह होगा :

$$\text{सर्वधन} = \text{ग} \times \text{मध्यधन} = \text{ग} \times \frac{\text{च (ग} - 1) + 2\ \text{आ}}{2}$$

यह सूत्र आधुनिक सूत्र

$\text{स} = \frac{\text{ग}}{2}\{2\text{आ} + (\text{ग} - 1)\ \text{च}\}$ से अभिन्न है।

यदि प्राचीन सूत्र भी सदैव इसी सांकेतिक भाषा में लिखा जाता तो कदाचित इतने पारिभाषिक शब्दों के सृजन की आवश्यकता ही न पड़ती।

अब मैं इसी प्रसंग से संबद्ध लीलावती के कुछ अन्य रोचक शब्द देता हूँ।

संकलित ग = 1 + 2 + 3... + ग आधुनिक गणित में हम कहते हैं।

क्रमगुणित ग = 1.2.3...ग

इन व्यंजकों के लिए विशेष चिह्न $\sum$ और $\lfloor$ रखे गए हैं। इन चिह्नों की संकेतलिपि में हम इन व्यंजकों को इस प्रकार लिखेंगे :

$\sum \text{ग} = 1 + 2 + 3 + ... + \text{ग}$

$\lfloor \text{ग} = 1.2.3....\text{ग}$

इस संकेतलिपि में हम श्रेढ़ी व्यवहार के सूत्र

$$1 + 2 + 3 + \dots + \text{ग} = \frac{\text{ग}\ (\text{ग} + 1)}{2}$$

को इस प्रकार संकलित $\text{ग} = \dfrac{\text{ग}\ (\text{ग} + 1)}{2}$

अर्थात् इस प्रकार $\sum \text{ग} = \dfrac{\text{ग}\ (\text{ग} + 1)}{2}$

लिख सकेंगे।

यह सूत्र निम्नलिखित श्लोक की प्रथम पंक्ति में समाविष्ट है :

पदं सैकपदगुणितं दिभक्तं संकलितम्।
तदपि दियुत पदगुणितं त्रिभक्तं संकलितैक्यम्।।

यदि हम इन संकलितों को जोड़ें :

1
1 + 2
1 + 2 + 3
1 + 2 + 3 + 4
....
....
1 + 2 + 3 + 4 + ... + ग

तो सबके योग को कहेंगे 'संकलितैक्य ग'।

श्लोक की दूसरी पंक्ति का अर्थ है :

दो से जुड़ा हुआ जो गच्छ है, उससे संकलित को गुणा दो और 3 से भाग दो तो संकलितैक्य होगा।*

अर्थात्

$$1 + (1 + 2) + (1 + 2 + 3) +$$
$$(1 + 2 + 3 + 4) + \dots$$
$$+ (1 + 2 + 3 + 4 + \dots + \text{ग})$$

$$= (\text{ग} + 2) \frac{\text{ग}\ (\text{ग} + 1)}{2} \div 3 = \frac{\text{ग}\ (\text{ग} + 1)\ (\text{ग} + 2)}{6}$$**

इसी फल को हम चाहें तो इतने छोटे रूप में लिख सकते हैं :

संकलितैक्य ग =

वर्गैक्य ग = $1^2 + 2^2 + 3^2 + \dots\dots\text{ग}^2$

घनैक्य ग = $1^3 + 2^3 + 3^3 + \dots\dots\text{ग}^3$

समच्छेद हरों का समानीकरण

---

* दुर्गाप्रसाद द्विवेदी : लीलावती द्वितीय संस्करण (1931) 206।

** देखो कालीपद वसु : एल्जेब्रा मेड ईज़ी, 24वाँ संस्करण, प्रश्नावली 37 प्रश्न 5।

भुज*	समकोण त्रिभुज का आधार
कोटि**	समकोण त्रिभुज की ऊँचाई
प्रमाण	किसी अनुपात का प्रथम पद
फल	किसी अनुपात का द्वितीय पद
इच्छा	किसी अनुपात का तृतीय पद

मान लो कि एक प्रश्न है कि वह कौन सी राशि है जिससे 12 की वही निष्पत्ति है जो 8 की 3 से।

यदि अज्ञात राशि य है तो

प्रमाण		फल		इच्छा		इष्ट
8	:	3	=	12	:	य

स्थूल मान	रफ वैल्यू
सूक्ष्म मान	क्लोज वैल्यू

यह शब्द आपेक्षिक हैं। हम जानते हैं कि π का मान $\frac{22}{7}$ दो दशमलव स्थानों तक ठीक है और $\frac{2}{1}\frac{5}{1}\frac{5}{3}$ छः स्थानों तक। तो $\frac{22}{7}$ ग का स्थूल मान हुआ $\frac{3}{1}\frac{5}{1}\frac{5}{3}$ सूक्ष्म मान।

मूलप्रद अंक–ऐसा अंक जिससे पूर्णांकों में मूल निकल सके, अर्थात् एक संपूर्ण वर्ग।

निरग्र मूल–आसन्न पूर्णांक मूल

123 का निरग्र मूल 11 है।

विकार–परिवर्तन

यह शब्द विशेष अर्थ में प्रयुक्त होता है। जैसे–

किसी समांतर श्रेढ़ी के पदों को उल्टा लिखने से योग में कोई विकार नहीं होता।

अक्षेत्र — असंभव आकृति

यदि कहीं यह प्रश्न दिया हो कि

एक ऐसा त्रिभुज बनाओ जिसकी भुजाएँ 3, 4 और 10 हों तो यह अक्षेत्र का उदाहरण है क्योंकि इन भुजाओं का त्रिभुज बन ही नहीं सकता।

अनियत — अनिश्चित

यदि किसी चतुर्भुज की केवल चारों भुजाएँ दी हों तो कर्ण अनियत होगा।

अग्र, शिर — किसी रेखा का सब से ऊँचा बिंदु

मूल — किसी रेखा का सब से नीचा बिंदु

आकृति 1 में गा छा का अग्र गा है और मूल छा।

शर

मान लो कि गा घा एक वृत्त की जीवा है जिसका केंद्र के है।

व्यास खा छा जीवा पर लंब है। तो आकृति 2 में इस व्यास का भाग चा छा इस जीवा का शर कहलाता है।

---

* भुज 'ऐब्सीसा' को भी कहते हैं।

** कोटि 'औडिनेट' को भी कहते हैं।

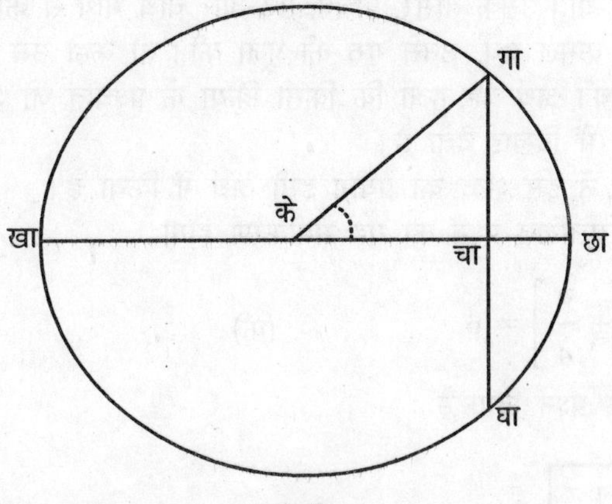

आकृति 2

शर का आधुनिक त्रिकोणमितीय फलिनों से बहुत निकट संबंध है। यदि वृत्त की त्रिज्या 1 हो तो

$$\text{शर} = \text{चा छा} = \frac{\text{चा छा}}{\text{के गा}} = \frac{\text{के छा} - \text{के चा}}{\text{के गा}} = 1 - \frac{\text{के चा}}{\text{के गा}} = 1 - \text{कोज्या के} = \text{(अंग्रेजी में) वर्सिन के}$$

अतः हम चाहें तो अंग्रेज़ी के 'वर्स्ड साइन' को हिंदी में शरज्या कह सकते हैं। कुछ लोगों ने इस शब्द का प्रयोग किया भी है, परंतु अधिकांश लेखक इसको 'उज्जया' कहते हैं*।

घनहस्त, खारिका–(किसी ढेरी का) घनफल (शाब्दिक अर्थ=घन हाथ, घन इकाई)

यह शब्द 'राशि व्यवहार' में आता है। एक उदाहरण से इसका अर्थ स्पष्ट हो जाएगा : यदि धान की एक ढेरी की परिधि 20 है तो उसकी खारिका क्या होगी?

दृढ़

मान लो कि दो संख्याओं में से उनका अपवर्तनांक निकाल दिया गया है। तो शेष संख्याओं को 'दृढ़ संख्याएँ' कहेंगे। 152 और 36 का अपवर्तनांक 4 है। इसका भाग देने से 38 और 9 आए। अब यह दोनों दृढ़ संख्याएँ हैं।

खहर–'खहर' का अर्थ है वह संख्या जिसका हर खं अर्थात् शून्य हो। प्राचीन पुस्तकों में यह शब्द 'अनंती' के लिए प्रयुक्त होता था। इस शब्दावली के अनुसार

$$\frac{\text{क}}{0} = \text{खहर},$$

जिसमें क (शून्य से भिन्न) कोई भी परिमित संख्या है।

क्षेप–जो संख्या जोड़ी जाए।

मान लो कि एक प्रश्न इस प्रकार है :

वह कौन सी संख्या है जिसके सातवें भाग में यदि 8 जोड़ा जाए तो 14 हो जाए।

तो इस प्रश्न में 8 क्षेप कहलाएगा।

दृश्य–इस शब्द का प्रत्यक्ष अर्थ है 'जो दिखाई दे।'

लीलावती का एक प्रश्न है :*

---

* उदाहरणार्थ देखो अवधेश नरायन सिंह : हिंदू ट्रिग्नौमेट्री–प्रोसीडिंग्स बनारस मैथमैटिकल सोसायटी–न्यू सीरीज 1(19 : 9) 77–92

* दुर्गाप्रसाद द्विवेदी : वही 97

कमल के फूलों की एक राशि थी। उसके तीसरे, पाँचवें, छठें और चौथे भाग से क्रम से शिव, विष्णु, सूर्य और पार्वती की पूजा की गई और शेष जो छः कमल बचे, उनसे गुरु की पूजा की। तो कहो उस पुजारी के पास कितने कमल थे।

इस प्रश्न में दृश्य 6 है। इसका अर्थ यह हुआ कि किसी क्रिया के पश्चात् जो शेष रहे, उसे दृश्य कहते हैं। और वास्तव में वस्तु का यही भाग अंत में दिखाई देता है।

और भी कई प्राचीन लेखकों ने इस शब्द का प्रयोग इसी अर्थ में किया है।

बीजगणित की भाषा में उपरिलिखित प्रश्न का यह समीकरण होगा :

$$\text{य}-\left[\frac{\text{य}}{2}+\frac{\text{य}}{5}+\frac{\text{य}}{6}+\frac{\text{य}}{4}\right]=6 \qquad \text{(क)}$$

श्रीधर ने 'त्रिशतिका' में एक प्रश्न दिया है :

1	1	1	
2	6	12	दृश्य 2

इसका समीकरण यह होगा :

$$\text{य}-\left[\frac{\text{य}}{2}+\frac{\text{य}}{6}+\frac{\text{य}}{12}\right]=2 \qquad \text{(ख)}$$

अब हम उदाहरण बक्षाली पाडुलिपि* से लेते हैं :

1	1	1	दृश्य 65
2	3	4	1

अर्थात् $\frac{\text{य}}{2}+\frac{\text{य}}{3}+\frac{\text{य}}{4}=65 \qquad \text{(ग)}$

यहाँ दृश्य का अर्थ शेष तो नहीं लग सकता। यहाँ तो प्रश्न का न्यास यह है कि एक राशि के आधे, तिहाई और चौथाई भागों का जोड़ 65 है।

अतः देखने में तो यह प्रतीत होता है कि यहाँ दृश्य जोड़ के लिए आया है, परंतु वास्तव में इन दोनों अर्थों में कोई मौलिक अंतर नहीं है। यदि हम यह कहें कि ''किसी भी क्रिया के अंत में जो कुछ भी प्राप्त हो उसे दृश्य कहते हैं'' तो यह अर्थ दोनों उदाहरणों में खप जाएगा।

बीजीय समीकरणों में यदि अचल पद दाहिने हाथ पर रखा जाए तो राशि का वही भाग ज्ञात होता है, बाएँ हाथ का समस्त भाग अज्ञात होता है। अतः यदि बीजीय समीकरणों में हम अचल पद को दृश्य कहें तो यह अर्थ तीनों समीकरणों (क), (ख), (ग) में ठीक बैठ जाएगा।

---

* सन् 1881 में पेशावर के समीप एक गाँव बक्षाली में एक किसान को भूमि के अंदर से भोजपत्र पर लिखी हुई एक पांडुलिपि मिली थी। यदि इस विषय में विशेष जानकारी प्राप्त करनी हो तो देखिए : विभूति भूषण दत्त : बक्षालो मैथेमैटिक्स—बुलेटिन कलकत्ता मैथेमैटिकल सोसायटी 21 (1929) 1—60 यह दोनों उदाहरण मैंने उसी गवेषणा-पत्र से लिए हैं।

युक्त—जोड़ी हुई।

'5 से युक्त ग' का अर्थ हुआ (ग+5)। कभी-कभी हम साधारण बोल-चाल में इस ढंग की भाषा का प्रयोग करते हैं : '3 आने में 50 ऊपर 40 पान आये अर्थात् 55 पान आये।

हीन—घटाई हुई।

'4 से हीन ग' का अर्थ है (ग–4)। कभी-कभी हम कहते हैं कि 'सभा में 2 कम 20 व्यक्ति थे।'

प्रक्षेपक—साझे में किसी साझी का लगाया हुआ धन।

मिश्रधन—साझे का पूर्ण धन।

मान लो कि किसी व्यापार में तीन साझी क्रमशः 8, 12 और 19 रुपए लगाते हैं। तो प्रक्षेपक हुए 8, 12 और 19 और मिश्रधन हुआ 39।

उत्तमर्ण	क्रेडिटर
अधमर्ण	डेटर
समघन	घन, क्यूब (ठोस)

इनके अतिरिक्त लीलावती में और भी अनेक शब्द हैं परंतु आधुनिक गणित में उनकी कदाचित ही कहीं आवश्यकता पड़े।

6

‘लौगेरिथ्म’ का पर्याय

आजकल वैज्ञानिक शब्दावली के क्षेत्र में कई विचारधाराएँ बह रही हैं। कुछ वैज्ञानिकों का तो यह मत है कि हम अंग्रेज़ी के पारिभाषिक शब्दों को ज्यूँ का त्यूँ अपना लें। यह लोग हिंदी में अंग्रेज़ी शब्दों ‘डाइनेमो, नाइट्रोजन और रेडियम’ को ज्यूँ का त्यूँ लिखेंगे। इस पद्धति में तुरंत एक कठिनाई आन खड़ी होती है। यदि हम ‘रेडियम’ शब्द को ज्यूँ का त्यूँ अपना लें तो ‘रेडियो-ऐक्टिव’ और ‘रेडियो ऐक्टिविटी’ के लिए कौन सा पर्याय निर्धारित करेंगे? क्या इन शब्दों को भी हम ज्यूँ का त्यूँ अपना लें? यदि हम अंग्रेजी से ‘ग्राफ’ शब्द ज्यूँ का त्यूँ ले लें तो क्या ‘ग्रैफिक’ ‘ग्रैफ़िकल’ और ‘ग्रैफिकली’ को भी लेना होगा? और यदि इन शब्दों को नहीं लेंगे तो इनके पर्याय किस प्रकार बनायेंगे? क्या हम इन अंग्रेज़ी शब्दों पर संस्कृत व्याकरण के नियम लगा सकेंगे? क्या हम ‘ग्राफात्मक’ और ‘ग्राफतः’ जैसे भद्दे प्रयोगों को हिंदी में चला सकेंगे? क्या इस प्रकार के शब्द हिंदी और संस्कृत जगत को ग्राह्य होंगे? कदापि नहीं। स्पष्ट है कि अंग्रेज़ी शब्दों को ज्यूँ का त्यूँ अपनाने की नीति हमें दो पग भी आगे न बढ़ने देगी।

कुछ अन्य लोगों ने इस नीति में थोड़ा सा हेर फेर किया। उन्होंने अंग्रेज़ी शब्दों को थोड़ा-सा तोड़ मरोड़ कर उन्हें हिंदी रूप देना चाहा। ‘औक्सीजन’ के पर्याय ‘अक्सजन’ और ‘ओषजन’ इस प्रवृत्ति के उदाहरण हैं। इस नीति का फल यह हुआ कि हमारे पारिभाषिक शब्द सर्वथा निरर्थक बने। इसके अतिरिक्त ऊपर लिखा दोष इन शब्दों में भी ज्यूँ का त्यूँ रह गया। ‘ओषजन’ से ‘औक्साइड’, ‘औक्सिडाइज़’ ‘औक्सिजेनेट’ इत्यादि के पर्याय बनाने यदि असंभव नहीं तो बहुत ही कठिन अवश्य है।

कुछ लेखकों ने इस नीति में और थोड़ा सा परिवर्तन किया। उन्होंने यह प्रयास किया कि शब्द ऐसे बनें जिनका अंग्रेज़ी शब्दों से ध्वनि साम्य भी रहे और खींच तानकर यह शब्द हिंदी अथवा संस्कृत के मूलों से संबद्ध भी कर दिए जाएँ। यहाँ मैं ऐसे शब्दों के कुछ उदाहरण देता हूँ :

केबिल = कई बल (जिसमें कई बल पड़े हों)
बैटरी = बलकरी
सर्किट = सरकित
ग्राफ़ = ग्राह
स्पाइरल = सर्पिल

परंतु हमारी कठिनाई ज्यूँ की त्यूँ रह गई। हम ‘सर्किट’ को चाहे ‘सर्कित’ कह भी लें परंतु ‘सर्किटस’ को क्या कहेंगे? यदि ‘ग्राफ’ का पर्याय ‘ग्राह’ मान लें तो ‘ग्रैफिकल’ का पर्याय कैसे बनाएँगे।

इसी ढंग का उदाहरण है ‘लौगैरिथ्म’ का पर्याय ‘लघुरिक्थ’।

हमारे पूर्वजों ने कदाचित इस शब्द के लिए स्पष्ट रूप से कोई पर्याय नहीं बनाया था क्योंकि गणित के प्राचीन संस्कृत ग्रंथों में इस ढंग के किसी शब्द का उल्लेख नहीं है। परंतु पं. सुधाकर द्विवेदी का विचार है कि हमारे प्राचीन गणितज्ञ लौगैरिथ्म के भाव से सर्वथा अनभिज्ञ नहीं थे। इसका प्रमाण वह यह देते हैं कि बहुत पुराने समय से हमारे देश में यह प्रश्न प्रचलित है—

1 रत्ती हीरे का मोल 100 रुपए हैं तो 4 रत्ती हीरे का क्या मोल होगा, जहाँ यह शर्त है कि सवाई तोल चौगुना मोल?

इस प्रश्न का साधन बिना लौगैरिथ्म की सहायता के नहीं हो सकता।

परंतु यदि प्राचीन गणितज्ञ लौगैरिथ्म के भाव से परिचित भी थे तो भी उस भाव के द्योतक किसी पारिभाषिक शब्द के अभाव में हमें कोई न कोई नया शब्द बनाना ही पड़ेगा। आधुनिक समय में पं. बापूदेव शास्त्री ने अपनी त्रिकोणमिति, में इस शब्द के लिए 'प्रघातमापक' पर्याय बनाया है*। इस शब्द की उत्पत्ति सरलता से समझ में आ सकती है :

घात का अर्थ है 'पौवर'। $क^7$ को पढ़ेंगे 'क घात 7' और 'इनडेक्स' 7 को कहेंगे 'घातांक' अथवा घातमापक, क्योंकि यह घात का माप है। और लौगैरिथ्म की व्याख्या इस प्रकार है :

यदि

$$क^{य}=च$$

तो च का लौगैरिथ्म य हुआ आधार क के अनुसार। और इस संबंध को हम इस प्रकार लिखेंगे :

लौगैरिथ्म $_{क}$च=य।

स्पष्ट है कि लौगैरिथ्म भी एक प्रकार का घातांक ही होता है। परंतु यह घातांक एक विशिष्ट प्रसंग में ही लौगैरिथ्म कहलाता है। अतएव विशेषता दर्शाने के लिए 'घातमापक' में 'प्र' उपसर्ग लगाया गया है जो विशेषता का द्योतक है। इस प्रकार लौगैरिथ्म का नाम 'प्रघातमापक' हो गया।

तत्पश्चात् पं. सुधाकर द्विवेदी ने अपनी पुस्तक 'दीर्घवृत्त लक्षण' में इस शब्द का पर्याय 'लघुरिक्थ' बनाया। इस शब्द की उत्पत्ति वह स्वयं ही इस प्रकार देते हैं** :

पिता जो धन मरने के पश्चात् छोड़ जाता है, उसे 'रिक्थ' कहते हैं। यदि संख्या 10^5 मर जाए तो 5 शेष रहेगा। इसे छोटा रिक्थ अर्थात् 'लघु रिक्थ' कह सकते हैं। यह शब्द अंग्रेज़ी शब्द से मिलता भी है, अतः जो व्यक्ति अंग्रेज़ी, हिंदी दोनों जानते हों, उन्हें यह नाम स्मरण करने में भी कोई कठिनाई नहीं होगी। इस प्रकार यह नाम सार्थक भी हो जाता है।

इस प्रकार का तर्क तो धींगामस्ती ही कहलाएगा। संख्या के मर जाने का क्या अर्थ हुआ? और यदि सारी संख्या 10^5 मर गई तो घातांक 5 ही शेष कैसे रह गया।

लघुरिक्थ शब्द बहुत प्रचलित भी नहीं हो पाया।

सन् 1906 में बा. श्यामसुंदर दास की 'हिंदी वैज्ञानिक शब्दावली' नागरी प्रचारिणी सभा काशी से प्रकाशित हुई। उसमें लौगैरिथ्म का पर्याय 'घातांकगणन' दिया है। यह नाम तो बिल्कुल ही बेतुका प्रतीत होता है।

सन् 1931 में इस शब्दावली का परिवर्द्धित संस्करण छपा। इसमें लौगैरिथ्म का पर्याय 'लघुगणक' दिया है। इस नाम में कुछ तथ्य अवश्य है। लौगैरिथ्म की सहायता से बहुत से प्रश्नों में गुणा के स्थान पर योग से और भाग के स्थान पर वियोग से काम चल जाता है। इस प्रकार गणना में सरलता आ जाती है। इसलिए इसको 'लघुगणक' कहना अनुपयुक्त न होगा***।

परंतु प्रश्न यह है कि क्या वास्तव में हमारी प्राचीन पुस्तकों में लौगैरिथ्म का कोई पर्याय नहीं है। कम से कम एक स्थान है जहाँ यदि प्रत्यक्ष रूप में नहीं तो परोक्ष रूप में इस शब्द का पर्याय विद्यमान है। नेमिचंद ने अपने ग्रंथ 'त्रिलोकसार' में एक शब्द 'अर्द्धच्छेद' दिया है। इस शब्द का अर्थ है 'जितनी बार एक संख्या अधियायी जा सके।'

यदि $य=2^{स}$

तो 'स' 'य' का अर्धच्छेद हुआ।

अर्थात् स=अर्धच्छेद य।

---

* संस्कृत के कोषों में भी इसी ढंग के शब्द दिए हैं। उदाहरणतः मूलगाँवकर की 'हैन्डी इंगलिश संस्कृत डिक्शनरी' में लौगैरिथ्म के पर्याय 'घातदर्शक, धात प्रमापक और संवर्गमापक' दिए हैं।

** देखो सुधाकर द्विवेदी : गणित का इतिहास भाग 1, पृ. 132।

*** भंडारी की ट्वेन्टियेथ सेन्चुरी डिक्शनरी में भी यही शब्द दिया गया है।

चूँकि $64=2^6$,

अतः अर्धच्छेद 64=6

आधुनिक शब्दावली में इसी संबंध को इस प्रकार लिखेंगे :

लघुगणक $_2$ 64=6

स्पष्ट है कि 'अर्धच्छेद' का अर्थ हुआ 'आधार 2 के प्रति लिया गया लौगैरिथ्म।'

नेमिचंद ने इस शब्द का प्रयोग इसी अर्थ में किया था, इस बात की पुष्टि निम्नलिखित नियमों से होती है। जो उन्होंने 'त्रिलोकसार' की गाथा 105-108 में दिए हैं*:

1–गुणक और गुण्य के अर्धच्छेदों का योग गुणनफल का अर्धच्छेद होता है।

अर्थात् $2^{श+ष}=2^{श}2^{ष}$

स्पष्ट है कि यह घातांक नियम की ही एक विशिष्ट दशा है।

2–यदि भाज्य के अर्धच्छेद में से भाजक का अर्धच्छेद घटाएँ तो भजनफल का अर्धच्छेद प्राप्त होगा।

अर्थात् $2^{श-ष}=\frac{2^{श}}{2^{ष}}$

यह भी घातांक नियम की ही एक विशिष्ट दशा है।

यदि हम इस शब्दावली को अपनाएँ तो 'लौगैरिथ्म' के लिए 'छेद' पर्याय मानना होगा। इस प्रकार 'आधार 10' के प्रति लिए गए 'लौगैरिथ्म' को कहेंगे 'दशमच्छेद' अथवा 'दशमभागच्छेद'। परंतु यदि हम क्रमात्मक संख्याओं (आर्डिनल नम्बर्स) के स्थान पर 'गणनात्मक संख्याओं' (कार्डिनल नंबर्स) का प्रयोग करें तो इसको 'दशच्छेद' कहेंगे। इसी प्रकार 'आधार 7' के प्रति लिए गए 'लौगैरिथ्म' को कहेंगे 'सप्तच्छेद'। यह शब्द बहुत सरल और छोटे हैं और एक पूरे वाक्यांश का अर्थ एक शब्द में आ जाता है। परंतु एक कठिनाई है। हमारी प्राचीन गणित में 'छेद' शब्द कई अर्थों में प्रयुक्त होता था। प्राचीन पुस्तकों में 'डिनौमिनेटर' के कई पर्याय दिए हैं : छिति, छेद, हर, हार। इनमें से 'हर' प्रायः सर्वमान्य हो गया है। अतएव 'छेद' के इस अर्थ के कारण तो कोई भ्रम नहीं पड़ेगा। परंतु छेद का एक अर्थ 'सेक्शन' अर्थात् काट भी होता है।** साधारण अंग्रेज़ी-हिंदी और अंग्रेजी-संस्कृत कोषों में सेक्शन के अर्थ 'छेद' और 'परिच्छेद' दिए हैं और 'क्रौस सेक्शन' का 'अनुप्रस्थ परिच्छेद***'। परंतु उसी शब्दावली के एक अन्य स्थल पर 'क्रौस सेक्शन' का पर्याय केवल 'परिच्छेद'**** दिया है। चूँकि 'परि' द्योतक है चारों ओर का अतएव यह अधिक उपयुक्त प्रतीत होता है कि 'सेक्शन' का पर्याय केवल 'छेद' माना जाए और 'क्रौस सेक्शन' का 'परिच्छेद'।

सेक्शन के लिए 'काट' भी बहुत कुछ प्रचलित हो चुका है। इसे हटाने की कोई आवश्यकता नहीं। यथावसर 'छेद' और 'काट' दोनों प्रयुक्त हो सकते हैं। कुछ प्रयोग ऐसे होंगे जिनमें 'काट' उपयुक्त होगा, कुछ में छेद, कुछ में दोनों।

अतएव हमारी शब्दावली इस प्रकार की होगी :

Section	छेद, काट
Sectional	छेदीय
Cross-Section	परिच्छेद
Theory of Sections	छेद सिद्धांत
Vertical Section	ऊर्ध्व छेद, ऊर्ध्व काट
Horizontal Section	क्षैतिज छेद, क्षैतिज काट

* देखो कापाडिया लिखित श्रीपति का 'गणिततिलक' (1937) भूमिका पृष्ठ 25

** छेद के साधारण अर्थ छिद्र के कारण भ्रम होने की आशंका बहुत कम है।

*** ना. प्र. सभा की गणितीय शब्दावली, पृ. 33

**** पृ. 112

Circular Section	वर्तुल काट
Common Section	उभयनिष्ठ काट
Conic Section	शंकु काट, शांकव
Golden Section	कनक काट
Lateral Section	पार्श्विक छेद
Medial Section	मध्यकी छेद
Mean	मध्यक
Normal Section	अभिलंब काट
Plane Section	समतल काट
Method of Sections	छेद विधि
Points of Section	विभाजक बिंदु
Middle Section	मध्यच्छेद

यदि हम 'लौगैरिथ्म' का पर्याय भी 'छेद' मानें तो 'सेक्शन' के अर्थ का भ्रम होने की आशंका बहुत रहेगी। विशिष्टतः 'मीन लौगैरिथ्म' के लिए मध्यच्छेद कहना होगा और 'मीडियल सेक्शन' के लिए 'मध्यकी छेद'। इन दोनों पर्यायों में अत्यधिक समानता है। इसके अतिरिक्त 'छेद विधि' का अर्थ method of Section भी हो सकेगा, Method of logarithms भी। अतएव, इस पर्याय में थोड़ा बहुत परिवर्तन करना ही पड़ेगा।

इस कठिनाई को दूर करने के लिए डा. रघुवीर ने यह प्रस्ताव किया है कि 'लौगैरिथ्म' का पर्याय 'छेदा' रखा जाए। इस प्रकार हम प्राचीन शब्द के समीप भी रहेंगे और 'सेक्शन' के पर्याय से संभ्रम भी न होने पायेगा।

इस संबंध में एक और बात पर भी विचार करना है। अंग्रेज़ी के अक्षर e के दो अर्थ हैं : एक तो eccentricity, दूसरा transcendental function e.। इन दोनों अर्थों के लिए हिंदी में भी उपयुक्त अक्षर चुनने होंगे। हम तत्संबंधी शब्दावली और संकेतलिपि इस प्रकार बना सकते हैं।

eccentricity	उत्केंद्रता
e	उ
(transcendental) e	घ ('घातांक' से)
(Generalised) E	घा
Logarithm	छेदा
Logarithm to base 10	दशच्छेदा
Logarithm to base e	घच्छेदा
Logarithmic	छेदी
Logarithmic theorem	छेदा प्रमेय
Logarithmic Series	छेदा श्रेणी
Logarithmic curve	छेदी वक्र
Logarithmic Function	छेदी फलिन
Logarithmic differentiation	छेदी अवकलन
Mean logarithm	मध्यकच्छेदा
Anti-logarithm	प्रतिच्छेदा
Characteristic of a logarithm	छेदा पूर्णांश
Mantissa of a logarithm	छेदा भिन्नांश

इस शब्दावली पर गणितज्ञ कृपया ध्यान दें।

7

गणितीय शब्दावली की समस्याएँ

किसी भी भाषा में एक शब्द के अनेक अर्थ होना कोई अप्राकृतिक बात नहीं है। अंग्रेज़ी भी इस गुण से ओत-प्रोत है। भिन्न-भिन्न विषयों में एक शब्द के भिन्न-भिन्न अर्थ होना तो साधारण सी बात है। चलन कलन में Differential का एक विशिष्ट अर्थ हैं औषधि विज्ञान में शब्द Differential का अर्थ सर्वथा भिन्न है और राजनीति में Differential (treatment) एक पृथक ही वस्तु है। इस प्रकार के उदाहरण तो अनगिनत दिए जा सकते हैं परंतु एक ही पारिभाषिक विषय में भी एक ही पारिभाषिक शब्द के अनेक अर्थ हो सकते हैं। मैं यहाँ केवल दो एक उदाहरण लेता हूँ :

जब हम Cartesian System का उल्लेख करते हैं तो System से हमारा तात्पर्य एक पद्धति अथवा प्रणाली से होता है। परंतु, जब हम किसी System of circles पर विचार करते हैं तो System से हमारा तात्पर्य एक समूह अथवा संहति से होता है। अब मान लीजिए कि हम किसी संग्रह के विषय में कहें कि :

There is a system in the collection

तो इस वाक्य मे System का तीसरा ही अर्थ है। स्पष्ट है कि तीनों स्थानों पर System के लिए एक ही पर्याय से काम नहीं चलेगा। हमें कुछ इस ढंग की शब्दावली बनानी होगी :

1. (Cartesian) System	(कार्तीय) पद्धति
2. System (of circles)	(वृत्त) संहति
3. System	क्रम, व्यवस्था

अंग्रेज़ी का एक दूसरा शब्द लीजिए Homogeneous. जब हम कहते हैं Homogeneous equation तो उसका अर्थ होता है 'ऐसा समीकरण जिसके समस्त पदों के घात बराबर हों।' परंतु जब हम कहते हैं Homogeneous liquid तो हमारा तात्पर्य ऐसे द्रव से होता है जिसका कोई भी भाग ले लें, घनत्व एक सा ही मिलेगा

इसी शब्द से मिलता जुलता एक शब्द है Uniform । जब हम कहते हैं Uniform function, तो अर्थ होता है : ऐसा फलिन जिसका मान अथवा रूप एक सा रहता हो। परंतु Uniform body का अर्थ Homogeneous body से मिलता जुलता है। Homogeneous उस काय को कहते हैं जिसके सब भागों का घनत्व एक सा हो परंतु Uniform body उसे कहते हैं जिसके सब भागों का घनत्व भी एक सा हो और रूप भी एक सा हो। इन दोनों भावों के लिए पृथक्-पृथक् शब्द रखने होंगे। हम अपनी शब्दावली इस प्रकार की बना सकते हैं :

Homogeneous Equation	समघात समीकरण
Homogeneous body	समांग काय
Uniform function	एकरूप फलिन
Uniform Convergence	एकरूप संसृति
Uniform body	एकरूप काय

हिंदी शब्दावली में भी एक शब्द के अनेक अर्थ हो सकते हैं। इसमें कोई दोष नहीं है। परंतु अर्थ ऐसे होने चाहिए जिनमें परस्पर भ्रम की आशंका न हो। जहाँ ऐसी आशंका हो वहाँ पुराने शब्द को एक अर्थ के लिए निश्चित करके अन्य अर्थों के लिए नए शब्द बनाना आवश्यक होगा। इस लेख में मैं हिंदी के कुछ ऐसे ही शब्दों पर विचार करूँगा जिनके, अभ्यास

के कारण, कई कई अर्थ हो गए हैं।

(1) क्रिया–यह शब्द Action और Operation दोनों के लिए आता है। यह दोनों वस्तुएँ एक दूसरे से सर्वथा भिन्न हैं। परंतु दोनों अर्थों में इस शब्द का प्रयोग रूढ़ हो चुका है। Action and Reaction के लिए 'क्रिया और प्रतिक्रिया' वाक्यांश परंपरा से चला आता है। और जोड़ने, घटाने को भी प्राचीन काल से 'योग और वियोग क्रिया' कहते चले आए हैं। अतएव 'क्रिया' शब्द के इन दोनों में से किसी अर्थ को भी छोड़ देना व्यावहारिक दिखाई नहीं पड़ता। और कदाचित इसकी आवश्यकता भी नहीं है। इन दोनों अर्थों में परस्पर भ्रम की आशंका बहुत कम है। कठिनाई तभी उपस्थित होगी जब इस ढंग का वाक्य आ पड़ेगा :

The acting force will be continuously in operation.

परंतु एक तो ऐसे वाक्य बहुत कम प्रयोग में आएँगे। दूसरे, यहाँ Operation का अर्थ भी Action ही है। और हम इसका अनुवाद इस प्रकार कर सकते हैं :

कारकबल (अथवा चेष्टक बल) सतत रूप से कार्य करता रहेगा।

हमारी तत्संबंधी शब्दावली इस प्रकार की बनेगी :

Act	क्रिया करना, चेष्टा करना
Acted on	चेष्टित
Acting force	चेष्टक बल, कारक बल
Action	क्रिया
Active	क्रियाशील, सक्रिय
Operand	कर्म
Operate	क्रिया करना
Operated	क्रियाकृत
Operation	क्रिया
Operational factor	क्रियात्मक गुणक
Operative	क्रिया कारी
Operator	कारक

(2) वास्तविक–यह शब्द Real, True और Actual तीनों के अर्थ में आता है। True के लिए तो इसका प्रयोग अनावश्यक है, क्योंकि उसके लिए तो शब्द 'सत्य' सर्वथा उपयुक्त है। साधारणतः यदि Real और Actual के लिए एक ही शब्द का प्रयोग किया जाए तो कोई भ्रम नहीं पड़ता। परंतु यदि हमें इस वाक्य का अनुवाद करना पड़ा तो कठिनाई आ पड़ेगी :

Even if the proportional coordinates are imaginary, the actual coordinates may be real.

स्पष्ट है कि ऐसी स्थिति में Actual और Real दोनों के लिए एक ही शब्द से काम नहीं चलेगा। मेरी समझ में गणित में Real शब्द प्रयोग में बहुत आता है। अतएव इसके लिए प्रचलित शब्द 'वास्तविक' निश्चित कर दिया जाए और Actual के लिए 'यथार्थ' निर्धारित किया जाए।

(3) मिश्र–इस शब्द के भी कई प्रयोग देखने में आए हैं : Mixture, compound, complex,

Mixture शब्द के लिए हम 'मिश्र' शब्द का प्रयोग कर सकते हैं। इसमें और Compound (विशेषण) में परस्पर भ्रम की संभावना प्रायः नहीं है। परंतु यदि हम इन दोनों को पृथक् करना चाहें तो Mixture को 'मिश्रण' कह सकते हैं जैसा कि ना. प्र. स. के कोष में दिया है। ऐसी दशा में to mix (क्रिया) और Mixture (संज्ञा) दोनों के लिए एक ही शब्द 'मिश्रण' का प्रयोग करना होगा।

मिश्र	Mixture
मिश्र	Compound (संज्ञा)
मिश्र योग	Compound Addition

मिश्र कल्पित राशि	Complex quantity

Mixture और Compound (संज्ञा) दोनों के लिए एक ही पर्याय से कदापि काम नहीं चल सकता। नागरी प्रचारिणी सभा की गणितीय शब्दावली में Compound (क्रिया) का पर्याय संयोजन दिया है। अतएव Compound (संज्ञा) के लिए यदि 'संयोग' शब्द का प्रयोग किया जाए तो अनुचित न होगा।

यदि Compound (विशेषण) के लिए मिश्र का प्रयोग प्रचलित रहे तो कोई हानि नहीं है। जिस अर्थ में यह शब्द आजकल गणितीय विषयों में विशेषण के रूप में आता है उसका इसके संज्ञारूप के अर्थ से कोई निकट संबंध नहीं रह गया है। जिस प्रसंग में Compound संज्ञा के रूप में आता है, उस प्रयोग में विशेषण के रूप में नहीं आता। Compound Addition का Chemical Compounds से कोई संबंध नहीं है। अतएव Compound शब्द के इन दोनों अर्थों के लिए एक ही पर्याय रखना अनुचित नहीं होगा।

Complex quantity के लिए 'मिश्र कल्पित राशि' बिल्कुल बेतुका है। इस शब्द से कल्पना से क्या संबंध है? मैंने अपनी गणितीय शब्दावली* में इसका पर्याय 'शंङ्कर राशि' दिया है। यदि यह पर्याय गणितीय जगत को स्वीकार हो जाए तो 'मिश्र' शब्द संबंधी समस्या हल हो जाएगी और हमारी शब्दावली इस प्रकार की बनेगी :

To mix	मिश्रण
Mixture	मिश्र
Compound (संज्ञा)	संयोग
To Compound	संयोजन
Compound Addition	मिश्र योग
Complex quantity	संकर राशि

(4) संकलन—यह शब्द भी कई अर्थों में प्रयुक्त हो रहा है :

संकलन सूत्र	Addition Formula
संकलन	Summation
संकलन नियम	Law of association

Addition और Summation के लिए एक ही शब्द का प्रयोग नहीं होना चाहिए। 'Summation of series' में हम श्रेणी के भिन्न-भिन्न पदों को केवल जोड़ते ही नहीं हैं, इसके अतिरिक्त और भी कुछ करते हैं। पहले हम पदों की एक परिमित संख्या 'ग' का जोड़ निकालते हैं। फिर इस फल में हम 'ग' को अनंत की ओर प्रवृत्त करते हैं। जो फल आता है उसे श्रेणी का Sum कहते हैं। Summation शब्द में यह सारी क्रिया निहित है। अतएव इस क्रिया के लिए Addition के पर्याय से पृथक कोई शब्द निर्धारित करना होगा।

Association के लिए संकलन शब्द सर्वथा अनुपयुक्त है। यदि इसी शब्द को अपनाया जाए तो Associative और Summable दोनों को 'संकलनशील' कहना होगा। इसके अतिरिक्त 'संकलित' का अर्थ Summed भी होगा, Associated भी। अतएव मेरा प्रस्ताव है कि हम इस प्रकार की शब्दावली बनाएँ :

Addition	योग करना, जोड़ना, योजन
Sum (N)	योग, जोड़
Sum (V)	संकलन
Summation	संकलन
Summable	संकलनशील
Summability	संकलनशीलता
Associate	सहचर

* यह शब्दावली 'भारतीय हिंदी परिषद प्रयाग' से प्रकाशित हो रही है। भाग 1 छप चुका है।

Association	सहचरन, साहचर्य
Associated function	सहचरित फलिन
Associative	सहचरनशील
Law of Association	सहचरन नियम

(5) आसन्न—इस शब्द के भी तीन प्रयोग देखने में आए हैं :

आसन्न कोण	Adjacent Angle
आसन्न चित्र	Adjioning picture
आसन्न मान	Approximate value

इसी ढंग का एक शब्द 'संलग्न' है। यह भी Adjacent और Adjioning दोनों के लिए प्रयुक्त होता है। यदि हम इन दोनों शब्दों का काम एक ही पर्याय से चलाना चाहें तो इस ढंग के वाक्य का अनुवाद करने में कठिनाई आन पड़ेगी :

In the adjoining figure the adjacent angles are equal.

अतएव स्पष्ट है कि दोनों के लिए पृथक्-पृथक् पर्याय रखने होंगे।

Approximation के दो अर्थ हैं : पास आना और पास लाना।

यह दोनों अर्थ निम्नलिखित वाक्यों से स्पष्ट हो जाएँगे :

This result approximates to that.

I am not finding the correct value; I am only approximating it.

अतएव Approximate के लिए ऐसा शब्द चुनना होगा जो दोनों काम दे सके। डा. रघुवीर का प्रस्ताव है कि Approximate का पर्याय पहले अर्थ में 'उपसदन' रखा जाए, दूसरे में 'उपसादन'। शब्दावली इस प्रकार की बनेगी :

Adjacent	आसन्न
Adjoining, Adjoint	संलग्न
Approximation (to come near)	उपसदन
Approximation (to bring near)	उपसादन
Approximated	उपसादिन
Approximate value	उपसन्न मान
Approximately	उपसादन से, लगभग
Approximator	उपसादक
Near Approximation	समीप उपसदन

(6) संगत :

संगत कोण	Corresponding angle
संगति	Correspondence
संगति	Consistency
असंगति	Inconsistency

'असंगति प्रदर्शन' में यह शब्द अंतिम अर्थ में प्रयुक्त होता है। यदि हम इन प्रयोगों में कोई परिवर्तन न करें तो इस प्रकार के वाक्य में कठिनाई उपस्थित हो जाएगी :

The corresponding value will be inconsistent with the data.

इसका अनुवाद इस प्रकार करना होगा : 'संगत मान न्यास से असंगत होगा।' यह वाक्य बहुत ही भद्दा प्रतीत होगा। मेरे विचार में इन शब्दों के पर्याय इस प्रकार निर्धारित किए जाएँ :

Consistent	संगत
Consistency	संगति

Inconsistent	असंगत
Inconsistency	असंगति
Corresponding	संवादी (र)
Correspondence	संवादिता
To Correspond	संवादी होना

(7) घन–यह शब्द भी तीन अर्थों में प्रयुक्त हो रहा है :

घन	Solid
घन	Cube (Solid)
घन	Third power

यदि इन शब्दों का विवेचन न किया गया तो निम्नलिखित वाक्य

A cube is a solid

का अनुवाद

घन एक घन है

होगा। यह वाक्य निरर्थक प्रतीत होगा। 'घन' के दूसरे और तीसरे अर्थों में परस्पर भ्रम की आशंका बहुत कम है। अतएव यदि हम Solid को ठोस या सुघन कहें तो सारी कठिनाई दूर हो जाए।

(8) प्रयोग–इस शब्द के चार अर्थ हैं जो निम्नलिखित वाक्यांशों में स्पष्ट हो जाएँगे :

Theory and Practice	सिद्धांत और प्रयोग
Application of a Theorem	प्रमेय का प्रयोग
Use of a word	शब्द का प्रयोग
Experiment	प्रयोग

स्पष्ट है कि यदि यह शब्द चारों अर्थों में प्रयुक्त होता रहा तो अनेक अवसरों पर कठिनाई उपस्थित हो जाएगी। उदाहरणार्थ मैं अंग्रेज़ी के दो वाक्य लेता हूँ :–

The use of this experiment is limited.

Theoretically, the rule is perfect, but in practice its application presents many difficulties.

इन वाक्यों में से प्रत्येक के अनुवाद में 'प्रयोग' शब्द दो दो बार डालना होगा। अतएव वाक्य बहुत भद्दे हो जाएँगे। स्पष्ट है कि इस शब्द के कुछ अर्थों के लिए नए पर्याय बनाने होंगे।

Practice शब्द के भी कई अर्थ हैं। अंकगणित में यह एक विशेष क्रिया का नाम है जिसका पर्याय 'व्यवहारगणित' काफ़ी प्रचलित हो चुका है। परंतु इसके अतिरिक्त इस शब्द के दो प्रयोग और हैं जो इन दो वाक्यांशों से स्पष्ट हो जाएँगे :

Practical life

Science Practical

इनमें से पहले को हम 'व्यावहारिक जीवन' कहते हैं परंतु दूसरे को 'विज्ञान व्यवहार' अथवा 'वैज्ञानिक व्यवहार' नहीं कह सकते। इसके लिए कोई नया शब्द ढूँढ़ना पड़ेगा। डा. रघुवीर का प्रस्ताव है कि इसके लिए 'अनुष्ठान' शब्द निर्धारित किया जाए। अतः भिन्न-भिन्न वाक्यांशों का अनुवाद इस प्रकार होगा :

(Science) Practical	अनुष्ठान
Practical Method	व्यावहारिक विधि
Practical Use	व्यावहारिक उपयोग
Practical Class	अनुष्ठान कक्षा
Practically	व्यावहारिक रूप से
In Practice	व्यवहार में

Theory and practice	सिद्धांत और व्यवहार

इस शब्दावली से यह भी स्पष्ट है कि Use के लिए 'उपयोग' शब्द 'प्रयोग' से अधिक उपयुक्त होगा। इस प्रकार 'प्रयोग' के चार अर्थों में से दो का निपटारा हुआ जाता है। अब शेष बचे Experiment और Application । यदि इन दोनों के लिए एक ही शब्द का प्रयोग किया जाए तो Applied Science और Experimental Science दोनों को 'प्रयोजित विज्ञान' अथवा 'प्रयोगात्मक विज्ञान' कहना होगा। और किसी स्थल पर यह जानने में कठिनाई जान पड़ सकती है कि 'प्रयोजित विज्ञान' से लेखक का तात्पर्य Applied Science से है अथवा Experimental Science से। अतएव मेरा प्रस्ताव है कि निम्नलिखित संशोधित शब्दावली स्वीकार की जाए :

Applicable	लागू, प्रयोज्य
Application (of a rule)	प्रयोग
Application (of a triangle)	आच्छादन
Geometrical Applicatian	ज्यामितीय प्रयोग
Point of Application	प्रयोग बिंदु
Applied Science	व्यावहारिक विज्ञान
Experiment	प्रयोग
Experimental Science	प्रयोगात्मक विज्ञान
Expeirmental Proposal	प्रायोगिक प्रस्ताव

(9) अनिश्चित—यह शब्द दो अर्थों में आ रहा है Indefinite और Undetermined. इन दोनों अर्थों में आकाश पाताल का अंतर है। Indefinite का एक अर्थ तो Infinite है। उस अर्थ से तो हमें यहाँ कोई प्रयोजन नहीं है। इस शब्द का दूसरा अर्थ इस प्रकार का है :

The meeting is indefinitely postponed.

इस अर्थ में इस शब्द के लिए 'अनिश्चित' पर्याय सर्वथा उपयुक्त है। परंतु Undetermined form आजकल एक विशेष प्रकार के व्यंजन को कहते हैं। इसका मान अनिश्चित तो होता ही है, बिना किसी विशेष क्रिया के निश्चित हो भी नहीं सकता। अतएव Undetermined इस अर्थ में एक पारिभाषिक शब्द हो गया है। यदि इस शब्दावली में कोई परिवर्तन न किया गया तो 'अनिश्चित रूप' से Indefinite shape का अर्थ भी हो सकेगा, Undetermined form का भी। मैं यहाँ तत्संबंधी कुछ शब्दों की सूची देता हूँ :

Indefinite Integral	अनिश्चित अनुकल
Difinite Integral	निश्चित अनुकल
Indefinitely increases	अनंततः बढ़ता है
Indeterminate	अनिर्णीत
Limits of intermination	अनिर्णीतता की सीमाएँ
Uundetermined form	अनिधारित रूप

(10) आधार—इस शब्द के भी कई अर्थ दृष्टिगोचर हो रहे हैं :

Base of a triangle	त्रिभुज का आधार
Base of a logarithm	लघुगणक का आधार
Basis	आधार
Point of Support	आधार बिंदु

पहले तीन अर्थों में तो परस्पर भ्रम की कोई आशंका नहीं चौथे अर्थ के कारण भ्रम पड़ सकता है। 'आधार बिंदु' का अर्थ point of Support भी हो सकता है, Point of the पके अतिरिक्त मान लो कि कोई प्रश्न इस ढंग का है :

A triangle is supported at a *point of the base,* and the *point of support* is joined to another point of the base by means of a string.

इस वाक्य के अनुवाद में दोनों तिरछे लिखे वाक्यांशों के लिए 'आधार बिंदु' का प्रयोग करना होगा। अतएव मेरी समझ में Support के लिए 'आधार' के स्थान पर 'अवलंब' शब्द का प्रयोग होना चाहिए।

(11) फल—इस शब्द का प्रचलित अर्थ Result है जैसा कि इन शब्दों से स्पष्ट है :

भजनफल, गुणनफल, घनफल

नागरी प्रचारिणी सभा की शब्दावली में Function का पर्याय भी 'फल' ही दिया है। यह कदाचित ध्वनि-साम्य के कारण दिया गया है। यह शब्द तो किसी प्रकार इस अर्थ में चल ही नहीं सकता। चलन-कलन में इस ढंग के वाक्य बहुधा आएँगे :

The *result* of differentiating the *function* is 2x.

इस वाक्य में दोनों तिरछे लिखे शब्दों के लिए 'फल' शब्द का प्रयोग करना पड़ेगा। इसी प्रकार यदि कहीं 'फल का अवकलन करने से' ऐसा वाक्यांश आएगा तो उसके अर्थ Differentiating the function और Differentiating the result दोनों हो सकेंगे।

बहुत दिनों तक इस समस्या पर विचार करने से मैं इस निष्कर्ष पर पहुँचा हूँ कि Function के लिए 'फलिन' शब्द उपयुक्त होगा। 'फलिन' का अर्थ कोषों में दिया है 'फलने वाला'। इस प्रकार एक विचार से यह अर्थ ठीक बैठ जाता है क्योंकि जब Function पर भिन्न-भिन्न प्रकार की 'क्रियाएँ' होती हैं तो वह फलती फूलती हैं। यदि यह शब्द स्वीकार हो जाए तो हमारी तत्संबंधी शब्दावली इस प्रकार की बनेगी :

Function	फलिन
Functional	फलिन्य
Functionality	फलिन्यता
Functional dependence	फलिन्य परतंत्रता
Functionals (Theory)	फलिनवाद

(12) गणना—यह शब्द Calculation और Counting दोनों के लिए प्रयुक्त हो रहा है। इन दोनों अर्थों में तो परस्पर भ्रम की आशंका बहुत अधिक है। यदि कोई कहे कि

मैंने गणना कर ली है।

तो इसका क्या अर्थ होगा

I have Counted

अथवा I have Calculated ?

Counting में केवल गिनती का ही भाव है, Calculation में गिनती के अतिरिक्त जोड़ना, घटाना, गुणा, भाग, इत्यादि भी करना पड़ता है। अतएव Counting के लिए 'गणन' निर्धारित करके Calculation के लिए हम 'परिगणन' पर्याय बना सकते हैं।

(13) नियामक—

नियामक	Coordinates
नियामक वृत्त	Director circle

इस शब्द को इन दो अर्थों में लेना अनावश्यक है। परवलय की Directrix भी Director circle की ही एक विशिष्ट दशा होती है। सभा* की शब्दावली में Directrix का पर्याय 'नियता' दिया है। अतएव Director circle को हम 'नियती वृत्त' कह सकते हैं। इस प्रकार 'नियामक' केवल Coordinates के लिए रह जाता है।

---

* नागरी प्रचारिणी सभा, काशी।

(14) कक्षा–इस शब्द के तीन अर्थ देखने में आए हैं।

Class of a curve	वक्र की कक्षा
Orbit	कक्षा
Different order	भिन्न कक्षा

अब मान लिया कि हमें निम्नलिखित वाक्य का अनुवाद करना है :

The orbit of the planet is a curve of the second calss.

तो इसमें दो स्थलों पर दो भिन्न अर्थों में 'कक्षा' का प्रयोग करना होगा। एक बात और भी है। प्राचीन काल से Classification को 'वर्गीकरण' कहते चले आए हैं। अतएव Class को वर्ग कहना ही उचित होगा। परंतु वर्ग के भी दो अर्थ और हैं :

Square (Geometrical figure)	वर्ग
Square (Second power)	वर्ग

इन दोनों अर्थों में तो परस्पर भ्रम की आशंका नहीं है परंतु इन अर्थों और तीसरे अर्थ 'Class' में भ्रम हो सकता है क्योंकि वर्गीकरण का अर्थ Squaring भी हो सकता है, Classification भी। इस कठिनाई को दूर करने के लिए यह अच्छा होगा कि Squaring को वर्गकरण कहा जाए, Classification को 'वर्गीकरण'।

Order के लिए एक और शब्द 'वर्ण' भी प्रचलित है जो सर्वथा उपयुक्त है। अतएव ऊपर लिखे शब्दों के पर्याय ये होंगे।

Class of a curve	वक्र का वर्ग
Classification	वर्गीकरण
Squaring	वर्गकरण
Orbit	कक्षा
Different order	भिन्न वर्ग

(15) गुणक–इस शब्द के दो अर्थ है Multiplier और Coefficient परंतु इन दोनों अर्थों में गड़बड़ की संभावना बहुत कम है। इसके अतिरिक्त यह दोनों अर्थ इतने रूढ़ हो गए है कि इन्हें बदलना दुस्तर है।

(16) विनिमय–यह शब्द Barter और Exchange दोनों के अर्थ में आ रहा है। परंतु Barter के लिए गणित की प्राचीन पुस्तकों में 'भांड प्रति भांड' दिया है। Barter शब्द बहुत कम स्थानों में प्रयुक्त होता है। यदि इसके लिए 'भांड प्रति भांड' का प्रयोग किया जाए तो Exchange के लिए 'विनिमय' निर्धारित हो जाता है।

(17) पूर्ण–इसके चार अर्थ हैं :

पूर्ण भाजक	Complete divisor
पूर्ण तल	Whole surface
पूर्ण डोलन	Total Fluctuation
पूर्ण वर्ग	Perfect Sqaure

इनमें से पहले तीन अर्थों के कारण तो कोई भ्रम नहीं पड़ता। परंतु यदि हम Perfect का पर्याय भी 'पूर्ण' ही चलने दें तो Total Differential और Perfect Differential दोनों का पर्याय एक ही बनेगा 'पूर्ण अवकल'। इसी प्रकार 'पूर्ण संख्या' का अर्थ Whole number भी हो सकेगा, Perfect Number भी। यह वांछनीय नहीं होगा। अतएव Perfect का पर्याय बदलना होगा। यदि इसका पर्याय 'संपूर्ण निर्धारित किया जाए तो तत्संबंधी शब्दों के ये पर्याय होंगे :

Perfect fluid	संपूर्ण तरल
Perfect Differential	संपूर्ण अवकल
Total Diferential	पूर्ण अवकल
Whole Number	पूर्ण संख्या, पूर्णांक
Perfect Number	संपूर्ण संख्या

Totality	सर्वयोग
Complate Integral	पूर्ण अनुकल
Complete Quadrilateral	पूर्ण चतुर्भुज
Complete Primitive	पूर्ण पूर्वज

(18) विशिष्ट—यह शब्द दो अर्थों में आ रहा है :

विशिष्ट प्रतिज्ञा	Particular enunciation
विशिष्ट संख्या	Concrete Number

इस शब्दावली से Particular Concrete Number का अनुवाद हो ही नहीं सकेगा। अतएव यह उचित होगा कि हम पर्याय इस प्रकार निर्धारित करें :

Concrete number	मूर्त संख्या
Abstract number	अमूर्त संख्या

Particular के लिए 'विशिष्ट' का ही प्रयोग किया जाए जो रूढ़ हो चुका है।

(19) परिणाम—यह शब्द Result और Conclusion दोनों के लिए प्रयुक्त हो रहा है। यदि कहीं इस वाक्य का अनुवाद करना हुआ

The result follows as a conclusion

तो हम कठिनाई में पड़ जाएँगे।

परंतु हमारे पास भी इस ढंग के कई शब्द हैं :

फल, परिणाम, निष्कर्ष

जिन्हें हम इस प्रकार निर्धारित कर सकते हैं :

Conclusion	निष्कर्ष
Consequence	परिणाम
Result	फल

इसी ढंग की गड़बड़ 'अनुमान' शब्द के कारण पड़ी हुई है। तर्क शास्त्र में यह शब्द Inference का पर्याय माना जाता है परंतु कुछ लोग इसे Guess के अर्थ में प्रयुक्त करते हैं जो अनुचित है। Guess के लिए 'अटकल' का प्रयोग हो सकता है।

(20) सम—इस शब्द के अनेक प्रयोग देखने में आए हैं। कुछ यहाँ दिए जाते हैं :

1—	सम	बराबर
	समभुजीय	Equilateral
	सम अतिपरवलय	Equilateral Hyperbola
	समकौणिक	Equil-angular
	समता	Equality
	असमता	Inequality
2—	सम	Regular (समभुजीय और समकौणिक)
	सम बहुभुज	Regular Polygon
	सम चतुष्फलक	Regular Tetrahedron
	सम बहुफलक	Regular polyhedron
3—	सम	चौरस
	समतल	Plane, plane surface
	समतली	Coplanar

	समतल भूमि	चौरस भूमि
	विषमतल	Rough Surface
	सम परिच्छेद	Plane Section
4—	सम	Uniform (constant)
	सम गतिवृद्धि	Uniform acceleration
	सम निपीड	Uniform pressure
5—	सम	Uniform (of uniform material)
	सम छड़	Uniform Rod
	सम रज्जुवक्र	Uniform Catenary
6—	सम	Uniform (एकरूप)
	सम संसृति	Uniform Convergence
	समरूपता	Uniformity
7—	सम	एक
	समरैखिक	Collinear
	समचक्रीय	Con-cyclic
	समतलीय	Uni-planar
8—	सम संख्या	Even number
	विषम संख्या	Odd number
9—	सम	Alike
	सम समानांतर बल	Like parallel forces
10—	समकोण	Right angle
	सम शंकु	Right cone
	सम स्तूप	Right Pyramid

स्पष्ट है कि एक ही शब्द को इतने सारे अर्थों में चलाना उपयुक्त नहीं है। तथापि इनमें से कई उपयोग रूढ़ हो चुके हैं। जब तक अत्यंत आवश्यकता न हो, उन्हें बदलना भी ठीक न होगा। प्रथम तो हम उपयोगों 4-6 पर विचार करते हैं। इन उपयोगों में Uniform तीन अर्थों में आया है। इसका पहला अर्थ तो 'बराबर' या 'अचल' है। हिंदी का एक शब्द 'समान' भी परंपरा से इसी अर्थ में आ रहा है। अतएव, यदि हम Uniform के इस अर्थ के लिए 'समान' को निर्धारित कर दें तो अनुचित न होगा। शब्द इस प्रकार के बनेंगे :

Uniform acceleration	समान गतिवृद्धि, अचल गतिवृद्धि
Uniform motion	समान गति
Uniform pressure	समान निपीड

Uniform के शेष दोनों अर्थों के लिए यदि हम 'एकरूप' को निश्चित कर दें तो भ्रम की कोई संभावना न होगी। शब्दावली इस प्रकार की बनेगी :

Unirom rod	एकरूप छड़
Uniform Catenary	एकरूप रज्जुवक्र
Uniform Convergence	एकरूप संसृति
Uniformity	एकरूपता

मेरा विचार है कि प्रयोग 1,2 और 8 को ज्यूँ का त्यूँ रहने दिया जाए। ये प्रयोग बहुत पुराने हो चुके हैं। शेष प्रयोगों में हम थोड़ा-थोड़ा परिवर्तन इस प्रकार कर सकते हैं :

3—	Plane, Plane Surface	समतल
	Coplanar	समतली
	Non-Coplanar	असमतली (र)
	Plane Section	समतल काट, समतल परिच्छेद
	Flat Surface	समतल भूमि
	Smooth plane	चिकना समतल
	Rough plane	रूक्ष समतल

इस प्रकार इस अर्थ में 'सम' के स्थान पर सदैव 'समतल' प्रयुक्त किया जाएगा।

7—	Collinear	सरैखिक
	Non-Collinear	असरैखिक
	Con-Cyclic	संवृत्तीय
	Non-concylic	असंवृत्तीय
	Concurrent	संगामी
	Non-concurrent	असंगामी
	Concentric	सकेंद्र
	Contact	संस्पर्श
	Contract	संकोचन
	Continue	संतन्
	Uniplanar	एकतली
9—	Alike	सजातीय
	Like terms	सजातीय पद
	Like surds	सजातीय करणियाँ
	Like parallel forces	सजातीय समानांतर बल
10—	Right angle	समकोण
	Right cone	लांबिक शंकु
	Right pyramid	लांबिक स्तूप

(21) शून्य—यह शब्द दो अर्थों में प्रयुक्त हो रहा है, Zero और Vacuum के। कहीं-कहीं इस ढंग के वाक्य का अनुवाद करना पड़ता है :

In Vacuum the retardation will be Zero.

इसका अनुवाद

शून्य में गतिह्रास शून्य होगा

बहुत भद्दा लगता है। Zero की धारणा विद्यार्थियों को स्कूल की कक्षाओं के आरंभ से ही हृदयंगम करनी पड़ती है। अतएव शून्य का यह अर्थ Vacuum से अधिक प्रचलित है। अतः शून्य को Zero के पर्याय के रूप में चलने दिया जाए। यदि Vacuum के लिए प्राचीन शब्द 'खं' निर्धारित कर दिया जाए तो यह कठिनाई दूर हो जाए।

(22) शुद्ध—यह शब्द परंपरा से Pure और Correct दोनों अर्थों में प्रयुक्त हो रहा है। अब इन दोनों अर्थों में विवेचन करना आवश्यक हो गया है। वैज्ञानिक विषयों में इस प्रकार के वाक्य नित्य प्रयोग में आते हैं :

The Correct percentage of impurity in the Solution is 10. 32.

इसका अनुवाद होगा :

विलेय में अशुद्धि की प्रतिशतता का शुद्ध मान 10.32 है।

यहाँ 'शुद्ध मान' के स्थान पर 'यथार्थ मान' भी कह सकते हैं। परंतु यथार्थ भी कई अर्थों में प्रयुक्त हो रहा है। इस संबंध में निम्नलिखित शब्द विचारणीय हैं :

Actual Value	वास्तविक मान (ना. प्र. सभा)
Correct Value	यथार्थ मान (ना. प्र. सभा)
Accurate Value	यथार्थ मान (ना. प्र. सभा)
True Value	
Exact Value	यथार्थ मान (ना. प्र. सभा)
Precise Value	

'वास्तविक' तो हम Real के लिए निश्चित कर चुके हैं। और स्पष्ट है कि इन सारे शब्दों के लिए अकेले 'यथार्थ' से काम नहीं चलेगा। जीवित भाषा का यह एक लक्षण है कि उसके द्वारा अर्थों के सूक्ष्मांतर भी व्यक्त हो सकें। किसी भी कोष के देखने से पता चल जाएगा कि इन समस्त शब्दों के अर्थों में थोड़ा-थोड़ा अंतर है। Actual को हम इस शब्दावली से अलग कर सकते हैं क्योंकि यह शब्द एक दूसरी ही विचारधारा का द्योतक है। और यदि 'शुद्ध' को Pure के लिए निश्चित कर दिया जाए तो हम अपनी शब्दावली इस प्रकार बना सकते हैं :

Correct	साधु
Accurate	सुसाधु, परिशुद्ध (र)
True	सत्य
Exact	तथ्य, यथार्थ
Precise	सुतथ्य, यथार्थतम (र)

दूसरा उपाय यह हो सकता है कि Correct के लिए 'शुद्ध' को भी चलने दिया जाए और Pure के लिए 'निर्मल' अथवा कोई और शब्द ढूँढ़ निकाला जाए।

(23) निम्नलिखित शब्दों के पर्यायों में बड़ी अराजकता फैली हुई हैं :

Common, General, Ordinary, Normal.

शब्द 'साधारण' General, के लिए भी प्रयुक्त हो रहा है, Ordinary के लिए भी, Common के लिए भी। बहुधा वैज्ञानिकों को Generalisation के लिए 'साधारणीकरण' का प्रयोग करते देखा है। शब्द 'सामान्य' Ordinary के लिए भी प्रयुक्त होता है, Normal के लिए भी।* इन शब्दों के लिए एक-एक पर्याय निश्चित कर दिया जाए तो अच्छा है। मान लीजिए हम ये पर्याय निर्धारित करते हैं।

Common	सार्व (ना. प्र. सभा)
General	व्यापक (ना. प्र. सभा)
Ordinary	सामान्य (ना. प्र. सभा)
Normal	प्रकृत

'Common' के कई अर्थ हैं। इसके दो अर्थों के लिए तो पर्याय निश्चित हैं :

Common (to two)	उभयानिष्ठ
Common (to all)	सर्वनिष्ठ

इन अर्थों में तो यही पर्याय चलने दिए जाएँ। अन्य स्थलों पर 'सार्व' का प्रयोग किया जाए। यहाँ उपरिलिखित दोनों पर्यायों और 'सार्व' के प्रयोग में विभेद करना आवश्यक दिखाई देता है। इस हेतु मैं यहाँ तीन वाक्य लेता हूँ :

The side A B is common to the two triangles.

The side A B is common to all the triangles.

The three fractions have a common denominator.

---

* यहाँ Normal के ज्यामितीय अर्थ 'अभिलंब' से तात्पर्य नहीं है।

पहले वाक्य का अर्थ यह है कि एक भुजा A B दोनों त्रिभुजों में विद्यमान है। अर्थात् प्रत्येक त्रिभुज की तीन भुजाओं में से एक A B है। दूसरे वाक्य का भी अर्थ इसी ढंग का है। परंतु तीसरे वाक्य का अर्थ यह नहीं है कि तीनों भिन्नों का एक ही हर है वरन् यह कि हर तो अलग-अलग है परंतु उनका मान एक ही है। अतएव इन वाक्यों का अनुवाद इस प्रकार होगा :

भुजा क ख दोनों त्रिभुजों में उभयनिष्ठ है।

भुजा क ख समस्त त्रिभुजों में सर्वनिष्ठ है।

तीनों भिन्नों में सार्व हर है।

इस प्रकार 'Common' के तीन पर्याय निश्चित हो गए। परंतु कहीं-कहीं 'Common' का एक चौथा अर्थ होता है–'सर्व' साधारण से मिलता जुलता। ऐसे स्थानों पर हम 'साधारण' का प्रयोग कर सकते हैं। मेरा तात्पर्य निम्नलिखित शब्दावली से स्पष्ट हो जाएगा। यहाँ मैं उन शब्दों को छोड़े देता हूँ जहाँ 'उभयनिष्ठ' अथवा 'सर्वनिष्ठ' का उपयोग होना चाहिए।

Common denominator	सार्वहर
Common Difference	सार्व अंतर
Common Divisor	सार्व भाजक
Common elemet	सार्व सत्त्व
Common factor	समापवर्त्तक (प्राचीन)
Common fraction	साधारण भिन्न (Vulgar fraction)
Proper fraction	सूक्ष्म भिन्न (लीलावती)
Common letter	सार्व वर्ण
Common measure	सार्व भाजक
Common Multiple	समापवर्त्य (प्राचीन)
Common Ratio	सार्व निष्पत्ति, गुणोत्तर निष्पत्ति

अब मैं यहाँ कुछ शब्द ऐसे भी देता हूँ जिनमें Common के लिए 'साधारण' का प्रयोग होगा :

Common balance	साधारण तुला
Common logarithm	साधारण लघुगणक
Common pump	साधारण पम्प
Common Screw	साधारण पेंच

शेष शब्दों की सूची :

Ordinary Differential Equation	सामान्य अवकल समीकरण
Ordinary point	सामान्य बिंदु
Normal Dispersion	प्रकृत विकिरण
Normal Distribution	प्रकृत वितरण
Normal form	प्रकृत रूप
Natural form	प्राकृतिक रूप
Normal System	प्रकृत संहति
Normal Transformation	प्रकृत रूपांतर
Normal Value	प्रकृत मान

General Conic	व्यापक शांकव
General Difinition	व्यापक व्याख्या
General Enunciation	साधारण प्रतिज्ञा (रूढ़)
General Expression	व्यापक व्यंजन
General Formula	व्यापक सूत्र
General Integral	व्यापक अनुकल
Generalisation	व्याप्ति
Generalised	व्याप्त
Generality	व्यापकता

(24) स्थानांतरण

इस शब्द के दो प्रयोग देखे गये हैं :

स्थानांतरण	Transference
स्थानांतरण	Displacement

इसके अतिरिक्त हमें Translation के लिए भी कोई शब्द निर्धारित करना होगा। और इसके लिए 'स्थानांतरण' बहुत उपयुक्त दिखाई देता है। मेरा प्रस्ताव है कि हम इन शब्दों के पर्याय इस प्रकार निश्चित करें :

Displacement	विस्थापन (र)
Handing over	हस्तांतरण
Transference	अंतरण
Translation	स्थानांतरण
Translational Velocity	स्थानांतरण वेग
Translatory motion	स्थानांतरण गति

(25) मूल—यह शब्द Root और Fundamental दोनों के लिए प्रयुक्त हो रहा है। परंतु कहीं-कहीं इस ढंग का वाक्यांश The fundamental roots of the equation भी प्रयोग में आता है। यहाँ यदि हम इसका इस प्रकार समीकरण के मौलिक मूल अनुवाद करें तो एक अन्य कठिनाई यह आन पड़ती है कि 'मौलिक' Original के लिए प्रयुक्त होता है। इन दोनों अर्थों को पृथक रखना पड़ेगा। इस संबंध में मेरे प्रस्ताव ये हैं :

Fundamental formula	मूल सूत्र
Fundamental law	मूल नियम
Fundamental operation	मूल क्रिया
Fundamental Root	आधार मूल
Original Root	मौलिक मूल
Original value	मौलिक मान
Radical Axis	मूलाक्ष
Radical centre	मूल केंद्र
Radical difference	मौलिक अंतर
Radical sign	करणी चिह्न

(26) सिद्धांत—यह शब्द Principle और Theory दोनों के लिए प्रयोगों में आ रहा है। जब हम कहते हैं 'आर्किमेडीज का सिद्धांत' तो हमारा तात्पर्य एक विशिष्ट नियम से होता है। परंतु जब हम कहते हैं 'समीकरण सिद्धांत' तो उसका अर्थ होता है 'एक सिद्धांत समूह का दिग्दर्शन।' यदि हम Principle के लिए 'नियम' को निश्चित कर दें और सिद्धांत का प्रयोग केवल Theory के लिए करें तो सभ्रम की संभावना नहीं रहेगी।

(27) विषम—इस शब्द के कई प्रयोग देखे गए हैं :

विषम	Irregular
विषम भिन्न	Improper fraction
विषम संख्या	Odd number
विषम समानांतर बल	Unlike parallel forces
विषम	Unequal
विषम गतिवृद्धि	Variable acceleration
विषम संसृति	Non-uniform convergence

अवश्य ही एक शब्द का प्रयोग इतने सारे अर्थों में नहीं होना चाहिए। यदि यह समस्त प्रयोग प्रचलित रहें तो 'विषम फलिन' का क्या अर्थ होगा Odd function अथवा Irregular function? इसके अतिरिक्त Unlike parallel forces और Unequal parallel forces के अनुवाद में कोई अंतर नहीं होगा।

इन प्रयोगों में से तीसरा प्रयोग सबसे अधिक रूढ़ प्रतीत होता है। शेष प्रयोगों में हम इस प्रकार परिवर्तन कर सकते हैं :

Regular function	नियमित फलिन
Irregular fonction	अनियमित फलिन
Proper fraction	सूक्ष्म भिन्न (लीलावती)
Improper fraction	स्थूल भिन्न (लीलांवती)
Like parallel forces	सजातीय समानांतर बल
Unlike parallel forces	विजातीय समानांतर बल
Equal angles	समान कोण
Unequal angles	असमान कोण
Constant acceleration	अचल गतिवृद्धि
Variable convergence	चल गतिवृद्धि
Unirom convergence	एकरूप संसृति
Non-uniform convergence	अनेकरूप संसृति

(28) सर्वथासम—यह शब्द दो अर्थों में प्रयुक्त हो रहा है Identical और Identically Equal. परंतु इन दोनों अर्थों में वास्तविक अंतर है जब हम कहते हैं

Point A is identical with point B

तो इसका अर्थ यह होता है कि बिंदु A और B एक ही हैं। परंतु जब हम कहते हैं

Triangles ABC, DEF are identically equal

इसका अर्थ यह नहीं होता कि दोनों त्रिभुज एक ही हैं वरन् यह कि एक त्रिभुज के समस्त अंग क्रमानुसार दूसरे त्रिभुज के अंगों के बराबर हैं। यदि हम इन दोनों अर्थों के लिए एक ही शब्द का प्रयोग करते रहेंगे तो संभ्रम की बहुत संभावना रहेगी। अतएव यदि इन अर्थों में इस प्रकार विवेचन कर लिया जाए तो अच्छा है :

Identical	एकात्मक, अनन्य, एक ही, अभिन्न
Identically equal	सर्वांगसम, सर्वथासम

(29) कल्पित—ना. प्र. सभा की शब्दावली में यह शब्द Imaginary के अर्थ में दिया हुआ है जो सर्वथा अनुचित है। 'कल्पित' का अर्थ है ''कल्पित किया हुआ'' अर्थात् Supposed, imagined, assumed. और imaginary का अर्थ इससे सर्वथा भिन्न है। यदि यह शब्द 'imaginary' के अर्थ में प्रयुक्त होता रहा तो किसी स्थल पर यह पता चलाना कठिन हो जाएगा कि 'कल्पित राशि' से तात्पर्य assumed quantity का है अथवा imaginary quantity का। इसके अतिरिक्त हम

Our assumed imaginary quantity

का अनुवाद कर ही न पाएँगे। अतएव यह आवश्यक है कि 'कल्पित' को Supposed का ही पर्याय माना जाए और imaginary के लिए 'काल्पनिक' का प्रयोग किया जाए जैसा कुछ लेखक करने लगे हैं।

(30) आकार—यह शब्द चार अर्थों में प्रयुक्त होते देखा गया है :

Size, Shape, Form, Figure.

स्पष्ट है कि इन चारों अर्थों में तो एक शब्द चल ही नहीं सकता। यदि हमें कहना हो

The size and shape of the figure

तो हिंदी में किस प्रकार कहेंगे? इसके अतिरिक्त इस प्रकार के वाक्य

The bodies resemble in shape but not in size.

का अनुवाद करना भी दुस्तर हो जाएगा। यह आवश्यक है कि ऊपर लिखे चारों शब्दों के लिए यथासाध्य पृथक-पृथक शब्द निश्चित कर दिए जाएँ। हम अपनी शब्दावली इस प्रकार की बना सकते हैं :

Size	आकार
Shape	रूप
Form	रूप
Figure	आकृति

Shape और form के लिए एक ही पर्याय रखने में कोई हानि दिखाई नहीं देती।

(31) उदाहरण—यह शब्द इन तीनों शब्दों के लिए प्रयोग में आ रहा है :

Illustration, Example, Instance.

पिछले दोनों शब्दों का अर्थ तो प्रायः एक ही है। परंतु पहले और दूसरे में थोड़ा सा अंतर है। इसके अतिरिक्त कहीं-कहीं पर हमें

Illustrative Example

का भी अनुवाद करना होगा। अतएव, इन दोनों शब्दों में विवेचन करना आवश्यक है। मेरा तत्संबंधी प्रस्ताव यह है :

Example	उदाहरण
Illustration	दृष्टांत
Illustrative Example	दार्ष्टान्तिक उदाहरण, द्योतक उदाहरण

(32) अनियमित—ना. प्र. सभा की शब्दावली में यह शब्द इन दोनों अर्थों में दिया है :

Incommensurable, Random.

इन दोनों शब्दों के अर्थों में आकाश, पाताल का अंतर है। यदि हम कहें कि

मान लो कि य कोई अनियमित राशि है। तो इसका क्या अर्थ निकलेगा ?

Let x be any incommensurable quantity अथवा Let x be any quantity, taken at random?

इस संबंध में कुछ शब्द और भी विचार करने योग्य हैं :

करणी	Surd
करणीगत	Irrational
अकरणीगत	Rational

इन शब्दों पर एक आपत्ति तो यह है कि Rational जैसे भावात्मक शब्द के लिए अभावात्मक शब्द 'अकरणीगत' क्यों रखा जाए। दूसरी बात यह है कि 'अकरणीगत' का अर्थ है 'जो करणी न हो।' परंतु केवल Rational संख्याएँ ही तो ऐसी नहीं हैं जो करणीगत न हों। Transcendental संख्याएँ भी 'करणी' नहीं कहलाई जा सकतीं, परंतु यह Rational नहीं होतीं। यह तो Irrational से भी परे हैं। अतएव 'करणीगत' और 'अकरणीगत' उपयुक्त प्रतीत नहीं होते, इस संबंध में डा. रघुवीर के शब्द विचारणीय हैं जो यहाँ दिए जाते हैं :

Rational	सुमेय
Irrational	दुर्मेय
Commensurable	संमेय
Incommensurable	असंमेय

'अनियमित' तो हम [27] में Irregular के लिए नियत कर चुके हैं। 'Surd' के लिए प्राचीन शब्द 'करणी' को बदलने का कोई कारण दिखाई नहीं देता। Random के लिए 'स्वेच्छ' का प्रयोग हो सकता है।

(33) अनंत—यह शब्द Infinite और Infinity दोनों के लिए प्रयुक्त हो रहा है। यदि इन प्रयोगों को चलने दिया जाए तो **अनंत रेखा** का अर्थ 'Infinite Line' भी हो सकता है, तथा Line at Infinity' भी। इस प्रकार के संभ्रम को मिटाने के लिए 'Infinity' के लिए कोई पृथक शब्द रखना ही होगा। मेरी समझ में इसके लिए 'अनंती' शब्द अनुपयुक्त न होगा। हमारी तत्संबंधी शब्दावली का यह रूप होगा :

Infinite Integral	अनंत अनुकल
Infinite Limit	अनंत सीमा
Infinite Product	अनंत गुणनफल
Infinite Quantity	अनंत राशि
Infinite Sequence	अनंत अनुक्रम
Infinite Series	अनंत श्रेणी
Infinitude	अनंतता
Infinity	अनंती
Circular Points at Infinity	अनंती वर्तुल बिंदु
Line at Infinity	अनंती रेखा
Plane at Infinity	अनंती समतल
Point at Infinity	अनंती बिंदु
Sum to Infinity	अनंती तक योग
Tangent at Infinity	अनंती स्पर्शी

(34) यंत्र—यह शब्द इन चार शब्दों के लिए प्रयुक्त हो रहा है :

Instrument, Apparatus, Machine, Machinery.

मान लीजिए कि हमें इन दोनों वाक्यों का अनुवाद करना है :

Six instruments are required for the apparatus.

The machinery consists of five machines.

तो इनमें से प्रत्येक वाक्य में दो भिन्न अर्थों में दो स्थानों पर 'यंत्र' का प्रयोग होगा। अतएव ऊपर लिखे चारों शब्दों के लिए पृथक-पृथक पर्याय निर्धारित करने ही होंगे। एक प्रस्ताव यह है :

Instrument	उपकरण
Apparatus	साधित्र=(साधक+यंत्र) (र)
Machine	यंत्र
Machinery	(यंत्र समूह) संयंत्र (र)

(35) अंतर—इस शब्द का प्रचलित अर्थ तो Difference है ही, परंतु नागरी प्रचारिणी सभा की शब्दावली में Interval का पर्याय भी यही शब्द दिया है। यह सर्वथा अनुचित है। इस प्रकार तो हम

The difference between the intervals का अनुवाद कर ही न पाएँगे। इसके अतिरिक्त Interval of space और Interval of time में भी भेद करना होगा। हम अपनी शब्दावली इस प्रकार बना सकते हैं :

Interval (of time)	अंतर्धि
Interval (of space)	अंतराल
Sub-interval (of time)	उपांतर्धि
Sub-interval (of space)	उपांतराल
Class interval	वर्गांतराल
Closed interval	बंद अंतराल
Interval of convergence	संसृति अंतराल
Open interval	खुला अंतराल
Overlapping interval	प्रारोहक अंतराल

(36) सीमित—ना. प्र. सभा की वैज्ञानिक शब्दावली के पृष्ठ 70 पर निम्नलिखित शब्द दिए हैं :

Difinite Integral	सीमित अनुकल
Indefinite Integral	असीमित अनुकल
Corrected Integral	सीमित अनुकल
Uncorrected integral	असीमित अनुकल

यदि इस शब्दावली को चलने दिया जाए तो किसी स्थान पर यह पता चलना कठिन होगा कि 'सीमित अनुकल' दोनों में से किस अर्थ में आया है। और इन दोनों अर्थों में वास्तविक अंतर है। दूसरी बात यह है कि उसी शब्दावली में अन्य स्थलों पर ये पर्याय भी दिए हैं :

Definite	निश्चित
Indefinite	अनिश्चित

'Definite Integral' में 'Definite' का वही अर्थ है जिसका द्योतक 'निश्चित' है। इसी प्रकार Indefinite Integral में 'Indefinite' का अर्थ 'अनिश्चित' के अतिरिक्त और कुछ नहीं है। इसके विपरीत 'असीमित' का अर्थ है Unlimited अर्थात् Infinite. अतएव इस शब्दावली में परिवर्तन करना ही होगा। हम इस शब्दावली का संशोधन इस प्रकार कर सकते हैं :

Difinite Integral	निश्चित अनुकल
Indefinite Integral	अनिश्चित अनुकल
Corrected Integral	शोधित अनुकल*
Uncorrected Integral	अशोधित अनुकल

(37) अचल—यह शब्द Constant और Invariant दोनों के अर्थ में प्रयुक्त हो रहा है। ऐसी अवस्था में इस प्रकार के वाक्य का अनुवाद करना कठिन हो जाएगा :

The invariant involves three constants.

इसके अतिरिक्त 'समीकरण का अचल' का क्या अर्थ निकलेगा

Constant of the Equation अथवा Invariant of the equation ?

हम इस ढंग के शब्दों के पर्याय इस प्रकार निश्चित कर सकते हैं :

Constant (N.and Adj.)	अचल
Constant Quantity	अचल राशि
Invariant	निश्चल
Convariant	सहचल (र)

* उसी शब्दावली के पृ. 32 पर यह पर्याय दिया भी है।

Contravariant	प्रतिचल

(38) उत्क्रम, व्युत्क्रम–ये दोनों शब्द Inverse और Reciprocal दोनों के अर्थों में आ रहे हैं। Reciprocal का अधिक प्रचलित अर्थ तो वह है जो इस वाक्य से स्पष्ट है :

The Reciprocal of 3 is $\frac{1}{3}$

यह अर्थ 'Reciprocal Root' और 'Reciprocal ratio' में निहित है। परंतु कभी-कभी Reciprocal का अर्थ होता है ''एक विशेष क्रिया द्वारा निकाला हुआ फल'' जैसे 'Reciprocation' और 'Reciprocity Theorem' में। यदि इन दोनों अर्थों के लिए एक ही शब्द 'व्युत्क्रम' से काम लें तो भ्रम की संभावना अधिक नहीं है। परंतु Inverse का भी कभी-कभी वही अर्थ होता है जो Reciprocal का पहला अर्थ है, जैसे 'Inversely proportional' में। ऐसे स्थलों पर Inverse के लिए भी 'व्युत्क्रम' का ही प्रयोग करना होगा। Inverse का दूसरा अर्थ भी एक विशेष क्रिया का परिणाम है; परंतु यह 'विशेष क्रिया' reciprocation की विशेष क्रिया से सर्वथा भिन्न है। अतएव हमें अपने पर्याय इस प्रकार निश्चित करने होंगे कि इन क्रियाओं में परस्पर भ्रम की संभावना न रह जाए। मेरा विचार है कि इस ढंग की शब्दावली से हमारा काम चल सकता है :

Inverse	उत्क्रम
Inverse function	उत्क्रम फलिन
Inverse curve	उत्क्रम वक्र
Inversely proportional	व्युत्क्रमानुपाती
Inversely varies	व्युत्क्रमतः विचरता है
Inverse notation	उत्क्रम संकेतलिपि
Inverse point	उत्क्रम बिंदु
Inverse probability	उत्क्रम संभाव्यता
Inverse process	उत्क्रम विधा
Inverse proportion	व्युत्क्रमानुपात
Inverse ratio	व्युत्क्रम निष्पत्ति
Inverse variation	व्युत्क्रम विचरण
Inversion	उत्क्रमण
Inversion of order	क्रम का उत्क्रमण
Reciprocal	व्युत्क्रम
Reciprocal curver	व्युत्क्रम वक्र
Reciprocal determinant	व्युत्क्रम सारणिक
Reciprocal Equation	व्युत्क्रम समीकरण
Reciprocal Function	व्युत्क्रम फलिन
Reciprocally Proportional	व्युत्क्रमानुपाती
Reciprocal Operation	व्युत्क्रम क्रिया
Polar Reciprocal	कोणीय व्युत्क्रम
Reciprocal ratio	व्युत्क्रम निष्पत्ति
Reciprocal Root	व्युत्क्रम मूल
Reciprocant	व्यतिहारक
Reciprocation	व्युत्क्रमण
Reciprocity	व्युत्क्रमता

(39) गतिविज्ञान–ना.प्र. सभा की शब्दावली में यह शब्द Dynamics और Kinematics दोनों के लिए प्रयुक्त हुआ

है। अवश्य ही यह युक्तिसंगत नहीं है क्योंकि Kinematics तो Dynamics की एक शाखा है। मेरे तत्सम्बन्धी प्रस्ताव ये हैं–

Dynamics	गतिविज्ञान
Kinematics	गतिगणित
Kinetics	गतिशास्त्र
Kinetic energy	गति शक्ति

(40) मध्यमान–सभा की शब्दावली में यह शब्द Mean का पर्याय है। यदि इस शब्द को स्वीकार कर लिया जाय तो Mean और Mean Value में कोई अंतर नहीं रह जाएगा। हम Mean Value Theorem को 'मध्यमान प्रमेय' कहेंगे। और यदि कहीं Theorem of the Mean का पर्याय बनाने की आवश्यकता पड़ गई तो उसे भी 'मध्यमान प्रमेय' ही कहना पड़ेगा। अतएव, मेरे विचार में इस संभ्रम को मिटाने के लिए Mean के लिए डा. रघुवीर के पर्याय 'मध्यक' को स्वीकार कर लेना चाहिए।

(41) रूपांतर–यह शब्द Modification और Transformation दोनों अर्थों में प्रयुक्त हो रहा है। ऐसी दशा में इस वाक्य का अनुवाद करना कठिन होगा :

This transformation is only a modification of the previous one.

अतएव इस शब्दावली में कुछ परिवर्तन करना अनिवार्य है। एक प्रस्ताव यह है :

Modification	रूपभेद, संशोधन
Modified	संशोधित
Transform	परिवर्त
Transformation	रूपांतर, परिवर्तन
Affine transformation	परिमिती रूपांतर
Conformal transformation	समगुणी रूपांतर
Congruent transformation	एकात्मक रूपांतर
Conjunctive transformation	संयुति रूपांतर
Contact transformation	संस्पर्श रूपांतर
Isothermal transformation	समतापी रूपांतर
Linear transformation	एकघात रूपांतर
Normal transformation	प्रकृत रूपांतर
Transformation of axes	अक्ष परिवर्तन
Orthogonal transformation	समकोणीय रूपांतर
Projective transformation	विक्षेपी रूपांतर

(42) Quantity के लिए तीन पर्याय प्रयुक्त हो रहे हैं :

मात्रा, राशि, परिमाण।

मैं बहुत दिन से इस बात पर विचार कर रहा हूँ कि क्या यह संभव है कि इस शब्द के लिए एक ही पर्याय निश्चित हो जाए। परंतु यह व्यावहारिक दिखाई नहीं देता। मान लीजिए हमें इस वाक्य का अनुवाद करना है :

There are two unknown quantities in the equation.

तो हमें कहना होगा :

समीकरण में दो अज्ञात राशियाँ हैं।

यहाँ हम 'राशियों' के स्थान पर 'मात्राएँ' नहीं कह सकते। परंतु यदि इस वाक्य का अनुवाद करना हो :

We are manufacturing the medicine in large quantities, तो कहना होगा :

हम औषधि का निर्माण बड़ी मात्रा में कर रहे हैं।

इस वाक्य में हम 'मात्रा' के स्थान पर 'राशि' नहीं कह सकते। अतएव स्पष्ट है कि quantity के लिए यथास्थान 'मात्रा' और 'राशि' दोनों का प्रयोग करना ही पड़ेगा।

एक बात और ध्यान देने योग्य है : Mass का पर्याय भी 'मात्रा' ही है। साधारणतया तो इससे कोई कठिनाई नहीं पड़ेगी। परंतु मान लीजिए कि हमें निम्नलिखित व्याख्या का अनुवाद करना है :

Mass is the quantity of matter contained in a body.

स्पष्ट है कि इस स्थान पर हम quantity के लिए 'राशि' नहीं कह सकते। 'मात्रा' कहना अधिक उपयुक्त होगा। परंतु यदि हम 'मात्रा' कहते हैं तो एक ही वाक्य में इस शब्द का प्रयोग दो भिन्न-भिन्न अर्थों Mass और quantity—में हुआ जाता है। इस कठिनाई को दूर करने के लिए हमें उपरिलिखित वाक्य का अनुवाद इस प्रकार करना होगा :

किसी काय में जितना द्रव्य होता है, उसके परिमाण को मात्रा कहते हैं।

अतः स्पष्ट है कि quantity के लिए कहीं कहीं पर 'परिमाण' का प्रयोग भी करना ही होगा।

Dynamical Mass का एक अन्य पर्याय है 'जाड्य'। इसके बदलने की कोई आवश्यकता प्रतीत नहीं होती।

कभी-कभी ऐसा वाक्यांश भी आन पड़ता है जिसमें Mass के लिए 'मात्रा' अथवा 'जाड्य'—दोनों में से किसी से भी काम नहीं चलता, जैसे :

A Mass of ten lbs.

इस वाक्यांश में Mass का अर्थ वास्तव में Body ही है। अतएव इसका अनुवाद होगा :

दस पौंड का एक काय।

(43) घनफल—यह शब्द Volume और Cube (third power) दोनों के लिए प्रयुक्त हो रहा है। यदि यह प्रयोग चलने दिए जाएँ तो वाक्य

The cube of the Volume of the solid is 125. का अनुवाद होगा :

ठोस के घनफल का घनफल 125 है।

इस गड़बड़ को बचाने के लिए हम इसी बात को इस प्रकार भी व्यक्त कर सकते हैं :

ठोस के घनफल का घन 125 है अथवा : ठोस के घनफल का तृतीय घात 125 है।

परंतु हमारे पास एक अन्य शब्द 'आयतन' विद्यमान है। अतएव हम Volume के लिए इसको निर्धारित कर सकते हैं। इस प्रकार घनफल Cube (third power) के लिए निश्चित हो जाता है।

Volume से मिलता-जुलता एक शब्द है Bulk जिसके कई अर्थ हैं :

(1) Bulk=Volume Elasticity of bulk आयतन लोच

(2) Bulk=Magnitude, quantity Bulk for bulk समान परिमाणों में, समान मात्राओं में

(3) Bulk=A greater part The Bulk of population जनसंख्या का अधिकांश

(4) Bulk=Large size Just look at its bulk तनिक उसका आकार तो देखो ? A bulky body भीमकाय शरीर

(44) सीमा—इस शब्द के दो प्रयोग हैं : Limit और Range इन दोनों अर्थों में विवेचन करना होगा अन्यथा—

Limit of the Range का अनुवाद किस प्रकार होगा ?

'Range' के भी कई अर्थ हैं। अतएव इस शब्द के लिए एक ही पर्याय से काम नहीं चलेगा। मेरा तात्पर्य इस शब्दावली से स्पष्ट हो जाएगा :

Range of points	बिंदु माला
Range of Circles	वृत्त माला
Range of Conics	शांकव माला
Harmonic Range	हरात्मक बिंदुमाला
Homographic Range	एकैकीसंगत बिंदुमाला
Range of Involution	समुत्क्रमण बिंदुमाला

Range of projectile	प्रक्षेप्य की मार
Maximum Range	महत्तर मार
Range of stability	स्थायित्व का गोचर
Range of values	मानों का गोचर

इस प्रकार 'सीमा' Limit के लिए ही रह जाता है।

(45) रेखावली—यह शब्द Pencil of Lines के लिए प्रयुक्त हो रहा है। 'अवली' का अर्थ है 'समूह'। यही अर्थ अंग्रेज़ी के 'System' से व्यक्त होता है। अतएव 'रेखावली' का अर्थ हुआ 'System of Lines'. और 'Pencil of Lines'. एक प्रकार का रेखा समूह ही होता है। अतएव यह पर्याय अनुपयुक्त नहीं है।

System के भी कई अर्थ हैं। यह अर्थ निम्नलिखित शब्दावली से स्पष्ट हो जाएँगे :

System	व्यवस्था, पद्धति, संहति,
Systematic	व्यवस्थित, पद्धतिशील
Cartesian	कार्तीय पद्धति
Decimal System	दशांशिक पद्धति
Metric system	मीटरी पद्धति
Adjoint system	सलग्न पद्धति
Conjugate system	अनुबद्ध संहति
Coplanar system	समतली संहति
Equivalent system	तुल्य संहति
Identical system	एकात्मक संहति
Normal system	प्रकृत संहति
System of bodies	काय संहति
System of circles	वृत्त संहति
System of forces	बल संहति
System of involution	समुत्क्रमण संहति
System of Lines	रेखा संहति
System of Particles	कण संहति
System of pulleys	घिरनी संहति
Nuel system	मोघ संहति
Pencil of Lines	रेखावली
Pencil of circles	वृत्तावली
Pencil of conics	शांकवावली
Pencil of curves	वक्रावली
Pencil of planes	समतावली

(46) मूलबिंदु—यह शब्द Origin और Pole (of Polar coordinates) दोनों के लिए प्रयुक्त हो रहा है। इसमें भ्रम की संभावना तो बहुत नहीं है, परंतु हम लोग Initial Line को 'आदि रेखा' कहते हैं। अतएव, यदि Pole को 'आदि बिंदु' कहा जाए तो अनुपयुक्त न होगा। इस प्रकार Origin और Pole के लिए दो पृथक् शब्द निर्धारित हो जाएँगे। Pole के भी कई अर्थ हैं जो निम्नलिखित शब्दों से प्रकट हो जाएँगे :

Pole (Measure)	पोल
Pole (Astronomy)	[illegible]

Pole and Polar	ध्रुव और ध्रुवी
Pole (of a Function)	ध्रुव बिंदु
Pole (of Polar coordinates)	आदि बिंदु

इस संबंध में कुछ और भी शब्द ध्यान देने योग्य हैं :

Polar Axis	ध्रुवी अक्ष
Polar coordinates	कोणीय नियामक
Polar Distance	कोणीय दूरी
Polar Equation	कोणीय समीकरण
Polarity	ध्रुवीयता
Polar Pencil	ध्रुवी रेखावली
Polar Plane	ध्रुवी समतल
Polar Raw	ध्रुवी माला
Tangential Polar	स्पर्श ध्रुवी
Polar Tetrahedron	ध्रुवी चतुष्फलक
Polar Tringle	ध्रुव त्रिभुज

(47) विस्तार—यह शब्द इन अर्थों में प्रयुक्त हो रहा है :

Size, Dimension, Expansion, Extension, Production

हमें बहुत बार ऐसे वाक्यों का प्रयोग करना होगा जिनमें उपरिलिखित एक से अधिक शब्दों का प्रयोग करना पड़े जैसे :

A size of proper dimensions.

We can extend the result to points outside the line by producing it

अतएव, यदि उपरिलिखित शब्दों के लिए पृथक पृथक शब्द निर्धारित हो जाएँ तो अच्छा होगा। पाठक इन शब्दों पर विचार करें :

Dimension (of an equation)	घात
Dimension (of space)	विस्तार
Three-dimensional space	त्रिविस्तारी अवकाश
Expand	प्रसरण
Expanded	प्रसृत
Ezpansible	प्रसार्य
Expansion	प्रसार
Extend	वितन (र)
Extended	वितत
Extension	वितान
Extent	विततिं
Produce	बढ़ाना, वर्धन
Produced	वर्धित
Size	आकार

(48) आकाश—यह शब्द Space और Sky दोनों के लिए प्रयुक्त हो रहा है। इस प्रकार हम निम्नलिखित वाक्य का अनुवाद कर ही न पाएँगे :

Does space extend beyond the Sky?

इसके अतिरिक्त इस वाक्य 'आकाश गोल है' का अर्थ निकलेगा :

The sky is round ?

अथवा

Space is round ?

स्पष्ट है कि इन दोनों के लिए पृथक पर्याय निर्धारित करने पड़ेंगे। एक प्रस्ताव इस प्रकार है :

Sky	आकाश
Space	अवकाश, अंतरिक्ष
Absolute space	परम अवकाश
Space charge	अवकाश निक्षेप
Space centrode	अवकाश केंद्रपथ
Space current	अवकाश धारा
Space curve	अवकाश वक्र
Cyclic space	चक्रीय अवकाश
Dimension of space	अवकाश का विस्तार
Hyper-Space	परावकाश
Space like	अवकाश सदृश
Space locus	अवकाश निधि
Space-time curve	अवकाश-काल वक्र
Space traversed	उत्तरित अवकाश

(49) कुटिल–यह शब्द तीन अर्थों में प्रयुक्त हो रहा है :

Non-complanar, skew, Tortuous.

प्रगट रूप से प्रथम दोनों अर्थों में कोई भेद नहीं दिखाई देता। परंतु इनमें वास्तविक अंतर है। जब हम कहते हैं।

A B and C D are two skew lines

तो इस वाक्य में तो Skew के स्थान पर Non-coplanar भी कह सकते हैं। इससे वाक्य के अर्थ में कोई अंतर नहीं पड़ेगा। परंतु अब तनिक इस वाक्य पर विचार कीजिए :

Let O A, O B, O C, O D be four concurrent, non coplanar straight lines.

इसका अर्थ यह है कि चारों रेखाएँ एक ही समतल पर स्थित नहीं हैं। परंतु इनमें से कोई सी भी दो रेखाएँ समतली होंगी क्योंकि वे संगामी (Concurrent) हैं। अतएव, प्रत्यक्ष है कि इस वाक्य में हम Non-coplanar के स्थान पर Skew नहीं कह सकते। अतः इन दोनों शब्दों के लिए भिन्न-भिन्न पर्याय निर्धारित करने ही होंगे।

शब्द Tortuous तो एक दूसरी ही विचार-धारा का द्योतक है। अतएव इसके लिए भी एक शब्द निश्चित हो जाय तो अच्छा है। मेरे तत्संबंधी प्रस्ताव ये हैं :

Non-coplanar	असमतली (र)
Skew	विषमतली
Tortuous	कुटिल
Tortuosity	कुटिलता

(50) गोल–साधारण बोलचाल में इस शब्द के दो अर्थ हैं। जब हम कहते हैं 'कमरा गोल है' तो उसका अर्थ होता है 'कमरा बर्तुल है'। परंतु जब हम कहते हैं कि 'दुनिया गोल है' तो उसका अर्थ 'वर्तुल' नहीं, 'गोलाकार' होता है। यह शब्दावली भ्रामक है। अंग्रेज़ी शब्द Round में भी यही दुविधा है। Round path का अर्थ है 'वर्तुल मार्ग' परन्तु Round Body का अर्थ है 'गोलाकार काय'।

एक बात और भी है। कुछ लोग 'गोल' का Sphere के अर्थ में संज्ञा रूप में भी प्रयोग करते हैं। संस्कृत में यह प्रयोग ठीक हो सकता है परंतु हिंदी में तो इस शब्द का प्रयोग विशेषण रूप में ही बहुप्रचलित है। इस शब्द का संज्ञा रूप 'गोला' है। उसी को चलने दिया जाए।

मैं तत्संबंधी कुछ शब्द यहाँ देता हूँ :

Sphere	गोला
Spherical	गोलीय (of, or pertaining to, a sphaere) (र)
Spherical	गोलाकार (having the shape of a sphere)
Spherical Angle	गोलीय कोण
Sphereical Body	गोलाकार काय
Spherical coordinates	गोलीय नियामक
Spherical Distance	गोलीय दूरी
Spherical Excess	गोलीय आधिक्य
Spherical Pendulum	गोलीय दोलक
Spherical Roulette	गोलीय लुण्ठज
Spherical Sector	गोलीय शकल (र)
Spherical Segment	गोलीय खंड
Spherical Shell	गोलाकार कवच
Spherical Trigonometry	गोलीय त्रिकोणमिति
Spherical Zone	गोलीय कटिबंध
Round Dance	मंडल नाच
Goes Round	की परिक्रमा करता है
Round Robin	मंडल पत्र

अंत में मैं कुछ शब्द अपने दृष्टि बिंदु के संबंध में कहना चाहता हूँ। मेरा विचार है कि किसी भी पारिभाषिक विषय की शब्दावली एक दो दिन या एक दो वर्ष में नहीं बना करती, वरन् उसका क्रमिक विकास हुआ करता है। अंग्रेज़ी की वैज्ञानिक शब्दावली जिस रूप में आज हमें दिखाई देती है, दो चार वर्ष नहीं वरन् दशाब्दियों के विकास का फल है। मैं दो एक उदाहरण देकर अपना तात्पर्य स्पष्ट करता हूँ।

अंग्रेज़ी का एक शब्द Trapezium लीजिए। एक समय इसका अर्थ था 'एक ऐसा चतुर्भुज जिसकी कोई भी दो भुजाएँ समानांतर न हों।' आज भी अमरीका के कुछ भागों में इसका यही अर्थ लिया जाता है। परंतु सारे ब्रिटिश साम्राज्य में और भारतवर्ष में इसका प्रचलित अर्थ है 'एक ऐसा चतुर्भुज जिसकी दो भुजाएँ समानांतर हों।' राजनीति के क्षेत्र में शब्द Colony पर विचार कीजिए। आज से 50 वर्ष पहले इसका अर्थ था 'वह प्रदेश जहाँ अंग्रेज़ जाकर बस जाएँ', अर्थात् जिसे हम हिंदी में 'नई बस्ती' कहते हैं। परंतु आज यह शब्द एक विशिष्ट प्रकार की शासन प्रणाली का द्योतक हो गया है। जिन प्रदेशों को आज हम Dominion अथवा Colony के नामों से संबोधित करते हैं उन सबके लिए किसी समय अकेला शब्द Colony प्रयुक्त होता था। परंतु आज इन दोनों शब्दों के अर्थों में वास्तविक अंतर पड़ गया है।

इसी प्रकार समस्त भाषाओं में और समस्त विषयों में शब्दों के अर्थों में हेर फेर होता रहता है। दीर्घ काल में ही इन अर्थों में सूक्ष्म भेद निश्चित हो पाते हैं। आज हमारी वैज्ञानिक शब्दावली अपने शैशव काल में है। कोई नहीं कह सकता कि प्रौढ़ावस्था प्राप्त करने में उसे कितना समय लगेगा। मैं यह कहने के लिए तैयार नहीं हूँ कि ''गणितीय शब्दावली के विषय में मुझे जितना विचार करना था, कर चुका; अब मेरे विचारों में कोई अंतर नहीं पड़ सकता।'' मैं यह बात सिद्धांतों के विषय में नहीं कह रहा, वरन् विशिष्ट पर्यायों के विषय में कह रहा हूँ। मुझे शब्दावली पर कार्य करते हुए चार पाँच वर्ष हो गए हैं। कुछ पर्यायों के विषय में मेरे विचार प्रतिवर्ष बदल जाते हैं। जहाँ कहीं मुझे कोई पर्याय पिछले पर्याय से

अधिक सुंदर, सरल और उपयुक्त दिखाई देता है—यदि पिछला पर्याय बहु प्रचलित न हुआ तो—मैं उसे तुरंत अपना लेता हूँ। यदि पिछला पर्याय बहु प्रचलित हुआ तो उस पर अधिक सोच विचार कर निर्णय करना पड़ता है।

मैं दो एक उदाहरण यहाँ देता हूँ। जब मैंने प्रयाग की 'भारतीय हिंदी परिषद' के लिए गणितीय शब्दावली तैयार की थी तो निम्नलिखित पर्याय निश्चित किए थे :

Invariant	निश्चिल
Covariant	समचल
Contravariant	प्रतिचल

डा. रघुवीर ने अपनी शब्दावली में इनमें से पहले और तीसरे, शब्दों के लिए तो यही पर्याय दिए हैं परंतु दूसरे शब्द के लिए 'सहचल' निर्धारित किया है। मुझे यह शब्द 'समचल' से अधिक उपयुक्त दिखाई पड़ा। मैंने इसे तुरंत स्वीकार कर लिया। अतएव इस लेख माला में मैंने यही शब्द 'सहचल' Covariant के लिए दिया है।

Pyramid के लिए प्राचीन शब्द था 'सूची स्तंभ'। मुझे यह शब्द लंबा और अनुपयुक्त दिखाई देता था। अतएव मेरा विचार था कि Pyramid के लिए अरबी शब्द 'हरम' अपना लिया जाए जो सरल और सुंदर है। परंतु पीछे से प्राचीन ग्रंथों में ही एक अन्य शब्द 'स्तूप' दिखाई पड़ा जो मेरी समझ में उन दोनों शब्दों से अधिक उपयुक्त है। अतएव अब मेरा विचार है कि Pyramid के लिए यही शब्द निश्चित किया जाए। इस प्रकार के विचार परिवर्तन सदैव नहीं रह सकते। यह तो संक्रमण काल की ही विशेषता है। इस परिवर्तन युग में एक ही शब्द के लिए भिन्न-भिन्न लेखक भिन्न-भिन्न पर्यायों का प्रयोग करेंगे। वैज्ञानिक जनता उनमें से चुन-चुन कर उन्हीं शब्दों का प्रचलन करेगी जो अधिक उपयुक्त होंगे। अंत में ऐसे ही शब्द रह जाएँगे। शेष पर्याय मृतप्राय हो जाएँगे। जब ऐसा समय आ जाएगा, तत्पश्चात् पर्यायों में और कोई हेर-फेर करने का प्रश्न ही नहीं रहेगा।

अतः इस लेखमाला में दिए गए सारे शब्द प्रस्ताव मात्र हैं। मेरा यह दावा नहीं है कि यही पर्याय सर्वोत्तम हैं अर्थात् इनसे अच्छे पर्याय बन ही नहीं सकते। मैं तो इन्हें केवल प्रस्ताव रूप में गणितीय जनता के सम्मुख रखता हूँ। पाठक गण अपनी पुस्तकों और लेखों में अन्य पर्याय अवश्य ही देंगे। मेरे और अन्य लेखकों के ऐसे समस्त पर्यायों में से जो अधिक उपयुक्त होंगे वही अधिक चालू होंगे और 'खरा सिक्का' कहलाएँगे। शेष सारे पर्याय 'खोटे सिक्के' की भाँति छोड़ दिए जाएँगे। यदि ऊपर दिए हुए पर्यायों में से दो चार भी ऐसे निकले जिन्हें गणितीय जगत ने अपना लिया तो मैं अपने परिश्रम को सफल समझूँगा।

९

गणितीय संकेत

पारिभाषिक शब्दों के साथ-साथ हमें पारिभाषिक संकेतों पर भी विचार करना होगा। कुछ लोगों का मत है कि हमें समस्त वैज्ञानिक संकेत ज्यों के त्यों अंग्रेज़ी से ले लेने चाहिए। इस प्रकार भिन्न-भिन्न देशों के वैज्ञानिकों में विचार विनिमय-सरलता से हो सकेगा। यदि प्रत्येक देश के संकेत अलग-अलग रहेंगे तो आस्ट्रेलिया के वैज्ञानिक को रूसी गवेषणापत्रों के पढ़ने में कठिनाई होगी। इसका परिणाम एक दिन यह निकलेगा कि भिन्न-भिन्न देश वैज्ञानिक समतल पर एक दूसरे से दूर हटते चले जाएँगे, और इस प्रकार कभी भी कोई अंतरराष्ट्रीय वैज्ञानिक संकेतलिपि बन ही न पाएगी।

इस तर्क के समर्थक ऐसे प्रस्ताव को व्यावहारिक रूप देने में जो कठिनाइयाँ पड़ेंगी, उन पर ध्यान नहीं देते। यदि हमने अंग्रेज़ी के समस्त संकेतों को अपना लिया तो हमारे मुद्रणालयों को नागरी लिपि के अतिरिक्त ग्रीक लिपि के भी सारे वर्ण रखने पड़ेंगे। यूँ ही हिंदी की छपाई में पर्याप्त कठिनाइयाँ हैं, एक कठिनाई और बढ़ जाएगी। हिंदी का मुद्रण इस समय भी महँगा है; इस प्रकार और महँगा हो जाएगा। इस समय हिंदी की छपाई के लिए चार केस चाहिए; तब कदाचित छः केसों की आवश्यकता पड़ेगी। दूसरे शब्दों में हिंदी की छपाई सरलतर होने के बदले कठिनतर हो जाएगी।

एक बात और भी है। इस प्रकार के तर्क सुनने से ऐसा प्रतीत होता है कि देश में केवल वे ही युवक अध्ययन करते हैं जिन्हें अंत में गवेषणा करनी होती है। हमें केवल गवेषकों का ही हित ध्यान में नहीं रखना है जिनकी संख्या किसी भी देश में 1% भी न होगी। हमें अधिक समय और शक्ति तो साधारण विद्यार्थियों की शिक्षा पर लगानी है जिनकी संख्या 99% से भी अधिक होगी। जो विद्यार्थी स्कूलों में शिक्षा पाते हैं, उनमें से बहुत से हाईस्कूल के पश्चात् अध्ययन छोड़ देते हैं। जो विद्यार्थी कालिजों में शिक्षा ग्रहण करते हैं, उनमें से भी बहुत से बी. ए. के पश्चात् शिक्षा छोड़ देते हैं। जो विद्यार्थी एम. ए. पास करते हैं, उनमें से भी थोड़े ही ऐसे निकलते हैं जो गवेषणा-कार्य में अपना जीवन लगाते हैं। इस अत्यल्प संख्या के कारण सारे देश पर एक विदेशी, दुर्बोध संकेत लिपि लाद देना कहाँ की बुद्धिमानी होगी ?

आज एक विद्यार्थी पढ़ता है कि H_2O का अर्थ है पानी क्योंकि H=Hydrogen और O=Oxygen; और पानी में दो भाग हाइड्रोजन के रहते हैं, 3 भाग ऑक्सीजन के। परंतु, आज से 50 वर्ष पश्चात् का, स्कूल का एक हिंदुस्तानी छात्र कदाचित अंग्रेज़ी वर्णमाला से सर्वथा अनभिज्ञ होगा। वह 'H' और 'O' का क्या अर्थ लगाएगा? आज वह जानता है कि 'H' अंग्रेज़ी वर्णमाला का एक वर्ण है जिसकी ध्वनि 'ह' की सी होती है। उस दिन का विद्यार्थी केवल इतना समझेगा कि 'H' एक विशेष प्रकार का चिह्न है जिसमें दो लकीरें खड़ी रहती हैं और उनके बीच में एक पड़ी। न वह H और हाइड्रोजन का संबंध समझेगा, न H_2O और पानी का। वह केवल बिना समझे रट लिया करेगा कि H_2O एक चिह्न विशेष है पानी के लिए। दूसरे शब्दों में, यह चिह्न उसके मस्तिष्क पर एक अनावश्यक मृत भार हो जाएगा।

इसके विरुद्ध, यदि हम हाइड्रोजन को 'उदजन' और ऑक्सीजन को 'ओषजन' कहें तो पानी के लिए वैज्ञानिक संकेत होगा।

$$\text{उ}_2\,\text{ओ}।$$

इस संकेत को पढ़ते ही विद्यार्थी समझ लेगा कि उ का अर्थ है 'उदजन' और 'ओ' का अर्थ है 'ओषजन'। ऐसी स्थिति में यह संकेत विद्यार्थी के मस्तिष्क में एक जीवित पदार्थ की भाँति अंकित रहेगा।

एक बात अवश्य है। कुछ वैज्ञानिक संकेत ऐसे हैं जिनका संबंध किसी भाषा से या तो कभी था ही नहीं, या पहले था तो अब रहा नहीं। ऐसे संकेत ज्यों के त्यों अपनाए जा सकते हैं। चार सरल अंक गणितीय क्रियाओं के संकेत

$+ \qquad - \qquad \times \qquad \div$

जैसे अंग्रेज़ी में हैं वैसे ही हिंदी में। यद्यपि ये चिह्न भी प्राचीन भारत में सर्वथा ऐसे ही नहीं थे। जो आज ऋण चिह्न (–) कहलाता है, किसी समय यही धन चिह्न था। ऋणात्मक संख्याओं को निरूपित करने के लिए संख्या के ऊपर एक बिंदी लगाई जाती थी जैसी आज कल 'आवर्त दशमलव' का निरूपण करने के लिए लगाई जाती है।* परंतु इस बात को अस्वीकार नहीं किया जा सकता कि ऊपर दिए हुए चारों चिह्न आज देश भर में सर्वमान्य हो गए हैं। इसी प्रकार समीकरण चिह्न '=' जैसा अंग्रेज़ी में है, वैसा ही हिंदी में। भिन्न के निरूपण के लिए 'बटे का चिह्न' भी अंग्रेज़ी और हिंदी में एक सा ही है। मूल चिह्न $\sqrt{\ }$ में भी कोई अंतर नहीं है। और भी बहुत से चिह्न ऐसे हैं जो अंग्रेज़ी और हिंदी में एक से रहते हैं :

$\because \quad \equiv \quad \parallel \quad >< \quad \sim \quad \angle \quad \perp \quad \Delta \quad \square \quad \bigcirc \quad (\ ) \quad \{\ \} \quad [\ ] \quad \rightarrow$

अतएव, मेरा प्रस्ताव है कि अंग्रेज़ी के जिन गणितीय चिह्नों का किसी भाषा से संबंध नहीं है, ज्यों के त्यों अपना लिए जाएँ, जैसे

$\int$ अनुकलन चिह्न $|\ |$ सारणिक (डिटर्मिनैंट) चिह्न

$\lfloor$ क्रमगुणन चिह्न $\|\ \|$ मैट्रिक्स का चिह्न

∞ अनंती चिह्न

$\propto$ अनुपातीयता चिह्न

$|\ |$ मापांक (मौड्लस) चिह्न (अ)

शेष सारे चिह्नों का यथा साध्य अनुवाद करना चाहिए। मैं अपने तत्संबंधी प्रस्ताव यहाँ देता हूँ।

अंग्रेज़ी में एक रूढ़ि सी बन गई है कि बिंदुओं के निरूपण के लिए बड़े अक्षर प्रयुक्त होते हैं और गुणकों और लंबाइयों के लिए छोटे अक्षर। नागरी लिपि में बड़े और छोटे अक्षर तो होते नहीं, परंतु एक-एक अक्षर पर सोलह मात्राएँ लगाई जा सकते हैं। अंग्रेज़ी की वर्णमाला में केवल 26 वर्ण हैं, ग्रीक वर्णमाला में 24। अतः दोनों लिपियों की वर्ण मालाओं में मिलाकर 50 अक्षर होते हैं। इसकी तुलना में नागरी लिपि में 52 अक्षर होते हैं। और प्रत्येक अक्षर पर सोलह मात्राएँ लगाई जा सकती हैं। अतएव, हमारे पास तो अक्षरों की बहुलता है। समस्त मात्राओं की तो कदाचित आवश्यकता ही न पड़ेगी। मेरा विचार है कि संप्रति हम प्रथम 6 मात्राएँ चुन लें। इनमें से तीनों दीर्घ मात्राओं को बिंदुओं के निरूपण के लिए नियुक्त कर दें, तीनों ह्रस्व मात्राओं को गुणकों और लंबाइयों के लिए :

A, B, C,......का, खा, गा,...की, खी, गी,....कू, खू, गू...

a, b, c,...क, ख, ग,....कि, खि, गि,....कु, खु, गु,....

P, Q, R,....पा, फा, बा,...पी, फी, बी,...पू, फू, बू...

p, q, r,....प, फ, ब,...पि, फि, बि,...पु, फु, बु,...

हिंदू गणित में परंपरा से अज्ञात राशियों x,y, z–के लिए य, र, ल का प्रयोग होता चला आया है। इस रूढ़ि को बदलने की कोई आवश्यकता दिखाई नहीं देती। अतएव तत्संबंधी राशियों के लिए हमारे संकेत इस प्रकार के होंगे :

---

* उदाहरणार्थ देखो–विभूति भूषण दत्त : दी बक्षाली मैथिमैटिक्स-बुलेटिन कलकत्ता, मैथिमैटिकल सोसायटी 21 (1929) 1–60।

** इसमें संदेह नहीं कि यह चिह्न अंग्रेज़ी के 'S' का ही रूपांतर मात्र है, परंतु संप्रति [illegible] जिस प्रकार लिखा जाता है, उसका S से कोई प्रत्यक्ष संबंध नहीं रह गया है।

x, y, z	य, र, ल
$x_1, x_2, x_3,$	$य_1, य_2, य_3,$
x', y', z'	य', र', ल'
$\bar{x}, \bar{y}, \bar{z}$	$\bar{य}, \bar{र}, \bar{ल}$
$\dot{x}, \dot{y}, \dot{z}$	यं, रं, लं

अब मैं यहाँ कुछ अन्य चिह्नों की सूची देता हूँ :

$\alpha, \beta, y....$	ज्ञात कोण अ, आ, इ, ई,...
$\theta, \phi, \psi....$	अज्ञात, क्ष, त्र, ज्ञ
O (Origin)	मू (मूल बिंदु)
e (eccentricity)	उ (उत्केंद्रता)
e (Coefficient of restitution)	प्र (प्रत्यानयन गुणक)
e (exponential)	घ (घातांकीय)
E (,,)	घा
i $(\sqrt{-1})$	ए $(= \sqrt{-1})$
$\pi \left(= \frac{\text{Circumference}}{\text{Diameter}}\right)$	$\left(= \frac{\text{परिधि}}{\text{व्यास}}\right)$
r (radius vector)	त्र (सदिश त्रिज्या)
ρ (radius of curvature)	त्रि (वक्रता त्रिज्या)
η (any number)	सं (कोई संख्या)
r (running term)	ध (धावी पद)*
Σ (sigma=sum)	योग
r = n	ध=सं
Σ	योग
r = o	ध=0
Lt (Limit)	सी (सीमा)
Lt	सी
$n \to \infty$	$सं \to \infty$
Determinant Δ	सा (सारणिक)
Δ_0	$सा_0$
Δ_1	$सा_1$
Δ'	सा'
Discriminant Δ	वि (विवेचक)
S (sum)	यो (योग)
P (product)	फ (गुणनफल)
Q (Quotient)	भा (भागफल)
R (Remainder)	शे (शेष)

* डा. रघुवीर का संकेत।

$^{n}P_{r}$	सं क्र ध
$^{n}C_{r}$	सं च ध
Sin (sine)	ज्या
Cos (cosine)	कोज्या (कोटिज्या)
Tan (tangent)	स्पज्या (स्पर्शज्या)
Cot (cotangent)	कोस्प (कोटिस्पर्शज्या)
Sec (secant)	व्युको (व्युत्कोज्या)
Cosec (cosecant)	व्यु (व्युज्या)
Vers (versed sine)	उज्ज्या (उत्क्रमज्या)
Covers (coversed sine)	उको (उत्क्रम कोटिज्या)
$\sin^{-1} x$	ज्या$^{-1}$ य
Sinh (Hyperbolic sine)	अज्या (अतिपरवलीय ज्या)
Cosh (Hyperbolic cosine)	अकोज्या (अतिपरवलीय कोटिज्या)
t (Time)	स (समय)
s (Distance)	द
v (Velocity)	वे
u (initilal velocity)	व (आदि वेग)
f (acceleration)	ग (गतिवृद्धि)
$v=u+ft$	वे = व+ग स
$s=ut+\frac{1}{2}ft^2$	द = व स + ½ ग स^2
$v^2=u^2+2fs$	वे^{2} = व^2 + 2 ग द
m (Gradient)	त (प्रवणता)
$y=mx+c$	र = त य + द
$\frac{x}{a}+\frac{y}{b}=1$	$\frac{\text{य}}{\text{क}}+\frac{\text{र}}{\text{ख}}=1$
$\frac{\text{Sin A}}{a}=\frac{\text{Sin B}}{b}=\frac{\text{Sin C}}{c}$	$\frac{\text{ज्या का}}{\text{क}}=\frac{\text{ज्या खा}}{\text{ख}}=\frac{\text{ज्या गा}}{\text{ग}}$
$ax+by+c=0$	क य + खर + ग=0
$xX+yY=1$	य या + र रा=1
h, k	ट, ठ
p (Perpendicular)	ल (लंब)
$x\cos\alpha+y\sin\alpha=p$	य को ज्या अ + र ज्या अ = ल
$lx+my+n=0$	ट य + ठ र + ड=0

$a x^2 + 2h\ xy + by^2 + 2g\ x + 2f\ y + c = o$	क य^2 + 2ज यर + ख र^2 + 2छ य + 2 च र + ग=0
f (x) (function)	फ (य) (फलिन)
F (x)	फा (य)
u (x)	फि (य)
v (x)	फु (य)
w (x)	फे (य)
f' (x)	फ' (य)
f'	फं
f^{-1} (x)	फ$^{-1}$ (य)
d x	च य
d x	चा य
δ x	चि य
D_x	ची$_{य}$
$\frac{dy}{dx}$	$\frac{\text{च र}}{\text{च य}}$
$\frac{dy}{dx}$	$\frac{\text{चा र}}{\text{चा य}}$
$\frac{dy}{dx}$	$\frac{\text{चिर}}{\text{चिय}}$
$D_x y$	ची$_{य}$र
$Y_n = \frac{d^n y}{dx^n}$	रा$_{सं} = \frac{\text{च}^{\text{सं}}\text{र}}{\text{च य}^{\text{सं}}}$
$\int_b f(x)dx$	$\int_{\text{ख}}$ फ(य)चय
$\int_a f(x)dx$	$\int_{\text{क}}$ फ(य)चय

पाठक यह कह सकते हैं कि जिस प्रकार इतने चिह्नों का अनुवाद किया है, उसी प्रकार अन्य चिह्नों का अनुवाद भी हो सकता है जो चिह्न (अ) में दिए गए हैं, उनका भी अपनी लिपि में अनुवाद क्यों न कर लिया जाए? कारण यह है कि इन चिह्नों का किसी भाषा से संबंध नहीं है अतएव आशा हो सकती है कि संसार की शेष भाषाएँ भी इन चिह्नों को ज्यों का त्यों अपना लेंगी इस समय भी संसार की कई भाषाएँ ऐसी हैं जिन्होंने ऊपर दिए हुए प्रायः समस्त चिह्नों का अपनी भाषा में रूपांतर किया है, परंतु चिह्नों (अ) में से अधिकांश ज्यों के त्यों ले लिए हैं जैसे फ्रेंच और इटालियन। यदि ऐसे चिह्नों को संसार की सारी भाषाएँ अपना लें तो वैज्ञानिक के विचार विनिमय में थोड़ी बहुत सुविधा अवश्य हो जाएगी। इसी प्रकार यदि उपरिलिखित सूची के समस्त चिह्न भी संसार भर में अपना लिए जाएँ तो वैज्ञानिक जगत में और भी सुविधा हो जाएगी। परंतु इस बात की तनिक भी आशा नहीं कि कोई भी समृद्ध भाषा किसी अन्य भाषा के भाषा-संबंधी चिह्न अपना ले। इसमें केवल राष्ट्रीय गर्व का ही प्रश्न नहीं है ऐसी दशा में, जैसा कि ऊपर दर्शाया गया है, विद्यार्थी के लिए चिह्न और भाषा में कोई संबंध नहीं रह जाता। आज से 50 वर्ष पश्चात् का भारतीय विद्यार्थी कदाचित् रोमन लिपि से सर्वदा

अनभिज्ञ रहेगा। यदि उसको बताया जाएगा कि 'Na' चिह्न 'Sodium' का द्योतक है तो उसकी समझ में यह कदापि नहीं आएगा कि 'Na' किस प्रकार 'Sodium' का द्योतक हो गया। उसे केवल तोते की भाँति इस तथ्य को घोट लेना पड़ेगा। इसके विरुद्ध यदि उसे बताया जाएगा कि 'क्षा' वर्ण 'क्ष' का द्योतक है तो इस तथ्य के समझने में उसे तनिक भी कठिनाई नहीं पड़ेगी क्योंकि 'क्षार' का प्रारंभिक वर्ण 'क्ष' है।

काशी हिंदू विश्वविद्यालय प्रेस, बनारस

भाग 2

गणितीय शब्दावली

(Mathematical Terminology)

A

Abacus	अंकगणक
Abbreviated	संक्षिप्त
Abbreviated method	संक्षिप्त विधि
Abel	औबेल
Abel's inequality	औबेल की असमता
Abel's lemma	औबेल पूर्वप्रमेय
Abel test	औबेल परीक्षण
Abel's theorem	औबेल प्रमेय
Abelian convergency	औबेली संसृति
Abelian theorem	औबेली प्रमेय
Aberration	अपेरण
Aberration curve	अपेरण वक्र
Aberration ellipse	अपेरण दीर्घवृत्त
Aberration of light	प्रकाश अपेरण
Angle of aberration	अपेरण कोण
Coefficient of aberration	अपेरण गुणक
Constant of aberration	अपेरण अचल
Diurnal aberration	दैनिक अपेरण
	अपेरण भांति
Error of aberration	ग्रहापेरण
Planetary aberration	
Abinitio	1. आरंभ से
	2. प्रथम सिद्धांतों से
Abnormal deformation	असाधारण विकृति
About	के प्रति
Described about	के प्रति उल्लेखित
Above	के ऊपर
Above par	सम मूल्य के ऊपर
At par	सम मूल्य पर

Below par	सम मूल्य से नीचे
Abridged	संक्षिप्त
Abridged multiplication	संक्षिप्त गुणन
Abridged notation	संक्षिप्त संकेतलिपि
Abscissa	भुज
Coordinates	नियामक
Ordinate	कोटि
Axis of abscissa	भुजाक्ष
Absolute	(1) परम (2) निरपेक्ष
Absolute Calculus	निरपेक्ष कलन
Absolute coefficient	निरपेक्ष गुणक
Absolute constant	निरपेक्ष अचल
Absolute convergence	निरपेक्ष संसृति
Absolute curvature	निरपेक्ष वक्रता
Absolute Density	निरपेक्ष घनत्व
Relative density	आपेक्षिक घनत्व
Absolute error	निरपेक्ष भ्रांति
Absolute inequality	निरपेक्ष असमता
Absolute invariant	निरपेक्ष निश्चल
Absolute line	परम रेखा
Absolute maximum	निरपेक्ष महत्तम
Absolute minimum	निरपेक्ष लघुत्तम
Absolute number	निरपेक्ष संख्या
Absolute Point	परम बिंदु
Absolute Position	निरपेक्ष स्थिति
Absolute rigour	परम परुषता
Absolute space	परम अवकाश
Absolute symmetry	निरपेक्ष सम्मिति
Absolute temperature	परम तापमान

Absolute term=constant term	अचल पद
Absolute unit	निरपेक्ष इकाई, परम इकाई
Absolute value	निरपेक्ष मान
Absolute velocity	निरपेक्ष वेग
Absolute zero	परम शून्य
Absolutely	निरपेक्षतः
Absolutely convergent	निरपेक्षतः संसृत
Abstract	अमूर्त
concrete	मूर्त
Abstract Geometry	अमूर्त ज्यामिति
Abstract number	„ संख्या
concrete number	मूर्त संख्या
Abutment	प्रतिक्रिया स्थान
Accelerate	गतिवृद्धि करना या होना
Accelerated	गतिवर्धित, त्वरित
Accelerated motion	त्वरित गति
Accelerating	गतिवर्धन
Accelerating force	गतिवर्धक बल
Acceleration	गतिवृद्धि, त्वरण (र)
Deceleration	गतिह्रास
Retardation	गतिह्रास
Angular acceleration	कोणीय गतिवृद्धि
Areal acceleration	क्षेत्रीय „
Constant acceleration	अचल „
Horizontal acceleration	क्षैतिज गतिवृद्धि
Instantaneous acceleration	तात्कालिक „
Normal acceleration	अभिलंब „
Tangential acceleration	स्पर्शी „
Total acceleration	पूर्ण „
Uniform acceleration	एकरूप „
Vector acceleration	सदिश „
Veriable acceleration	चल „
Vertical acceleration	ऊर्ध्व „
Parallelogram of accelerations	गतिवृद्धि समानाभुज
Resolution of accelerations	गतिवृद्धि विश्लेषण
Acceleratory	वर्धमान
Acceleratory motion	वर्धमान गति
Accident	उपपात
Event	घटना
Fact	तथ्य
Incident	आपात
Account	लेखा
Equation of accounts	लेखा समीकरण
Accrued interest	उपार्जित ब्याज
Accumulated value	पुंजीभूत मान
Accumulation	पुंज
Aggregate	वृंद
Assemblage	समुच्चय
Bundle	गुच्छ
Cluster	भुंड
Cellection	संग्रह
Combination	संचय
Permutation	क्रमचय
Range (of points)	(बिंदु) माला
Set	कुलक
Accumulation factor	पुंज गुणक
Accumulation problem	पुंजीभवन समस्या
Accuracy	परिशुद्धता
Strict accuracy	परम परिशुद्धता
Accurate	परिशुद्ध (र)
Correct	शुद्ध
Exact	यथार्थ
Precise	यथार्थतम
True	सत्य
Accurate value	परिशुद्ध मान
Strictly accurate	परम परिशुद्ध
Accurately	परिशुद्धतः
Aequired	अवाप्त (र)
Self-acquired	स्वयं अवाप्त
Act	क्रिया करना
Acted on	क्रियाकृत
Acting	क्रियाकरण

Acting force	कारक बल, चेष्टक बल
Action	क्रिया, कार्य
Operation	क्रिया
Reaction	प्रतिक्रिया
Action of force	बल की क्रिया
Least action	लघुतम कार्य
Line of action	क्रिया रेखा
Mutual action	पारस्परिक क्रिया
Stationary action	स्तब्ध क्रिया, अचल क्रिया
Varying action	चल क्रिया
Active	क्रियाशील, सक्रिय
Active resistance	सक्रिय प्रतिरोध
Activity	क्रियाशीलता
Actual virtual	वास्तविक आभास, मान, आभास
Actuality	वास्तविकता
Actually	वास्तव में, वस्तुतः
Actuarial Science	जीवनांक विद्या
Acute angle	न्यून कोण
Obtuse angle	अधिक कोण
Acute angled	न्यून कोणीय
Acute angled triangle	न्यून कोण त्रिभुज
Acyclic	अचक्रिय
Acyclic quotient	अचक्रिय भजनफल
Add	जोड़ना, योग करना
Addition	जोड़ना, योग करना
Addition formula	योग सूत्र
Addition theorem	योग प्रमेय
Complementary addition	पूरक योग
Compound addition	मिश्र योग
Graphical addition	आलैखिक योग
Magic addition	माया योग, जादू का जोड़
Proportion by addition	योजन अनुपात
Proportion by addition and subtraction	योजन व्यवकलन अनुपात
Sign of addition	योग चिह्न
Vector addition	सदिश योग

Additive	संयोज्य
Adfected	अशुद्ध
Pure	शुद्ध
Adfected quadratic equation	अशुद्ध वर्ग समीकरण
Adiabetic curve	अतापन वक्र
Ad infinitum	अनंत तक
Adjacent	आसन्न
Adjoining	संलग्न
Adjiont	संलग्न
Adjacent angle	आसन्न कोण
Adjacent side	आसन्न भुजा
Adjoining	संलग्न
Adjoint	संलग्न
Adjacent	आसन्न
Adjoint determinant	संलग्न सारणिक
Adjoint matrix	संलग्न श्रेणिक
Adjoin system	संलग्न संहति
Adjugate matrix	संलग्न श्रणिक
Adjust	समायोजन करना
Adjustable	समायोज्य
Adjustibility	समायोज्यता
Adjustible	समायोज्य
Adjusted	समायुक्त
Adjustment	समायोजन
Admissibility	ग्राह्यता
Admissible	ग्राह्य
Admissible root	ग्राह्य मूल
Admissible solution	ग्राह्य हल, ग्राह्य साधन
Admissible value	ग्राह्य मान
Advantage	लाभ
Mechanical advantage	यांत्रिक लाभ
Advantageous	लाभदायक
Aeronautical	वैमानिक (र)
Aeronautical	वैमानिकी (र)
Affect	प्रभाव, प्रभाव करना
Affected	प्रभावित
Affection	क्रिया

Sign of affection — क्रिया चिह्न
Affine — परिमिती
Affine Geometry — परिमिती ज्यामिति
Affine transformation — परिमिती रूपांतर
Affix (Argument) — नियंता
Affixing — लगाना
Affixing the sign — चिह्न लगाना
Afortiori — प्रबल प्रमाण से
After — के पश्चात्
Against — विरुद्ध, प्रति
Against the current — प्रतिस्रोत
Age — वयस्
Agenda — कार्यावली
Programme — कार्यक्रम
Agent — अभिकर्ता
Aggregate — वृंद
Accumulation — पुंज
Assemblage — समुच्चय
Cluster — झुंड
Collection — संग्रह
Combination — चय
Permutation — क्रमचय
Range (of points) — (बिंदु) माला
Set — कुलक
Isolated aggregate — तटस्थ वृंद
Section of aggregates — वृंद परिच्छेद
Theory of aggregates — वृंद सिद्धांत
Agitate — क्षुब्ध करना
Agitated — क्षुब्ध
Agitating — क्षोभण
Agitating force — क्षोभक बल
Agnesi — अग्नेसी
Witch of Agnesi — अग्नेसी वक्र
Ahead — आगे
Air — वायु
Air pump — वायु पंप
Air thermometer — वायु तापमापक
Layer of air — वायु का परत
Tate's air pump — टेट वायु पंप
Thick air — स्थूल वायु
Thin air — सूक्ष्म वायु
Airless — वायुहीन
Airy's Problem — एअरी समस्या
Aitken's development — एट्किन प्रसार
Aleph function — प्रानंती फलिन
Albreoht's observation — अल्ब्रेख्ट अवलोकन
Alexandrian School — एलेग्जैंड्री प्रणाली
Algebra — बीजगणित
Laws of Algebra — बीजगणित के नियम
Nature of Algebra — बीजगणित की प्रकृति
Algebraic — बीजगणितीय
Algebraic complement — बीजगणितीय पूरक
Algebraic curve — ,, वक्र
Algebraic deviation — ,, विचलन
Algebraic element — ,, अल्पांश
Algebraic equation — ,, समीकरण
Algebraic expansion — ,, प्रसार
Algebraic extension — ,, वितान
Algebraic field — ,, क्षेत्र
Algebraic function — ,, फलिन
Algebraic Geometry — ,, ज्यामिति
Algebraic integral — ,, अनुकल
Algebraic multiplication — ,, गुणन
Algebraic number — ,, संख्या
Algebraic operation — ,, क्रिया
Algebraic proof — ,, उपपत्ति
Algebraic quantity — ,, राशि
Algebraic sign — ,, चिह्न
Algebraic subtraction — ,, व्यवकलन
Algebraic sum — ,, योग
Algebraic symbol — ,, संकेत
Algebraic term — बीजगणितीय पद
Algebraical — बीजगणितीय
Transendental — बीजातीत

Algebraical element	बीजगणितीय अल्पांश
Algebraical equivalent	„ तुल्यांक
Algebraical expansion	„ प्रसार
Algebraical expression	„ व्यंजक
Algebraical fraction	„ भिन्न
Algebraical identity	„ एकात्म्य
Algebraical solution	„ साधन
Algebraical sum	बीजगणितीय योग
Rationalalgebraical expression	सुमेय बीजगणितीय व्यंजक
Algebraically	बीजगणितीय विधि से
Algebraically closed	बीजगणितत: बंद
Algebraically decreasing	„ ह्रासमय
Alggebraically increasing	„ वृद्धिमय
Algebraist	बीजगणितज्ञ
Algebrist	बीजगणितज्ञ
Algorithm	पाटीगणित
Euclidean Algorithm	यूक्लिडी पाटीगणित
Alignment	सरेखीकरण
Alike	समान, सजातीय, एक सी
Aliquant part	भिन्नांश
Aliquot part	अंकांश
All	समस्त, सब
Alligation	मिश्रण गणित
Alone	अकेला
Alpha	एल्फा, अ
Alphabet	वर्णमाला
Alphabetical order	अकारादि क्रम
Alphabetically	अकारादि क्रम से
Alter	बदलना, परिवर्तन करना
Alterability	परिवर्तनशीलता
Alterable	परिवर्तनशील
Alteration	परिवर्तन
Alternando	एकांतर निष्पत्ति
Componendo	योग निष्पत्ति
Componendo et dividendo	योगांतर निष्पत्ति
Dividendo	अंतर निष्पत्ति
Invertando	व्युत्क्रम निष्पत्ति
Alternant	विकल्पी
Alternate	एकांतरिक
Alternate angle	एकांतर कोण
Alternate matrix	एकांतर श्रेणिक
Alternate numbers	एकांतर संख्याएँ
Alternate segment	एकांतर खंड
Alternately	एकांतरत:
Alternating	एकांतरिक
Alternating function	एकांतर फलिन
Alternating integral	एकांतर अनुकल
Alternating series	एकांतर श्रेणी
Alternation	एकांतरण
Proportion by alternation	एकांतरण अनुपात
Alternative	विकल्प
Alternative method	विकल्प विधि
Alternatively	प्रकारांतरेण (र)
Although	यद्यपि
Altitude	उच्चत्व
Height	ऊँचाई
Altogether	एक साथ
Always	सदैव
Ambiguity	संदिग्धता
Ambiguity sign	संदिग्धता चिह्न, संशय चिह्न
Ambiguous	संदिग्ध
Ambiguous case	संदिग्ध दशा
Ambiguous sign	संदिग्ध चिह्न
Ambiguously	संदिग्ध रूप से
Amibiguousness	संदिग्धता
Amicable number	भिन्न संख्या
Amoler's planimeter	एमोलर वक्रमापक
Amortization equation	परिशोधन समीकरण
Amount (Arithmetic)	मिश्रधन
A moves about B	क ख के प्रति घूमता है
A moves round B	क ख की परिक्रमा करता
Ampre's method	एम्पियर विधि
Amplitude	(1) कोणांक (2) दोलनांक

Angular amplitude कोणीय कोणांक
Linear amplitude रेखीय दोलनांक
Amster's planimeter ऐम्स्टर वक्रमापक
Inallagmatic समव्युत्क्रम
Anallagmatic curve समव्युत्क्रम वक्र
Anallagmatic surface समव्युत्क्रम पृष्ठ
Analogous अनुषंगी
Analogue अनुषंगी, उपमान
Analogy अनुषंग, उपमा
Analysable विश्लेषणीय
Analyse विश्लेषण करना
Analysed विश्लिष्ट
Analysis विश्लेषण
Synthesis संश्लेषण
Analysis citus स्थान विश्लेषण
Diophantine analysis डायफैंटी विश्लेषण
Fourier's analysis फूरियर विश्लेषण
Infinitesimal analysis अत्यल्प विश्लेषण
Practical analysis व्यावहारिक विश्लेषण
Trigonometric analysis त्रिकोणमितीय विश्लेषण
Vector analysis सदिश विश्लेषण
Analytic वैश्लेषिक
Analytic continuation वैश्लेषिक वितति
Analytic function वैश्लेषिक फलिन
Analytic proof वैश्लेषिक उपपत्ति
Analytic solution वैश्लेषिक साधन
Analytical वैश्लेषिक
Analytical calculation वैश्लेषिक परिकलन
Analytical condition वैश्लेषिक अनुबंध
Analytical Conics (subject) शांकव गणित
Analytical definition वैश्लेषिक व्याख्या
Analytical equation ,, समीकरण
Analytical Geometry ,, ज्यामिति
Analytical Geometry of three dimensions त्रिविस्तारी वैश्लेषिक ज्यामिति
Analytical Geometry of two dimensions द्विविस्तारी वैश्लेषिक ज्यामिति
Analytical Mechanics वैश्लेषिक यात्रिकी
Analytical method वैश्लेषिक विधि
Analytical property ,, गुण
Analytical Statics ,, स्थैतिकी
Analytical Trigonometry ,, त्रिकोणमिति
Analytically विश्लेषण विधि से
Anchor लंगर
Anchor ring लंगर-वलय
Ancient प्राचीन
Aneroid barometer निर्द्रव दाबमापक
Angle कोण
Angle at the centre केंद्रस्थ कोण
Angle at the circumference परिधिस्थ कोण
Angle in a segment खड कोण, अवधा कोण
Angle of aberration अपेरण कोण
Angle of curvature वक्रता ,,
Angle of depression अवनति ,,
Angle of elevation उन्नति ,,
Angle of friction घर्षण ,,
Angle of incidence आपतन ,,
Angle of intersection कटान ,,
Angle of projection विक्षेप ,,
Angle of reference आश्रय ,,
Angle of reflection परावर्तन ,,
Angle of refraction वर्तन ,,
Angle of the screw पेंच का ,,
Acute angle न्यून ,,
Adjacent angle आसन्न ,,
Alternate angle एकांतर ,,
Apsidal angle आरात कोण
Astatic angle सुस्थिति ,,
Auxiliary angle सहायक ,,
Base angle आधार ,,
Central angle केंद्रीय ,,
Common angle उभयनिष्ठ ,,
Complementary angle समपूरक ,,
Complement of an angle कोण का समपूरक

Complex angle	संकर कोण
Component angle	संघटक ,,
Compound angle	मिश्र ,,
Concave angle	नतोदर ,,
Conical angle	शंकु ,,
Conjugate angle	अनुबद्ध ,,
Coterminal angle	सहावसान ,,
Constant angle	अचल ,,
Convex angle	उन्नतोदर ,,
Corresponding angle	संवादी ,,
Critical angle	चरम ,,
Curvilinear angle	वक्रात्मक ,,
Degree in an angle	कोण का अंश
Dihedral angle	द्वितल कोण
Directed angle	लक्षित ,,
Direction angle	दिशा ,,
Double angle	द्विक्कोण
Eccentric angle	उत्केंद्र ,,
Equal angle	समान ,,
Exterior angle	बहिष्कोण
External angle	बाह्य कोण
Face angle	फलक कोण
Flat angle	चपटा ,,
Half angle	अर्ध ,,
Half-angle formula	अर्ध-कोण सूत्र
Heron angle	हेरौन कोण
Included angle	मध्यस्थ ,,
Interior angle	अंतः ,,
Internal angle	आंतरिक ,,
Intrinsic angle	नैज ,,
Least Positive angle	न्यूनतम धन ,,
Multiple angle	अपवर्त्य ,,
Negative angle	ऋण ,,
Numerical angle	संख्यात्मक ,,
Oblique angle	तिर्यक् ,,
Obtuse angle	अधिक ,,
Opposite angle	सम्मुख ,,
Plane angle	समतल ,,
Plane rectilineal angle	समतल ऋजुरेख कोण
Polar angle	ध्रुवी कोण
Polyhedral angle	बहुतल ,,
Position angle	स्थिति ,,
Positive angle	धन ,,
Principal angle	मुख्य ,,
Quadrant angle	चरण ,,
Quadrantal angle	चरण ,,
Re-entrant angle	पुनर्युक्त ,,
Reflex angle	वृहत् ,,
Related angle	संबद्ध ,,
Right angle	सम ,,
Secant of an angle	कोण की व्युकोज्या
Sine of an angle	कोण की ज्या
Smallest numerical angle	न्यूनतम संख्यात्मक कोण
Solid angle	ठोस कोण
Spherical angle	गोलीय ,,
Straight angle	ऋजु ,,
Sabsidiary angle	सहायक ,,
Supplementary angle	ऋजुपूरक ,,
Tetrahe angle	स्पर्श-जीवा ,,
Terahedral angle	चतुर्तल ,,
Trihedral angle	त्रितल ,,
Vectorial angle	सदिश ,,
Vertex angle	शीर्ष ,,
Vertical angle	शीर्ष ,,
Vertically opposite angle	सम्मुख शीर्ष कोण
Zaw angle	शून्य कोण
At right angles	सम कोण पर
Coterminal angles	सहावसान कोण
Species of angles	कोणों की जातियाँ
Angled	कोणीय
Acute angled	न्यून कोणीय
Acute angled triangle	न्यून कोण त्रिभुज
Obtuse angled	अधिक कोणीय
Obtuse angled triangle	अधिक कोण त्रिभुज

Right angled triangle	सम कोण त्रिभुज
Angular	कोणीय
Angular acceleration	कोणीय गतिवृद्धि
Angular amplitude	कोणीय कोणांक
Angular distance	कोणीय दूरी
Angular measure	कोणीय मापांक, कोणीय माप
Angular measurement	कोणीय माप
Angular momentum	कोणीय आवेग
Angular motion	कोणीय गति
Angular point	कोणीय बिन्दु
Angular Speed	कोणिय चाल
Angular velocity	कोणीय वेग
Anharmonic	अहरात्मक
Anharmonic cross ratio	अहरात्मक तिर्यक् निष्पत्ति
Anharmonic pencil	अहरात्मक रेखावली
Anharmonic ratio	अहरात्मक निष्पत्ति
Annual	वार्षिक
Annual aberration	वार्षिक अपेरण
Annual premium	वार्षिक प्रीमियम
Annual rate	वार्षिक अर्ध
Annual rent	वार्षिक किराया
Nominal annual rate	नाम मात्र का वार्षिक अर्ध
Semi-annual	अर्ध वार्षिक
True annual rate	सत्य वार्षिक अर्ध
Annually	प्रति वर्ष
Annuity	वार्षिक वृत्ति, वार्षिकी (र)
Annuity bond	वार्षिकी बंध
Annuity contract	वार्षिकी प्रसंविदा
Apportionate annuity	अनुपाती वार्षिकी
Certain annuity	निश्चित वार्षिकी
Complete annuity	पूर्ण वार्षिकी
Consolidated annuity	समाहत वार्षिकी
Contingent annuity	दैवयोगी ,,
Continuous annuity	सतत ,,
Deferred annuity	विलंबित ,,
Due annuity	दातव्य ,,
Forborne annuity	परानीत ,,
Immediate annuity	तात्कालिक ,,
Intercepted annuity	अंतःखंडित ,,
Life annuity	आजन्म ,,
Ordinary annuity	साधारण ,,
Perpetual annuity	चिरस्थायी ,,
Temporary annuity	अस्थायी ,,
Terminable annuity	सांत ,,
Unpaid annuity	अदत्त ,,
Annular	वलयाकार
Annular solid	वलयाकार ठोस
Annular space	वलयाकार अवकाश
Annulus	वलय
Annum	वर्ष
Answer	उत्तर
Double answer	द्विगुत्तर
Antarctic circle	दक्षिण रेखा
Arctic circle	उत्तर रेखा
Antecedent	पूर्वगामी
Consequent	अनुगामी
Anthology	साहित्य संग्रह
Anthropology	मानव शास्त्र
Anthropometry	मानवमिति
Anti-centre	प्रति-केंद्र
Anticlastic surface	अतिवलयक पृष्ठ
Anti-clockwise	वामावर्त
Clockwise	दक्षिणावर्त
Anti-derivative	प्रति-अवकलज
Anti-friction	उद्घर्षण
Anti-friction curve	उद्घर्षण वक्र
Anti-friction pivot	उद्घर्षण चूल
Anti-logarithm	प्रति-लघुगणक
Anti-parallel	प्रति-समानांतर
Anti-parallel lines	प्रति-समानांतर रेखाएँ
Anti-pole	प्रति-ध्रुव
Anti-reflexive relation	अप्रतिक्षेप संबंध
Anti-symmetric	प्रति-सम्मित
Anti-trigonometrical	प्रति-त्रिकोणमितीय

Anti-trigonometrical function — प्रति-त्रिकोणमितीय फलिन

A number of — कई एक, कतिपय

  A number of forces — कतिपय बल

Any number — कोई संख्या

  Any number of forces — कई एक बल

A. P. — स. श्रें.

  G. P. — गु. श्रें.

  H. P. — ह. श्रें.

A pair of compasses — परकार

A part — पृथक, दूर

Aperiodic — अनावर्तक

Aperture — छिद्र

  Rectangular aperture — आयताकार छिद्र

Apex — शीर्ष

Apolar — अभिध्रुवी

  Apolar (conics) — अभिध्रुवी शांकव

  Apolar pair of points — अभिध्रुवी बिंदु-युग्म

  Mutually apolar — परस्पर अभिध्रुवी

Apollonius — ऐपोलोनियस

  Apollonius' theorem — ऐपोलोनियस प्रमेय

  Problem of Apollonius — ऐपोलोनियस की समस्या

A posteriori — अपर प्रमाण से

  A fortiori — प्रबल प्रमाण से

  A priori — पूर्वापर प्रमाण से

Apparatus — साधित्र (र)

  Instrument — उपकरण

  Machine — यंत्र

  Machinery — संयंत्र

Apparent — स्पष्ट, प्रगट

  Apparent gravity — प्रगट गुरुत्व

  Apparent solar time — प्रगट सौर्य समय

Apparently — प्रगट रूप से

  Apparently indeterminate — देखने में अनिर्णीत

Applicable — प्रयोज्य, लागू

Application — प्रयोग

Application (of a triangle on another) — आच्छादन

  Geometrical application — ज्यामितीय प्रयोग

  Physical application — भौतिक प्रयोग

  Point of application — प्रयोग-बिन्दु

Applied — प्रयोजित

  Applied Geometry — प्रयोजित ज्यामिति

  Applied Mathematics — प्रयोजित गणित

  Applied Science — प्रयोजित विज्ञान

  Applied to — पर प्रयोजित

Apply (a theorem) — लगाना, प्रयोग करना

Apply (a triangle on another) — आच्छादन करना

Apportionate annuity — अनुपाती वार्षिकी

Appraisal method — आगणन विधि

Appreciable — दृश्य

  Appreciable difference — दृश्यांतर

Approach — उपगमन

  Uniform approach — एकरूप उपगमन

  Velocity of approach — उपगमन वेग

Approachability — उपगम्यता

Approachable — उपगम्य

Approaches — उपगमन करता है

  Approaches continuously — निरंतर समीपस्थ होता है

Approximate — उपनीत

  Approximate answer — उपनीत उत्तर

  Approximate representation — उपनीत निरूपण

  Approximate result — उपनीत फल

  Approximate root — उपनीत मूल

  Approximate summation — उपनीत योग

  Approximate value — उपनीत मान

Approximately — लगभग

  Approximately continuous — लगभग सतत

Approximation — उपनयन

  Approximation curve — उपनयन वक्र

  Approximation to sum — योग का उपनयन

  First approximation — प्रथम उपनयन

  Near approximation — निकट उपनयन

  Nearer approximation — निकटतर उपनयन

Nearest approximation	निकटतम उपनयन
Newton's approximation	न्यूटन का उपनयन
Numerical approximation	संख्यात्मक उपनयन
Stirling's Approximation	स्टर्लिंग का उपनयन
Successive approximation	उत्तरोत्तर उपनयन
A priori	पूर्वापर प्रमाण से
A fortiori	प्रबल प्रमाण से
A posteriori	अपट प्रमाण से
Apse	आरात
Apsidal	आरातीय
Apsidal angle	आरात कोण
Apsidal boundary	आरातीय पर्यंत
Apsidal circle	आरातीय वृत्त
Apsidal distance	आरातीय दूरी
Apsides	आरात बिंदु
Line fo apsides	आरात रेखा
Apsis	आरात
Higher apsis	उच्च आरात
Lower apsis	निम्न आरात
A ratio of equality	समता निष्पत्ति
A ratio of greater inequality	दीर्घ असमता निष्पत्ति
A ratio of lesser inequality	लघु असमता निष्पत्ति
Arbitrary	स्वेच्छ
Arbitrary constant	स्वेच्छ अचल
Arbitrary function	स्वेच्छ फलिन
Arbitrary parameter	स्वेच्छ प्राचल
Arbitrated	निधारित
Arbitrated rate	निर्धारित अर्घ
Arbogast	आर्बोगस्त
Arbogast method	आर्बोगस्त विधि
Arbogast series	आर्बोगस्त श्रेणी
Arc	चाप
Arc cosec A	चाप व्युज्या का
Arc cos A	„ कोज् का
Arc cot A	„ कोस्प का
Arc Hyperbolic cosec A	„ अतिपरवलीय व्युज्या का
Arc hyperbolic cos A	„ „ कोज् का
Arc hyperbolic cot A	„ „ कोस्प का
Arc hyperbolic sec A	„ „ व्युकोज् का
Arc hyperbolic sin A	„ „ ज्या का
Arc hyperbolic tan A	„ „ स्पज्या का
Arc length	„ की लंबाई
Arc sec A	„ व्युकोज् का
Arc sin A	„ ज्या का
Arc tan A	„ स्पज्या का
Circular arc	वर्तुल चाप
Conjugate arc	अनुबद्ध „
Element of an and arc	चाप का अल्पांश
Major arc	दीर्घ चाप
Minor arc	लघु „
Short arc	„ „
Small arc	„ „
Arch	तोरण
Hydrostatic arch	उत्प्लवन तोरण
Archetypal	तोरणीय
Archetypal circle	तोरणीय वृत्त
Archimedes	आर्किमेडीज़
Archimedes' axiom	आर्किमेडीज़ की स्वयंसिद्धि
Archimedes' principle	आर्किमेडीज़ का सिद्धांत
Archimedian spiral	आर्किमेडीज़ सर्पिल
Arctic circle	उत्तर रेखा
Antarctic circle	दक्षिण रेखा
Arcual distance	चापीय दूरी
Area	(1) क्षेत्रफल (2) क्षेत्र
Centroid of area	क्षेत्र का कंद्रव
Element of an area	क्षेत्र का अल्पांश
Lateral area	पार्श्व क्षेत्रफल
Moment of an area	क्षेत्रफल का घूर्ण
Moving area	गतिशील क्षेत्र
Padal area	पदिक क्षेत्र
Per unit area	प्रति इकाई क्षेत्र
Sectorial area	शकलीय क्षेत्रफल
Surface area	पृष्ठीय क्षेत्रफल
Areal	क्षेत्रीय

Areal acceleration क्षेत्रीय गतिवृद्धि
Areal coordinates क्षेत्रीय नियामक
Areal velocity क्षेत्रीय वेग
Argand आर्गन्ड
Argand diagram आर्गन्ड चित्र
Argand plane आर्गन्ड समतल
Argument (1) नियन्ता (2) तर्क
Argument of a function फलिन की नियन्ता
Argument of a point बिंदु की नियन्ता
Arithmetic अंकगणित
Arithmetic complement of a logarithm लघुगणक का दशपूरक
Arithmetic mean समान्तर मध्यक
Gemetric mean गुणोत्तर मध्यक
Harmonic mean हरात्मक मध्यक
Arithmetic series समान्तर श्रेणी
Decimal Arithmetic दशमलव गणित
Univeral Arithmetic विश्वांकगणित
Arithmetical संख्या शास्त्र
Arithmetical संख्यात्मक
Arithmetical average संख्यात्मक माध्य
Arithmetical game संख्यात्मक खेल
Arthmetical game अंकगणितीय संख्या
Arithmetical progression समान्तर श्रेढ़ी
Geometrical progression गुणोत्तर श्रेढ़ी
Harmonical progression हरात्मक श्रेढ़ी
Arithmetical root संख्यात्मक मूल
Arithmetical sum संख्यात्मक योग
Arithmetical theory संख्यात्मक सिद्धांत
Arithmetical value ,, मान
Arithmetically अंकगणितीय विधि से
Arithmetician अंकगणितज्ञ
Arithmetico-Geometric series समान्तर-गुणोत्तर श्रेणी
Arithmetisation अंकीकरण
Arithmetise, Arithmetize अंकीकरण करना
Arthmetised अंकीकृत
Arithmometer गणनायन्त्र

Arm बाहु
Arm of a lever उत्तोलक की बाहु
Arm power बाहु सामर्थ्य
Effort arm आयास बाहु
Final arm अन्त्य बाहु
Initial arm आदि बाहु
Arrange विन्यास करना
Arrangement विन्यास
Derangement अविन्यास
Line arrangement रेखा विन्यास
Linear arrangement रेखीय विन्यास
Tabular arrangement तालिकामय विन्यास
Triangle arrangement त्रिभुजीय विन्यास
Array सरणी
Determinant सारणिक
Matrix श्रेणिक
Rectangular array आयताकार सरणी
Arrival पहुँच
Arrow बाण, शर
Arrow-head शराग्र
With arrow-head शरांकित
Article (1) वस्तु (2) प्रकरण
Artifice युक्ति
Artificial कृत्रिम
Artificial number कृत्रिम संख्या
Artificial sine लघुगणकीय ज्या
Artificiality कृत्रिमता
Artillery तोपागार
As befoe पूर्व की भाँति
Ascending order आरोह क्रम
Descending order अवरोह क्रम
Ascending power आरोह घात
Ascending Series आरोह श्रेणी
Ascent चढ़ाई, आरोह
As limiting form सीमान्त रूप में
Aspect अवस्थान
Assemblage समुच्चय

Accumulation	पुंज
Aggregate	वृन्द
Bundle	गुच्छ
Cluster	झुंड
Collection	संग्रह
Combination	संचय
Permutation	क्रमचय
Range (of points)	(बिन्दु) माला
Set	कुलक
Assertion	उक्ति
Ass's bridge	गर्दभ पुल
Assign	निर्देश करना
Assignable	निर्देशणीय
Assignable quantity	निर्देशणीय राशि
Assigned	निर्दिष्ट
Assigned direction	निर्दिष्ट दिशा
Assigned property	„ गुण
Assigned root	„ मूल
Assigned term	„ पद
Assignment	निर्देशण
Associate	सहचर
Associate form	सहचर रूप
Associated	सहचरित
Associated equation	सहचरित समीकरण
Associated function	„ फलिन
Associated residue	„ अवशेष
Association	सहचरन
Coefficient of association	सहचरन गुणक
Law of association	सहचरन नियम
Associative	सहचरनशील
Associative law	सहचरन नियम
Commutative law	व्यत्यय नियम
Distributive law	वितरण नियम
Assume	मान लो, कल्पना करो
Assumed	कल्पित
Assumed quantity	कल्पित राशि
Assumption	कल्पना
Cote's assumption	कोट की कल्पना
Empirical assumption	अनुभूत कल्पना
Fundamental assumption	आधार कल्पना
Astatic	सुस्थिर
Astatic angle	सुस्थिति कोण
Astatic axis	„ अक्ष
Astatic centre	„ केंद्र
Astatic equilibrium	„ साम्य
Astatic moment	„ घूर्ण
Astatic point	„ बिन्दु
Astatic triangle	„ त्रिभुज
Astatics	सुस्थिति विज्ञान, सुस्थैतिकी
Asterisk	तारिका चिह्न
Astrologer	ज्योतिषी
Astrological	ज्योतिषीय
Astrologically	ज्योतिष की विधि से
Astrology	ज्योतिष
Astronomer	खगोलज्ञ
Astronomical	खगोलीय
Astronomical triangle	खगोलीय त्रिभुज
Astronomically	खगोल की विधि से
Astronomy	खगोल
Asymmetric	आसमित
Asymmetric relation	आसम्मित संबंध
Asymmetry	आसम्मिति
Asymptote	अनन्तस्पर्शी
Asymptote by inspection	प्रत्यक्ष अनन्तस्पर्शी
Circular asymptote	वर्तुल अनन्तस्पर्शी
Curvilinear asymptote	वक्रात्मक अनन्तस्पर्शी
Imaginary asymptote	काल्पनिक अनन्तस्पर्शी
Parabolic asymptote	परवलीय अनन्तस्पर्शी
Parallel asymptotes	समानान्तर अनन्तस्पर्शी
Asymptotic	अनन्तस्पर्शीय
Asymptotic circle	अनन्तस्पर्शी वृत्त
Asymptotic expansion	अनन्तस्पर्शीय प्रसार
Asymptotic formula	अनन्तस्पर्शी सूत्र
Asymptotic line	अनन्तस्पर्शी रेखा

Atmosphere	वायुमंडल
Homogeneous atmosphere	समांग वायुमंडल
Atmospheric pressure	वायुमंडल का दाब
Atom	परमाणु
Theory of atoms	परमाणु सिद्धान्त
At par	सम मूल्य पर
Above par	सममूल्य से ऊपर
Below par	सम मूल्य से नीचे
At rest	विराम में
At right angles	सम कोण पर
Attension	ध्यान
Attract	आकर्षण करना
Attracted	आकृष्ट
Attracted particle	आकृष्ट कण
Attracting	आकर्षण
Attraction	आकर्षण
Repulsion	विकर्षण
Capillary attraction	केशाकर्षण
Centre of attraction	आकर्षण केंद्र
Constant of attraction	आकर्षण अचल
Differential of attraction	आकर्षण का अवकल
Element of attraction	आकर्षण अल्पांग
Gravitational attraction	गुरुत्वाकर्षण
Law of attraction	आकर्षण नियम
Mutual attraction	पारस्परिक आकर्षण
Normal attraction	अभिलंब आकर्षण
Attractive	आकर्षक
Equally attractive	समाकर्षक
Attribute	गुण
Atwood's machine	ऐटूड यन्त्र
Augmented matrix	आगमित श्रेणिक
Automatic	स्वचलित
Automatically	आप से आप
Automaton	स्वचल
Automorphic function	स्वाकारी फलिन
Automorphic number	स्वाकारी संख्या
Auxiliary	सहायक
Auxiliary angle	सहायक कोण
Auxiliary circle	सहायक वृत्त
Auxiliary conic	सहायक शांकव
Auxiliary curve	सहायक वक्र
Auxiliary equation	सहायक समीकरण
Auxiliary quadratic	सहायक वर्गात्मक (समीकरण)
Auxiliary series	सहायक श्रेणी
Auxiliary variable	सहायक चल
Average	माध्य
Mean	मध्यक
Average curvature	माध्य वक्रता
Average density	माध्य घनत्व
Average deviation	माध्य विचलन
Average difference	माध्यान्तर
Average error	माध्य भ्रान्ति
Average ordinate	माध्य कोटि
Average rate	माध्य अर्घ
Average speed	माध्य चाल
Average velocity	माध्य वेग
Arithmetical average	संख्यात्मक माध्य
Geometrical average	ज्यामितीय ,,
Avogadro's law	ऐवोगैड्रो नियम
Axes	अक्ष
Axes of reference	आश्रय अक्ष
Cartesian axes	कार्तीय ,,
Change of axes	अक्ष परिवर्तन
Rectangular axes	आयताकार अक्ष
Axial=Axal	अक्षीय
Axial pencil	अक्षीय रेखावली
Axial rotation	अक्षीय परिभ्रमण
Axial symmetry	अक्षीय सम्मिति
Axiom	स्वयंसिद्धि
Postulate	अवाध्योपक्रम
Axiom of continuity	सातत्य स्वयंसिद्धि
Axiom of of order	क्रम ,,
Axiom of superposition	आच्छादन स्वयंसिद्धि

Archimedes' axiom	आर्किमेडीज की ,,	Axis of the ecliptic	क्रान्तिवृत्ताक्ष
Playfair's axiom	प्लेफेअर की स्वयंसिद्धि	Axis of X	य अक्ष
Axiomatic	स्वयंसिद्ध	Axis of y	र ,,
Axiomatic law	स्वयंसिद्ध नियम	Axis of z	ल ,,
Axiomatic truth	स्वयंसिद्ध सत्य	Astatic axis	सुस्थिति ,,
Axis	अक्ष	Central axis	केंद्रीय ,,
Axis of abscissa	भुजाक्ष	Conjugate axis	अनुबद्ध ,,
Axis of a curve	वक्र का अक्ष	Imaginary axis	काल्पनिक ,,
Axis of a pencil	रेखावली का अक्ष	Instantaneous axis	तात्कालिक ,,
Axis of coordinates	नियामकाक्ष	Major axis	दीर्घाक्ष
Axis of coordinates in space	अवकाश नियामकाक्ष	Mean axis	मध्यकाक्ष
		Minor axis	लघ्वक्ष
Axis of imaginaries	काल्पनिक राशियों का अक्ष	Moving axis	गतिशील अक्ष
Axis of moment	घूर्णाक्ष	Neutral axis	उदासीन ,,
Axis of no moment	शून्य घूर्ण अक्ष	Poinsot's axis	पौइन्सो ,,
Axis of ordinates	कोट्यक्ष	Polar axis	कोणीय अक्ष
Axis of oscillation	दोलनाक्ष	Principal axis	मुख्य ,,
Axis of perespective	दृष्टिसाम्याक्ष	Radical axis	मूलाक्ष
Axis of projection	विक्षेपाद्य	Real axis	वास्तविक अक्ष
Axis of reals	वास्तविक राशियों का अक्ष	Semi-axis	अर्धाक्ष
Axis of reference	आश्रय अक्ष	Semi-conjugate axis	अनुबद्ध अर्धाक्ष
Axis of revolution	परिक्रमणाक्ष	Transverse axis	अनुप्रस्थ अक्ष
Axis of rotation	परिभ्रमणाक्ष	Axle	धुरी
Axis of symmetry	सम्मित्यक्ष	Wheel and axle	चक्र और धुरी

B

Bachet theorem — बैशेट प्रमेय
Backward — प्रतिगामी
Baire theorem — बेयर प्रमेय
Balance — तुला
  Balance sheet — आय व्यय का लेखा, संतुलन पत्र
  Beam of a balance — तुला दंड
  Common balance — साधारण तुला
  False balance — झूठी तुला
  Hydrostatic balance — उत्प्लवन तुला
  Quintenz balance — क्विंटेन्ज तुला
  Roberval's balance — रूबर्वल तुला
  Sensitive balance — सुग्राही तुला
  Sensitivess of a balance — तुला की सुग्राह्यता
  Spring balance — कमानीदार तुला
Ball — गेंद, गोली
Ballistic pendulam — क्षेपण दोलक
Ballistics — क्षेपण शास्त्र
Balloon — गुब्बारा
Ballot box — सम्मति पेटिका
Banach spccea — बनख अवकाश
Band — बन्ध
Mobius band — मोबियस बन्ध
Bank — बंक
  Polish bank (Game) — पोली बंक (खेल)
  Russian bank (game) — रूसी बंक (खेल)
Banker — महाजन
  Banker's discount — महाजनी बट्टा
Bankrupt — दिवालिया
Bankruptey — दिवाला
Bar — छड़, शलाका
Bar graph — छड़ आलेख
Bargain — सौदा
Barnes' integral — बार्न्स अनुकल
Barometer — दाबमापक
  Aneroid barometer — निर्द्रव दाबमापक
  Cistern barometer — कुंड दाबमापक
  Fortin's barometer — फ़ोर्टिन दाबमापक
  Gauge barometer — दाब प्रमापक
  Marine barometer — नाविक का दाबमापक
  Self-registering barometer — दाब स्वलेखक
  Siphn barometer — द्विनलिका दाबमापक
Barometric — दाबमापकीय
  Barometric formula — दाबमापक सूत्र
  Barometric gauge — दाब प्रमापक
  Barometric observation — दाबमापक अवलोकन
Barrier — प्राचीर
  Barrier curve — प्राचीर वक्र
Barrow's table — बैरो तालिका
Barter — भांड प्रति भांड (प्राचीन)
  Exchange — विनियम
Barycentric coordinates — भारकेंद्री नियामक
Base — आधार
  Base angle — आधार कोण
  Base line — आधार रेखा
  Base of a logarithm — लघुगणक का आधार
  Common base — उभयनष्ठि आधार, सर्वनिष्ठ आधार

Hexagonal base	षड्भुजी आधार
Napierian base	नेपियरी आधार
Basic	आधारभूत
Basis	आधार
Vector basis	सदिश आधार
Battle	संग्राम
Battle of numbers	संख्या संग्राम
Naval battle	जल संग्राम
Beam	दंड
Beam of a balance	तुलादंड
Beam of the ceiling	छत की धरणि
Bearing	दिग्मान
Rough bearing	स्थमल दिग्मान
Recause	यतः
Hence	अतएव
Since	चूंकि
Therefore	अतः
(To) be in equilibrium	साम्य में होना
Before	(1) पूर्व (2) सम्मुख
As before	पूर्व की भांति
Bell	घंटी
Diving bell	अवगाहन कोष्ठ
Bellows	धौंकनी
Hydrostatic bellows	उत्प्लवन धौंकनी
Belong to	से संबद्ध होना
Below	के नीचे
Below par	सम मूल्य से नीचे
Above par	सम मूल्य से ऊपर
At par	सम मूल्य पर
Belt	पेटी
Cylindrical belt	बेलनी पेटी
Bend	मोड़ना, नमन करना
Bend point	नमन बिन्दु
Bending	नमन
Bending couple	नमन बलयुग
Bending force`	अवनामक बल
Bending moment	नमन घूर्ण
Bending moment curve	नमन घूर्ण वक्र
Bending stress	नमन चाँप
Bendixon test	बैन्डिक्सन परीक्षण
Bent	टेढ़ा
Bent bow	टेढ़ा धनुष
Bent lever	टेढ़ा उत्तोलक
Bent rod	टेढ़ा छड़
Benzene ring	बेन्ज़ीन छल्ला
Bernoulli	बर्नोली
Bernoulli's distribution	बर्नोली वितरण
Bernoulli's expression	बर्नोली व्यंजक
Bernoulli's number	बर्नोली संख्या
Bernoulli's series	बर्नोली श्रेणी
Bernoulli's theorem	बर्नोली प्रमेय
Lemniscate of Bernoulli	बर्नोली द्विपाशी
Bertrand	बर्ट्रेंड
Bertrand's curve	बर्ट्रेंड वक्र
Bertrand's postulate	बर्ट्रेंड अवाध्योपक्रम
Bertrand's proof	बर्ट्रेंड उपपत्ति
Bertrand's test	बर्ट्रेंड परीक्षण
Bessel	बेसिल
Bessel coefficient	बेसिल गुणक
Bessel function	बेसिल फलिन
Bessel's equation	बेसिल समीकरण
Fourier Bessel expansion	फूरियर-बैसिल प्रसार
Best	उत्तम
Line of best fit	उत्तम अन्वायोजन रेखा
Bet	पण
Beta	बीटा, आ
Beta function	बीटा फलिन, आ फलिन
Betel	पान
Better	सत्तर
Betting	पण लगाना
Bettor	पणक
Between	के, बीच में, के मध्यस्थ
Beyond	के पार, के आगे
Bezout's method	बेजूट विधि

Bi-angular द्विकोणीय
Bi-angular coordinates द्विकोणीय नियामक
Bi-annual द्विवार्षिक
Bi-axal=Bi-axial द्वि-अक्षी
Biased पक्षपाती
Biased error पक्षपाती भ्रान्ति
Biased weighting पक्षपाती भाराक्रान्ति
Bicircular द्विवर्तुल
Bicoloured दुरंगा
Bi-Complex द्विसंकर, द्विसंकल
Line bicomplex रेखा द्विसंकल
Bicontinuous द्विसतत
Biennial द्विवार्षिक
Bifilar suspension द्वितन्तु अवलंबन
Bifocal chord द्विनाभि जीवा
Big बड़ा, वृहत
Bigradient द्विप्रवणी
Bilateral द्विपार्श्व
Bilateral surface द्विपार्श्व पृष्ठ
Bilinear (1) द्विरेखीय (2) द्विघाती
Bilinear form द्विघात रूप
Bilinear substitution द्विघात स्थानापत्ति
Bill देयक (रा)
Biliads बिलियर्ड
Billion दस खरब
Hundreds of billions दस नील
Hundreds of thousands of billions शंख
Tens of billions नील
Tens of thousands of billions दस पद्म
Thousands of billions पद्म
Bimagic द्विमायावी
Bimagic square द्विमाया वर्ग
Bimonthly द्विमासिक
Binary द्विवर्णी
Binary quantic द्विवर्णी समघातक
Binary scale द्विवर्णी मापनी

Binet-Cauchy the theorem बिनेट-कौशी प्रमेय
Binode द्विपात
Binomial द्विपद
Monomial एकपद
Multinomial बहुपद
Polynomial बहुपद
Trinomial त्रिपद
Binomial coefficient द्विपद गुणक
Binomial differential द्विपद अवकल
Binomial distribution द्विपद वितरण
Binomial equation द्विपद समीकरण
Binomial expansion „ प्रसार
Binomial expression „ व्यंजक
Binomial formula „ सूत्र
Binomial quadratic surd „ वर्ग करणी
Binomial series „ श्रेणी
Binomial surd „ करणी
Binomial theorem „ प्रमेय
Expansion of Binomial द्विपद का प्रसार
Biometry जीवनमिति
Bionomics जीवनार्थ शास्त्र
Bipartition द्विभाजन
Biplanar द्विसमतली, द्वितली
Biplanar node द्वितली पात
Bipolar द्विकोणीय
Bipolar coordinates द्विकोणीय नियामक
Biquadratic द्विवर्गात्मक, चतुर्घाती
Biquadratic equation चतुर्घात समीकरण
Biquadratic function „ फलिन
Biquadratic surd „ करणी
Birectangular द्वि-आयताकार
Birectangular triangle द्वि-आयताकार त्रिभुज
Bisect अधियाना, अर्धन, समद्विभाग करना
Bisected अर्धित
Bisecting अर्धन

Bisecting point	अर्धक बिन्दु
Bisection	अर्धन
Bisector	अर्धक
External bisector	बाह्यार्धक
Internal bisector	अन्तरर्धक
Perpendicular bisector	लम्बार्धक
Biserial number	द्विक्रमी संख्या
Bishop (Chess)	ऊँट (शतरंज)
Creat bishop (Chess)	बड़ा ऊँट (शतरंज)
Half bishop (Chess)	आधा ऊँट (शतरंज)
Bitangent	द्विस्पर्शी
Biuniform	द्विवेकरूप
Biweekly	द्विसाप्ताहिक
Black	काला
Blackboard	श्यामपट्ट
Blackburn's pendulum	ब्लैक्बर्न दोलक
Black death	महामारी
Blackness	कालस
Blank	कोरा
Blind	अंधा, अंध
Block	कुन्दा, गुटका
Block of a pulley	घिरनी का गुटका
Blow	चोट
Blue	नीला
Board	पट्ट
Board measure	पट्ट माप
Checker board	चेकर पट्ट
Chess board	शतरंज की बिसात, शतरंजप
Boat	नाव, नौका
Bob	लटकन
Bobillier theorem	बोबीलियर प्रमेय
Bodies	काय
Similar bodies	समरूप काय
System of bodies	काय संहति
System of rigid bodies	दृढ़ काय संहति
System of solid bodies	ठोस काय संहति
Body	काय (र)
Lump	पिण्ड
Solid	ठोस, घन
Body centrode	काय केन्द्रपथ
Body locus	काय निधि
Changing body	परिवर्ती काय
Constrained body	नियंत्रित काय
Elestic body	लचीला काय
Floating body	प्लवमान काय
Homogeneous body	समांग काय
Lamellar body	समशक्ति काय
Magnetic body	चुम्बकीय काय
Material body	भौतिक काय
Platonic body	प्लेटो काय
Resisted body	प्रतिरोधित काय
Resisting body	प्रतिरोधी काय
Rocking body	स्पन्दमान काय
Rough body	रूक्ष काय
Smooth body	चिकना काय
Solid body	ठोस काय
Spherical body	गोलाकार काय
Uni-axal body	एकाक्ष काय
Bolt	चटखवी, कुंडी
Bolzano-Weierstrass theorem	बोल्जानों-वीस्ट्र्रास प्रमेय
Bomb	बम
Bond	बंधन, बंध
Annuity bond	वार्षिकी बंध
Book	पुस्तक, बही
Field-book	खेत-बही
Boomerang	बूमैरेंग
Booth	बूथ
Booth's theorem	बूथ प्रमेय
Borda	बोर्डा
Borda's mouthpiece	बोर्डा मुखनाल
Border	किनारी, गोट
Border square	गोट वर्ग, पर्यन्त वर्ग
Bordered	किनारीदार
Bordering	गोट लगाना

Boscovitch बौस्कोविच
  Theory of Boscovitch ,, का सिद्धान्त
Both दोनों, उभय
  Both ways उभयतः, दोनों प्रकार से
Bottle बोतल
  Density bottle घनत्व बोतल
  Mariner's bottle नाविक की बोतल
  Mariotte's bottle मैरियट बोतल
  Specific gravity bottle विशिष्ट घनत्व बोतल
Bottom तली
  Top चोटी
Bound परिमा
  Boundary पर्यन्त, घेरा
  Circumference परिधि
  Contour नेमि
  Limit सीमा
  Outline बही रेखा
  Perimeter परिमिति
  Periphery वाह्य रेखा
  Lower bound निम्न परिमा
  Upper bound उच्च परिमा
Boundary पर्यन्त, घेरा
  Bound परिमा
  Circumference परिधि
  Contour नेमि
  Limit सीमा
  Outline बही रेखा
  Perimeter परिमिति
  Periphery बाह्यरेखा
  Boundary condition पर्यन्त अनुबन्ध
  Boundary line पर्यन्त रेखा
  Apsidal boundary आरातीय घेरा
Bounded परिमित
  Finite सान्त
  Illimitable असीम
  Infinite अनन्त
  Infinity अनन्ती
  Limited सीमित
  Unbounded अपरिमित
  Unlimited असीम
  Bounded function परिमित फलिन
  Bounded quantity परिमित राशि
  Bounded sequence परिमित अनुक्रम
  Bounded set परिमित कुलक
Bounding परिमा
  Bounding Line परिमा रेखा
  Bounding surface परिमा पृष्ठ
Bow धनुष
  Bent bow टेढ़ा धनुष
Bowditch curve बाउडिच वक्र
Bowl कटोरा, नाँद
Box पेटिका, मंजूषा, सन्दूक
  Ballot box सम्मति-पेटिका
Boyle बायल
  Boyle's Law बायल नियम
Braces धनु कोष्ठक
  Crotchets गुरु कोष्ठक
  Parenthesis लघु कोष्ठक
  Vinculum रेखा कोष्ठक
Brachistochrone द्रततम पातवक्र
Bracket कोष्ठक
  Brackel rank कोष्ठक पदवी
  Insertion of brackets कोष्ठीकरण
  Removal of brackets विकोष्ठी करण
Bramah's press ब्रह्मा संपीड़क
Brake गतिरोधक
Branch शाखा
  Branch of a curve वक्र शाखा
  Branch of a function फलिन शाखा
  Branch point शाखा बिन्दु
  Branch space शाखावकाश
  Infinite branch अनन्त शाखा
Breadth चौड़ाई
  Length लम्बाई

Break	भंग करना, तोड़ना
Breaker	भंजक
Brianchon	ब्रियांकन
Brianchon's theorem	ब्रियांकन प्रमेय
Bridge	पुल, ब्रिज
Ass's bridge	गर्दभ पुल
Brittania bridge	ब्रितानी पुल
Catenary bridge	रज्जुवक्र पुल
Konigsberg bridge	कौनिग्सबर्ग पुल
Suspension bridge	अवलम्बन पुल
Brief	संक्षिप्त
Brigg	ब्रिग
Brigg's logarithm	ब्रिग लघुगणक
Brigg's logarithmic system	ब्रिग लघुगणक पद्धति
Brittania bridge	ब्रितानी पुल
Brittle	भिदुर
Ductile	तन्य
Elastic	लचीला
Flexible	नम्य
Hard	कठिन
Malleable	कुट्टय
Plastic	सुनम्य
Rigid	दृढ़
Soft	मृदु, कोमल
Tough	कठोर
Viscous	सान्द्र
Broad	चौड़ा
Long	लम्बा
Brocard	ब्रोकार्ड
Brocard circle	ब्रोकार्ड वृत्त
Brocard point	ब्रोकार्ड बिन्दु
Broken	विच्छिन्न
Broken line	विच्छिन्न रेखा
Broker	दलाल
Borkerage	दलाली
Bronwin's formula	ब्रान्विन सूत्र
Brounker Series	ब्राउन्कर श्रेणी

Brown	ब्राउन
Brownian motion	ब्राउनी गति
Bubble	बबूला
Bucket	डोल, बाल्टी
Budan theorem	बुडान प्रमेय
Buffon's problem	बफ़न की समस्या
Build	बनाना, निर्माण करना
Building	भवन, निर्माण करना
Building up of graphs	आलेख विरचन
Bulk=Volume	आयतन
Elasticity of bulk	आयतन लचक
Bulk=magnitude	परिमाण
Bulk for bulk	समान परिमाणों में
Bulk=A greater part	अधिकांश
A bulk of the population	जन संख्या का अधिकांश
Bulk=A large size	भीमकाय, दीर्घकाय
Just look at its bulk	तनिक उसका आकार तो देखो
A bulky body	भीमकाय शरीर
Bullet	छर्रा, गोली
Bunch	गुच्छ
Bundle	गुच्छ, गट्ठा
Accumulation	पुंज
Aggregate	वृन्द
Assembloge	समुच्चय
Cluster	झुंड
Collection	संग्रह
Combination	संचय
Permutation	क्रमचय
Range (of points)	(बिन्दु) माला
Set	कुलक
Bundle of circles	वृत्त गुच्छ
Involution bundle	समुत्क्रमण गुच्छ
Involutionary bundle	समुत्क्रमी गुच्छ
Orthogonal bundle	समकोणीय गुच्छ
Correlative bundle	बन्धु गुच्छ
Bungalow	बंगला

Buoy उत्प्लव (र)
Buoyancy उत्प्लवन
  Centre of buoyancy उत्प्लवन केन्द्र
  Curve of buoyancy ,, बक्र
  Force of buoyancy ,, बल
  Principle of buoyancy ,, नियम
  Surface of buoyancy ,, पृष्ठ
Burali-Forti paradox बुराली-फोर्टी विरोधाभास
Burgess' table बर्गेस तालिका
Burnside's formula बर्नसाइड सूत्र
Bushel बुशल
By से
  By convention रूढ़ि से, रीत्यनुसार
  By trial अटकल से
  By weighing तौल से
  Determined by से निर्धारित
Bye-law उपनियम

C

Cabin	कोष्ठ
Cable	केबिल
Cage	पिंजर
Calculability	परिकलनशीलता
Calculable	परिकलनशील
Calculate	परिकलन करना
Calculated	परिकलिक
Calculating	परिकलन
Calculating machine	„ यन्त्र
Calculation	परिगणन (र), परिकलन (र)
Computation	संगणन
Counting	गणन, गिनना
Enumeration	प्रगणन
Estimation	आगणन
Calculation of Value	मान का परिकलन
Analytical calculation	वैश्लेषिक परिकलन
Logarithmic calculation	लघुगणकीय परिकलन
Calculator	परिकलन
Calculus	कलन
Calculus of inference	अनुमान कलन
Calculus of propositions	साध्य कलन
Calculus of residues	अवशेष कलन
Calculus of variations	विचरण कलन
Absolute Calculus	निरपेक्ष कलन
Differential Calculus	चलन कलन
Infinitesimal Calculus	अत्यल्प कलन
Integral Calculus	चलराशि कलन
Primeval Calculus	आदिम „
Treated by Calculus	कलन से उपचरित
Calendar	पत्रा, तिथिपत्र
Gregorian calendar	ग्रगोरी तिथिपत्र
Julian calendar	जूली तिथिपत्र
Perpetual calendar	चिरस्थायी तिथिपत्र
Caliprian cycle	कैलिप्री चक्र
Calorie=Calory	तापांक
Canal	लहर
Cancel	निरसन करना
Cancellation	निरसन
Crossing out	निरसन काटना
Deletion	अपमृजन
Elimination	विलोपन
Exclusion	अपवर्जन
Ignoring	उपेक्षण
Leaving out	त्यजन
Neglecting	उपेक्षण
Omission	उत्सृजन
Rejection	अस्वीकरण
Removal	उपनयन
Vanishing	लोपन
Cancellation of a common factor	अपवर्तन
Cancellation law	निरसन नियम, अपवर्तन नियम
Cancer	कर्क
Tropic of Cancer	कर्क रेखा
Candidate	आवेदक (र)
Candle	मोमबत्ती

Cane	बेत
Canster	कनस्टर, पीपा
Cannon	तोप
Canoe	नौका
Canonical	उद्यत
Canonical element	उद्यत अल्पांश
Canonical product	उद्यत गुणनफल
Canopy	छौलदारी
Cantor	कैण्टर
Cantor's method	कैण्टर विधि
,, principle	,, नियम
Cantor theory	,, सिद्धान्त
Canvas	वानात
Cap	टोपी, टोप
Capacity cap	समाई टोप
Segmental cap	खण्डीय टोपी
Capacity	समाई
Cape	रास
Capillarity	केशीयता
Capillary	केशीय
Capillary attraction	केशाकर्षण
Capillary curve	केश वक्र
Capillary repulsion	केश विकर्षण
Capillary tube	केश नाल
Capillary wave	केश तरंग
Capital	पूँजी
Capitalism	पूँजीवाद
Capitalist	पूंजीपति
Capricorn	मकर
Tropic of Capricorn	मकर रेखा
Captain	कप्तान
Car	कार
Motor car	मोटरकार
Caravan	कारवाँ
Card	पत्ता, ताश का पत्ता
Marked card	चिह्नित पत्ता
Pack of cards	ताश की गड्डी

Cardan	कार्डन
Cardan's formula	कार्डन सूत्र
Cardan's law	कार्डन नियम
Cardan's method	कार्डन विधि
Cardan's solution	कार्डन का समाधान, कार्डन का हल
Cardinal number	गणनात्मक संख्या
Multiplicative number	गुणनात्मक संख्या
Ordinal number	क्रमात्मक संख्या
Cardinal point (of the campass)	दिग्बिन्दु
Cardiode	हृदयभ
Careful	सावधान
Caretiod cusp	शृंग निशित
Ramphoid cusp	चंचु निशित
Carnot theorem	कार्नो प्रमेय
Carpet	दरी, कालीन
Carpeting	दरी बिछाना
Carriage	गाड़ी
Corred line	नीत रेखा
Carry	(1) ले जाना (2) हाथ लगना
Cart	गाड़ी
Cartesian	कार्तीय
Cartesian axes	कार्तीय अक्ष
Cartesian coordinates	कातीग्य नियामक
Cartesian element	कार्तीय अल्पांश
Cartesian formula	कार्तीय सूत्र
Cartesian oval	कार्तीय अण्डवृत्त
Cartesian system	कार्तीय पद्धति
Conjugate Cartesian	अनुबद्ध कार्तीय
General Cartesian equation	व्यापक कार्तीय समीकरण
Cartography	मानचित्रण
Case	दशा
Condition	अवस्था, अनुबन्ध, शर्त
State	अवस्था
Case where the method fails	दशा जिसमें विधि निष्फल हो जाती है

Ambiguous case	संदिग्ध दशा
Exceptional case	अपवादी दशा
Integrable case	अनुकलनशील दशा
Integral case	पूर्णांक दशा
Irreducible case	अह्रसनीय दशा, अलघुकरणीय दशा
Limiting case	सीमान्त दशा
Parallel case	अनुषंगी दशा
Particular case	विशिष्ट दशा
Casey theorem	केसी प्रमेय
Cash	रोकड़
Equivalent cash	तुल्य रोकड़
Cashier	रोकड़िया
cassini	कैसिनी
Oval of cassini	कैसिनी अण्डवृत्त
Cassinian oval	अण्डवृत्त
Category	निकाय (र)
Class	वर्ग
Family	वंश, कुल, परिवार
Group	समुदाय
Kind	प्रकार
Order	(1) वर्ण (2) क्रम
Species	जाति
System	(1) संहति (2) पद्धति (3) व्यवस्था
Type	प्ररूप
Catenary	रज्जुवक्र
Catenary bridge	रज्जुवक्र पुल
Catenary of uniform strength	समबल रज्जुवक्र
Parabolic catenary	परवलीय रज्जुवक्र
Spherical catenary	गोलीय ,,
Uniform catenary	एकरूप ,,
Catenoid	रज्जुज
Cat's cradle (game)	बिल्ली का हिंडोला (खेल)
Cauchy	कौशी
Cauchy product	कौशी गुणनफल
Cauchy-Riemann equations	कौशी-रीमान समीकरण

Cauchy's condensation test	कौशी संहनन परीक्षण
Cauchy's expansion	कौशी प्रसार
Cauchy's formula	कौशी सूत्र
Cauchy's inequality	कौशी असमता
Cauchy's method	कौशी विधि
Cause	कारण
Cause and effect	कार्य-कारण
Cavendish	कैवेनडिश
Theorem of Cavendish	कैवेन्डिश प्रमेय
Cavity	रंध्र, बिल, विवर
Cayley	केली
Cayley-Hamilton theorem	केली हैमिल्टन प्रमेय
Caley's sextic	केली षड्घाती
Ceiling	छत
Beam of the ceiling	छत की धरणी
Celestial	खगोलीय
Celestial Mechanics	खगोलीय यान्त्रिकी
Celestial meridean	,, देशान्तर
Celestial sphere	,, गोला
Cell	कुटी
Peacellier's cell	पीसेलियर कुटी
Census	जनगणना
Cent	(1) शत (2) सेन्ट (सिक्का)
Per cent	प्रतिशत
Centaur (Chess)	मयाश्व (शतरंज)
Centenary	शतवार्षिकी
Centennial	शतवार्षिक
Centesimal	शतांशिक
Centesimal system	शतांशिक पद्धति
Centigrade	शतांश, सेंटीग्रेड
Centigrade system	शतांश पद्धति, सेंटीग्रेड पद्धति
Centigrade thermometer	शतांश तापमापक
Centigram	सेंटीग्राम
Centimeter	सेंटीमीटर
Centimeter-gramme second system	सेंटीमीटर-ग्राम-सेकन्ड पद्धति

Cubic Centimeter घन सेंटीमीटर
Square centimeter वर्ग सेंटीमीटर
Central (1) केन्द्रीय (2) सकेन्द्र
Central angle केन्द्रीय कोण
Central axis केन्द्रीय अक्ष
Central conic सकेन्द्र शांकव
Central Conicoid सकेन्द्र शंकुज
Central curve केन्द्र वक्र
(curve situated at the centre)
Central curve सकेन्द्र वक्र
(Curve having a central)
Central difference केन्द्रीय अंतर
Central ellipsoid केन्द्रीय दीर्घवृत्तज
Central force केन्द्रीय बल
Central line केन्द्रीय रेखा
Central magnet केन्द्रीय चुम्बक
Central orbit सकेन्द्र कक्षा
Central plane केन्द्रीय समतल
Central point केन्द्र बिंदु
Central projection केन्द्रीय विक्षेप
Central quadeic सकेन्द्र चतुर्घाती
Central symmetry केन्द्रीय सम्मिति
Central tendency केन्द्रीय प्रवृत्ति
Centralisation केन्द्रीकरण
Centralise केन्द्रीयकरण करना
Centralised केन्द्रीकृत
Centre केन्द्र
Centrre locus केन्द्र निधि
Centre of attraction आकर्षण केन्द्र
Centre of buoyancy उत्प्लवन् केन्द्र
Centre of curvature वक्रता केन्द्र
Centre of gravity गुरुत्व केन्द्र
Centre of gyration घूर्णन केन्द्र
Centre of inertia जड़त्व केन्द्र
Centre of inversion उत्क्रमण केन्द्र
Centre of involution समुत्वक्रमण केन्द्र
Centre of mass मात्रा केन्द्र
Centre of mean position मध्यक स्थिति केन्द्र
Centre of oscillation दोलन केन्द्र
Centre of percussion आघात केन्द्र
Centre of perspective दृष्टिसाम्य केन्द्र
Centre of pressure दाब केन्द्र
Centre of projection विक्षेप केन्द्र
Centre of similarity समरूपता केन्द्र
Centre of similitude अनरूपता केन्द्र
Centre of suspension अवलम्बन केन्द्र
Centre of symmetry सम्मिति केन्द्र
Angle at the centre केन्द्रस्थ कोण
Astatic centre सुस्थिति केन्द्र
Circum-centre परिकेन्द्र
Homothetic centre तद्रूपता केन्द्र
Instantaneous centre तात्कालिक केन्द्र
Meam centre मध्यक केन्द्र
Radical centre मूल केन्द्र
Line of centres केन्द्र रेखा
Centreless केन्द्रहीन
Centric केन्द्रीय
Centric oval केन्द्र अंडवृत्त
Centrifugal केन्द्रापसारी
Centripetal केन्द्राभिमुखी
Centrifugal force केन्द्रापसारी बल
Centrifugal machine केन्द्रापसारी यंत्र
Centrifugal pum केन्द्रापसारी पंप
Centrifugal whirling केन्द्रापसारी प्रभ्रमण
Centripetal केन्द्राभिमुखी
Centrifugal केन्द्रापसारी
Centripetal force केन्द्राभिमुख बल
Centrode केन्द्रपथ
Body centrode काय केन्द्रपथ
Space centrode अवकाश केन्द्रपथ
Centroid केन्द्रव
Circum-centre परिकेन्द्र
Ex-centre बहिष्केन्द्र
In-centre अंतः केन्द्र

Ortho-centre	लाम्बिक-केन्द्र
Centroid of area	क्षेत्र केन्द्रव
Centroid of Mass	मात्रा केन्द्रव
Centriod of perimeter	परिमिति केन्द्रव
Centriod of solid	ठोस केन्द्रव
Centro-symmetric matrix	केन्द्रसम्मित श्रेणिक
Century	शताब्दी
Certain	(1) निश्चित (2) कोई
Certain annuity	निश्चित वार्षिकी
Certainly	निंश्चित रूप से
Certainty	निश्चय
Cesaro	सिसैरो
Cesaro sum	सिसैरो योग
Cesaro summation	सिसैरो संकलन
Cesaro theorem	सिसैरो प्रमेय
G. G. S. System	से. ग्रा. से. पद्धति
Chain	शृंखला
Chain of elements	तत्त्व शृंखला, अल्पांश शृंखला
Chain of gyrostats	घूर्णक शृंखला
Chain of particles	कण शृंखला
Chain rule	शृंखला नियम
Cycloidal chain	चक्रजी शृंखला
Gunter's Chain	गुन्टर शृंखला
Heterogeneous chain	विषमांग शृंखला
Homogeneous Chain	समांग शृंखला
Lebesgue Chain	लेबेग शृंखला
Relative Chain	आपेक्षिक शृंखला
Snrveyor's Chain	परिमापक की शृंखला
Suspension Chain	अवलम्बन शृंखला
Tight Chain	संसक्त शृंखला
Chainette	शृंखल
Chalk	चाक, खड़िया
Chamber	वेश्म (र)
Chance	संयोग
Game of chance	भाग्य का खेल
Chancellor (Chess)	गजाश्व (शतरंज)
Chandler's observation	चैन्डलर अवलोकन

Change	परिवर्तन
Change of axes	अक्ष परिवर्तन
Change of coordinates	नियामक परिवर्तन
Change of order	क्रम परिवर्तन
Change of order in integration	अनुकलन में क्रम परिवर्तन
Change of period	आवर्तनांक परिवर्तन
Change of place	स्थान परिवर्तन
Change of scale	मापनी परिवर्तन
Change of origin	मूलबिन्दु परिवर्तन
Change of type	प्ररूप परिवर्तन
Change of variables	चल परिवर्तन
Cyclic change	चक्रीय परिवर्तन
Cycloidal change	चक्रजी परिवर्तन
Isothermal change	समताप परिवर्तन
Rate of change	परिवर्तन अर्घ
Slow Change	मंद परिवर्तन
To Change signs	चिन्ह परिवर्तन करना
Changed	परिवर्तित
Changing	परिवर्तन
Changing body	परिवर्ती काय
Changing curve	परिवर्ती वक्र
Chapter	अध्याय
Character	प्रकृति
Charater of the roots	मूलों की प्रकृति
Opposite character	विरुद्ध प्रकृति
Characteristic	(1) लक्षण (2) पूर्णांश
Criterion	निकष (र), पहचान
Test	परीक्षण
Characteristic curve	लक्षण वक्र
Characteristic equation	लक्षण समीकरण
Characteristic function	लक्षण फलिन
Characteristic matrix	लक्षण श्रेणिक
Characteristic of a logarithm	लघुगणक का पूर्णांश
Characteristic of the plane	समतल लक्षण
Characteristic point	लक्षण बिन्दु

Characteristic rule	लक्षण नियम
Charge	निक्षेप
Charge and current vector	निक्षेप धारा सदिश
Idiostatic Charge	स्वस्थिति निक्षेप
Space charge	अवकाश निक्षेप
Surface charge	पृष्ठ निक्षेप
Vector Charge	सदिश निक्षेप
Charle's law	चार्ल्स नियम
Charlier theory	चालियर सिद्धान्त
Charpit	चार्पिट
Charpit's equation	चार्पिट समीकरण
Charpit's method	चार्पिट विधि
Chart	लेखाचित्र
Mercator's chart	मर्केटर लेखाचित्र
Chasle	चेज़िल
Chasle invariant	चेज़िल निश्छल
Chasle's law	„ नियम
Chasle's problem	„ समस्या
Chebyshef's formula	चेबीशेफ सूत्र
Checker=Chequer (game)	शारि
Checker board	शारि फलक
Checkers (game)	शारि
Chess	शतरंज, चतुरंग
Chess board	शतरंज की बिसात, शतरंज फलक
Cylindrical chess	बेलनी शतरंज
Fairy chess	परी शतरंज
Legal chess	विशिष्ट शतरंज
Marseille chess	द्विचाली शतरंज
Chief	मुख्य
Chiefly	मुख्यतः
Chimney	चिम्नी
Chinese rings (game)	चीनी छल्ले (खेल)
Choice	वरण
Chord	जीवा
Chord of contact	संस्पर्श जीवा
Chord of curvature	वक्रता जीवा
Chord of quickest descent	महत्तम अवपात जीवा
Bifocal chord	द्विनाभि जीवा
Common Chord	उभयनिष्ठ जीवा
(common to two)	
(common to all)	सार्व जीवा, सर्वनिष्ठ जीवा
Focal chord	नाभिगत जीवा
Cojugate chords	अनुबद्ध जीवायें
Harmonic chords	हरात्मक जीवायें
Supplemental chords	पूरक जीवायें
Supplementary chords	„ „
Chordal construction	जीवीय रचना
Christofell theorem	क्रिस्टोफेल प्रमेय
Chuck	चपेटिका
Oval chuck	अंडाकार चपेटिका
Cipher=Cypher	शून्य
Circle	वृत्त
Circle described on AB as diameter	क ख को व्यास मानकर खींचा गया वृत्त
Circle of convergence	संसृति वृत्त
Circle of curvature	वक्रता वृत्त
Circle of friction	घर्षण „
Circle of inflexion	नति „
Circle of inversion	उत्क्रमण वृत्त
Circle of stability	स्थायित्व वृत्त
Antarctic circle	दक्षिण रेखा
Apsidal circle	आरात वृत्त
Archetypal circle	तोरणी वृत्त
Arctic circle	उत्तर रेखा
Asymptotic circle	अनन्तस्पर्शी वृत्त
Auxiliary circle	सहायक वृत्त
Brocard's circle	ब्रोकार्ड वृत्त
Circumscribe a circle	परिवृत्त खींचना
Circumscribed circle	परिगत वृत्त
Co-axal circle	समाक्ष वृत्त
Concentric circle	संकेन्द्र वृत्त
Cosine circle	कोज्या वृत्त
Director circle	नियती वृत्त

Eccentric circle उत्केन्द्र वृत्त
Escribed circle बाह्य वृत्त
Feuerbach's circle फ्यूर्बाश वृत्त
Fixed circle स्थिर वृत्त
Focoidal circle नाभ्याभासी वृत्त
Great circle वृहत्त वृत्त
Imaginary circle काल्पनिक वृत्त
Inscribe a circle अतःवृत्त खींचना
Inscribed circle अन्तर्लिखित वृत्त
Inscribed in a circle वृत्त में अन्तर्लिखित
Kalical circle कालिकी वृत्त
Lemoin circle लेमौयन वृत्त
Malfater's circle मल्फेटर वृत्त
Nine-point circle नवबिन्दु वृत्त
Null circle मोघ वृत्त
Orthogonal circle समकोणीय वृत्त
Orthoptic circle समकोणज वृत्त
Orthotomic circle समकोण छिन्न वृत्त
Osculating circle आश्लेषक वृत्त
Parallel circle समानान्तर वृत्त
Point circle बिन्दु वृत्त
Quadrature of a circle वृत्त का क्षेत्रकलन
Radical circle मूल वृत्त
Sector of a circle वृत्त शकल
Segment of a circle वृत्त खंड
Semi-circle अर्ध-वृत्त
Small circle लघु वृत्त
Squaring a circle वृत्त का वर्गकरण
Unit circle इकाई वृत्त
Vertical circle ऊर्ध्व वृत्त
Viscious circle दुष्चक्र
Virtual circle आभास वृत्त
Bundle of circles वृत्त गुच्छ
Co-axal circles समाक्ष वृत्त
Family of circles वृत्त परिवार
Net of circles वृत्त जाल
Pencil of circles वृत्तावली
Range of circles वृत्त माला
System of circles वृत्त संहति
Tucker circles टकर वृत्त

Circuit मंडल

Circular (of, or pertaining to, a circle) वृत्तीय, वर्तुल

Circular (Having the shape of a circle) वृत्ताकार, वर्तुल

Circular arc वृत्तीय चाप
Circular asymptote वृत्तीय अनन्तस्पर्शी
Circular cone वर्तुल शंकु
Circular cubin वृत्तीय घनवक्र
Circular cylinder वर्तुल बेलन
Circular end वर्तुल सिरा
Circular function वर्तुल फलिन, वृत्तीय फलिन
Circular graph वर्तुल आलेख
Circular instrument वृत्तीय उपकरण
Circular line वर्तुल रेखा
Circular measure वृत्तीय माप
Circular motion वर्तुल गति
Circular number वृत्तीय संख्या
Circular part वर्तुल भाग
Circular pendulum वृत्तीय दोलक
Circular permutation वर्तुल क्रमचय
Circular points at infinity अनन्ती वर्तुल बिन्दु
Circular ring वर्तुल वलय
Circular rod वर्तुल छड़
Circular section वर्तुल परिच्छेद, वर्तुल काट
Uniform circular motian एकरूप वर्तुल गति
Circulating decimal आवर्त दशमलव
Circulatory decimal आवर्त दशमलव
Circum-centre परिकेन्द्र
Centoid केन्द्रव
Ex-centre बहिष्केन्द्र
In-centre अंतःकेन्द्र
Ortho-centre लाम्बिक केन्द्र

Circum-circle परिवृत्त

Circumference	परिधि
Bound	परिमा
Boundary	पर्यन्त, घेरा
Contour	नेमि
Limit	सीमा
Outline	वहीरेखा
Perimeter	परिमिति
Periphery	बाह्य रेखा
Angle at the circumference	परिधिस्थ कोण
Semi-circumference	अर्ध-परिधि
Circumscribe	परिलेखन
Circumseribe a circle	परिवृत्त खींचना
Circumscribed	परिलिखित, परिगत
Circumscribed circle	परिगत वृत्त
Described circle	उल्लेखित वृत्त
Escribed circle	बाह्य वृत्त, बाह्यलिखित वृत्त
Inscribed circle	अन्तलिखित वृत्त
Nine-point circle	नव-बिन्दु वृत्त
Circumscribed polygon	परिगत बहुभुज
Circumscribed polyhedron	परिगत बहुफलक
Circumscribed prism	परिगत संक्षेप
Circumscribed pyramid	परिगत स्तूप
Circumscribed sphere	परिगत गोला
Circumscribed prism	परिगत संक्षेप
Circumscribing	परिलेखन
Circumscribing conic	परिगत शांकव
Cistern	कुण्ड
Reservoir	आशय, जलाशय
Cistern barometer	कुण्ड दाबमापक
Clairaut	क्लैरो
Clairaut's equation	क्लैरो समीकरण
Clairaut's form	क्लैरो रूप
Clairaut's theorem	क्लैरो प्रमेय
Clapeyron theorem	क्लैपिरोन प्रमेय
Class	वर्ग
Category	निकाय
Family	कुल, वंश, परिवार
Group	समुदाय
Kind	प्रकार
Order	(1) वर्ण (2) क्रम
Species	जाति
System	(1) संहति (2) पद्धति (3) व्यवस्था
Type	प्ररूप
Class frequency	वर्गावृत्ति, वर्ग बारंबारता
Class inclusion	वर्ग समावेश
Class interval	वर्गांतराल
Class mark	वर्ग चिह्न
Class number	वर्ग संख्या
Class of a curve	वक्र का वर्ग
Ninth Class	नौवाँ वर्ग
Null class	मोघ वर्ग
Classification	वर्गीकरण
Riesz classification	रीज़ वर्गीकरण
Clear	स्पष्ट, स्वच्छ
Clearing of fractions	भिन्न हरण
Clearly	स्पष्ट रूप से
Cliff	टीला
Clock	घड़ी, घंटा
Clockwise	दक्षिणावर्त
Anti-clockwise	वामावर्त
Close	(1) सूक्ष्म (2) समीप
Close Value	सूक्ष्म मान
Rough value	स्थूमल मान
Indefinitely close	अत्यन्त समीप
Closed	बन्द
Closed curve	बन्द वक
Closed field	बन्द क्षेत्र
Closed interval	बन्द अन्तराल
Closed orbit	बन्द कक्षा
Closed oval	बन्द अंडवृत्त
Closed region	बन्द प्रान्त
Closed set	बन्द कुलक
Closed surface	बन्द पृष्ठ

Algebraically closed बीजगणिततः बन्द

Clue संकेत

Cluster झुंड

Accumulation पुंज

Aggregate वृन्द

Assemblage समुच्चय

Bundle गुच्छ

Collection संग्रह

Combination संचय

Permutation क्रमचय

Range (of points) (बिन्दु) माला

Set कुलक

Pole cluster ध्रुवबिन्दु झुंड

Cm. सेमी.

Co-axal=Co-axial समाक्षी, समाक्ष

Co- axal circles समाक्ष वृत्त

Co-axal planes समाक्ष समतल

Code सांकेतिक भाषा, लक्षण लिपि

Measure code माप संकेत

Coefficient गुणक

Coefficient of aberration अपेरण गुणक

Coefficient of association सहचरन गुणक

Coefficient of colligation गणीकरण गुणक

Coefficient of correlation बन्धुत्व गुणक

Coefficient of disturbancy अपकर्षण गुणक

Coefficient of elasticity =

Coefficient of restitution प्रत्यानयन गुणक

Coefficient of friction घर्षण गुणक

Coefficient of regression प्रत्यागमन गुणक

Coefficient of restitution प्रत्यानयन गुणक

Coefficient of strain प्रतति गुणक

Coefficient of volume आयतन गुणक

Absolute coefficient निरपेक्ष गुणक

Bessel coefficient बेसिल गुणक

Binomial coefficient द्विपद गुणक

Complex coefficient संकर गुणक

Constant coefficient अचल गुणक

Correction of coefficient गुणक शोधन

Correlation coefficient बन्धुत्व गुणक

Detached coefficient गतसंग गुणक

Differential coefficient अवकल गुणक

Final coefficient अंत्य गुणक

Fourier's coefficient फूरियर गुणक

Fresnel's coefficient फ्रेस्नेल गुणक

Greatest coefficient महत्तम गुणक

Imaginary coefficient काल्पनिक गुणक

Indeterminate coefficient अनिर्णीत गुणक

Integral coefficient पूर्णांक गुणक

Irrational coefficient दुर्मेय गुणक

Laplace's coefficient लैप्लास गुणक

Leading coefficient अग्रग गुणक

Legendre coefficient लेजान्ड्र गुणक

Literal coefficient आक्षरिक गुणक

Numerical coefficient संख्यात्मक गुणक

Partial differential coefficient आंशिक अवकल गुणक

Pearson's coefficient पियर्सन गुणक

Rational coefficient सुमेय गुणक

Real coefficient वास्तविक गुणक

Total differential coefficient पूर्ण अवकल गुणक

Undermined coefficient अनिधारित गुणक

Ratio of the coefficients गुणकों की निष्पत्ति

Respective coefficients क्रमिक गुणक

Coexist साथ साथ होना

Coexistent सहवर्ती

Cofactor संगुणक

False cofactor मिथ्या संगुणक

Cohesion संसक्ति

Coinage टंकण (र)

Dicimal coinage दशांशिक टंकण

Coincide संपाती होना, एकांगी होना

Coincidence संपात

Point of coincidence संपात बिन्दु

Coincident संपाती, एकांगी

Coincident points संपाती बिन्दु

Ultimately coincident	अंततः संपाती
Collaterally	संपक्षतः
Collaterally symmetrical	संपक्षतः संमित
Collect	संग्रह करना
Collected	संग्रहीत
Collecting	संग्रहण
Collection	संग्रह
Accumulation	पुंज
Aggregate	वृन्द
Assemblage	समुच्चय
Bundle	गुच्छ
Cluster	झुंड
Combination	संचय
Permutation	क्रमचय
Range (of pints)	(बिन्दु) माला
Set	कुलक
Collide	टकराना
Colligation	गणीकरण
Coefficient of colligation	गणीकरण गुणक
Collinear	सरैखिक
Collinear plane nets	सरैखिक समतल जाल
Collinear planes	सरैखिक समतल
Collinear points	सरैखिक बिन्दु
Collinear vectors	सरैखिक सदिश
Non-Collinear	असरैखिक
Collinearity	सरैखिकता
Collineation	रेखीकरण
Collision	टक्कर, संघात
Contact	संस्पर्श, सम्पर्क
Impact	संघात
Column	स्तम्भ
Row	पंक्ति
Column method	स्तम्भ विधि
Column vector	स्तम्भ सदिश
Right-hand column	दक्षिणपक्ष स्तम्भ
Combination (The act)	संचयन
Combination (The result)	संचय
Accumulation	पुंज
Aggregate	वृन्द
Assemblage	समुच्चय
Bundle	गुच्छ
Cluster	झुंड
Collection	संग्रह
Permutation	क्रमचय
Range (of points)	(बिन्दु) माला
Set	कुलक
Combination from groups	समुदायों से संचय
Complementary combination	पूरक संचय
Homogeneous combination	समघात संचय
Linear combination	एकघात संचय
Combine	संचय करना, मिलाना
Combined variation	संयुक्त विचरण
Commensurability	सम्मेयता
Commensurable	सम्मेय
Incommensurable	असम्मेय
Irrational	दुर्मेय
Rational	सुमेय
Surd	करणी
Commensurable quantity	सम्मेय राशि
Commensurable root	सम्मेय मूल
Commensurate	निमित
Commerce	वाणिज्य
Commercial	वाणिज्यिक
Commercial discount	महाजनी बट्टा
Commercial year	महाजनी वर्ष, वाणिज्य वर्ष
Comminution	भंजन
Commission	कमीशन, दस्तूरी, वर्तन
Common	साधारण, सार्व
Common (to two)	उभयनिष्ठ
Common (to all)	सर्वनिष्ठ, सार्व
Common angle	उभयनिष्ठ कोण
Common balance	साधारण तुला
Common base	उभयनिष्ठ आधार
Common chord (to two)	उभयनिष्ठ जीवा

Common chord (to all)	सर्वनिष्ठ जीवा, सार्व जीवा
Common denominator	सम हर
Common difference	सार्वान्तर
Common divisor	सार्व भाजक
Common element	सार्व तत्त्व, सार्व अल्पांश
Common factor	समापवर्तक
Common fracion	साधारण भिन्न
Common hydrometre	साधारण द्रवमापक
Common letter	सार्व अक्षर
Common limit	सार्व सीमा
Common logarithm	साधारण लघुगणक
Common measure	समापवर्तक
Common multiple	समापवर्त्य
Common pair	सार्व युग्म
Common perpendicular	सार्व लम्ब, उभयनिष्ठ लम्ब
Common pump	साधारण पम्प
Common ratio	सार्व निष्पत्ति, गुणोत्तर निष्पत्ति
Common scale	साधारण स्केल
Common screw	साधारण पेंच
Common section	उभयनिष्ठ काट
Common side	उभयनिष्ठ भुजा
Common steel yard	साधारण विषमभुज तुला
Common stock	सार्व पूंजी
Common tangent	उभय स्पर्शी
Direct common tangent	अनुक्रम उभय स्पर्शी
Elementary common factor	अभाज्य समापवर्तक
Greatest common factor	महत्तम समापवर्तक
Greatest common measure	महत्तम समापवर्तक
Highest common factor	महत्तम समापवर्तक
Numerical common factor	संख्यात्मक समापवर्तक
Commonly	साधारणतया
Commutation	व्यत्यय
Commutation table	व्यत्यय तालिका
Law of commutation	व्यत्यय नियम
Commutative	व्यत्ययशील
Commutative group	व्यत्ययशील समुदाय
Commutative law	व्यत्यय नियम
Associative law	सहचरन नियम
Distributive law	वितरण नियम
Commutative involution	व्यत्ययशील समुत्क्रमण
Commutative property	व्यत्यय गुण
Compact	गठित
Dense	सुघन
Comparability	तुलनीयता
Comparable	तुलनीय
Compare	तुलना करना
Comparison	तुलना
Comprison test	तुलना परीक्षण
Comparison theorem	तुलना प्रमेय
Compass	दिग्सूचक
Cardinal points of the compass	दिग्बिन्दु
Mariner's compass	नाविक का दिग्सूचक
A pair of compasses	परकार
Complement	पूरक, समपूरक
Supplement	पूरक, ऋजुपूरक
Complement of an angle	कोण का समपूरक
Algebraic complement	बीजगणितीय पूरक
Arithmetic complement of a logarithm	लघुगणक का दशपूरक
Complementary	पूरक, समपूरक
Supplemental	पूरक
Supplementary	ऋजुपूरक
Complementary addition	पूरक योग
Complementary angle	समपूरक कोण
Complementary combination	पूरक संचय
Complementary function	पूरक फलिन
Complementary minor	पूरक उपसारणिक
Complementary Surd	पूरक करणी
Complete	पूर्ण
Complete annuity	पूर्ण वार्षिकी
Complete divisor	पूर्ण भाजक
Complete equation	पूर्ण समीकरण
Complete induction	पूर्ण उद्रमन

Complete integral पूर्ण अनुकल
Complete primitive पूर्ण पूर्वज
Complete quadrangle पूर्ण चतुष्कोण
Complete quadrilateral पूर्ण चतुर्भुज
Complete revolution पूर्ण परिक्रमा
Complex (1) संकर (2) संकल
Hypothetical औपकाल्पनिक
Imaginary काल्पनिक
Real वास्तविक
Complex angle संकर कोण
Complex circular function संकर वृत्तीय फलिन
Complex coefficient संकर गुणक
Complex conjugate matrix संकर अनुबद्ध श्रेणिक
Complex conjugate number संकर अनुबद्ध संख्या
Complex constant संकर अचल
complex domain संकर प्रदेश
Complex fraction संकर भिन्न
Complex function संकर फलिन
Complex hyperbolic function संकर अतिपरवलीय फलिन
Complex integral संकर अनुकल
Complex line संकर रेखा
Complex number संकर संख्या
Complex of lines रेखा संकल
Complex plane संकर समतल
Complex point संकर बिन्दु
Complex product संकर गुणनफल
Complex quantity संकर राशि
Complex root संकर मूल
Complex screw संकर पेंच
complex sequence संकर अनुक्रम
Complex series संकर श्रेणी
Complex unit संकर इकाई
Complex variable संकर चल
Linear complex एकघात संकल
Modulus of a complex number संकर संख्या का मापांक
Special linear complex विशेष एकघात संकल
Pencil of complexes संकर रेखावली
Complicacy जटिलता
Complicate जटिल
Componendo योग निष्पत्ति
Alternando एकान्तर निष्पत्ति
Componendo et dividendo योगान्तर निष्पत्ति
Dividendo अन्तर निष्पत्ति
Invertando उत्क्रम निष्पत्ति
Component संघटक (र)
Component angle संघटक कोण
Component equation संघटक समीकरण
Component force संघटक बल
Component fraction संघटक भिन्न
Component part संघटक अंग
Component vector संघटक सदिश
Component vibration संघटक कंपन
Composite यौगिक
Composite factor यौगिक अपवर्तक
Composite function यौगिक फलिन
Composite magic square यौगिक माया वर्ग
Composite number यौगिक संख्या, भाज्य संख्या
Composite quantity यौगिक राशि
Compositon संयोजन, संघटन
Composition of a substance पदार्थ का संघटन
Composition of forces बल संयोजन
Composition of ordinates कोटि संयोजन
Composition of ratios निष्पत्ति संयोजन
Composition of transformations रूपान्तर संयोजन
Composition of vectors सदिश संयोजन
Compound मिश्र, संयुक्त
Compoud addition मिश्र योग
Compound algebraical expression मिश्र बीजगणितीय व्यंजक
Compound angle मिश्र कोण
Compound determinant मिश्र सारणिक
Compound division मिश्र भाग

Compound event मिश्र घटना
Compound expression मिश्र व्यंजक
(to) compound forces बल संयोजन (करना)
Compound fraction मिश्र भिन्न
Compound interest चक्र वृद्धि
Compound matrix मिश्र श्रेणिक
Compound multiplication मिश्र गुणन
Compound number मिश्र संख्या
Compound pendulum मिश्र दोलक
Compound practice मिश्र व्यवहार गणित
Compund quantity मिश्र राशि
Compound ratio मिश्र निष्पत्ति
Compound representation मिश्र निरूपण
Compund rule मिश्र नियम
compound screw मिश्र पेंच
Compound subtraction मिश्र व्यवकलन, मिश्र वियोजन
Compound surd मिश्र करणी
Compounded संयुक्त
Compunded ratio संयुक्त निष्पत्ति
Compounding संयोजन
Method of compounding संयोजन विधि
Compress संपीड़न, दबाना
Compressed संपीड़ित
Compressed air manometar वायु संपीड़न दाबमापक
Compressibility संपीड्यता
Compressible संपीड्य
Compression संपीड़न
Force of compression संपीड़न बल
Greatest compression महत्तम संपीड़न
One-dimensional compression एक-विस्तारी संपीड़न
Simple compression सरल संपीड़न
Compressor संपीड़क
Computation संगणन
Calculation परिगणन, परिकलन
Counting गणन, गिनना
Enumeration प्रगणन
Éstimation आगणन
Compute संगणन करना
Computed संगणित
Computing संगणन
Computing machine संगणन यन्त्र
Concave नतोदर अवतल
Convex उन्नतोदर उत्तल
Concave angle नतोदर कोण
Concave polygon नतोदर बहुभुज
Concave polyhedron नतोदर बहुफलक
Concavity नतोदरत्व
Concentrate संकेन्द्रण करना
Concentrated संकेन्द्रित
Concentrating संकेन्द्रण
Concentration ,,
Concentric संकैन्द्रिक
Concentric circles संकेन्द्र वृत्त
Conclusion निष्कर्ष
Consequence परिणाम
Inference अनुमान
Result फल
Concrete मूर्त
Abstract अमूर्त
Concrete magnitude मूर्त परिमाण
Concrete number मूर्त संख्या
Concrete quantity मूर्त राशि
Concurrence संगम
Point of concurrence संगम बिन्दु
Concurrency संगामिता
Concurrent संगामी
Concurrent lines संगामी रेखायें
Concurrent panes ,, समतल
Concyclic संवृत्तीय
Concyclic Points संवृत्तीय बिन्दु
Condensation संहनन
Condensation graph संहनन आलेख
Cauchy's condensation test कौशी संहनन परीक्षण

Condense	संहनन करना
Condensed	संहत
Condenser	संहनक
Cylindrical condenser	बेलनाकार संहनक
Condensing	संहनन
Condensing air pump	संहनन वायु पम्प
Condition	अवस्था, शर्त, अनुबन्ध (रा)
Case	दशा
State	अवस्था
Condition of integrability	अनुकलनशीलता की अवस्था
Condition of perpendicularity	लम्बता की अवस्था
Boundary condition	पर्यन्त अनुबन्ध
Energy condition	शक्ति ,,
Equation of condition	अनुबंध समीकरण
Graphic condition	आलैखिक अनुबन्ध
Holder's condition	होल्डर ,,
Initial condition	आदि अवस्था
Lagrange's condition	लैग्रांज अनुबन्ध
Necessary condition	आवश्यक अनुबन्ध
Sufficient condition	पर्याप्त अनुबन्ध
Analytical conditions	वैश्लेषिक अनुबन्ध
Cauchy-Riemann conditions	कौशी-रीमान ,,
Dirichlet's conditions	डिरिचले अनुबन्ध
Poisson's conditions	पौयसों अनुबन्ध
Conditional	अनुबन्धी
Conditional congruence	अनुबन्धी संशेषता
Conditional convergence	,, संसृति
Conditional inequality	,, असमता
Conditionally convergent	अनुबन्धतः संसृत
Conditionally convergent Series	,, ,, श्रेणी
Conducting Sphere	चालक गोला
Cone	शंकु
Cone of friction	घर्षण शंकु
Cone of revolution	परिक्रमण शंकु
Circumscribed cone	परिगत शंकु, परिलिखित शंकु
Circular cone	वर्तुल शंकु

Double cone	द्विक शंकु
Element of a cone	शंकु का अल्पांश
Enveloping cone	आवेष्टक शंकु
Equi-momental cone	समघूर्ण शंकु
Frustum of a cone	शंकु छिन्नक
Hollow cone	खोखला शंकु
Inscribed cone	अंतलिखित शंकु
Invariable cone	अविचल शंकु
Null cone	मोघ शंकु
Oblique cone	तिर्यक् शंकु
Quadric cone	द्विघात शंकु
Reciprocal cone	व्युत्क्रम शंकु
Right cone	लाम्बिक शंकु
Right circular cone	लाम्बिक वर्तुल शंकु
Separating cone	विभेदक शंकु
Solid cone	ठोस ,,
Spherical cone	गोलीय शंकु
Tangent cone	स्पर्शी ,,
Truncated cone	विच्छिन्न ,,
Uniform cone	एकरूप ,,
Configuration	विग्रह
Configuration (of earth)	संरूपण
Eccentric configuration	उत्केन्द्र आकृति
Superposable configurations	आच्छादनीय आकृतियाँ
Confocal	संनाभि
Confocal conics	संनाभि शांकव
Confocal ellipses	,, दीर्घवृत्त
Confocal quadrics	,, द्विघाती
Confocal transformation	,, रूपान्तर
Conformal representation	अनुगुण निरूपण
Conformal transformation	अनुगुण रूपान्तर
Congruence	(1) सर्वांगसमता (2) संशेषता
Congruence Modulus	संशेषता मापांक
Conditional congruence	अनुबन्धी संशेषता
[illegible] congruence	एकघात संशेषता
[illegible]gruence	अवशेषी संशेषता
[illegible]uence	संशेषता मूल

Special linear congruence — विशेष एकघात संशेषता
Congruencial — संशेषक
Congruency — (1) सर्वांगसमता (2) संशेषता
Congruent — (1) सर्वांगसम (2) संशेषी
Congruent figures — सर्वांगसम आकृतियाँ
Congruent numbers — संशेष संख्यायें
Congruent pencil — सर्वांगसम रेखावली
Congruent quantities — „ राशियाँ
Congruent transformation — „ रूपान्तर
Congruent triangles — „ त्रिभुज
Residually congruent — अवशेषी संशेष
Conic — शांकव
Conic locus — शांकव निधि
Conic node — शंकु पात
Conic of closest contact — निकटतम सम्पर्क शांकव
Conic section — शंकु काट
Conic sections (subject) — शांकव गणित
Auxiliary conic — सहायक शांकव
Central conic — सकेन्द्र शांकव
Circumscribing conic — परिगत शांकव, परिलिखित शांकव
Conjugate conic — अनुबद्ध शांकव
Degenerate conic — भ्रष्ट शांकव
Envelope conic — कोश „
Focal conic — सनाभि शांकव
General conic — व्यापक शांकव
Imaginary conic — काल्पनिक शांकव
Inscribed conic — अन्तर्लिखित शांकव
Nine-point conic — नवबिन्दु शांकव
Osculating conic — आश्लेषण शांकव
Pitch conic — चूड़ी शांकव
Analytical conics — वैश्लेषिक शांकव गणित
Apolar conics — अभिध्रुवी शांकव
Co-axal conics — समाक्ष शांकव
Confocal conics — संनाभि शांकव
Conjugate conics — अनुबद्ध शांकव
Orthogonal conics — समकोणीय शांकव
Pencil of conics — शांकवावली
Range of conics — शांकव माला
Conical (of, or pertaining to, a cone) — शंक्वीय, शंकु
Conical (Having the shape of a cone) — शंक्वाकार
Conical (of, or pertaining to a conic) — शांकव्य
Conical angle — शंकु कोण
Conical frustum — शंकु छिन्नक
Conical pendulum — शंक्वाकार दोलक
Conical point — शंकु बिन्दु
Conical projection — शंक्वीय विक्षेप
Cylindrical projection — बेलनीय विक्षेप
Orthogonal profection — समकोणीय विक्षेप
Conical surface — शंक्वाकार पृष्ठ
Conicoid — शंकुज
Central conicoid — सकेन्द्र शंकुज
Nicomedes' conicoid — निकोमिडीज शंकुज
Conicoidal — शंकुजीय
Conjoint — संयुत
Conjointly — साथ साथ
Conjugacy — अनुबद्धता
Conjugate — अनुबद्ध
Related — संबद्ध
Conjugate angle — अनुबद्ध कोण
Conjugate arc — अनुबद्ध चाप
Conjugate axis — अनुबद्ध अक्ष
Transverse axis — अनुप्रस्थ अक्ष
Conjugate cartesian — अनुबद्ध कार्तीय
Conjugate chord — अनुबद्ध जीवा
Conjugate complex number — अनुबद्ध संकर संख्या
Conjugate conic — अनुबद्ध शांकव
Conjugate diameters — अनुबद्ध व्यास
Conjugate dyadic — अनुबद्ध द्विणिकी
Conjugate element — अनुबद्ध अल्पांश
Conjugate field — अनुबद्ध क्षेत्र

Conjugate foci अनुबद्ध नाभियाँ
Conjugate force अनुबद्ध बल
Conjugate function अनुबद्ध फलिन
Conjugate hyperbola अनुबद्ध अतिपरवलय
Conjugate imaginary expression अनुबद्ध काल्पनिक व्यंजक
Conjugate line अनुबद्ध रेखा
Conjugate normal अनुबद्ध अभिलम्ब
Conjugate number अनुबद्ध संख्या
Conjugate permutation अनुबद्ध क्रमचय
Conjugate points अनुबद्ध बिन्दु
Conjugate radical अनुबद्ध करणी
Conjugate root अनुबद्ध मूल
Conjugate surd अनुबद्ध करणी
Conjugate system अनुबद्ध संहति
Conjugate triangles अनुबद्ध त्रिभुज
Isogonal Conjugate तुल्यकोणीय अनुबद्ध
Focal conjugate सनाभि अनुबद्ध
Harmonic Conjugate हरात्मक अनुबद्ध
Harmonically conjugate हरात्मकतः अनुबद्ध
Self-conjugate स्वानुबद्ध
 Self-conjugate line स्वानुबद्ध रेखा
 Self-conjugate triangle स्वानुबद्ध त्रिभुज
Semi-conjugate अर्धानुबद्ध
 Semi-conjugate axes अनुबद्ध अर्धाक्ष
 Semi-conjugate diameters अनुबद्ध अर्धव्यास
Conjunctive transformation संयुति रूपांतर
Connect मिलाना, जोड़ना, अन्वय करना
Connected अन्वित
Disconnected अनन्वित
 Doubly connected द्विगन्वित
 Multiply connected बहुलगन्वित
 Rigidly connected दृढ़ान्वित
 Simply connected सरलान्वित
Connection अन्वय
Connectivity अन्वयत्व
Conoid शंक्वाभास
Conoidal शंकु सदृश
Conoidic शंक्वाभासी
Conodical शंकु सदृश
Co-normal points समभिलम्ब बिन्दु
Consecutive क्रमागत
 Next अगला
 Consecutive convergents क्रमागत संसृत
 Consecutive force क्रमागत बल
 Consecutive integers क्रमागत पूर्णांक
 Consecutive normals क्रमागत अभिलम्ब
 Consecutive numbers क्रमागत संख्यायें
 Consecutive roots क्रमागत मूल
Consequence परिणाम
 Conclusion निष्कर्ष
 Inference अनुमान
 Result फल
Consequent अनुगामी
 Antecedent पूर्वगामी
Consequantly तदनन्तर, तदानुसार
Conservation संरक्षण
Conservation of energy शक्तिसंरक्षण
 Conservationflinear momentum एकघात आवेग संरक्षण
 Conservation of matter द्रव्य संरक्षण
 Conservatoin of moment घूर्ण संरक्षण
 Conservation of moment of momentum आवेगघूर्ण संरक्षण
Conservative संरक्षक
 Conservative system of forces संरक्षक बल संहति
 Non-conservative असंरक्षक
Conserve संरक्षण करना
Conserved संरक्षित
Conserving संरक्षण
Considerable महान्
 Considerable difference महानन्तर
Consideration विचार

Further consideration	और आगे के विचार	Determination of constant	अचल का निर्धारण
In question under		Essential constant	अनिवार्य अचल
Consideration	विचाराधीन प्रश्न में	Euler's constant	औयलर अचल
Consistency	संगति	Gravitational constant	गुरुत्वाकर्षण अचल
For consistency	संगति के लिये	Independent constant	स्वतंत्र अचल
Self-consistency	स्वसंगति	Lebesgue constant	लेबेग अचल
Consistent	संगत	Literal constant	आक्षरिक अचल
Corresponding	संवादी	Magic constant	माया अचल
Consolidate	संघनन करना	Set of constants	अचल कुलक
Consolidated	संघनित	Constituent	घटक
Consoliated annuity	संघनित वार्षिकी	Constitute	घटन
Consolidating	संघनन	Constituted	घटित
Consolidation	,,	Constituting	घटन
Constancy	अचलता	Constitution	घटन
Constant	अचल	Constrain	नियंत्रण करना, नियंत्रित होना
Invariable	अविचल	Constrained	नियन्त्रित
Parameter	प्राचल	Constrained body	नियन्त्रित काय
Variable	चल, विचल	Constrained motion	नियन्त्रित गति
Constant acceleration	अचल गतिवृद्धि	Constrained particle	नियंत्रित कण
Constant angle	अचल कोण	Constraining	नियंत्रण
Constant coefficient	अचल गुणक	Constraining force	नियंत्रक बल
Constant motion	अचल गति, समान गति	Constraint	नियंत्रण
Constant of aberration	अपेरण अचल	Constraint equator	नियंत्रण निरक्ष
Constant of attraction	आकर्षण अचल	Construct	बनाना, निर्माण करना, रचना करना
Constant of gravitation	गुरुत्वाकर्षण अचल		
Constant of gravity	गुरुत्वाचल	Constructibility	रचनीयता
Constant of integration	अनुकलन अचल	Constructible	रचनीय
Constant of proportionality	अनुपातीयता अचल	Constructible element	रचनीय अल्पांश
Constant quantity	अचल राशि	Construction	रचना
Constant ratio	अचल निष्पत्ति	Construction line	रचना रेखा
Constant Speed	अचल चाल, एक चाल	Chordal construction	जीवीय रचना
Constant term	अचल पद	Fundamental construction	मूल रचना
Constant velocity	अचल वेग	Geometrical construction	ज्यामितीय रचना
Absolute constant	निरपेक्ष अचल	Graphical construction	आलैखिक रचना
Arbitrary constant	स्वेच्छ अचल	Hypothetical construction	औपकाल्पनिक रचना
Complex constant	संकर अचल	Mechanical construction	यांत्रिक रचना
Cyclic constant	चक्राचल	Practical construction	व्यावहारिक रचना

Savary's construction	सेवरी ,,
Contact	संस्पर्श, सम्पर्क
Touch	छूना, स्पर्श करना
Collision	टक्कर, संघात
Impact	संघात
Contact of curves	वक्रों का संस्पर्श
Contact of the first order	प्रथम वर्ण का संस्पर्श
Contact of the second order	द्वितीय वर्ण का संस्पर्श
Contact property	संस्पर्श गुण
Contact transformation	संस्पर्श रूपान्तर
Chord of contact	संस्पर्श जीवा, सम्पर्क जीवा
Conic of closest contact	महत्तम संस्पर्श शांकव
Double contact	द्विक् संस्पर्श
Order of contact	संस्पर्श वर्ण
Point of contact	,, बिन्दु
Containing vessel	धारक पात्र
Contents	अन्तर्वस्तु, समावृत्ति
Cubical contents	त्रिविस्तारी समावृत्ति
Solid contents	ठोस समावृत्ति
Superficial contents	पृष्ठीय ,,
Table of contents	विषय सूची
Conterminous=Coterminous	सहावसान
Contiguity	संलग्नता
Contiguous	संलग्न
Contingencies	दैवयोग
Life contingencies	जीवन योग, जीवन के दैवयोग
Contingency	दैवयोग
Contingent	दैवयोगी
Contingent annuity	दैवयोगी वार्षिकी
Contingent development	,, विकास
Contingent payment	,, भुगतान
Contingent probability	,, संभाव्यता
Continual	संतत
Continuous	सतत
Continual proportional	संतत अनुपाती
Continually	निरन्तर
Continually approaching	निरन्तर उपगमन

Continually decreasing	,, घटना
Continually increasing	,, बढ़ना
Continuant	वितान
Continuant matrix	वितान श्रेणिक
Continuant theorem	,, प्रमेय
Simple continuant	सरल वितान
Continuation	संतति, वितति
Continuation notation	संतति संकेतलिपि
Analytic continuation	वैश्लेषिक वितति
Continue	संतन
Continued	वितत, संतत
Continued equality	वितत समता
Continued fraction	,, भिन्न
Continued product	,, गुणनफल
Continued proportion	वितत अनुपात
Non-terminating continued fraction	अनन्त वितम भिन्न
Periodic continued fraction	आवर्त वितत भिन्न
Quotient of a continued fraction	वितत भिन्न का भजनफल
Recurring continued fraction	आवर्त वितत भिन्न
Simple continued fraction	सरल वितत भिन्न
Terminating continued fraction	सान्त वितत भिन्न
Continuity	सातत्य
Continuity of a function	फलिन का सातत्य
Continuity of sum	योग का सातत्य
Axiom of continuity	सातत्य स्वयंसिद्धि
For continuity	,, के लिए
Integral of continuity	,, अनुकल
Non-uniform continuity	अनेकरूप सातत्य
Principle of continuity	सातत्य नियम
Uniform continuity	एकरूप सातत्य
Continous	सतत
Continual	संतत
Continuous annuity	सतत वार्षिकी
Continuous conversion	सतत परिवर्तन

Continuous function सतत फलिन
Continuous line सतत रेखा
Continuous load सतत बोझ
Continuous surface सतत पृष्ठ
Approximately continuous लगभग सतत
Most nearly continuous अधिकतम लगभग सतत
Nearly continuous लगभग सतत
Semi-continuous अर्ध-सतत
Uniformly continuous एकरूपतः सतत

Continuously सततत:
Continuously differentiable सततत: अवकलनशील
Approaches continuously „ निकट होता है

Continuum प्रतान
Real continuum वास्तविक प्रतान

Contour नेमि
Bound परिमा
Boundary पर्यन्त, घेरा
Circumference परिधि
Limit सीमा
Outline बहीरेखा
Perimeter परिमित
Periphery बाह्यरेखा
Contour integral नेमि अनुकल
Contour integration नेमि अनुकलन
Contour line नेमि रेखा

Contract (1) संकोचन, (2) प्रसंविदा (र)
Annuity contract वार्षिकी प्रसंविदा

Contracted संकुचित, संक्षिप्त
Contracted division संक्षिप्त भाग
Contracted multiplication संक्षिप्त गुणन
Contracted notation संक्षिप्त संकेतलिपि
Contracted vein लघुतम काट

Contracting संकोचन

Contraction संकोच

Contrary विपरीत, विरुद्ध
Contrary sign विपरीत चिह्न

Contravariant प्रतिचल
Covariant सहचल
Invariant निश्चल
Contravariant index प्रतिचल घातांक
Tensor Contravariant प्रदिश प्रतिचल

Convention रूढ़ि, रीति
Convention of signs चिह्न रूढ़ि
By convention रूढ़ि से, रीत्यनुसार
Summation convention संकलन रूढ़ि

Conventional रूढ़िवादी

Conventionalism रूढ़िवाद

Converge संसरण, संसृत होना

Convergence संसृति
Devergence अपसृति
Convergence factor संसृति खंड, संसृति गुणक
Convergence function संसृति फलिन
Convergence of infinite product अनन्त गुणनफल की संसृति
Convergence test संसृति परीक्षण
Absolute convergence निरपेक्ष संसृति
Circle of convergence संसृति वृत्त
Conditional convergence अनुबन्धी संसृति
Exponent of convergence संसृति घातांक
General principle of convergence संसृति का व्यापक नियम
Interval of convergence संसृति अंतराल
Non-convergence असंसृति
Non-uniform convergence अनेकरूप संसृति
Principle of convergence संसृति नियम
Radius of convergence संसृति त्रिज्या
Rapid convergence द्रुत संसृति
Ratio of convergence संसृति निष्पत्ति
Simply uniform convergence सरलतः एकरूप संसृति
Slow convergence मंद संसृति
Strong convergence प्रबल संसृति
Test for convergence संसृति परीक्षण
Unconditional convergence अननुबन्ध संसृति

Uniform convergence एकरूप संसृति
Weak convergence दुर्बल संसृति
Convergencey संसृति
Divergency अपसृति
Abelian convergency औबेली संसृति
Convergent संसृत
Divergent अपसृत
Convergent of a continued fraction वितत भिन्न का संसृत
Convergent product संसृत गुणनफल
Convergent sequence संसृत अनुक्रम
Convergent series संसृत श्रेणी
Absolutely convergent निरपेक्षतः संसृत
Absolutely convergent series निरपेक्षतः संसृत श्रेणी
Conditionally convergent सानुबन्ध संसृत
Conditionally convergent series सानुबन्ध संसृत श्रेणी
Consecutive convergent क्रमागत संसृत
Intermediate convergent मध्यवर्ती संसृत
Non-absolutely convergent अनिरपेक्षतः संसृत
Penultimate convergent उपान्त्य संसृत
Permanently convergent स्थायी
Principal convergent मुख्य संसृत
Periodic convergent series आवर्त संसृत श्रेणी
Semi-convergent अर्ध-संसृत
Converse विलोम
Inverse उत्क्रम
Reciprocal व्युत्क्रम
Reverse विपर्य
Converse question विलोम प्रश्न
Converse theorem विलोम प्रमेय
Conversely विलोमतः
Conversion परिवर्तन
Conversion factor परिवर्तन गुणक
Conversion formula परिवर्तन सूत्र
Conversion graph परिवर्तन आलेख
Conversion interval परिवर्तन अन्तराल
Conversion period परिवर्तन आवर्तनांक
Conversion table परिवर्तन तालिका
Continuous conversion सतत परिवर्तन
Law of conversion परिवर्तन नियम
Modulus of conversion परिवर्तन मापांक
Convert परिवर्तन करना
Converted परिवर्तित
Convertibility परिवर्तनीयता
Convertible परिवर्तनीय
Converting परिवर्तन
Convex उन्नतोदर, उत्तल
Concave नतोदर, उवतल
Convex angle उन्नतोदर कोण
Convex curve उन्नतोदार वक्र
Convex polygon उन्तोदर बहुभुज
Convex Polyhedron उन्नतोदर बहुफल
Convex solid angle उन्नतोदर ठोस कोण
Convex surface उन्नतोदर पृष्ठ
Convexity उन्नतोदरत्व
Coordinates नियामक
Abscissa भुज
Ordinate कोटि
Coordinate Geometry नियामक ज्यामिति
Coordinate paper नियामक पत्र
Coordinate plane नियामक समतल
Coordinate point नियामक बिन्दु
Coordinate surface नियामक पृष्ठ
Coordinate system नियामक पद्धति
Areal coordinates क्षेत्रीय नियामक
Axis of coordinates नियामकाक्ष
Axis of coordinates in space अवकाश में नियामकाक्ष
Barycentric coordinates भारकेन्द्री नियामक
Biangular coordinates द्विकोणीय नियामक
Bipolar coordinates द्विकोणीय नियामक
Cartesian coordinates कार्तीय नियामक
Change of coordinates नियामक परिवर्तन
Current coordinates चालू नियामक

Curvilinear coordinates वक्रात्मक नियामक
Cylindrical coordinates बेलनीय नियामक
Elliptic coordinates दीर्घवृत्तीय नियामक
Galilean coordinates गैलिली नियामक
Generalised coordinates व्याप्त नियामक
Geographical coordinates भौगोलिक नियामक
Homogeneous coordinates समघात नियामक
Isotropic coordinates समधर्मी नियामक
Left-handed coordinates वामांगी नियामक
Line coordinates रेखा नियामक
Logarithmic coordinates लघुगणकीय नियामक
Natural coordinates प्राकृतिक नियामक
Oblique coordinates तिर्यक् नियामक
Origin of coordinates नियामकों का मूलबिन्दु
Orthogonal coordinates समकोणीय नियामक
Parabolic coordinates परवलीय नियामक
Plane coordinates समतल नियामक
Polar coordinates कोणीय नियामक
Proper coordinates उचित नियामक
Quadriplanar coordinates चतुर्तली नियामक
Ray coordinates किरणनियामक
Rectangular coordinates आयताकार नियामक
Rectilinear coordinates ऋजुरेख नियामक
Right-handed coordinates दक्षिणांगी नियामक
Spherical coordinates गोलीय नियामक
Spherical coordinates उपगोलीय नियामक
Statical coordinates स्थिति नियामक
Surface coordinates पृष्ठ नियामक
Tangential coordinates स्पर्श नियामक
Tetrahedral coordinates चतुष्फलकी नियामक
Three-dimensional coordinates त्रिविस्तारी नियामक
Transformation of coordinates नियामकों का रूपान्तर
Trigonometrical coordinates त्रिकोणमितीय नियामक
Trihedral coordinates त्रितली नियामक
Trilinear coordinates त्रिरैखिक नियामक
Vectorial coordinates सदिश नियामक

Copernican theory कोपरनीकी सिद्धान्त

Coplanar समतली, समतलस्थ
Non-coplanar असमतली
Skew विषमतली
Tortuous कुटिल
Uniplanar एकतली
Coplanar forces समतली बल
Coplanar lines समतली रेखायें
Coplanar points समतली बिन्दु
Coplanar system समतली संहति
Coplanar vectors समतली सदिश

Cord डोरी, रस्सी

Coriolis, theorem कोरियोली प्रमेय

Corner कोना

Cornice कानस, कार्निस

Corollary उपप्रमेय, उपनिर्मेय, उपफल
Lemma पूर्वप्रमेय

Correct शुद्ध
Accurate परिशुद्ध
Exact यथार्थ
Precise यथार्थतम
True सत्य
Correct answer शुद्ध उत्तर
Correct result शुद्ध फल
Correct solution शुद्ध साधन, शुद्ध हल

Corrected शोधित
Corrected integral शोधित अनुकल
Uncorrected integral अशोधित अनुकल
Corrected series शोधित श्रेणी

Correcting शोधन

Correction शोधन
Coorection coefficient शोधन गुणक
Correction of sign चि॥ शोधन
Correction ratio शोधन निष्पत्ति
Shephard's correction शेफर्ड शोधन

Correctly शुद्ध रूप से

Correlation बन्धुत्व
Correlation ratio बन्धुत्व निष्पत्ति

Correlation table	बन्धुत्व तालिका
Coefficient of correlation	बन्धुत्व गुणक
Negative correlation	ऋण बन्धुत्व
Null correlation	मोघ बन्धुत्व
Positive correlation	घन बन्धुत्व
Correlative	बन्धु
Correlative bundle	बन्धु गुच्छ
Correlative vocabulary	बन्धु शब्द-भण्डार
Correspondence	संवादिता
One-one correspondence	एकैकी संवादिता
Corresponding	संवादी
Consistent	संगत
Corresponding angle	संवादी कोण
Corresponding line	संवादी रेखा
Corresponding points	संवादी बिन्दु
Corresponding rates	संवादी अर्घ
Corresponding to	तत्संवादी
Cos A	कोज्या का, कोज् क
Cos^{-1}_{a}	कोज्या$^{-1}$ क, कोज्$^{-1}$ क
Cosec A	व्युज्या का
$Cosec^{-1}_{a}$	व्युज्या$^{-1}$ क
Cosecant	व्युज्या
Cosine	कोज्या
Cotangent	कोस्पज्या
Secant	व्युकोज्या
Sine	ज्या
Tangent	स्पज्या
Cosecant curve	व्युज्या वक्र
Cosecant line	व्युज्या रेखा
Hyperbolic cosecant	अतिपरवलीय व्युज्या
Inverse hyperbolic cosecant	उत्क्रम अतिपरवलीय व्युज्या
Logorithmic cosecant	लघुगणकीय व्युज्या
Cosine	कोज्या
Cosecant	व्युज्या
Cotangent	कोस्पज्या
Secant	व्युकोज्या
Sine	ज्या

Tangent	स्पज्या
Cosine circle	कोज्या वृत्त
Cosine curve	कोज्या वक्र
Cosine law	कोज्या नियम
Cosine series	कोज्या श्रेणी
Direction cosine	दिशा कोज्या
Hyperbolic cosine	अतिपरवलीय कोज्या
Inverse hyperbolic cosine	उत्क्रम अतिपरवलीय कोज्या
Logarithmic cosine	लघुगणकीय कोज्या
Natural cosine	प्राकृतिक कोज्या
Versed cosine	कोशरज्या
Cot A	कोस्प का
Cot_{a}^{-1}	कोस्प$-^{-1}_{क}$
Cotangent	कोस्पज्या
Cosecant	व्युज्या
Cosine	कोज्या
Secant	व्युकोज्या
Sine	ज्या
Tangent	स्पज्या
Cotangent curve	कोस्पज्या वक्र
Cotangent line	कोस्पज्या रेखा
Hyperbolic cotangent	अतिपरवलीय कोस्पज्या
Inverse cotangent	उत्क्रम कोस्पज्या
Inverse hyperbolic cotangent	उत्क्रम अतिपरवलीय कोस्पज्या
Logarithmic cotangent	लघुगणकीय कोस्पज्या
Coterminal angles	सहावसान कोण
Coterminous=conterminous	सहावसान कोण
Cote	कोट
Cote's assumption	कोट कल्पना
Cote's spiral	कोट सर्पिल
Count	गणन, गिनना
Counted	गणित
Counting	गणन
Calculation	परिगणन, परिकलन
Computation	संगणन
Enumeration	प्रगणन

Estimation	आगणन	Criteria	निकष (र)
Counter-clockwise	वामावर्त	Criteria for rank	पदवी निकष
Anti-clockwise	वामावर्त	Independent criteria	स्वतंत्र निकष
Clockwise	दक्षिणावर्त	Logarithmic criteria	लघुगणकीय निकष
Coulomb	कूलूम्ब	Criterion	निकष (र)
Coulomb's law	कूलूम्ब नियम	Characteristic	लक्षण, पहिचान
Couple	बलयुग	Test	परीक्षण
Couple of moments	घूर्ण बलयुग	Criterion of existence	अस्तित्व निकष
Bending couple	नमन बलयुग	Pearson's Criterion	पियरसन निकष
Friction couple	घर्षण बलयुग	Tisserand Criterion	टिसैरेण्ड निकष
Moment of a couple	बलयुग का घूर्ण	Critical	चरम
Number couple	संख्या युग्म	Critical angle	चरम कोण
Principal couple	मुख्य बलयुग	Critical equivlibrium	चरम साम्य
Stress couple	चाँप बलयुग	Critical orbit	चरम कक्षा
Course of exchange	व्यवहार विनिमय	Critical point	चरम बिन्दु
Covariance	सहचलत्व	Critical position	चरम स्थिति
Covariant	सहचल	Critical value	चरम मान
Contravariant	प्रतिचल	Crofton theorem	क्रोफ्टन प्रमेय
Invariant	निश्चल	Cross	क्रूश
Covariant index	सहचल घातांक	Cross-cut	प्राचीन
Sextic covariant	षड्क सहचल	Cross multiplication	तिर्यक गुणन
Tensor covariant	प्रदिश सहचल	Corss neighbourhood	तिर्यक् पड़ोस
Vector coveriant	सदिश सहचल	Cross product	तिर्यक् गुणनफल
Coversed sine	कोशरज्या	Cross quadrilateral	तिर्यक् चतुर्भुज
Coversine	कोशरज्या	Cross ratio	तिर्यक् निष्पत्ति
Cowrie	कौड़ी	Cross ratio invariant	तिर्यक् निष्पत्ति निश्चल
Cradle	झूला, हिंडोला	Anharmonic Cross-ratio	अहरात्मक तिर्यक् निष्पत्ति
Cat's cradle (game)	बिल्ली का हिंडोला (खेल)	Cross road	छेदक मार्ग
Cramer	क्रेमर	Cross section	अनुप्रस्थ काट
Cramer's rule	क्रेमर नियम	Crossing	संलंघन
Crane	क्रेन	Difficult crossing	कठिन संलंघन
Creation	सृष्टि	Crossing out	निरसन, काटना
Creator	सृष्टि कर्त्ता	Cancellation	निरसन
Cremona's polar plane	क्रैमोना ध्रुवी समतल	Deletion	अपमृजन
Cremona transformation	क्रेमोना रूपान्तर	Elimination	विलोपन
Crest	शीर्ष	Exclusion	अपवर्जन
Crest of a wave	तरंग शीर्ष	Ignoring	उपेक्षण

Leaving out	त्यजन
Neglecting	उपेक्षण
Omission	उत्सृजन
Rejection	अस्वीकरण
Removal	अपनयन
Vanishing	लोपन
Crotchets	गुरुकोष्ठक
Braces	धनुकोष्ठक
Parentheses	लघुकोष्ठक
Vinculum	रेखाकोष्ठक
Crown	क्राउन (सिक्का)
Crunode	पात
Crust	पपड़ी
Cryptarithmetic	गुप्तांकगणित
Cube	घन
Cube root	घनमूल
Duplication of cube	घन का वर्गकरण
Perfect cube	सम्पूर्ण घन
Cubic (of the third degree)	त्रिघाती
(Homogeneous equation of the third degree)	त्रिघाती समघात समीकरण
(Curve)	त्रिघातक
Cubic centimeter	घन सेंटीमीटर
Cubic curve	घन वक्र
Cubic equation	त्रिघात समीकरण
Cubic expression	त्रिघात व्यंजक
Cubic foot	घन फुट
Cubic function	घन फलिन
Cubic inch	घन इंच
Cubic measure	घन माप
Cubic surd	घन करणी
Cubic surface	घन पृष्ठ
Cubic yard	घन ग़ज
Circular cubic	वर्तुल घनवक्र
Discriminating cubic	विवेचक त्रिघाती
Irreducible cubic	अलघुकरणीय त्रिघाती
Reduced cubic	लघुकृत त्रिघाती
Reducing cubic	लघुकारक त्रिघाती
Resolvent cubic	विश्लेषक त्रिघाती
Cubical	त्रिघाती, घन–
Cubical contents	त्रिविस्तारी समावृत्ति
Cubical expansion	त्रिविस्तारी प्रसार
Cubical parabola	त्रिघाती परवलय
Cobit	हाथ
Cuboid	आयतज
Culvert	पुलिया
Cumulative frequency	संचित बारम्बारता
Cup	प्याला
Curl of a vector	सदिश का कुन्तल
Current	(1) चालू (2) धारा
Current coordinates	चालू नियामक
Current rate	चालू अर्घ
Space current	अवकाश धारा
Surface current	पृष्ठीय धारा
Vector charge and current	सदिश निक्षेप और धारा
Curtain	पर्दा
Curvature	वक्रता
Absolute curvature	निरपेक्ष वक्रता
A curve of double curvature	द्विक वक्रता वक्र
Angle of curvature	वक्रता कोण
Average of curvature	माध्य वक्रता
Centre of curvature	वक्रता केन्द्र
Chord of curvature	वक्रता जीवा
Circle of curvature	वक्रता वृत्त
Double curvature	द्विक् वक्रता
First curvature	प्रथम वक्रता
Gaussian curvature	गाउसी वक्रता
Geodesic curvature	भूमिति वक्रता
Mean curvature	मध्यक वक्रता
Negative curvature	ऋण वक्रता
Normal curvature	अभिलम्ब वक्रता
Positive curvature	धन वक्रता
Radius of curvature	वक्रता त्रिज्या
Resolved curvature	विश्लिष्ट वक्रता

Second curvature	द्वितीय वक्रता
Specific curvature	विशिष्ट वक्रता
Total curvature	पूर्ण वक्रता
Whole curvature	,,
Zero curvature	शून्य वक्रता
Curve	वक्र
Curve fitting	वक्र अन्वायोजन
Curve length	वक्र की लम्बाई
Curve of buoyancy	उत्प्लवन वक्र
Curve of descent	अवपात वक्र
Curve of double curvature	द्विक वक्रता वक्र
Curve of frequency	बारम्बारता वक्र
Curve of moments	घूर्ण वक्र
Curve of pursuit	अनुसरण वक्र
Curve of quickest descent	द्रुततम पात वक्र
Curve of stability	स्थायित्व वक्र
Curve tracing	वक्रालेखन
Aberration curve	अपेरण वक्र
Adiabatic curve	अतापन वक्र
Algebraic curve	बीजगणितीय वक्र
Anallagmatic curve	समव्युत्क्रम वक्र
Anti-friction curve	उद्घर्षण वक्र
Approximation curve	उपनयन वक्र
Auxiliary curve	सहायक वक्र
Axis of a curve	वक्र अक्ष
Barrier curve	प्राचीर वक्र
Bending moment curve	नमन घूर्ण वक्र
Bertrand's curve	बर्ट्रेण्ड वक्र
Bowditch curve	बाउडिच वक्र
Branch of a curve	वक्र शाखा
Capillary curve	केश वक्र
Central curve (curve situated at the centre)	केन्द्रीय वक्र
Central curve (Curve having a centre)	सकेन्द्र वक्र
Changing curve	परिवर्ती वक्र
Characteristic curve	लक्षण वक्र
Class of a curve	वक्र का वर्ग
Closed curve	बन्द वक्र
Convex curve	उन्नतोदर वक्र
Coordinate curve	नियामक वक्र
Cosecant curve	व्युज्या वक्र
Cosine curve	कोज्या वक्र
Cotangent curve	कोस्पज्या वक्र
Cubic curve	घन वक्र
Deficiency of a curve	वक्र की हीनता
Deflection curve	विचलन वक्र
Derived curve	व्युत्पन्न वक्र
Devil's curve	पिशाच वक्र
Elastic curve	लचीला वक्र
Empirical curve	अनुभूति वक्र
Error curve	भ्रान्ति वक्र
Exponential curve	घातीय वक्र
Foliate curve	पर्ण वक्र
Frequency curve	बारम्बारता वक्र
Generating curve	जनक वक्र
Imaginary curve	काल्पनिक वक्र
Integral curve	अनुकल वक्र
Inverse curve	उत्क्रम वक्र
Isoptic curve	समानकोणज वक्र
Jordan curve	जार्डन वक्र
Kappa curve	कप्पा वक्र
Lame curve	लामे वक्र
Level curve	तल वक्र
Load curve	बोझ वक्र
Local curve	स्थानीय वक्र
Logarithmic curve	लघुगणकीय वक्र
Magnetic curve	चुम्बक वक्र
Moment of a curve	वक्र का घूर्ण
Mortality curve	मरण वक्र
Motion along a curve	वक्र पर गति
Motion down a curve	वक्र पर अधोमुखी गति
Orthoptic curve	समकोणज वक्र
Osculating curve	आश्लेषण वक्र

Parabolic curve परवलीय वक्र
Parallel curve समानान्तर वक्र
Parametric curve प्राचलीय वक्र
Path curve पथ वक्र
Pedal curve पदिक वक्र
Periodic curve आवर्त वक्र
Plane curve समतल वक्र
Primitive curve पूर्वज वक्र
Probability curve सम्भाव्यता वक्र
Quadratic curve वर्गात्मक वक्र
Quadric curve द्विघात वक्र
Quartic curve चतुर्घात वक्र
Quintic curve पंचघात वक्र
Radical curve मूल वक्र
Reciprocal curve व्युत्क्रम वक्र
Revolving curve परिभ्रामक वक्र
Rolling curve लुंठन वक्र
Secant curve व्युकोज्या वक्र
Segment of a curve वक्र की अवधा
Sextic curve षड्क वक्र
Shearing force curve विरूपण बल वक्र
Sine curve ज्या वक्र
Skew curve विषमतली वक्र
Slope curve प्रवणता वक्र
Space curve अवकाश वक्र
Space-time curve अवकाश-काल वक्र
Tangent curve स्पर्श वक्र
Tortuous curve कुटिल वक्र
To trace a curve वक्रालेखन करना
Tractory curve कर्षण वक्र
Transcendental curve बीजातीत वक्र
Treated as a curve वक्र की भाँति उपचरित
Trigonometrical curve त्रिकोणमितीय वक्र
True curve सत्य वक्र
Twisted curve व्यावृत वक्र
Unicursal curve एकपथी वक्र
Velocity-time curve वेग-काल वक्र
Vivani curve विवानी वक्र
Watt's curve वाट वक्र
Contact of curves वक्र सम्पर्क
Intersecting curves छेदक वक्र
Intersection of curves वक्र कटान
Pencil of curves वक्रावली

Curved वक्र
Curved line वक्र रेखा
Curved surface वक्र पृष्ठ

Curvilinear वक्रात्मक
Curvilinaear angle वक्रात्मक कोण
Curvilinear asymptote वक्रात्मक अनन्तस्पर्शी
Curvilinear coordinates वक्रात्मक नियामक
Curvilinear Intergral वक्रात्मक अनुकल
Curvilinear method वक्रात्मक विधि
Curvilinear motion वक्रात्मक गति
Curvilinear tringle वक्रात्मक त्रिभुज
Curvilinear velocity वक्रात्मक वेग
General curvilinear motion व्यापक वक्रात्मक गति

Cushion तकिया

Cusp निशित
Cusp locus निशित निधि
Cusp of the first species प्रथम जाति का निशित
Cusp of the second species द्वितीय जाति का निशित
Double cusp द्विक् निशित
Caretoid cusp शृंग निशित
Ramphoid cusp चंचु निशित
Simple cusp सरल निशित

Cusped निशिती
There cusped त्रिनिशिती

Cuspidal निशितीय
Cuspidal edge निशितीय तट
Cispidal locus निशित निधि

Cut काटना, काट
Cut orthogonally समकोणतः काटना
Cuts proportionally अनुपात में काटती है
Cross-cut प्राचीर

Cuttacka	कुट्टकः
Cycle	चक्र
Cycle of eclipses	ग्रहण चक्र
Cycle of quotients	भजनफल चक्र
Cycle of the moon	चान्द्र चक्र
Caliprian cycle	कैलिप्री चक्र
Metonic cycle	चान्द्र चक्र
Solar cycle	सौर चक्र
Cyclic	चक्रीय
Cyclic change	चक्रीय परिवर्तन
Cyclic constant	चक्रीय अचल
Cyclic expression	चक्रीय व्यंजक
Cyclic group	चक्रीय समुदाय
Cyclic interchange	चक्रीय हेरफेर
Cyclic order	चक्र क्रम, चक्रीय क्रम
Cyclic permutation	चक्रीय क्रमचय
Cyclic quadrilateral	वृत्तीय चतुर्भुज
Cyclic space	चक्रीय अवकाश
Cyclic substitution	चक्रीय आदेश
Cyclical	चक्रीय, चक्र–
Cyclical motion	चक्र गति
Cyclide	गोलज
Cycloid	चक्रज
Oblate cycloid	निम्नाक्ष उपगोल
Prolate cycloid	दीर्घाक्ष उपगोल
Cycloidal	चक्रजी
Cycloidal chain	चक्रजी शृंखला
Cycloidal change	चक्रजी परिवर्तन
Cycloidal motion	चक्रजी गति
Cycloidal pendulum	चक्रजी दोलक
Cylinder	बेलन, रम्भ (र)
Cylinder function	बेलन फलिन
Cylinder of revolution	परिक्रमण बेलन
Circular cylinder	बर्तुल बेलन
Element of a cylinder	बेलन का अल्पांश
Elliptic cylinder	दीर्घवृत्ती बेलन
Frustum of a cylinder	बेलन का छिन्नक
Hyperbolic cylinder	अतिपरवलीय बेलन
Inscribed cylinder	अन्तर्लिखित बेलन
Oblique cylinder	तिर्यक् बेलन
Parabolic cylinder	परवलीय बेलन
Right cylinder	लाम्बिक बेलन
Truncated cylinder	विच्छिन्न बेलन
Cylindrical (of, or pertaining to, a cylinder)	बेलनीय, बेलन–
Cylindrical (Having the shape of a cylinder)	बेलनाकार
Cylindrical belt	बेलनीय पेटी
Cylindrical chess	बेलनीय शतरंज
Cylindrical condenser	बेलनीय संहनक
Cylindrical coordinates	बेलनीय नियामक
Cylindrical projection	बेलनीय विक्षेप
Conical projection	शंकीय विक्षेप
Orthogonal projection	समकोणीय विक्षेप
Cylindrical ring	बेलनीय बलय
Cylindrical surface	बेलनीय पृष्ठ
Cylindrical zone	बेलनीय कटिबन्ध
Cylindroid	बेलनाभास
Cypher-Cipher	शून्य

D

D' Alembert	डिलेम्बर्ट
D' Alembert's principle	डिलेम्बर्ट नियम
D' Alembert's test	डिलेम्बर्ट परीक्षण
Dam	बाँध
Damp	अवरोधन
Damped	अवरुद्ध
Damped oscillation	अवरुद्ध दोलन
Damped variation	अवरुद्ध विचरण
Dance	नाच
Round dance	वर्तुल नाच
Danish steelyard	डेनी विषमभुज तुला
Darboux	डारबो
Darboux's method	डारबो विधि
Darboux theorem	डारबो प्रमेय
Dark	अँधेरा, काला
Dark line	काली रेखा
Darkness	अँधेरा
Dash (parenthetical)	वियोजिका
(as in x', y')	प्रास
Hyphen	योजिका
Data	न्यास
Hypothesis	उपकल्पना
Three independent data	तीन स्वतंत्र न्यास
Dead water	मृत जल
Death	मृत्यु
Death rate	मृत्यु अर्घ
Black Death	महामारी
Debenture	डिबेंचर
Deby's method	डेबी विधि

Decagon	दशभुज
Regular decagon	सम दशभुज
Decagonal	दशभुजी
Decagram	डीकाग्राम
Decameter	डीकामीटर
December	दिसम्बर
Deceleration	गतिह्रास
Acceleration	गतिवृद्धि
Retardation	गतिह्रास
Decentralisation	विकेन्द्रीकरण
Decentralise	विकेन्द्रीकरण
Decentralised	विकेन्द्रीकृत
Decentralising	विकेन्द्रीकरण
Decigram	डेसीग्राम
Decimal	दशमलव
Decimal Arithmetic	दशमलव गणित
Decimal coinage	दशांशिक सिक्के
Decimal equivalent	दशमलव तुल्यांक
Decimal fraction	दशमलव भिन्न
Decimal measure	दशमलव माप
Decimal number	दशमलव संख्या
Decimal place	दशमलव स्थान
Decimal point	दशमलव बिन्दु
Decimal scale	दशमलव स्केल
Decimal system	दशमलव पद्धति
Circulating decimal	आवर्त दशमलव
Circulatory decimal	आवर्त दशमलव
Mixed decimal	मिश्र दशमलव
Mixed recurring decimal	मिश्र आवर्त दशमलव

Periodic decimal	आवर्त दशमलव
Recurring decimal	आवर्त दशमलव
Repeating decimal	पुनरागत दशमलव
Similar decimal	समरूप दशमलव
Decimetre	डेसीमीटर
Decomposability	विबन्धनशीलता
Decomposable	विबन्धनशील
Decompose	विबन्धन
Decomposed	विबद्ध
Decomposing	विबन्धन
Decomposition	विबन्धन
Decomposition of the intergrad	अनुकल्य का विबन्धन
Decrease	घटना
Decreased	घटी हुई
Decreasing	घटती हुई, ह्रासमय
Decreasing algebraically	बीजगणिततः घटना
Decreasing continually	निरन्तर घटना
Decreasing function	ह्रासमय फलिन
Decreasing proportionately	अनुपाततः घटना
Decreasing surds	ह्रासमय श्रेणी
Algebraically decreasing	बीजगणिततः घटना
Monotonic decreasing function	एकस्वन ह्रासमय फलिन
Decrement	ह्रास, घटौती
Logarithmic decrement	लघुगणकीय ह्रास
Dedekind	डेडीकाइन्ड
Dedekind lattice	डेडीकाइन्ड जाल
Dedekind section	डेडीकाइन्ड काट
Dedekind 's method	डेडीकाइन्ड विधि
Dedekind theorem	डेडीकाइन्ड प्रमेय
Dedekind theory	डेडीकाइन्ड सिद्धान्त
Deduction	निगमन
Induction (Logic)	व्याप्ति
(Mathematics)	उद्गमन
Successive deduction	उत्तरोत्तर निगमन
Deductive	निगमित
Deductive method	निगमन विधि
Deductive proof	निगमन उपपत्ति
Deep	गहरा
Defective equation	दूषित समीकरण
Defer	विलम्बित करना
Deferment	विलम्बन
Deferred	विलम्बित
Deferred annuity	विलम्बित वार्षिकी
Deferred perpetuity	विलम्बित चिरस्थायी वृत्ति
Deficiency	हीनता, अभाव
Deficiency of a curve	वक्र की हीनता
Define	व्याख्या करना, परिभाषा करना
Defined	परिभाषित
Uniquely defined	अपूर्व परिभाषित
Definite	निश्चित
Definite integral	निश्चित अनुकल
Indefinite integral	अनिश्चित अनुकल
Definite integration	निश्चित अनुकलन
Semi-definit	अर्ध निश्चित
Definitely	निश्चित रूप से
Definition	व्याख्या, परिभाषा
Nomenclature	नामावली
Technical language	परिभाषा
Terminology	शब्दावली
Analytical definition	वैश्लेषिक व्याख्या
General definition	व्यापक व्याख्या
Moigno's definition	मौयनो व्याख्या
Deflect	विचलित होना
Deflected	विचलित
Deflecting	विचलन
Deflection	विचलन
Deflection curve	विचलन वक्र
Deform	विकृत होना
Deformation	विकार, विकृति
Abnormal deformation	असाधारण विकृति
Normal deformation	प्रकृत विकृति
Degenerate	भ्रष्ट

Degenerate conic	भ्रष्ट शांकव
Degenerate form	भ्रष्ट रूप
Degree (in an equation)	अंश
(of an equation)	घात
Degree of an expression	व्यंजक का घात
Degree of a surd	करणी घात
Degree of equation	समीकरण का घात
Degree of freedom	स्वाधीनता की काष्ठा
Degree of points	बिन्दुओं का घात
Degree points	घात बिन्दु
Equation of the fifth degree	पंचघात समीकरण
Equation of the first degree	एकघात समीकरण
Equation of the fourth degree	चतुर्घात समीकरण
Equation of the second degree	द्विघात समीकरण
Equation of the third degree	त्रिघात समीकरण
Higher degree	उच्चतर घात
Lower degree	निम्नतर घात
Spherical degree	गोलीय अंश
De Gua's rule	दगुआ नियम
De la Vallee Poussin test	दलावाली पूसैं परीक्षण
Delete	अपमृजन करना, अपमार्जन करना
Deleted	अपमार्जित
Deleting	अपमृजन
Deletion	अपमृजन
Cancellation	निरसन
Crossing out	निरसन काटना
Elimination	विलोपन
Exclusion	अपवर्जन
Ignoring	उपेक्षण
Leaving out	त्यजन
Neglectin	उपेक्षण
Omission	उत्सृजन
Rejection	अस्वीकरण
Removal	अपनयन
Vanishing	लोपन
Delian Problem	डेली समस्या
Delta	डेल्टा
De Moivre's theorem	डी मौयवर प्रमेय
Demonstrability	निदर्शनीयता
Demonstrable	निदर्शनीय
Demonstrate	निदर्शन करना
Demonstrated	निदर्शित
Demonstrating	निदर्शन
Demonstration	निदर्शन
Proof	उपपत्ति
Representation	निरूपण
Direct demonstration	प्रत्यक्ष निदर्शन
De Morgan test	डी मौर्गन परीक्षण
Denary	दशांशिक
Denary scale	दशांशिक स्केल
Denary Scale of notation	संकेतलिपि का दशांशिक स्केल
Denjoy	डेनजौय
Denjoy integral	डेनजौय अनुकल
Denjoy-Khintchine-Young Integral	डैन्जौय-खिंचिन-यंग अनुकल
Denominator	हर
Numerator	अंश
Common denominator	समहर
Rationalisation of the denominator	हर का सुमेयकरण
Denote	निरूपण करना
Denotes	निरूपण करता है
Modulus denotes absolute Value	मापांक निरपेक्ष मान का निरूपण करता है
Dense	सुघन, घना
Compact	गठित
Dense in itself	स्वघना
Dense System	घनी संहति
Everywhere dense	सर्वत्र घना
Nowhere dense	कहीं भी घना नहीं
Density	घनत्व
Density bottle	घनत्व बोतल

  Density of distribution वितरण घनत्व
  Absolute density निरपेक्ष घनत्व
  Average density माध्य घनत्व
  Mean density मध्यक घनत्व
  Metric density मीटरी घनत्व
  Relative density आपेक्षिक घनत्व
  Scalar density अदिश घनत्व
  Surface density पृष्ठ घनत्व
  Tensor density प्रदिश घनत्व
  Unit density इकाई घनत्व
  Volume density आयतन घनत्व
Dependence परतन्त्रता
  Functional dependence फलिनीय परतन्त्रता
  Linear dependence एकघात परतन्त्रता
  Test of dependence परतन्त्रता परीक्षण
Dependent परतन्त्र
  Independent स्वतन्त्र
  Dependent event परतन्त्र घटना
  Dependent function परतन्त्र फलिन
  Dependent variable परतन्त्र चल
  Linearly dependent एकघाततः परतन्त्र
Depreciation अवमूल्यन (र)
  Total depreciation पूर्ण अवमूल्यन
Depressed equation अवनत समीकरण
Depression अवनति
  Elevation उन्नति
  Angle of depression अवनति कोण
Depth गहराई
Derange अविन्यास करना
Deranged अविन्यस्त
  Deranged Series अविन्यस्त श्रेणी
Derangement अविन्यास
  Arrangement विन्यास
Derivation व्युत्पत्ति
Derivative अवकलज
  Directional derivative दैशिक अवकलज
  First derivative प्रथम अवकलज
  Hamiltonain derivative हैमिलटोनी अवकलज
  Harmonic derivative हरात्मक अवकलज
  Higher derivative उच्चतर अवकलज
  Lower derivative निम्नतर अवकलज
  Normal derivative प्रकृत अवकलज
  n th derivative सवां अवकलज
  Partial derivative आंशिक अवकलज
  Positive derivative घन अवकलज
  Probable derivative संभाव्य अवकलज
  Schwarzian derivative श्वार्जी अवकलज
  Second derivative द्वितीय अवकलज
  Total derivative पूर्ण अवकलज
  Transfinite derivative अतीत अवकलज
  Upper derivative उच्च अवकलज
Derived (1) अवकलित (2) व्युत्पन्न
  Derived curve व्युत्पन्न वक्र
  Derived equation व्युत्पन्न समीकरण
  Derived expansion व्युत्पन्न प्रसार
  Derived expression व्युत्पन्न व्यंजक
  Derived function व्युत्पन्न फलिन
  Derived theorem व्युत्पन्न प्रमेय
  Derived unit व्युत्पन्न इकाई
  First derived प्रथम व्युत्पन्न
Desargue theorem डेसार्ग प्रमेय
Descartes (name) डेकार्टीज
  Folium of Descarts डेकार्टीज का पत्रभ
  Parabola of Descarts डेकार्टीज का परवलय
Descending अवरोही
  Decending order अवरोह क्रम
    Ascending order आरोह क्रम
  Descending Series अवरोह श्रेणी
Descent अवरोह, उतार
  Chord of quickest descent द्रुततम पात जीवा
  Curve of descent पात वक्र
  Curve of quickest descent द्रुततम पात वक्र
  Quickest descent द्रुततमपात
Describe उल्लेखन करना

Described उल्लेखित
Described about के प्रति उल्लेखित
Described circle उल्लेखित वृत्त
Circumscribed circle परिलिखित वृत्त
Escribed circle बाह्य वृत्त
Inscribed circle अन्तर्लिखित वृत्त
Nine-point circle नव-बिन्दु वृत्त
Similarly described समरूपतः उल्लेखित
Describing उल्लेखन
Description 1. उल्लेखन, 2. वर्णन
Descriptive वर्णनात्मक
Descriptive property वर्णनात्मक गुण
Metric property मापात्मक गुण
Design योजना
Detached गतसंग
Detached coefficients गतसंग गुणक
Determinant सारणिक
Array सरणी
Matrix श्रेणिक
Adjoint determinant संलग्न सारणिक
Compound determinant मिश्र सारणिक
Development of a determinant सारणिक का विकास
Element of a determinant सारणिक का घटक
Expansion of a determinant सारणिक का प्रसार
Functional determinant फलिनीय सारणिक
Numerical determinant संख्यात्मक सारणिक
Reciprocal determinant व्युत्क्रम सारणिक
Skew determinant विषम सारणिक
Skew-symmetric determinant विषम-सम्मित सारणिक
Symmetric determinant सम्मित सारणिक
Terms of a determinant सारणिक के पद
Vandermonde's determinant वैन्दरमौंद सारणिक
Determinantal equation सारणिक समीकरण
Determinante निर्णीत
Indeterminate अनिर्णीत
Undetermined अनिर्धारित
Determination निर्धारण
Determination of constant अचल निर्धारण
Determined निर्धारित
Determined by से निर्धारित
Determining निर्धारण
Determining factor निर्धारण गुणक
Develop (1) विकास करना (2) प्रसार करना
Developable विकासनीय
Developable surface विकासनीय पृष्ठ
Developable torsion विकासनीय मरोड़
Polar developable कोणीय विकासनीय
Development विकास
Development law विकास नियम
Development of a determinant सारणिक का विकास
Aitken's development एटकिन विकास
Contingent development दैवयोगी विकास
Laplace's development लैप्लास प्रसार
Deviate विचलित होना
Deviated विचलित
Deviation विचलन
Algebraic deviation बीजगणितीय विचलन
Average deviation माध्य विचलन
Mean deviation मध्यक विचलन
Median deviation माध्यिका विचलन
Probable deviation संभाव्य विचलन
Quartile deviation चतुर्थी विचलन
Schwarzian deviation श्वार्जी विचलन
Standard deviation प्रमाप विचलन
Device युक्ति
Devil पिशाच
Devil's curve पिशाच वक्र
Diagonal विकर्ण
Diagonal expansion विकर्ण प्रसार
Diagonal matrix विकर्ण श्रेणिक
Diagonal Scale विकर्ण स्केल
Diagonal sum विकर्ण योग
Leading diagonal अग्रग विकर्ण

Principal diagonal मुख्य विकर्ण
Secondary diagonal द्वितीयक विकर्ण
Sum by diagonals विकर्णों द्वारा योग
Diagonally विकर्णतः
Diagonally situated विकर्णतः स्थित
Diagram चित्र, रेखाचित्र
Argand diagram आर्गण्ड चित्र
Force diagram बल चित्र
Indicator diagram निर्देशक चित्र
Scatter diagram विकिरण चित्र
Diagrammatic चित्रमय
Diagrammatic representation चित्रमय प्रदर्शन
Diagrammatically चित्र द्वारा
Diameter व्यास
Internal diameter आन्तरिक व्यास
Parameter of a diameter व्यास का प्राचल
Principal diameter मुख्य व्यास
Semi-diameter अर्ध व्यास
Conjugate diameter अनुबद्ध व्यास
Equi-Conjugate diameters समानुबद्ध व्यास
Semi-Conjugate diameters अनुबद्ध अर्ध व्यास
Diametral व्यासीय
Diametral line व्यास रेखा
Diametral plane व्यास समतल
Diametrically व्यासतः
Diametrically opposite व्यासतः सम्मुख, व्यासतः विमुख
Diary दैनिकी, दैनन्दिनी
Dice पासे
Dictionary शब्दकोष
Dido's problem डिडो समस्या
Die पासा
Difference अन्तर
Defference of pressure दाब का अन्त, निपीडान्तर (र)
Difference quotient अन्तर भजनफल
Difference table quotient तालिका
Appreciable difference दृश्यान्तर
Average difference मा यान्तर
Central difference केन्द्रीय अन्तर
Common difference सार्व अन्तर
Considerable difference महान् अन्तर
Divided difference भाजित अन्तर
Finite difference सांत अन्तर
First difference प्रथम अन्तर
Invisible difference अदृश्य अन्तर
Meandifference मध्यक अन्तर
Order of difference अन्तर का वर्ण
Radical difference मौलिक अन्तर
Real difference वास्तविक अन्तर
Sign of difference अन्तर चिह्न
Squared difference वर्गित अन्तर
Tabular difference तालिका अन्तर
Visible difference दृश्यान्तर
Equation of finite differences सान्त अन्तर समीकरण
Equation squared वर्गित अन्तर समीकरण
Method of differences अन्तर विधि
Different भिन्न, विभिन्न
Different order भिन्न वर्ण
Differentiability अवकलनशीलता
Differentiable अवकलनशील
Continuously differentiable सततः अवकलनशील
Differential (1) अवकल, (2) अन्तरीय
Differential Calculus चलन कलन
Integral Calculus चल राशि कलन
Differential coefficient अवकल गुणक
Differential Geometry अवकल ज्यामिति
Differential equation अवकल समीकरण
Differential of moments घूर्ण अवकल
Differential expression अवकल व्यंजक
Differential mass अवकल मात्रा
Differential of attraction आकर्षण अवकल
Differential operator अवकल कारक

Differential pulley अन्तरीय घिरनी
Differential Screw अन्तरीय पेंच
Differential Wheel and axle अन्तरीय चक्र और धुरी
Binomial differential द्विपद अवकल
Exact differential ऋत अवकल
Exact differential equation ऋत अवकल समीकरण
Intermediate differential मध्यवर्ती अवकल
Partial differential आंशिक अवकल
Partial differential equation आंशिक अवकल समीकरण
Perfect differential सम्पूर्ण अवकल
Primitive of a differential अवकल समीकरण का
Equation पूर्वज
Simultaneousdifferential युगपद अवकल समीकरण
equation
Total differential पूर्ण अवकल
Differentiale अवकल
Geometria differentiale अवकल ज्यामिति
Differentiate अवकलन करना
Differentiated अवकलित
Differentiating अवकलन
Differentiation अवकलन
Integration अनुकलन
Differentiation formula अवकलन सूत्र
Implicit differentiation अस्पष्ट अवकलन
Indirect differentiation परोक्ष अवकलन
Inverse differentiation उत्क्रम अवकलन
Logarithmic differentiation लघुगणकीय अवकलन
Partial differentiation आंशिक अवकलन
खण्डावकलन
Repeated differentiation पुनरागत अवकलन
Successive differentiation उत्तरोत्तर अवकलन
Difficult कठिन
Easy सरल
Difficult crossing कठिन संलंघन
Difficulty कठिनाई
Diffuse प्रसरण करना
Diffused प्रसृत

Diffusing प्रसरण
Diffusion प्रसरण
Diffusive प्रसरक
Diffusiveness प्रसरता
Digit अंक
Significant digit सार्थ अंक
Dihedral angle द्वितल कोण
Dilatation=Dilation वितान
Dimension (of an equation) घात
(of space) विस्तार
Dimensions of space अवकाश के विस्तार
Higher dimension उच्चतर घात
Three dimensions तीन विस्तार
Dimensional विस्तारी
Four dimensional चतुर्विस्तारी
Four Dimensional Space चतुर्विस्तारी अवकाश
One dimensional एकविस्तारी
Two dimensional द्विविस्तारी
Three dimensional त्रिविस्तारी
Diminis घटना
Diminished घटी हुई
Diminishes घटती है
Diminishes indefinitely अनन्ततः घटती है
Diminishing घटना
Diminution of roots मूलों की घटी
Dini theorem डिनी प्रमेय
Diophantine डायफैण्टी
Diophantine analysis डायफैण्टी विश्लेषण
Diophantine equation डायफैण्टी समीकरण
Diophantine problem डायफैण्टी समस्या
Dip अवपात
Direct (1) अनुक्रम (2) समक्ष
Indirect (1) अनुप्रस्थ (2) परोक्ष
Direct common tangent अनुक्रम उभय स्पर्शी
Transvers common tangent अनुप्रस्थ उभय स्पर्शी
Direct demonstration समक्ष निदर्शन
Direct impact समक्ष संघात

Oblique impact	तिर्यक् संघात
Oblique proportion	अनुक्रमानुपात
Direct process	समक्ष विधा
Direct proof	समक्ष उपपत्ति
Direct proposition	समक्ष साध्य
Direct tangent	अनुक्रम स्पर्शी
Transverse tangent	अनुप्रस्था स्पर्शी
Direct variation	अनुक्रम विचरण
Inverse variation	व्युत्क्रम विचरण
Directed	लक्षित
Directed angle	लक्षित कोण
Directed line	लक्षित रेखा
Directed segment	लक्षित अवधा
Directed trihedral	लक्षित त्रितली
Direction	दिशा
Direction angle	दिशा कोण
Drection cosine	दिशा कोज्या
Direction number	दिशा संख्या
Direction of motion	गति दिशा
Direction ratio	दिशा निष्पत्ति
Assigned direction	निर्दिष्ट दिशा
Prime direction	मुख्य दिशा
Vertical direction	ऊर्ध्व दिशा
Directional	दैशिक
Directional derivative	दैशिक अवकलज
Directly	समक्षतः अनुक्रमतः
Directly impinge	समक्षतः टकराना
Directly proportional	अनुक्रमानुपाती
Inversely proportional	व्युत्क्रमानुपाती
Directly similar	समक्षतः समरूप
Directly varies	अनुक्रमतः विचरता है
Director	निर्देशक
Director circle	नियती वृत्त
Directrix	नियता
Directrix plane	नियता समतल
Statical directrix	स्थिति नियता
Dirichlet's	डिरिचले
Dirichlet's Condition	डिरिचले अनुबन्ध
Dirichlet's integral	डिरिचले अनुकल
Dirichlet's Problem	डिरिचले समस्या
Dirichlet's Summation	डिरिचले संकलन
Dirichlet's test	डिरिचले परीक्षण
Dirichlet's Theorem	डिरिचले प्रमेय
Disadvantage	हानि
Mechanical disadvantage	यान्त्रिक हानि
Disc=Disk	बिम्ब
Rotating disc	परिभ्रामक बिम्ब
Disconnected	अनन्वित
Connected	अन्वित
Disconneted Position	अनन्वित स्थिति
Discontinune	(1) विच्छिन्न करना (2) समाप्त करना
Discontinued	(1) विच्छिन्न (2) समाप्त
Discontinuity	विच्छेद, असातत्य
Finite discontinuity	सान्त असातत्य
Infinite discontinuity	अनन्त असातत्य
Non-removable discontinuity	अनपनीय असातत्य
Ordinary discontinuity	अनपनीय असातत्य
Ordinary discontinuity	साधारण असातत्य
Point of Discontinuity	असातत्य बिन्दु
Removable discontinuity	अपनीय असातत्य
Discontinuous	असतत
Discontinuous function	असतत फलिन
Discontinuous motion	असतत गति
Discount	बट्टा
Discount problem	बट्टे का प्रश्न
Banker's discount	महाजनी बट्ट
Commercial discount	महाजनी बट्टा
Time of discount	बट्टे की अवधि
True discount	सत्य बट्टा
Discover	आविष्कार करना
Discovered	आविष्कृत
Discoverer	आविष्कारक
Discovering	आविष्करण

Discovery — आविष्कार
  Invention — उपज्ञा
Discriminant — विवेचक
  P-Discriminant — प-विवेचक
Discriminating — विवेचन
  Discriminating cubic — विवेचक त्रिघाती
Discrimination — विवेचन
Dispersion — विकिरण
  Normal dispersion — प्रकृत विकिरण
Displace — विस्थापित करना
Displaced — विस्थापित
Displacement — विस्थापन
  Replacement — प्रतिस्थापन
  Substitution — आदेशन, स्थापनापतन
  Displacement of water — जल विस्थापन
  Perallel desplacement — समानान्तर विस्थापन
  Rate of displacement — विस्थापन अर्घ
  Parallelogram of displacements — विस्थापन समानाभुज
Dissimilar — असमरूप, असमान
  Dissimilar surds — असमान करणियाँ
  Sissimilar terms — असमान पद
Dissimilarity — असमरूपता, असमानता
Dissipation — क्षय
Dissociate — विघटित करना
Dissociated — विघटित
Dissociating — विघटन
Dissociation — विघटन
Distance — दूरी, दूरत्व
  Distance-time-rate formula — दूरी-काल-अर्घ सूत्र
  Angular distance — कोणीय दूरी
  Apsidal distance — आरातीय दूरी
  Arcual distance — चापीय दूरी
  Focal distance — नाभ्यन्तर
  Polar distance — ध्रुवीय दूरी
  Spherical distance — गोलीय दूरी
Distant — दूर, दूरस्थ
  Distant point — दूरस्थ बिन्दु
Distribution — विकलन
  Bernoulli's distribution — बर्नोली विकलन
  Binomial disribution — द्विपद विकलन
  Density of distribution — विकलन घनत्व
  Frequency distribution — बारंबारता विकलन
  Law of distribution — विकलन नियम
  Lexi's distribution — लेक्सी विकलन
  Normal distribution — प्रकृत विकलन
  Parameter of distribution — विकलन प्राचल
  Poisson's distribution — पौइसौं विकलन
Distributive — विकलनशील
  Distributive law — विकलन नियम
  Associative law — सहचरन नियम
  Commutative law — व्यत्यय नियम
Disturb — अपकर्षण करना
Disturbance — अपकर्षण
Disturbancy — अपकर्षण
  Cofficient of disturbancy — अपकर्षण गुणक
Disturbed — अपकृष्ट
  Disturbed path — अपकृष्ट पथ
Disturbing — अपकर्षण
  Disturbing force — अपकर्षण बल
Ditch — खाई
Diurnal — दैनिक
Diurnal aberration — दैनिक अपेरण
Diverge — अपसरण
Diverged — अपसृत
Divergence — अपसरण
  Convergence — संसरण
Divergency — अपसरण
  Convergency — संसरण
Divergent — अपसृत
  Convergent — संसृत
  Divergent product — अपसृत गुणनफल
  Divergent seris — अपसृत श्रेणी
Diverging — अपसरण

Divide	बाँटना, भाग देना
Divided	भाजित, विभक्त
Divided difference	भाजित अन्तर
Divided externally	बहिर्विभक्त
Divided harmonically	हरात्मकतः विभाजित
Divided internally	अन्तर्विभक्त
Dividend	भाज्य
Dividendo	अन्तर निष्पत्ति
Alternando	एकान्तर निष्पत्ति
Componendo et dividendo	योगान्तर निष्पत्ति
Componendo	योग निष्पत्ति
Invertando	व्युत्क्रम निष्पत्ति
Divider	भाजक
Dividers	विभाजक
Dividing	भाजन
Diving	अवगाहन
Diving bell	अवगाहन कोष्ठ
Divisibility	विभाज्यता
Divisible	विभाज्य
Division ratio	भाग
Division ratio	भाग निष्पत्ति
Division sign	भाग चिह्न
Division transformation	भाग रूपान्तर
Compound division	मिश्र भाग
Contracted division	संक्षिप्त भाग
Exact division	ऋत भाग
Harmonical division	हरात्मक भाग
Interminable division	अन्तहीन भाग
Long division	दीर्घ भाग
Method of division	भाग विधि
Point of division	विभाजन बिन्दु
Short division	लघु भाग
Synthetic division	सांश्लेषिक भाग
Terminable division	सान्त भाग
Divisor	भाजक
Common divisor	सार्व भाजक
Complete divisor	पूर्ण भाजक
Elementary common divisor	प्राथमिक सार्व भाजक
Elementary divisor	प्राथमिक भाजक
Exact divisor	ऋत भाजक
Greatest common divisor	महत्तम समापवर्तक
Trial divisor	प्रायोगिक भाजक
Method of divisors	भाजक विधि
Dodecagon	द्वादशभुज
Regular dodecagon	सम द्वादश भुज
Dodecahedral	द्वादशफलकी
Dodecahedron	द्वादशफलक
Regular dodecahedron	सम द्वादशफलक
Dogs and wolf (game)	कुत्ते और भेड़िये (खेल)
Dollar	डौलर
Domain	प्रान्त
Region	प्रदेश
Comples domain	संकर प्रान्त
Dome	गुम्बद
Dominoes	गोटियाँ
Door	द्वार
Dot	बिन्दु
Dot product	बिन्दु गुणनफल
Dotted	बिन्दुमय
Dotted line	बिन्दुमय रेखा
Doubt	संशय
Down	नीचे
Up	ऊपर
Downward	अधोगामी, अधोमुखी
Upward	ऊर्ध्वगामी
Downward force	अधोगामी बल
Downward motion	अधोमुखी गति
Downward velocity	अधोमुखी वेग
Downward	नीचे की ओर
Upwards	ऊपर की ओर
Double	द्विक्
Double angle	द्विक् कोण
Double answer	द्विगुत्तर
Double cone	द्विक् शंकु

Double contact द्विक् संस्पर्श
Double curvature द्विक् वक्रता
Double cusp द्विक् निशित
Double extension द्विक् वितान
Double factor द्विगपवर्तक
Double generation द्विक् जनन
Double integral द्विगनुकल
Double law द्विक् नियम
Double limit द्विक् सीमा
Double line द्विक् रेखा
Double ordinate द्विक् कोटि
Double pendulum द्विक् दोलक
Double point द्विक् बिन्दु
Double power series द्विक् घात श्रेणी
Double root द्विक् मूल
Double rule of three पंच राशिक
Double sequence द्विगनुक्रम
Double Series द्विक् श्रेणी
Double tangent द्विक् स्पर्शी
Double tetrahedron द्विक् चतुष्फलक
Double valued द्विमानीय
Double weighing द्विक् तोलन
Imaginary double series काल्पनिक द्विक् श्रेणी
Doubly द्विक्
Doubly connected द्विगन्वित
Double periodic द्विगावर्त
Draft प्रालेख (रा)
Draftsman प्रालेखक
Dram ड्राम
Draw खींचना
Draw a curve freely मुक्त हस्त से वक्र खींचो
Drawing चित्रकारी
Map drawing मानचित्रकारी
Drift विचलन
Drift of shot छर्रे का विचलन
Drop बूँद
Drum ढोल
Drum head ढोल का चर्म
Dual द्वैधी
Dual theorem द्वैधी प्रमेय
Duality द्वैधता
Principle of duality द्वैधता नियम
Ductile तन्य
Brittle भिदुर
Elastic लचीला
Flexible नम्य
Hard कठिन
Malleable वर्द्धनीय
Plastic सुनम्य
Rigid दृढ़
Soft मृदु, कोमल
Tough कठोर
Viscous सान्द्र
Due दातव्य
Due annuity दातव्य वार्षिकी
Duhamel theorem डुहामेल प्रमेय
Duodecimal द्वादशांश
Duodecimal system द्वादशांश पद्धति
Duodenary द्वादशांशिक
Dupin theorem ड्यूपित प्रमेय
Duplicate 1. वर्गित 2. द्विगुणित
Duplicate number द्विगुणित संख्या
Duplicate ratio वर्गित निष्पत्ति
Duplicated वर्गित
Duplicating द्विगुण, वर्गकरण
Duplication द्विगुणन, वर्गकरण
Duplication formula द्विगुणन सूत्र
Duplication of the cube घन का वर्गकरण
Duration अवधि
Dust धूल
Dust particle धूल का कण
Dyad द्विणिक
Dyadic द्विणिकी
Dyadic polynomial द्विणिकी बहुपद

Dyadic stress	द्विणिकी चाँप
Conjugate dyadics	अनुबद्ध द्विणिकी
Dyalytic method	विश्लेषक विधि
Dynamical	गत्यात्मक
Dynamical personality	गत्यात्मक व्यक्तित्व
Dynamical problem	प्रावैगिक प्रश्न
Dynamical property	प्रावैगिक गुण
Dynamical stability	प्रावैगिक स्थायित्व
Dynamical theory	प्रावैगिक सिद्धान्त
Dynamical velocity	गति वेग
Dynamics	गतिविज्ञान, प्रावैगिकी (र)
Kinematics	गतिगणित
Kinetics	गतिशास्त्र
Mechanics	यान्त्रिकी
Statics	स्थैतिकी
Rigid Dynamics	ठोस प्रावैगिकी
Theoretical Dynamics	सैद्धान्तिक प्रावैगिकी
Dyne	डाइन

E

e (eccentricity) — उ (उत्केन्द्रता)
e (coefficient of restitution) — प्र (प्रत्यानयन गुणक)
e (exponential) — घ (घातांकीय)
E (exponential) — घा (घातांकीय)
Each — प्रति, प्रत्येक
Earlanger programme — अर्लैंगर कार्यक्रम
Earnshaw theorem — अर्नशा प्रमेय
Earth — 1. पृथ्वी 2. मिट्टी
Earthquake — भूकम्प, हाला चाला
East — पूर्व
Easy — सरल
  Difficult — कठिन
Eccentric — उत्केन्द्र
  Eccentric angle — उत्केन्द्र कोण
  Eccentric circle — उत्केन्द्र वृत्त
  Eccentric (ex-centric) configuration — बहिष्कैन्द्रिक आकृति
  Eccentric shell — उत्केन्द्र कवच
  Eccentric sphere — उत्केन्द्र गोला
Eccentricity — उत्केन्द्रता
Eclipse — ग्रहण
  Cycle of eclipses — ग्रहण चक्र
Ecliptic — क्रान्ति वृत्त
  Axis of the ecliptic — क्रान्ति वृत्ताक्ष
Edge — तट, कोर
  Edge of regression — प्रत्यावर्तन तट
  Cuspidal edge — निशितीय तट
  Lateral edge — पर्श्व तट
Edgeworth's method — एज्वर्थ विधि

Effect — प्रभाव
  Cause and effect — कार्य और कारण
Effective — साधक, प्रभावशाली
  Effective force — साधक बल
Efficiency — दक्षता
Efficient — दक्ष
Efflux — निर्गम
Effort — आयास
  Effort arm — आयास बाहु
Egg — अण्डा
  Egg shaped — अण्डाकार
Egoroff's theorem — अगोरफ़ प्रमेय
Eight — आठ
Eighth — आठवाँ
Eighteen — अट्ठारह
Eithteenth — अट्ठारहवाँ
Eightieth — अस्सीवाँ
Eighty — अस्सी
Einstein — आयन्स्टाइन
  Einstein's law — आयन्स्टाइन नियम
  Einstein's tensor — आयन्स्टाइन प्रदिश
  Einstein's theorem — आयन्स्टाइन प्रमेय
Either — 1. किसी एक, कोई एक 2. या तो
  Or — अथवा, या
  Either of the two — दो में से कोई एक
Elastic — लचीला
  Brittle — भिदुर
  Ductile — तन्य

Flexible	नम्य
Hard	कठिन
Malleaele	वर्द्धनीय
Plastic	सुनम्य
Rigid	दृढ़
Soft	मृदु, कोमल
Tough	कठोर
Viscous	सान्द्र
Elastic body	लचीला काय
Elastic curve	लचीला वक्र
Elasitc fluid	लचीला तरल
Elastic limit	लचीली सीमा
Elastic string	लचीली डोरी
Perfectly elastic	पूर्णतः लचीला
Elastica	लचनवक्र
Elasticity	लचक, लोच
Elasticity of bulk	आयतन लोच
Elasticity of shape	रूप लोच
Coefficient of elasticity	प्रत्यानयन गुणक
Law of elasticity	लोच नियम
Limit of elasticity	लोच सीमा
Modulus of elasticity	लोच मापांक
Surface of elasticity	लोच पृष्ठ
Volume elasticity	आयतन लोच
Electric	वैद्युत्
Electrical	वैद्युत्
Electricity	विद्युत्
Electrified	विद्युन्मय
Electro-dynamics	विद्युत् गतिविज्ञान, विद्युत्वैगिकी
Electro-magnetism	विद्युतचुम्बकत्व
Electro-meter	विद्युन्मापक
Electro-motion	विद्युत्प्रवहन
Electormotive	विद्युत्प्रवाहक
Electromotive force	विद्युत्प्रवाहक बल
Electrostatic	विद्युत्स्थैतिक
Electorstatic field	विद्युत्स्थिति क्षेत्र
Electrostatic unit	विद्युत्स्थिति इकाई
Electrostatics	विद्युत्स्थैतिकी
Element (chemistry)	तत्त्व (रसायन)
(of a determinant)	घटक (सारणिक का)
(of a curve of area)	अल्पांश (वक्र अथवा क्षेत्र का)
Element of a cone	शंकु का अल्पांश
Element of a cylinder	बेलन का अल्पांश
Element of a determinant	सारणिक का घटक
Element of a field	क्षेत्र का अल्पांश
Element of an arc	चाप का अल्पांश
Element of an area	क्षेत्र का अल्पांश
Element of a set	कुलक का घटक
Element of attraction	आकर्षण अल्पांश
Element of mass	मात्रा अल्पांश
Element of moment	घूर्ण अल्पांश
Element of pressure	निपीड अल्पांश
Element of volume	आयतन अल्पांश
Element of work	कार्य अल्पांश
Algebraical element	बीजगणितीय अल्पांश
Canonical element	उद्यत अल्पांश
Cartesian element	कार्तीय अल्पांश
Common element	सार्व अल्पांश
Conjugate element	अनुबद्ध अल्पांश
Constructible element	रचनीय अल्पांश
Geometrical element	ज्यामितीय अल्पांश
Leading element	अग्रग घटक
Pivotal element	धुरी अल्पांश
Polar element	कोणीय अल्पांश
Primitive element	पूर्वज अल्पांश
Second order element	द्वितीय वर्ण अल्पांश
Volume element	आयतन अल्पांश
Elementary	प्रारम्भिक
Preliminary	आरम्भिक
Primary	प्राथमिक
Principal	मुख्य, प्रधान
Secondary	गौण, द्वितीयक
Elementary common divisor	अभाज्य समापवर्तक

Elementary common factor	अभाज्य समापवर्तक
Elementary divisor	अभाज्य भाजक
Elementary factor	अभाज्य खण्ड
Elementary form	आरम्भिक रूप
Elementary function theory	आरम्भिक फलिन सिद्धान्त
Elementary Geometry	प्रारम्भिक ज्यामिति
Elementary integral	आरम्भिक अनुकल
Elementary operation	आरम्भिक क्रिया
Elementary property	प्राथमिक गुण
Elementary symmetric function	आरम्भिक सम्मित फलिन
Elementary theorem	आरम्भिक प्रमेय
Elements (of a subject)	मूलतत्व (विषय के)
Elements of a deteminant	सारणिक के घटक
Elements of a set	कुलक के घटक
Chain of elements	तत्त्व शृंखला
Homologous elements	सम्वादी अल्पांश
Elevated	उन्नत
Elevation	उन्नति
Depression	अवनति
Angle of elevation	उन्नति कोण
Eleven	ग्यारह
Eleventh	ग्यारहवाँ
Eliminability	विलोपनशीलता
Eliminable	विलोपनशील, विलोपनीय
Eleminant	विलोपफल
Eleminate	विलोपन करना
Eleminated	विलुप्त
Eleminating	विलोपन
Elimination	विलोपन
Cancellation	निरसन
Crossing out	निरसन, काटना
Deletion	अपमृजन
Exclusion	अपवर्जन
Ignoring	उपेक्षण
Leaving out	त्यजन
Neglecting	उपेक्षण

Omission	उत्सृजन
Rejection	अस्वीकरण
Removal	अपनयन
Vanishing	लोपन
Ellips	दीर्घवृत्त
Hyperbola	अतिपरवलय
Parabola	परवलय
Aberration' ellipse	अपेरण दीर्घवृत्त
Confocal ellipse	संनाभि दीर्घवृत्त
Imaginary ellipse	काल्पनिक दीर्घवृत्त
Momental ellipse	घूर्ण दीर्घवृत्त
Null ellipse	मोघ दीर्घवृत्त
Similar ellipse	समरूप दीर्घवृत्त
Steiner ellipse	स्टेनर दीर्घवृत्त
Ellipsoid	दीर्घवृत्तज
Ellipsoid of gyration	घूर्ण दीर्घवृत्तज
Ellipsoid of revolution	परिक्रम दीर्घवृत्तज
Central ellipsoid	केन्द्रीय दीर्घवृत्तज
Imaginary ellipsoid	जैकोबी दीर्घवृत्त
Jacobi's ellipsoid	काल्पनिक दीर्घवृत्तज
Momental ellipsoid	घूर्ण दीर्घवृत्तज
Oblate ellipsoid	निम्नाक्ष दीर्घवृत्तज
Prolate ellipsoid	उच्चाक्ष दीर्घवृत्तज
Strain ellipsoid	प्रतति दीर्घवृत्तज
Ellipsoida (of , or pertaining to, an ellipsoid)	दीर्घवृत्तजीय, दीर्घवृत्त
Ellipsoidal (having the shape of an ellipsoid)	दीर्घवृत्ताकार
Ellipsoidal harmonics	दीर्घवृत्तजीय हरमिति
Elliptic=elliptical (of, or pertaining to, an ellipse)	दीर्घवृत्तीय, दीर्घवृत्त
Elliptic=Elliptical (having the shape of an ellips)	दीर्घवृत्ताकार
Elliptic coordinates	दीर्घवृत्तीय नियामक
Elliptic cylinder	दीर्घवृत्तीय बेलन
Elliptic equation	दीर्घवृत्तीय समीकरण
Elliptic function	दीर्घवृत्तीय फलिन

Elliptic harmonic	दीर्घवृत्तीय हरात्मक
Elliptic integral	दीर्घवृत्तीय अनुकल
Elliptic involution	दीर्घवृत्तीय समुत्क्रमण
Elliptic lamina	दीर्घवृत्तीय पटल
Elliptic motion	दीर्घवृत्तीय गति
Elliptic paraboloid	दीर्घवृत्तीय परवलयज
Elliptic point	दीर्घवृत्तीय बिन्दु
Elliptic Velocity	दीर्घवृत्तीय वेग
Elliptic wedge	दीर्घवृत्तीय टंक
Elongation	प्रतान
Simple elongation	सरल प्रतान
Empirical	अनुभूत
Empirical assumption	अनुभूति कल्पना
Empirical curve	अनुभूति वक्र
Empirical formula	अनुभूति सूत्र
Empirical probability	अनुभूति सम्भाव्यता
Empirical rule	अनुभूति नियम
Empiricism	अनुभूतिवाद
Empiricist	अनुभूतिवादी
Encke	अन्के
Encke root	अन्के मूल
Encke's table	अन्के तालिका
End	छोर, सिरा
End point	छोर बिन्दु
Circular end	वर्तुल छोर
Fixed end	बद्ध छोर
Free end	मुक्त छोर
Loose end	ढीला सिरा
Energy	शक्ति
Energy condition	शक्ति अनुबन्ध
Energy integral	शक्ति अनुकल
Energy lost	अपचयित शक्ति
Energy of oscillation	दोलन शक्ति
Energy tensor	शक्ति प्रदिश
Energy test	शक्ति परीक्षण
Conservation of energy	शक्ति संरक्षण
Kinetic energy	गति शक्ति
Loss of energy	शक्ति का ह्रास
Molecular energy	अणुक शक्ति
Mutual energy	पारस्परिक शक्ति
Potential energy	विभव शक्ति
Principle of energy	शक्ति नियम
Static energy	स्थिति शक्ति
Superficial energy	पृष्ठीय शक्ति
Transference of energy	शक्ति अंतरण
Engine	इंजन
Ensemble (Aggregate)	वृन्द
Entire	सकल
Entire function	सकल फलिन
Entire series	सकल श्रेणी
Entire surd	सकल करणी
Enumerability	प्रगणनशीलता
Enumerable	प्रगणनशील
Enumerate	प्रगणन करना
Enumerated	प्रगणित
Enumerating	प्रगणत
Enumeration	प्रगणन
Calculation	परिकलन, परिगणन
Computation	संगणन
Counting	गिनना, गणन
Estimation	आगणन
Enunciation	प्रतिज्ञा
General enunciation	मुख्य प्रतिज्ञा
Particular enunciation	विशिष्ट प्रतिज्ञा
Envelope	कोश
Envelope conic	कोश शांकव
Envelope locus	कोश निधि
Steiner envelope	स्टेनर कोश
Enveloping	आवेष्टन
Envelopment	आवेष्टक शंकु
Envelopment	आवेष्टन
Envelopped	आवेष्टित
Epicycle	प्राग्चक्र
Hypocycle	पराचक्र

Epicyclic प्राग्यक्रीय
Epicycloid प्राग्यक्रज
Hypocycloid पराचक्रज
Epicycloidal (of, or pertaining to, an epicycloid) प्राग्चक्रजीय प्राग्चक्रज
Epicycloidal (having the shape of an epicycloid) प्राग्चक्राकार
Epitrochoid प्राग्वक्रज
Hypotrochoid परावक्रज
Epitrochoidal (of, or pertaining to, an epitrochoid) प्राग्वक्रजीय, प्राग्वक्रज
Epitrochoidal (having the shape of an epitrochoid) प्राग्वक्रजाकार
Equal सम, समान
Equal angle समान कोण
Equal roots समान मूल
Equal triangles समान त्रिभुज
Identically equal सर्वांगसम
Identical एकात्मक, अभिन्न
Symmetrically equal सम्मिति सम
Equalisation सम करना
Equalise सम करना
Equality समता
Continued equality वितत समता
Ratio of equality समता निष्पत्ति
Rules of equality समता नियम
Equally सम
Equally attractive समाकर्षक
Equally inclined समानत
Equate समीकरण
Equated समीकृत
Equated time समीकृत काल
Equating समीकरण
Equation समीकरण
Identity एकात्म्य
Equation of acc[illegible]nts लेखा समीकरण
Equation of co[illegible]ion अनुबन्ध समीकरण

Equation of finite differences सान्त अन्तर समीकरण
Equation of motion गति समीकरण
Equation of squared defferences वर्गित अन्तर समीकरण
Equation of the fifth degree पंचघात समीकरण
Equation of the first degree एकघात समीकरण
Equation of the first order प्रथम वर्ण समीकरण
Equation of the fourth degree चतुर्घात समीकरण
Equation of the second degree द्वितीय घात समीकरण
Equation of the second order द्वितीय वर्ण समीकरण
Equation of the third degree तृतीय घात समीकरण
Equation of time काल समीकरण
A defected quadratic equation अशुद्ध वर्ग समीकरण
Algebraic equation बीजगणितीय समीकरण
Amortisation equation शोधन समीकरण
Analytical equation वैश्लेषिक समीकरण
Associated equation सहचरित समीकरण
Auxiliary equation सहायक समीकरण
Bssel's equation बेसिल समीकरण
Binomial equation द्विपद समीकरण
Biquadratic equation द्विवर्ग समीकरण
Characteristic equation लक्षण समीकरण
Charpit's equation चार्पिट समीकरण
Clairaut's equation क्लैरो समीकरण
Complete equation पूर्ण समीकरण
Component equation संघटक समीकरण
Cubic equation घन समीकरण
Defective equation दूषित समीकरण
Degree of equation समीकरण का घात
Depressed equation अवनत समीकरण
Derived equation व्युत्पन्न समीकरण
Determinantal equation सारणिक समीकरण
Differential equation अवकल समीकरण
Dimension of an equation समीकरण का घात
Diophantine equation डायफैण्टी समीकरण
[illegible]tic equation दीर्घवृत्तीय समीकरण
[illegible] equation तुल्य समीकरण
[illegible]ation औयलर समीकरण

Exact differential equation	ऋत अवकल समीकरण
Exponential equation	घातीय समीकरण
Fractional equation	भिन्नात्मक समीकरण
Fredholm's equation	फ्रेड्होल्म समीकरण
Freedom equation	स्वातन्त्र्य समीकरण
Gauging equation	प्रमापन समीकरण
Gauss's equation	गाउस समीकरण
General equation	व्यापक समीकरण
General cartesian equation	व्यापक कार्तीय समीकरण
General linear differential equation	व्यापक एकघात अवकल समीकरण
Green's equation	ग्रीन समीकरण
Hamilton's equation	हैमिल्टन समीकरण
Helmholtz' equation	हेल्महोल्ट्ज समीकरण
Higher degree equation	उच्चघात समीकरण
Hilbert's equation	हिल्बर्ट समीकरण
Homogeneous equation	समघात समीकरण
Homogeneous linear equation	समघात एकघात समीकरण
Hypergeometric equation	पराज्यामितीय समीकरण
Identical equation	एकात्मक समीकरण
Incomplete equation	अपूर्ण समीकरण
Indeterminate equation	अनिर्णीत समीकरण
Indicial equation	घातांक समीकरण
Intergral equation	अनुकल समीकरण
Intero-differential equation	अनुकलावकल समीकरण
Intrinsic equation	नैज समीकरण
Irrational equation	दुर्मेय समीकरण
Irreducible equation	अलघुकरणीय समीकरण
Lagrange's equation	लैग्रान्ज समीकरण
Laplace's equation	लैप्लास समीकरण
Left-hand side of equation	समीकरण का वाम पक्ष
Legendre equation	लेजाण्ड्र समीकरण
Limiting equation	सीमान्त समीकरण
Linear differential equation	एकघात अवकल समीकरण
Linear equation	एकघात समीकरण
Literal equation	आक्षरिक समीकरण
Logarithmic equation	लघुगणकीय समीकरण
Modular equation	मापांक समीकरण
Monge's equation	मौंजे समीकरण
Non-homogeneous equation	विषमघात समीकरण
Non-linear equation	अनेकघात समीकरण
Numeral equation	गणनांक समीकरण
Numerical equation	संख्यात्मक समीकरण
Observation equation	अवलोकन् समीकरण
Order of equation	समीकरण का वर्ण
Ordinary differential equation	साधारण अवकल समीकरण
Parametric equation	प्राचल समीकरण
Partial differential equation	खण्डावकल समीकरण
Pedal equation	पदिक समीकरण
Pellian equation	पेली समीकरण
Pell' equation	पेल समीकरण
Pfaffian equation	पफी समीकरण
Plucker's equation	प्लकर समीकरण
Poisson's equation	पौयसौं समीकरण
Polar equation	कोणीय समीकरण
Polynomial equation	बहुपद समीकरण
Pure quadratic equation	शुद्ध वर्ग समीकरण
Quadratic equation	वर्ग समीकरण
Quartic equation	चतुर्घात समीकरण
Radical equation	करणी समीकरण
Rational equation	सुमेय समीकरण
Reciprocal equation	व्युत्क्रम समीकरण
Redundant equation	अतिरिक्त समीकरण
Ricatti's equation	रिकैटी समीकरण
Right-hand side of equation	समीकरण का दक्षिण पक्ष
Root of equation	समीकरण का मूल
Satisfying the equation	समीकरण को सन्तुष्ट करना
Sextic equation	षड्क समीकरण
Side of equation	समीकरण का पक्ष
Simple differential equation	सरल अवकल समीकरण
Simple equation	सरल समीकरण
Sound equation	ध्वनि समीकरण
Symmetrical equation	सम्मित समीकरण
Tangential equation	स्पर्शी समीकरण

Transcendental equation बीजातीय समीकरण
Trigonometrical equation त्रिकोणमितीय समीकरण
Wave equation तरंग समीकरण
Cauchy-Riemann equations कौशी-रीमान समीकरण
Inconsistent equations असंगत समीकरण
Independent equations स्वतन्त्र समीकरण
Simultaneous equations युगपद समीकरण
Simultaneous differential equations युगपद अवकल समीकरण
System of equations समीकरण संहति
Theory of equations समीकरण सिद्धान्त

Equator निरक्ष
Constraint equator नियंत्रण निरक्ष
Geographical equator भूमध्य रेखा

Equatorial वैषुवत

Equiangular समानकौणिक
Equiangular hyperbola सम अति परवलय
Equiangular polygon समानकोण बहुभुज
Equiangular spiral समानकोण बहुभुज सर्पिल
Equiangular transformation समानकोण बहुभुज रूपान्तर
Equiangular triangle समानकोण त्रिभुज
Mutually equiangular polygons पारस्परिक समानकोण बहुभुज

Equi-anharmonic समातिक्रान्ति—

Equi-conjugate समानुबद्ध
Equi-conjugate diameters समानुबद्ध व्यास

Equi-continuous समसतत

Equi-cross समतिर्यक्

Equidistant समदूरस्थ, समदूर

Equilateral समभुजीय, सम
Equilateral hyperbola सम अतिपरवलय
Equilateral polygon समभुजीय बहुभुज
Equilateral triangle सम त्रिभुज
Mutually equilateral polygons पारस्परिक समभुजीय बहुभुज

Equilibirum साम्य
Equilibrium locus साम्य निधि
Equilibrium of forces बल साम्य
Astatic equilibrium सुस्थिति साम्य
Critical equilibrium चरम साम्य
Limiting equilibrium सीमान्त साम्य
Neutral equilibrium उदासीन साम्य
Non-limiting equilibrium असीमान्त साम्य
Separate equilibrium पृथक साम्य
Stable equilibrium स्थायी साम्य
To be in equilibrium साम्य में होना
Unstable equilibrium अस्थायी साम्य

Equimomental समघूर्ण
Equimomental cone समघूर्ण शंकु
Equimomental system समघूर्ण संहति

Equimultiples समापवर्त्य

Equipotential समविभव

Equipressure सम निपीड

Equiradical सममूल—
Equiradical surd सममूल करणी

Equivalence तुल्यता
Equivalence theorem तुल्यता प्रमेय

Equivalent तुल्य, तुल्यांक
Equivalent cash तुल्य रोकड़
Equivalent equation तुल्य समीकरण
Equivalent form तुल्य रूप
Equivalent fraction तुल्य भिन्न
Equivalent lines तुल्य रेखायें
Equivalent matrix तुल्य श्रेणिक
Equivalent rate तुल्य अर्घ
Equivalent set तुल्य कुलक
Equivalent surd तुल्य करणी
Equivalent system तुल्य संहति
Equivalent to के तुल्य
Equivalent transformation तुल्य रूपान्तर
Equivalent weight तुल्य भार
Algebraical equivalent बीजगणितीय तुल्यांक
Cash equivalent रोकड़ तुल्यांक
Decimal equivalent दशमलव तुल्यांक

Joule's equivalent	जूल तुल्यांक
Mechanical equivalent	यांत्रिक तुल्यांक
Simple equivalent pendulum	सरल तुल्य दोलक
True equivalent	सत्य तुल्यांक
Equivectorical	समसदिश
Erg	अर्ग
Ergodic hypothesis	अर्गोदी उपकल्पना
Ermakoff test	अर्माकौफ परीक्षण
Erroneous	भ्रमात्मक
Erroneous statement	भ्रमात्मक कथन
Error	भ्रान्ति
Inaccuracy	अपरिशुद्धता
Mistake	त्रुटि
Error curve	भ्रान्ति वक्र
Error function	भ्रान्ति फलिन
Error percentage	भ्रान्ति प्रतिशतता
Error of aberration	अपेरण भ्रान्ति
Absolute error	निरपेक्ष भ्रान्ति
Average error	माध्य भ्रान्ति
Biased error	पक्षपाती भ्रान्ति
Limits of error	भ्रान्ति की सीमायें
Mean error	मध्यक भ्रान्ति
Method of trial and error	परख मूल विधि
Percent error	प्रतिशत भ्रान्ति
Probable error	सम्भाव्य भ्रान्ति
Relative error	आपेक्षिक भ्रान्ति
Trial and error	परख भूल
Escribe	बाह्यलेखन
Escribed	बाह्यलिखित
Escribed circle	बाह्यवृत्त
Essential	अनिवार्य
Necessary	आवश्यक
Essential constant	अनिवार्य अचल
Essentially	अनिवार्यतः
Estimable	आगणनशील
Estimated	आगणित
Estimating	आगणन
Estimation	आगणन (र)
Calculation	परिकलन, परिगणन
Computation	संगणन
Counting	गणन, गिनना
Enumeration	प्रगणन
E . S. unit (Electrostatic unit)	विद्युत्स्थिति इकाई
Eta	ईटा
Eta function	ईटा फलिन
Etc.	इत्यादि
Etcetera	इत्यादि
Euclid	यूक्लिड
Euclid postulate	यूक्लिड अवाध्योपक्रम
Euclidean algorithm	यूक्लिड पाटीगणित
Euclidean Goemetry	यूक्लिडी ज्यामिति
Euclidean space	यूक्लिडी अवकाश
Eudoxus	यूडोक्सस
Eudoxus theorem	यूडोक्सस प्रमेय
Kampyle of Eudoxus	यूडोक्सस का कम्पिल
Eugenics	सुजनन शास्त्र
Euler	औयलर
Eulerian integral	औयलरी अनुकल
Euler-Maclaurin formula	औयलर-मैक्लारिन सूत्र
Euler's constant	औयलर अचल
Euler's criterion	औयलर निकष
Euler's equation	औयलर समीकरण
Euler's exponent value	औयलर का घातांक मान
Euler's extension	औयलर वितान
Euler's number	औयलर संख्या
Euler's rule	औयलर नियम
Euler's square	औयलर वर्ग
Euler's summation formula	औयलर संकलन सूत्र
Euler's theorem	औयलर प्रमेय
Euler's stransformation	औयलर रूपान्तर
Evaluate	मान निकालो
Evaluatate	मान निकाला
Evaluation	मान निकालना
Numerical evalution	संख्यात्मक मान निकालना

Even	सम
Odd	विषम
Even function	सम फलिन
Even number	सम संख्या
Even permutation	सम क्रमचय
Even substitution	सम आदेश
Even term	सम पद
Event	घटना
Accident	उपपात
Fact	तथ्य
Incident	आपात
Compound event	मिश्र घटना
Simple event	सरल घटना
Dependent events	परतन्त्र घटनायें
Exclusive events	अपवर्जी घटनायें
Independent events	स्वतन्त्र घटनायें
Interdependent events	परस्पर परतन्त्र घटनायें
successive events	उत्तरोत्तर घटनायें
Everett's formula	इवरेट सूत्र
Everywhere	सर्वत्र
Everywhere dense	सर्वत्र घना
Everywhere oscillating	सर्वत्र दोलनीय
Evident	स्पष्ट
Self-evident	प्रत्यक्ष
Evolute	केन्द्रज
Involute	प्रतिकेन्द्रज
Metacentric evolute	मितकैन्द्रिक केन्द्रज
Evolution	1. विकास 2. घातमूल क्रिया
Envolution	1. घात क्रिया 2. समुत्क्रमण
Theory of evolution	विकास सिद्धान्त
Evolutionism	विकासवाद
Evolutionist	विकासवादी
Exact	1. ऋत 2. यथार्थ (र)
Accurate	परिशुद्ध
Correct	शुद्ध
Precise	यथार्थतम
True	सत्य

Exact differential	ऋत अवकल
Exact differential equation	ऋत अवकल समीकरण
Exact division	ऋत भाग
Exact divisor	ऋत भाजक
Exact integrand	ऋत अनुकल्य
Exact interest	यथार्थ ब्याज
Exactitude	ऋतता, यथार्थता
Exactly	ऋततः, यथार्थतः
Examination	परीक्षा
Test	परीक्षण
Examine	परीक्षा लेना, परीक्षा करना
Examined	परीक्षित
Examinee	परीक्षार्थी
Examiner	परीक्षक
Example	उदाहरण
Illustration	दृष्टान्त
Fractional example	भिन्नात्मक उदाहरण
Illustrative example	दार्ष्टान्तिक उदाहरण
Introductory example	प्रावेशिक उदाहरण
Solved example	साधित उदाहरण, प्रपत्र उदाहरण
Exceed	बढ़ना
Ex-centre	बहिष्केन्द्र
Centroid	केन्द्रव
Circumcentre	परिकेन्द्र
Incentre	अन्तःकेन्द्र
Orthocentre	लाम्बिककेन्द्र
Ex-centric	बहिष्कैन्द्रिक
Ex-centric (eccentric) configuration	बहिष्कैन्द्रिक आकृति
Exception	अपवाद
Eceptional	अपवादी
Exceptional case	अपवादी दशा
Excess	आधिक्य
Spherical excess	गोलीय आधिक्य
Exchange	विनिमय
Course of exchange	विनिमय व्यवहार

Par of exchange	विनिमय समार्घ (र)
Exclude	अपवर्जित करना
Excluded middle	अपवर्जित मध्य
Excluded	अपवर्जित
Excluding	अपवर्जन
Exclusion	अपवर्जन
Cancellation	निरसन
Crossing out	निरसन, काटना
Deletion	अपमृजन
Elimination	विलोपन
Ignoring	उपेक्षण
Leaving out	त्यजन
Neglecting	उपेक्षण
Omission	उत्सृजन
Rejection	अस्वीकरण
Removal	अपनयन
Vanishing	लोपन
Exclusive	अपवर्जी
Exclusive events	अपवर्जी घटनायें
Mutually exclusive	परस्पर अपवर्जी
Exercise	प्रश्नावली
Exhaust	निःशेष करना
Exhausted	निःशेषित
Exhaustion	निःशेषण
Goemetric exhausion	ज्यामितीय निःशेषण
Method of exhaustion	निःशेषण विधि
Exhaustive	निःशेषी
Existence	अस्तित्व
Existence theorem	अस्तित्व प्रमेय
Criterion of existence	अस्तित्व निकष
Non-existence	अनस्तित्व
Existent	अस्तित्वमय, विद्यमान
Non-existent	अविद्यमान
Expand	प्रसार करना
Expand indefinitely	अनन्त प्रसार करना
Expanded	प्रसारित
Expanding (Adj.)	प्रसारी
Expansibility	प्रसरणशीलता
Expansible	प्रसरणशील
Expansion	प्रसार
Extension	विस्तार, वितारन
Expansion as a series	श्रेणी के रूप में प्रसार
Expansion of binomial	द्विपद का प्रसार
Expansion of a determinant	सारणिक का प्रसार
Algebraical expansion	बीजगणितीय प्रसार
Asymptotic expansion	अनन्तस्पर्शी प्रसार
Binomial expansion	द्विपद प्रसार
Cauchy's expansion	कौशी प्रसार
Cubical expansion	त्रिविस्तारी प्रसार
Derived expansion	व्युत्पन्न प्रसार
Diagonal expansion	विकर्ण प्रसार
Fourier-Bessel expansion	फ़ूरियर-बेसिल प्रसार
Lagrange's expansion	लैग्रांज प्रसार
Laplacian expansion	लैप्लासी प्रसार
Laurent expansion	लौरेण्ट प्रसार
Legitimate expansion	उचित प्रसार
Linear expansion	एकविस्तारी प्रसार
Multiple Taylor expension	बहुलक टेलर प्रसार
Poincare's expansion	पौयन्कारे प्रसार
Schweinsian expansion	श्वाइन्जी प्रसार
Thermal expansion	तापी प्रसार
Volume expansion	आयतन प्रसार
Experiment	प्रयोग
Fitzeau's experiment	फिट्जू प्रयोग
Michelson-morley experiment	मिकेल्सन मौर्ले प्रयोग
Experimental	प्रायोगिक, प्रयोगात्मक, प्रयोग
Experimental law	प्रयोग नियम
Experimental proof	प्रयोग उपपत्ति
Experimental science	प्रयोग विज्ञान
Explain	समझाना, व्याख्या करना
Explanation	व्याख्या
Explicit	स्पष्ट
Implicit	अस्पष्ट
Explicit function	स्पष्ट फलिन

Explicitly	स्पष्ट रूपसे
Exponent	घातांक
Exponent of cenvergence	संसृति घातांक
Fractional exponent	भिन्नात्मक घातांक
Imaginary exponent	काल्पनिक घातांक
Integral exponent	पूर्णांक घातांक
Irrational exponent	दुर्मेय घातांक
Negative exponent	ऋण घातांक
Positive exponent	धन घातांक
Positive integral exponent	धन पूर्णांक घातांक
Rational exponent	सुमेय घातांक
Real exponent	वास्तविक घातांक
Zero exponent	शून्य घातांक
Euler's exponent value	औयलर घातांक मान
Law of exponents	घातांक नियम
Exponential	घातांकीय, घातीय
Exponential curve	घातीय वक्र
Exponential equation	घातीय समीकरण
Exponential function	घातीय फलिन
Exponential inequality	घातीय असमता
Exponential law	घातीय नियम
Exponential limit	घातीय सीमा
Exponential series	घातीय श्रेणी
Exponential term	घातीय पद
Exponential theorem	घातीय प्रमेय
Index law	घातांक नियम
Exponential value	घातीय मान
Express	प्रगट करना
Express in terms of	के पदों में रखो
Expression	व्यंजक
Algebraical expression	बीजगणितीय व्यंजक
Bernoulli's expression	बर्नोली व्यंजक
Binomial expression	द्विपद व्यंजक
Cauchy expression	कौशी व्यंजक
Compound algebraical expression	मिश्र बीजगणितीय व्यंजक
Compound expression	मिश्र व्यंजक
Conjugate imaginary expression	अनुबद्ध काल्पनिक व्यंजक
Cubic expression	घन व्यंजक
Cyclic expression	चक्रीय व्यंजक
Degree of an expression	व्यंजक का घात
Derived expression	व्युत्पन्न व्यंजक
Differential expression	अवकल व्यंजक
Formal expression	आकारी व्यंजक
General expression	व्यापक व्यंजक
Homogeneous expression	समघात व्यंजक
Imaginary expression	काल्पनिक व्यंजक
Integral expression	पूर्णांक व्यंजक
Linear expression	एकघात व्यंजक
Literal expression	आक्षरिक व्यंजक
Logarithmic expression	लघुगणकीय व्यंजक
Monge's expression	मौन्जे व्यंजक
Monomial expression	एकपद व्यंजक
Multinomial expression	बहुपद व्यंजक
Periodic expression	आवर्त व्यंजक
Polynomial expression	बहुपद व्यंजक
Quadratic expression	वर्ग व्यंजक
Rational algebraical expression	समुये बीजगणितीय व्यंजक
Related expression	सम्बद्ध व्यंजक
Right-hand side expression	दक्षिण पक्ष व्यंजक
Simple expression	सरल व्यंजक
Symmetrical expression	सम्मित व्यंजक
Trinomial expression	त्रिपद व्यंजक
Typical expression	प्ररूपी व्यंजक
Wallis's expression	बालिस व्यंजक
Extend	विस्तार करना, वितान करना
Extended	विस्तृत
Extended meaning	विस्तृत अर्थ
Extensible	विस्तार्य
Extension	वितान, विस्तार
Expansion	प्रसार
Algebraical extension	बीजगणितीय वितान

Double extension	द्विक् वितान	External angle	बाह्य कोण
Euler's extension	औयलर वितान	External bisector	बहिरर्धक
Franklin's extension	फ्रैंकलिन वितान	External force	बाह्य बल
Jordan's extension	जौर्डन वितान	External ratio	बाह्य निष्पत्ति
Kelvin's extension	केल्विन वितान	External series	बाह्य श्रेणी
Landau's extension	लैण्डाउ वितान	Externally divided	बहिर्विभक्त
Simple algebraical extension	सरल बीजगणितीय वितान	Internally divided	अन्तर्विभक्त
Transcendental extension	बीजातीत वितान	Extract	निकालना
Extensional identity	वितान एकात्म्य	Extraction	निकालना
Extent	आयाम, वितति	Extrados	बहिरांश
Exterior extent	बाह्यायाम	Intrados	अन्तरांश
Interior extent	अन्तरायाम	Extrema	परम बिन्दु
Exterior	बाह्य	Extremal	बाह्यज
Exterior angle	बहिष्कोण	Extreme	बाह्य
Interior angel	अन्तःकोण	Extreme terms	बाह्य पद
Exterior extent	बाह्यायाम	Extremes	बाह्य पद
Exterior measure	बाह्य माप	Means	मध्यक पद
Exterior set	बहिर्कुलक	Extremity	सिरा, छोर
External	बाह्य	Extremum	परम बिन्दु
Internal	आन्तरिक		

F

Face — फलक
- Face angle — फलक कोण
- Face value — अंकित मान (र)
- Lateral face — पार्श्व फलक
- Side face — पार्श्व फलक

Fact — तथ्य
- Accident — उपपात
- Event — घटना
- Incident — आपात

Factor — खण्ड, गुणनखण्ड, गुणक, अपवर्तक
- Factor theorem — खण्ड प्रमेय
- Accumulation factor — पुंज गुणक
- Common factor — समापवर्तक
- Composite factor — यौगिक अपवर्तक
- Cancellation of a common factor — अपवर्तन
- Convergence factor — संसृति गुणक
- Conversion factor — परिवर्तन गुणक
- Determining factor — निर्धारक गुणक
- Double factor — द्विगपवर्तक
- Elementary factor — अभाज्य खण्ड, अभाज्य अपवर्तक
- Elementary common factor — अभाज्य समापवर्तक
- Greatest common factor — महत्तम समापवर्तक
- Highest common factor — महत्तम समापवर्तक
- Idem factor (unit matrix) — इकाई श्रेणिक
- Integrating factor — अनुकलन गुणक
- Linear factor — एकघात खण्ड
- Monomial factor — एकपद खण्ड
- Numerical common factor — संख्यात्मक समावर्तक
- Operational factor — कारक गुणक
- Post factor — उत्तरापवर्तक
- Prime factor — अभाज्य खण्ड
- Rationalising factor — सुमेयकारक गुणक
- Simple factor — सरल खण्ड
- Vanishing factor — लुप्तप्राय खण्ड
- Resolution into factors — खण्डन

Factored — खण्डित
- Factored form — खण्डित रूप, अपवर्तित रूप

Factorial — क्रमगुणित
- Factorial function — क्रमगुणित फलिन
- Factorial n — क्रमगुणित ग
- Factorial notation — क्रमगुणन संकेतलिपि
- Factorial series — क्रमगुणित श्रेणी
- Factorial zero — क्रमगुणित शून्य

Factorisation — खण्डन
- Factorisation theorem — खण्डन प्रमेय

Factorise — खण्ड करो

Factorised — खण्डित

Factorising — खण्डन

Fagnani's theorem — फग्नानी प्रमेय

Fail — विफल होना
- Case where the method fails — वह दशा जिसमें विधि विफल होती है

Failure — विफलता

Fairy परी
  Fairy chess परी शतरंज
  Fairy number परी संख्या
Fall गिरना, पतन
  Rise and fall उत्थान और पतन
  Fall freely स्वाधीनता से गिरना
Falling गिरना
False मिथ्या, झूठा
  False balance झूठी तुला
  False cofactor मिथ्या संगुणक
  False position मिथ्या स्थिति
  False value मिथ्या मान
  False weight मिथ्या भार
Family कुल, वंश, परिवार
  Category निकाय
  Class वर्ग
  Group समुदाय
  Kind प्रकार
  Order 1. वर्ण 2. क्रम
  Species जाति
  System 1. संहति 2. पद्धति, प्रणाली 3. व्यवस्था
  Type प्ररूप
  Family of circles वृत्त संहति
  Family of spheres गोला संहति
Faraday's law फैरैडे नियम
Farthing फ़ार्दिंग
Father and son (game) पिता पुत्र (खेल)
Fathom फ़ैदम
February फ़रवरी
Fechner फ़ेचनर
  Weber-Fechner law वेबर-फेचनर नियम
Feet 1. फिट 2. पाँव, मूल
Fejer फ़ेअर
  Fejer's lemma फ़ेअर पूर्वप्रमेय
  Fejer's theorem फ़ेअर प्रमेय
Fermat फ़र्मा
  Fermat number फ़र्मा संख्या
  Fermat's theorem फ़र्मा प्रमेय
Ferrar's solution फ़ेरार हल
Feuerbach फ्यूरबाश
  Feuerbach's circle फ्यूरबाश वृत्त
  Feuerbach's theorem फ्यूरबाश प्रमेय
Few अल्प थोड़े
  Many बहु, बहुत
Fewer अल्पतर
Fibonacci फिबोनाकी
  Fibonacci number फिबोनाकी संख्या
  Fibonacci series फिबोनाकी श्रेणी
Fictitious कल्पित
  Fictitious force कल्पित बल
    Introduction of fictitious force कल्पित बल का उपानयन
Field क्षेत्र, खेत
  Field book खेत बही
  Field of force बल क्षेत्र
  Field of study अध्ययन क्षेत्र
  Algebraic field बीजगणितीय क्षेत्र
  Closed field बन्द क्षेत्र
  Conjugated field अनुबद्ध क्षेत्र
  Electrostatic field विद्युत्स्थिति क्षेत्र
  Element of a field क्षेत्र का अल्पांश
  Galois' field गैलौयस क्षेत्र
  Generation of a field क्षेत्र जनन
  Involution of a field समुत्क्रमण क्षेत्र
  Involutionary field समुत्क्रमण क्षेत्र
  Number field संख्या क्षेत्र
  Ordered field क्रमित क्षेत्र
  Plane field समतल क्षेत्र
  Projective field विक्षेपी क्षेत्र

Quadratic field	वर्गात्मक क्षेत्र
Quartic field	चतुर्घात क्षेत्र
Rotating field	परिभ्रामक क्षेत्र
Tensor field	प्रदिश क्षेत्र
Uniform field	एकरूप क्षेत्र
Vector field	सदिश क्षेत्र
Correlative plans fields	बन्धु समतल क्षेत्र
Fifteen	पन्द्रह
Fifteen puzzle	पन्द्रह पहेली
Fifteenth	पन्द्रहवाँ
Fifth	पाँचवाँ
FIfth power	पंच घात
Fiftieth	पचासवाँ
Fifty	पचास
Figurate	सरूप
Figurate number	सरूप संख्या
Figure	आकृति
Form	रूप
Shape	स्वरूप
Figure of saturn (game)	शनि की आकृति (खेल)
Closed figure	बन्द आकृति
Four-point figure	चतुर्बिन्दु आकृति
Geometrical figure	ज्यामितीय आकृति
Homothetic figure	तद्रूप आकृति
Indentical figure	एकात्मक आकृति
Inverse figure	उत्क्रम आकृति
Plane figure	समतल आकृति
Reciprocal figure	व्युत्क्रम आकृति
Rectilineal figure	ऋजुरेखाकृति
Rectilinear fugure	ऋजुरेखाकृति
Recurring figure	आवर्तांक
Regular figure	सम आकृति
Side of a figure	आकृति की भुजा
Significant figure	सार्थ अंक
Similar figure	समरूप आकृति
Similar rectilineal figure	समरूप ऋजुरेखाकृति
Congruent figures	सर्वांगसम आकृतियाँ
Isoperimetric figures	समपरिमितिक आकृतियाँ
Film	फ़िल्म
Plateau's film	प्लैटो फ़िल्म
Final	अन्त्य
Former	अगला, पूर्व
Initial	आदि, आदिम
Last	अन्तिम
Latter	पिछला, अपर
Terminal	अन्तिम, आवसानिक
Ultimate	चरम, सर्वान्त्य
Final arm	अन्त्य बाहु
Final coefficient	अन्त्य गुणक
Final position	अन्त्य स्थिति
Finance	वित्त
Mathematics of finance	वित्त गणित
Finite	सान्त
Bounded	परिमित
Illimitable	असीम
Infinite	अनन्त
Infinity	अनन्ती
Limited	सीमित
Unbounded	अपरिमित
Unlimited	असीम
Finite difference	सान्त अन्तर
Finite discontinuity	सान्त असातत्य
Finite force	सान्त बल
Finite form	सान्त रूप
Finite group	सान्त समुदाय
Finite number	सान्त संख्या
Finite quantity	सान्त राशि
Finite rotation	सान्त परिभ्रमण
Finite series	सान्त श्रेणी
Finite set	सान्त कुलक

Finite value सान्त मान
Finiteness सान्तता
First प्रथम, पहिला
First approximation प्रथम उपनयन
First curvature प्रथम वक्रता
First derivative प्रथम अवकलज
First derived प्रथम व्युत्पन
First difference प्रथम अन्तर
First integral प्रथम अनुकल
First negative pedal प्रथम ऋण पदिक
First order of smallness प्रथम वर्ण की अल्पता
First positive pedal प्रथम धन पदिक
First principle प्रथम नियम
First principles प्राथमिक नियम
First system of pulleys प्रथम घिरनी संहति
First term प्रथम पद
First term of ratio निष्पत्ति का प्रथम पद
Infinitesimal of the first order प्रथम वर्ण का अत्यल्प
Fit अन्वायुक्ति
Line of best fit उत्तम अन्वायुक्ति रेखा
Fitting अन्वायोजन
Curve fitting वक्र अन्वायोजन
Fitzeau's experiment फिट्जू प्रयोग
Five पाँच, पंच
Fives (game) पाँच (खेल)
Fix स्थिर करना
Fixed 1. स्थिर 2. बद्ध
Fixed circle स्थिर वृत्त
Fixed end बद्ध सिरा
Free end मुक्त सिरा
Fixed field स्थिर क्षेत्र
Fixed interval स्थिर अन्तराल
Fixed investment स्थिर विनियोग
Fixed limit स्थिर सीमा
Fixed line स्थिर रेखा
Fixed plane स्थिर समतल
Fiexed point स्थिर बिन्दु
Moving point गतिशील बिन्दु
Fixed value स्थिर मान
Flat चपटा, सपाट
Flat angle चपटा कोण
Flat pencil चपटी रेखावली
Flat price प्रधान मूल्य (र)
Flat space-time सपाट कालावकाश
Flat trajectory चपटा प्रक्षेपपथ
Flaw दोष
Flawless निर्दोष
Flawless proof निर्दोष उपपत्ति
Flexibility नम्यता
Flexible नम्य
Brittle भिदुर
Ductile तन्य
Elastic लचीला
Hard कठिन
Malleable वर्द्धनीय
Plastic सुनम्य
Rigid दृढ़
Soft मृदु, कोमल
Tough कठोर
Viscous सान्द्र
Flexible membrane नम्य जाली
Flexible string नम्य डोरी
Flexure नमन
Flexure torision नमन मरोड़
Moment of flexure नमन घूर्ण
Flexural rigidity नमन दृढ़ता
Flight उड़ान
Time of flight उड़न काल
Float तैरना, प्लवन
Floating प्लवन

Floating body प्लवमान काय
Flotation प्लव
plane of flotation प्लवन समतल
Surface of flotation प्लवन पृष्ठ
Floor भूमि, फ़र्श, धरातल
Florin फ्लोरिन
Flow बहाव, प्रवाह
Steady flow धीर प्रवाह
Fluctuate डोलना
Fluctuating डोलन
Fluctuating function डोलक फलिन
Fluctuation डोलन
Oscillation दोलन
Vacillation डोलन
Inner fluctuation आन्तरिक डोलन
Total fluctuation पूर्ण डोलन
Fluid तरल
Gas गैस
Liquid द्रव
Solid ठोस
Fluid pressure तरल निपीड
Fluid thrust तरल ठेल
Elastic fluid लचीला तरल
Heterogenous fluid विषमांग तरल
Homogenous fluid समांग तरल
Incompressible fluid असंपीड्य तरल
Perfect Fluid संपूर्ण तरल
Revolving Fluid परिभ्रामक तरल
Uniform fluid एकरूप तरल
Flux प्रवाह
Fluxion प्रवाहन
Fluxions प्रवाहकलन
Focal नाभीय, सनाभि
Focal chord नाभिगत जीवा
Focal conic सनाभि शांकव
Focal conjugate सनाभि अनुबद्ध
Focal distance नाभ्यन्तर
Focal length नाभ्यन्तर
Focal line नाभिगत रेखा
Focaloid समनाभिज
Foci नाभियाँ
Foci of involution समुत्क्रमण नाभियाँ
Conjugate foci अनुबद्ध नाभियाँ
Focoid नाभ्याभास
Focoidal नाभ्याभासी
Focoidal circle नाभ्याभासी वृत्त
Focus नाभि
Foliate curve पूर्ण वक्र
Folium पत्रभ
Folium of Descartes दकार्ते का पत्रभ
Following अनुगामी
Fool's mate (game) मूर्ख का सहचर (खेल)
Foot 1. फुट, 2. पाँव, मूल
Foot of the perpendicular लम्ब मूल
Foot-pound फुट-पाउण्ड
Foot-Poundal फुट-पाउण्डल
Foot rule फुटा
Cubic foot घन फुट
Square foot वर्ग फुट
Forborne त्यक्त
Forborne annuity त्यक्त वार्षिकी
Force बल
Force diagram बल चित्र
Force function बल फलिन
Force of buoyancy प्लवन बल
Force of compression संपीड़न बल
Force of friction घर्षण बल
Force of restitution प्रत्यानयन बल
Force pump बल पम्प
Force ratio बल निष्पत्ति

Force vector	बल सदिश
Accelerating force	गतिवर्धक बल
Acting force	चेष्टक बल, कारक बल
Action of a force	बल क्रिया
Agitating force	क्षोभक बल
Bending force	अवनामक बल
Central force	केन्द्रीय बल
Centrifugal force	केन्द्रापसारी बल
Centripetal force	केन्द्राभिमुखी बल
Component force	संघटक बल
Consecutive force	क्रमागत बल
Constraining force	नियन्त्रक बल
Disturbing force	अपकर्षक बल
Downward force	अधोगामी बल
Effective force	फलवत बल
Electromotive force	विद्युत्प्रवाहक बल
External force	बाह्य बल
Field of force	बल क्षेत्र
Finite force	सान्त बल
Frictional force	घर्षण बल
Impressed force	निहित बल
Impulsive force	संवेग बल
Introduction of fictitious force	कल्पित बल का उपानयन
Line of force	बल रेखा
Moment of force	बल घूर्ण
Mortality force	मरण बल
Opposite force	(1) विरुद्ध बल, (2) सम्मुख बल
Pondermotive force	भारवाहक बल
Principal force	प्रधान बल, मुख्य बल
Restoration force	उद्धारक बल
Resultant force	लब्ध बल
Slef-adjustible force	स्वसमायोज्य बल
Shearing force	विरूपण बल
Specific force	विशिष्ट बल
Tangential force	स्पर्शी बल
Tangential disturbing force	स्पर्शी अपकर्षक बल
Traction force	कर्षण बल
Tractive force	कर्षक बल
Unit force	इकाई बल
Unit of force	बल की इकाई
Vector force	सदिश बल
Any number of forces	कतिपय बल
Composition of forces	बल संयोजन
Compounding of forces	बल संयोजक
Conjugate forces	अनुबद्ध बल
Conservative system of forces	संरक्षक बल संहति
Coplaner force	समतली बल
Equilibrium of forces	बल साम्य
Like parallel Forces	सजातीय समानान्तर बल
Parallel forces	समानान्तर बल
Parallelogram of forces	बल समानाभुज
Polygon of forces	बल बहुभुज
Resolution of forces	बल विश्लेषण
Science of forces	बल विज्ञान
System of forces	बल संहति
Transmissibility of forces	बलों की संचारशीलता
Triangle of forces	बल त्रिभुज
Tube of forces	बल नलिका
Unlike parallel forces	विजातीय समानान्तर बल
Forced	बलित
Forced oscillation	बलित दोलन
Forced vibration	बलित कम्पन
Forcing	बल प्रयोजन
Forcing number	बल संख्या
Forcing pump	बल पम्प
For consistency	संगति के लिये
For continuity	सातत्य के लिये
Fore	अग्र

Form	रूप
Figure	आकृति
Shape	स्वरूप
As limiting form	समान्त रूप में
Associate form	सहचर रूप
Bilinear form	द्विघात रूप
Clairaut's form	क्लैरो रूप
Degenerate form	भ्रष्ट रूप
Elementary form	प्राथमिक रूप
Equivalent form	तुल्य रूप
Factored form	खण्डित रूप
Finite form	सान्त रूप
General form	व्यापक रूप
Grassmann's form	ग्रासमैन रूप
Ground form	भूमि रूप
Hermitian form	हरमिटी रूप
Homogeneous form	समघात रूप
Homogeneous linear form	समघात एकघात रूप
Indeterminate form	अनिर्णीत रूप
Initial form	आदि रूप
Intercept form	अन्तःखण्ड रूप
In the form of	के रूप में
Latent form	गुप्त रूप
Limiting form	सीमान्त रूप
Monge's form	मौन्जे रूप
Normal form	प्रकृत रूप
Opposite form	विरुद्ध रूप, विपरीत रूप
Point-slope form	बिन्दु ढाल-रूप
Polar form	कोणीय रूप
Quadratic form	वर्गात्मक रूप
Rationalised form	सुमेयकृत रूप
Rectangular form	आयत रूप
Reduced form	लघुकृत रूप
Secondary canonical form	गौण उद्यत रूप
Simplified form	सरलित रूप
Singular form	अपूर्व रूप
Slope-intercept form	ढाल-अन्तःखण्ड रूप
Special form	विशेष रूप
Special fractional form	विशेष भिन्नात्मक रूप
Standard form	नियत रूप, प्रमाप रूप (र)
Symbolic form	सांकेतिक रूप
Symmetric form	सम्मित रूप
Terminal form	आवसानिक रूप, अन्तिम रूप
Trigonometrical form	त्रिकोणमितीय रूप
Undetermined form	अनिर्धारित रूप
United form	संयुक्त रूप
Permanence of forms	रूप की नित्यता
Sundry forms	फुटकर रूप
Sundry standard forms	फुटकर नियत रूप
Formal	आकारी
Formal expression	आकारी व्यंजक
Formal law	आकारी नियम
Formal proof	आकारी उपपत्ति
Formalism	आकारवाद
Hilbertian formalism	हिल्बर्टी आकारवाद
Formalist	आकारवादी
Formation	निर्माण, रचना
Former	अगला, पूर्व
Final	अन्त्य
Initial	आदि-आदिम
Last	अन्तिम
latter	पिछला, अपर
Terminal	आवसानिक, अन्तिम
Ultimate	सर्वान्त्य, चरम
Formula	सूत्र
Addition formula	योग सूत्र
Asymptotic formula	अनन्तस्पर्शी सूत्र
Barometric formula	दाबमापन सूत्र
Binomial formula	द्विपद सूत्र

Bronwin's formula	ब्रौन्विन सूत्र
Burnside's formula	बर्न्साइड सूत्र
Cardan's formula	कार्डन सूत्र
Cartesian formula	कार्तीय सूत्र
Cauchy's formual	कौशी सूत्र
Chebyshef's formula	चेबीशेफ सूत्र
Conversion formula	परिवर्तन सूत्र
Differentiation formula	अवकलन सूत्र
Distance-time-rate formula	दूरी-काल-अर्घ सूत्र
double-angle formula	द्विक् कोण सूत्र
Duplication formula	द्विगुणन सूत्र
Empirical formula	अनुभूति सूत्र
Euler-Maclaurin formula	औयलर-मैक्लारिन सूत्र
Everett's formula	इवरेट सूत्र
Frenet's formula	फ्रेनेट सूत्र
Fundamental formula	मूल सूत्र
General formula	व्यापक सूत्र
Gregory formula	ग्रेगरी सूत्र
Gregory-Newton formula	ग्रेगरी-न्यूटन सूत्र
Half-angle formula	अर्ध-कोण सूत्र
Harday's formula	हार्डी सूत्र
Hermite's formulas	हर्मिट सूत्र
Higham's formula	हिग्हैम सूत्र
Jensen's formula	जेन्सेन सूत्र
King's formula	किंग सूत्र
Laplace-Everett formula	लैप्लास-इवरेट सूत्र
Legendre formula	लेजाण्ड्र सूत्र
Lubbach formula	लुबाख़ सूत्र
Lubbock's formula	लुबक सूत्र
Multiplication formula	गुणन सूत्र
Newmann's formula	न्यूमैन सूत्र
Newton's formula	न्यूटन सूत्र
Newton-Bessel formula	न्यूटन-बेसिल सूत्र
Newton-Cotes formula	न्यूटन-कोट्स सूत्र
Newton-Gauss formula	न्यूटन-गाउस सूत्र
Newton-Gregory formula	न्यूटन-ग्रेगरी सूत्र
Newton-Stirling formula	न्यूटन-स्टर्लिंग सूत्र
Peter's formula	पीटर सूत्र
Polar formula	कोणीय सूत्र
Prismoid formula	संक्षेत्राभास सूत्र
Prismoidal formula	संक्षेत्राभासी सूत्र
Product formula	गुणनफल सूत्र
Quadratic formula	वर्गात्मक सूत्र
Rectangular formula	आयताकार सूत्र
Recurrence fromula	आवर्तन सूत्र
Reduction formula	लघुकरण सूत्र
Rhode's formula	रहोड सूत्र
Rodrigue's formula	रौड्रीग सूत्र
Rotation formula	परिभ्रमण सूत्र
Section formula	परिच्छेद सूत्र, काट सूत्र
Sheppard's formula	शेपर्ड सूत्र
Shovelton's formula	शोवेल्टन सूत्र
Simpson's formula	सिम्सन सूत्र
Smoothing formula	मृदुकरण सूत्र
Stirling's formula	स्टर्लिंग सूत्र
Stoke's asymptotic formula	स्टोक्स अनन्तस्पर्शी सूत्र
Subtraction formula	वियोग सूत्र, व्यवकलन सूत्र
Tangent formula	स्पर्श सूत्र
Taylor formula	टेलर सूत्र
Translation formula	स्थानान्तरण सूत्र
Triplication formula	त्रिगुणन सूत्र
Variation formula	विचरण सूत्र
Wallis's formula	वालिस सूत्र
Weddle's formula	वेडिल सूत्र
Weierstrass's formula	वीर्स्ट्रास सूत्र
Weyl's formula	वाइल सूत्र
Whittaker's formula	विट्टेकर सूत्र
Woolhouse's formula	ऊलहाउस सूत्र
Working formula	क्रियात्मक सूत्र
Forster's observation	फौर्स्टर का अवलोकन

Fortin's barometer फ़ौर्टिन दाबमापक
Fortieth चालीसवां
Forty चालीस
Foucault's pendulum फ़ूको दोलक
Fountain जलाशय
Hero's fountain हीरो का जलाशय
Four चार
Four colour problem चतुरंग समस्या
Four dimensional चतुर्घाती, चतुर्घात
Four dimensional space चतुर्घात अवकाश
Four-point figure चतुर्बिन्दु आकृति
Four storey tower चौतली मीनार
Fours group चतुष्क समुदाय
Fourier फ़ूरियर
Fourier analysis फ़ूरियर विश्लेषण
Fourier-Bessel expansion फ़ूरियर बेसिल प्रसार
Fourier coefficient फ़ूरियर गुणक
Fourier integral फ़ूरियर अनुकल
Fourier series फ़ूरियर श्रेणी
Fourier ring फ़ूरियर छल्ला
Fourier rule फ़ूरियर नियम
Fourier theorem फ़ूरियर प्रमेय
Fourier transform फ़ूरियर परिवर्त
Fourteen चौदह
Fourteenth चौदहवां
Fourth चौथा, चतुर्थ
Fourth power चतुर्घात
Fourth proportion चतुर्थानुपात
Fourth proportional चतुर्थानुपाती
Fraction भिन्न
Algebraical fraction बीजगणितीय भिन्न
Common fraction साधारण भिन्न
Complex fraction संकर भिन्न
Component fraction संघटक भिन्न
Compound fraction मिश्र भिन्न
Continued fraction वितत भिन्न (प्राचीन)
Convergent of a countinued fraction वितत भिन्न का संसृत
Decimal fraction दशमलव भिन्न
Eauivalent fraction तुल्य भिन्न
Improper fraction स्थमंल भिन्न (लीलावती)
Mixed fraction मिश्र भिन्न
Non-terminating continued fraction अनन्त वितत भिन्न
Numerator of a fraction भिन्न का अंश
Partial fraction आंशिक भिन्न
Periodic continued fraction आवर्त वितत भिन्न
Proper fraction सूक्ष्म भिन्न (लीलावती)
Quotient of a continued fraction वितत भिन्न का भजनफल
Radix fraction मूलांक भिन्न
Rational fraction सुमेय भिन्न
Reciprocal fraction व्युत्क्रम भिन्न
Simple fraction सरल भिन्न
Simple continued fraction सरल वितत भिन्न
Simplified fraction सरलित भिन्न
Symmetric fraction सम्मित भिन्न
Symmeric continued fraction सम्मित वितत भिन्न
Terminating fraction सान्त भिन्न
Terminating continued fraction सान्त वितत भिन्न
Unit fraction इकाई भिन्न
Vanishing fraction लुप्तप्राय भिन्न
Vulgar fraction साधारण भिन्न
Clearing of fractions भिन्न हरण
Similar fractions समरूप भिन्न
Fractional भिन्नात्मक
Fractional equation भिन्नात्मक समीकरण
Fractional example भिन्नात्मक उदाहरण
Fractional exponent भिन्नात्मक घातांक

Fractional function	भिन्नात्मक फलिन
Fractional index	भिन्नात्मक घातांक
Fractional number	भिन्नात्मक संख्या
Fractional series	भिन्नात्मक श्रेणी
Frame	ढाँचा
Frame work	विरचित ढाँचा
Reference frame	आश्रय का ढाँचा
Non-redundant stiff frame	अनतिरिक्त कठिन ढाँचा
Franklin's extension	फ्रैंकलिन वितान
Fraunhoffer's lines	फ्राऩ्हौफर रेखायें
Freak problem	स्वच्छन्द समस्या
Fredholm's equation	फ्रेड्होल्म समीकरण
Free	मुक्त, स्वच्छन्द
Free end	मुक्त सिरा
Fixed end	बद्ध सिरा
Free hand	मुक्त हाथ
Freehold	माफ़ी
Free index	मुक्त घातांक
Free oscillation	स्वच्छन्द दोलन
Free path	स्वाधीन पथ
Free will	स्वेच्छा
Feedom	स्वच्छन्दता
Freedom equation	स्वच्छन्दता समीकरण
Degree of freedom	स्वतन्त्रता की काष्ठा
Freely	स्वच्छन्द रूप से
Freedy jointed	मुक्त संयुक्त
Draw a curve freely	मुक्त हस्थ से वक्र खींचो
Falling freely	मुक्त रूप से गिरना
Hanging freely	अधर लटकना
Frejer point	फ्रेअर बिन्दु
Frenet's formula	फ्रेनेट सूत्र
Frequency	बारंबारता (र), आवृत्ति
Frequency curve	बारंबारता वक्र
Frequency distribution	बारंबारता विकलन
Frequency function	बारंबारता फलिन

Frequency moment	बारंबारता घूर्ण
Frequency polygon	बारंबारता बहुभुज
Class frequency	वर्ग बारंबारता, वर्गावृत्ति
Cumulative frequency	संचित बारंबारता
Corve of frequency	बारंबारता वक्र
Normal frequency	प्रकृत बारंबारता
Relative frequency	आपेक्षिक बारंबारता
Skew frequency	कुटिल बारंबारता
Fresnel	फ्रेस्नेल
Fresnel's coefficient	फ्रेस्नेल गुणक
Fresnel's integral	फ्रेस्नेल अनुकल
Friction	घर्षण
Friction couple	घर्षण बलयुग
Friction locus	घर्षण निधि
Angle of friction	घर्षण कोण
Circle of friction	घर्षण वृत्त
Coefficient of friction	घर्षण गुणक
Cone of friction	घर्षण कु
Couple of friction	घर्षण बलयुग
Force of friction	घर्षण बल
Limiting friction	सीमान्त घर्षण
Rolling friction	लुण्ठन घर्षण
Sliding friction	विसर्पी घर्षण
Statical friction	स्थिति घर्षण
Frictionless	घर्षणहीन
Frictionless	घर्षणहीन घिरनी
Frobenius	फ्रोबीनियस
Forbenius' method	फ्रोबीनियस विधि
Frobenius's theorem	फ्रोबीनियस प्रमेय
Form infinity	अनन्ती से
Frullani's theorem	फ्रूलानी प्रमेय
Frustum	छिन्नक (र)
Frustum of a cone	छिन्न शंकु
Frustum of a cylinder	छिन्न बेलन
Frustum of a pyramid	छिन्न स्तूप

Frustum of a sphere	छिन्न गोला
Conical frustum	शंकीय छिन्नक
Oblique frustum	तिर्यक छिन्नक
Right frustum	लाम्बिक छिन्नक
Fuchsian function	फुख्शी फलिन
Fulcrum	आलम्ब
Full power	पूर्ण सामर्थ्य
Function	फलिन
Function of a function	फलिन का फलिन
Function theory	फलिन सिद्धान्त
Aleph function	प्रानन्ती फलिन
Algebraic function	बीजगणितीय फलिन
Alternating function	एकान्तर फलिन
Analytic function	वैश्लेषिक फलिन
Arbitrary function	स्वेच्छ फलिन
Argument of a function	फलिन की नियन्ता
Associated function	सहचरित फलिन
Automorphic function	स्वाकारी फलिन
Bessel function	सन फलिन
Beta function	बीटा फलिन
Biquadratic function	द्विवर्ग फलिन
Branch of a function	फलिन की शाखा
Bounded function	परिमित फलिन
Characteristic function	लक्षण फलिन
Circular fuction	वृत्तीय फलिन
Complementary function	पूरक फलिन
Complex function	संकर फलिन
Complex circular function	संकर वृत्तीय फलिन
Complex hyperbolic function	संकर अतिपरवलीय फलिन
Composite function	यौगिक फलिन
Conjugate function	अनुबद्ध फलिन
Continuity of a function	फलिन का सातत्य
Continuous function	सतत फलिन
Convergence function	संसृति फलिन
Cubic function	घन फलिन
Cylinder function	बेलन फलिन
Decreasing function	ह्रासमय फलिन
Dependent function	परतन्त्र फलिन
Derived function	व्युत्पन्न फलिन
Discontinuous function	असतत फलिन
Elliptic function	दीर्घवृत्तीय फलिन
Entire function	सकल फलिन
Error function	भ्रान्ति फलिन
Eta function	ईटा फलिन
Even function	सम फलिन
Explicit function	स्पष्ट फलिन
Exponential function	घातीय फलिन
Factorial function	क्रमगुणन फलिन
Fluctuating function	डोलक फलिन
Force function	बल फलिन
Fractional function	भिन्नात्मक फलिन
Frequency function	बारंबारता फलिन
Fuchsian function	फुख्शी फलिन
Gamma function	गामा फलिन
Generalised hypergeometric function	व्याप्त पराज्यामितीय फलिन
Generating function	जनक फलिन
Green's function	ग्रीन फलिन
Gudermanian function	गुडरमैनी फलिन
Hankel function	हैंकेल फलिन
Harmonic function	हरात्मक फलिन
Hermite function	हरमिट फलिन
Hero's function	हीरो फलिन
Holomorphic function	वैश्लेषिक फलिन
Homogeneous function	समघात फलिन
Hyperbolic function	अतिपरवलीय फलिन
Hyper-elleptic function	परादीर्घवृत्तीय फलिन
Hypergeometric function	पराज्यामितीय फलिन
Implicit function	अस्पष्ट फलिन
Increasing function	वृद्धिमय फलिन

Independent function	स्वतन्त्र फलिन
Intergrable function	अनुकलनशील फलिन
Integral function	पूर्णांक फलिन
Interpolatory function	आन्तर-गणन फलिन
Inverse function	उत्क्रम फलिन
Inverse circular function	उत्क्रम वृत्तीय फलिन
Inverse hyperbolic function	उत्क्रम अतिपरवलीय फलिन
Irregular function	अनियमित फलिन
Jacobian function	जैकोबियन फलिन
Jacobi's function	जैकोबी फलिन
Lagrangian function	लैग्रांजी फलिन
Lame function	लामे फलिन
Legendre function	लेजाण्ड्र फलिन
Limits of a function	फलिन की सीमायें
Linear funcion	एकघात फलिन
Logarithmic function	लघुगणकीय फलिन
Many-valued function	बहुमानीय फलिन
Mathieu's function	मैथ्यू फलिन
Maximum of a function	फलिन का महत्तम, फलिन का भूयिष्ठ
Meromorphic function	श्लेषिक फलिन
Minimum of a function	फलिन का लघुतम, फलिन का अल्पिष्ठ
Mobius function	मोबियस फलिन
Modular function	मापांक फलिन
Multiform function	अनेकरूप फलिन
Null function	मोघ फलिन
Odd function	विषम फलिन
Order function	क्रम फलिन
Parabolic cylinder function	परवलीय बेलन फलिन
Periodic function	आवर्त फलिन
period of a function	फलिन का आवर्तनांक
Prime function	रूढ़ फलिन
Probability function	सम्भाव्यता फलिन
Propositional function	साध्य फलिन
Rational function	सुमेय फलिन
Rational integral function	सुमेय पूर्णांक फलिन
Reciprocal function	व्युत्क्रम फलिन
Regular function	नियमित फलिन
Related function	सम्बद्ध फलिन
Remainder function	शेषफल फलिन
Riemannian function	रीमानी फलिन
Ring function	वलय फलिन
Saltus function	डोलक फलिन
Schlicht function	श्लिख्ट फलिन
Sigma function	सिग्मा फलिन संकलन फलिन
Simple function	सरल फलिन
Simple harmonic function	सरल हरात्मक फलिन
Single-valued function	एकमानीय फलिन
Stokeș current function	स्टोक्स धारा फलिन
Stream function	स्रोत फलिन
Sturm's function	स्टर्म फलिन
Sturm-Liouville function	स्टर्म-ल्यूविल फलिन
Subsidiary function	सहायक फलिन
Sum function	योग फलिन
Symbolic function	सांकेतिक फलिन
Symmetric function	सम्मित फलिन
Symmertrical function	सम्मित फलिन
Synectic function	अश्लेषिक फलिन
Thermodynamic function	तापगति फलिन
Theta function	थीटा फलिन
Transcendental function	बीजातीत फलिन
Trigonometrical function	त्रिकोणमितीय फलिन
Unbounded function	अपरिमित फलिन
Uniform function	एकरूप फलिन
Variation of a function	फलिन का विचरण
Vector function	सदिश फलिन
Weierstrass's function	वीर्स्ट्रास फलिन
Work function	कार्य फलिन
Zero of a function	फलिन का शून्य-बिन्दु

Zeta function	जीटा फलिन
Sundry standard functions	फुटकर मानक फलिन
Sundry transcendental function	फुटकर बीजातीत फलिन
Theory of functions	फलिन सिद्धान्त
Functional	फलिनीय
Functional dependence	फलिनीय परतन्त्रता
Functional determinant	फलिनीय सारणिक
Functional image	फलिनीय प्रतिबिम्ब
Functonal limit	फलिनीय सीमा
Functional notation	फलिनीय संकेतलिपि
Functional relation	फलिनीय सम्बन्ध
Functionality	फलिनीयता
Functionals	फलिनवाद
Fundamental	आधारभूत, मूल
Original	मौलिक
Primitive	पूर्वज
Fundamental algebraical limit	मूल बीजगणितीय सीमा
Fundamental assumption	मूल कल्पना
Fundamental construction	मूल रचना
Fundamental formula	मूल सूत्र
Fundamental identity	मूल एकात्म्य
Fundamental inequality	मूल असमता
Fundamental law	मूल नियम
Fundamental limit	मूल सीमा
Fundamental operation	मूल क्रिया
Fundamental property	मूल गुण
Fandamental proposition	मूल साध्य
Fundamental relation	मूल सम्बन्ध
Fundamental root	आधार मूल
Fundamental theorem	मूल प्रमेय
Fundamental unit	मूल इकाई
Funicle	रज्जु
Funicular	रज्जु–
Funicular polygon	रज्जु बहुभुज
Furlong	फर्लांग
Further considerations	और आगे के विचार
Future	भविष्य
Future value	भविष्य का मान

G

G-adic number	ग-आंशिक संख्या	Gauge systems	प्रमापक पद्धति
Gain	लाभ	Barometric gauge	वायुदाब प्रमापक
Galilean coordinates	गैलिली नियामक	Vacuum gauge	खं प्रमापक
Gallon	गैलन	Gauging equation	प्रमापन समीकरण
Gallows problem	फॉसी का प्रश्न	Gauss	गाउस
Galois	गैलौयस	Gaussian curvature	गाउसी वक्रता
Galois field	गैलौयस क्षेत्र	Gaussian integer	गाउसी पूर्णांक
Galois group theory	गैलौयस समुदाय सिद्धान्त	Gaussian integral	गाउसी अनुकल
Galios imaginary	गैलौयस काल्पनिक	Gauss's equation	गाउस समीकरण
Galios theorem	गैलौयस प्रमेय	Gauss's lemma	गाउस पूर्वप्रमेय
Galton's quincunx	गैल्टन त्रिकीपंचक	Gauss's logarithm	गाउस लघुगणक
Gambler's ruin (game)	जुआरी का नाश (खेल)	Gauss's test	गाउस परीक्षण
Game	खेल	Gauss's theorem	गाउस प्रमेय
Game of chance	भाग्य का खेल	Gauss's transformation	गाउस रूपान्तर
Game of Nim	निम का खेल	G.C.M.	मह॰ सम॰
Arithmetical game	अंकगणितीय खेल	General	सार्व, सार्विक
Permutational game	क्रमचय का खेल	Particular	विशिष्ट
Positional game	स्थिर्ति का खेल	Special	विशेष
Unfinished game	अधूरा खेल	General cartesian equation	कार्तीय समीकरण
Gamma function	गामा फलिन	General conic	शांकव
Gas	गैस	General curvilinear motion	वक्र गति
Fluid	तरल	General definition	परिभाषा
Liquid	द्रव	General enunciation	प्रतिज्ञा
Solid	ठोस	Particular enunciation	विशिष्ट प्रतिज्ञा
Gaseous	गैसीय	General equation	समीकरण
Gaseous law	गैस नियम	General exponential theorem	घातीय प्रमेय
Gaseous substance	गैसीय पदार्थ	General expression	व्यंजक
Gauge	प्रमापक	General form	रूप
Gauge barometer	वायुदाब प्रमापक	General formula	सूत्र

General integral	अनुकल
General linear differential equation	एकघात अवकल समीकरण
General manager	व्यवस्थापक
General power	घात
General principle of convergence	संसृति नियम
General proof	उपपत्ति
General solution	साधन
General statement	कथन
General term	पद
General theorem	प्रमेय
General transformation	रूपान्तर
General value	मान
General volume	आयतन
Generalisation	सार्वीकरण
Hamilton's generalisation	हैमिल्टन
Generalise	सार्वीकरण करना
Generalised	सार्वीकृत
Generalised coordinates	नियामक
Generalised hypergeometric function	पराज्यामितीय फलिन
Generalised integral number	पूर्णांक संख्या
Generalised logarithms	लघुगणक
Generalised number	संख्या
Generalised periodicity	आवर्तता
Generalised power	घात
Generality	सार्विकता
Without loss of generality	बिना ह्रास के
Generally	साधारणतया
Generate	जनन करना
Generated	जनित
Generating	जनन
Generating curve	जनक वक्र
Generating function	जनक फलिन
Generating line	जनक रेखा
Generation	जनन

Generation of a field	क्षेत्र जनन
Generation of a plane	समतल जनन
Double generation	द्विक जनन
Generator	जनक
Rectilineal generator	ऋजुरेख जनक
Geodesic	भूमितिज
Geodesic curvature	भूमितिज वक्रता
Geodesic torsion	भूमितिज कुटिलता
Geodesist	भूमितिज्ञ
Geodesy	भूमिति
Geographer	भूगोलज्ञ
Geographic-Geographical	भौगोलिक
Geographical coordinates	भौगोलिक नियामक
Geographical equator	भूमध्य रेखा
Geographical mile	भौगोलिक मील
Geographically	भौगोलिक विधि से
Geography	भूगोल
Geological	भूशास्त्रीय
Geologically	भूशास्त्रीय विधि से
Geologist	भूशास्त्री
Geology	भूशास्त्र
Geometer	ज्यामितिज्ञ
Geometria differentiale	अवकल ज्यामिति
Geometric=Geometrical	ज्यामितीय
Geometrical application	ज्यामितीय प्रयोग
Geometrical average	ज्यामितीय माध्य
Geometrical construction	ज्यामितीय रचना
Geomerical element	ज्यामितीय अल्पांश
Geometrical figure	ज्यामितीय आकृति
Geometrical illustration	ज्यामितीय दृष्टान्त
Geometrical interest	ज्यामितीय रुचि
Geometrical locus	ज्यामितीय निधि
Geometrical magnitude	ज्यामितीय परिमाण
Geometrical method	ज्यामितीय बिधि
Geometrical progression	गुणोत्तर श्रेढ़ी
Aithmetical progression	समान्तर श्रेढ़ी
Harmonical progression	हरात्मक श्रेढ़ी

Geometrical proof	ज्यामितीय उपपत्ति
Geometrical property	ज्यामितीय गुण
Geometrical significance	ज्यामितीय अर्थ
Geometrical solid	ज्यामितीय ठोस
Geometrical solution	ज्यामितीय साधन
Geometrical surface	ज्यामितीय पृष्ठ
Geometrical verification	ज्यामितीय सत्यापन
Geometric exhaustion	ज्यामितीय निश्शेषण
Geometric mean	गुणोत्तर मध्यक
Aithmetic mean	समान्तर मध्यक
Harmonic mean	हरात्मक मध्यक
Geometrico-statical problem	ज्यामिति-स्थैतिकी प्रश्न
Geometric series	गुणोत्तर श्रेणी
Geometrically	ज्यामितीय विधि से
Geometrician	ज्यामितिज्ञ
Geometrization	ज्याकलन
Geometrize	ज्याकलन करना
Geometrized	ज्याकलित
Geometry	ज्यामिति
Geometry of surfaces	पृष्ठ ज्यामिति
Abstract Geometry	अमूर्त ज्यामिति
Affine Geometry	परिमिती ज्यामिति
Algebraic Geometry	बीजगणितीय ज्यामिति
Analytical Geometry	वैश्लेषिक ज्यामिति
Analytical Geometry of three dimensions	त्रिविस्तारी वैश्लेषिक ज्यामिति
Analytical Geometry of two dimensions	द्विविस्तारी वैश्लेषिक ज्यामिति
Applied Geometry	प्रयोजित ज्यामिति
Coordinate Geometry	नियामक ज्यामिति
Differential Geometry	अवकल ज्यामिति
Elementary Geometry	प्रारम्भिक ज्यामिति
Euclidean Geometry	यूक्लिडी ज्यामिति
Natural Geometry	प्राकृतिक ज्यामिति
Non-Euclidean Geometry	अनयूक्लिडी ज्यामिति
Non-Riemannian Geometry	अरीमानी ज्यामिति
Plane Geometry	समतल ज्यामिति
Projective Geometry	विक्षेप ज्यामिति
Pure Geometry	शुद्ध ज्यामिति
Pure Projective Geometry	शुद्ध विक्षेप ज्यामिति
Riemangian Geometry	रीमानी ज्यामिति
Solid Geometry	ठोस ज्यामिति
Spherical Geometry	गोलीय ज्यामिति
Suggested by Goemetry	ज्यामिति से इंगित
Synthetic Goemetry	सांश्लेषिक ज्यामिति
World Geometry	विश्व ज्यामिति
Gernster's Trochoidal waves	गर्न्स्टर की चक्रज तरंगें
Gibb's Phenomenon	गिब की परिवृत्ति
Girard's theorem	जीरर्ड प्रमेय
Girder	धरन
Warren girder	वारेन धरन
Given	न्यस्त, दिया हुआ, दत्त
Glass	गिलास
Top of a glass	गिलास का मुँह
Globe	मण्डल
Globular	मण्डलाकार
Gnomon	धूपघड़ी की कील
Go (game)	गो (खेल)
Go-bang (game)	गो बैंग (खेल)
Goes	जाता है
Goes round	के चारों ओर घूमता है
Goes through	में से होकर जाता है
Golden section	कनक काट
Gonal (Polygonal)	बहुभुजी
Governor	शासक
Speed governor	वेग नियन्त्रक
Watt governor	वाट शासक
G. P.	गु. श्रे.
A. P.	स. श्रे.
H. P.	ह. श्रे.
Grade	ग्रेड
Gradient	प्रवणता
Gradient pressure	प्रवणता निपीड
Pressure gradient	निपीड प्रवणता

Gradual	क्रमिक
Gradually	क्रमशः
In due order	क्रमानुसार
Respectively	यथाक्रम, क्रमात्
Graduate	अंशाकित करना
Graduated	अंशाकित
Graduated scale	मापनी
Graduation	अंशाकन
Graduation of observations	अवलोकन मृदुकरण
Graeco-Latin square	ग्रीस-लैटिन वर्ग
Graeffe's method	ग्रैफे विधि
Grain	ग्रेन
Gram=Gramme	ग्राम
Graph	लेखाचित्र
Graph paper	पत्र
Bar graph	छड़
Circular graph	वर्तुल
Condensation graph	संहनन
Conversion graph	परिवर्तन
Rrectangular graph	आयताकार
Statistical graph	सांख्यिकीय
Building up of graphs	विरचन
Graphic=Graphical	लेखाचित्रीय
Graphic representation	,, प्रदशर्न
Graphical addition	,, योग
Graphical conditions	,, अनुबन्ध
Graphical construction	,, रचना
Graphical illustration	,, दृष्टान्त
Graphical integration	,, अनुकलन
Graphical representation	,, प्रदर्शन
Graphical solution	,, साधन
Graphical statics	,, स्थैतिकी
Graphing	लेखाचित्रण
Logarithmic graphing	लघुगणकीय
Statistical graphing	सांख्यिकीय
Grass-hopper (Chess)	शलभ (शतरंज)
Grassman's form	ग्रासमैन रूप
Gravitation	गुरुत्वाकर्षण
Gonstant of gravitation	गुरुत्वाकर्षण अचल
Gravitational	गुरुत्वाकर्षण
Gravitational attraction	गुरुत्वाकर्षण
Gravitational constant	गुरुत्वाकर्षण अचल
Gravitational unit	गुरुत्वाकर्षण इकाई
Gravity	गुरुत्व
Apparent gravity	प्रगट गुरुत्व
Centre of gravity	गुरुत्व केन्द्र
Constant of gravity	गुरुत्वाचल
Specific gravity	विशिष्ट गुरुत्व
Under gravity	गुरुत्व से
Great	बड़ा, वृहत्
Small	छोटा, लघु
Great Bishop (Chess)	बड़ा ऊँट (शतरंज)
Great circle	वृहत् वृत्त
Small circle	लघु वृत्त
Greater	अधिकतर, बड़ा
Less	न्यनतर, छोटा
Greater inequality	दीर्घ असमता
Greater inequality ratio	दीर्घ असमता निष्पत्ति
Greatest	अधिकतम, महत्तम
Least	न्यनतम, लघुतम
Maximum	भूयिष्ठ
Minimum	अल्पिष्ठ
Greatest coefficient	महत्तम गुणक
Greatest common divisor	महत्तम समापवर्तक
Greatest common factor	महत्तम समापवर्तक
Greatest common measure	महत्तम समापवर्तक
Greatest compression	महत्तम संपीडन
Greatest limit	महत्तम सीमा
Greatest pyramid	महत्तम स्तूप
Greatest term	महत्तम पद
Greatest slope	महत्तम ढाल
Line of greatest slope	महत्तम ढाल रेखा
Greatest value	महत्तम मान
Green	ग्रीन

Green's equation	ग्रीन समीकरण
Green's function	ग्रीन फलिन
Green's solution	ग्रीन साधन
Green's theorem	ग्रीन प्रमेय
Greenhill's problem	ग्रीनहिल समस्या
Gregory	ग्रेगरी
Gregorian calender	ग्रेगरी तिथिपत्र
Gregory-Newton furmula	ग्रेगरी-न्यूटन सूत्र
Gregory formula	ग्रेगरी सूत्र
Gregory series	ग्रेगरी श्रेणी
Gross	1. सकल 2. ग्रुस
Gross price	सकल मूल्य
Gross proft	सकल लाभ
Ground	भमि
Ground form	भूमि रूप
Ground level	भूतल
Group	समुदाय
Category	निकाय
Class	वर्ग
Family	कुल, वंश, परिवार
Kind	प्रकार
Order	1. क्रम 2. वर्ण
Species	जाति
System	1. पद्धति 2. संहति
	3. व्यवस्था
Type	प्ररूप
Group theory	समुदाय सिद्धान्त
Group transformation	समुदाय रूपान्तर
Abelian group	आबेली समुदाय
Cyclic group	चक्रीय समुदाय
Commutative group	व्यत्ययशील समुदाय
Finite group	सान्त समुदाय
Fours group	चतुष्क समुदाय
Infinite group	अनन्त समुदाय
Isomorhpic group	समाकारी समुदाय
Modular group	मापांकी समुदाय
Projective group	विक्षेपी समुदाय
Tetrahedral group	चतुष्फलकी समुदाय
Combination form groups	समुदायों से संचय
Permutation fram groups	समुदायों से क्रमचय
Various group	विविध समुदाय
Grouping	समुदाय बन्धन
Grouping of terms	पदों का समुदाय बन्धन
Grustien's relation	ग्रुन्स्टाइन सम्बन्ध
Guderman	गुडरमैन
Gudermannian	गुडरमैनियन
Gudermannian function	गुडरमैनी फलिन
Guess	अटकल
Guide	प्रदर्शक
Guldberge's rule	गुल्डवर्ग नियम
Guldberg's theorem	गुल्डिन प्रमेय
Gunter's chain	गुण्टर शृंखला
Gyrate	घूर्णन करना
Gyrated	घूर्णित
Gyrating	घूर्णन
Gyration	घूर्णन
Centre of gyration	घूर्णन केन्द्र
Ellipsoid of gyration	घूर्णन दीर्घवृत्त
Radus of gyration	घूर्णन त्रिज्या
Gyrostat	घूर्णस्थापक
Ghain of gyrostats	घूर्णस्थापक श्रृंखला

H

Hadamard — हैडमाई
Three circles theorem of Hadamard — हैडमार्ड का त्रिवृत्त प्रमेय
Half — अर्ध, आधा
Half angle — अर्ध कोण
Half-angle of formula — अर्ध कोण सूत्र
Half bishop (Chess) — आधा ऊँट (शतरंज)
Half line — अर्ध रेखा
Half period — अर्ध आवर्तनांक
Half range — अर्ध गोचर
Half range series — अर्ध गोचर श्रेणी
Half side — अर्ध भुजा
Half sovereign — अर्ध सौवरेन
Halma (Game) — हाल्मा (खेल)
Halve — अधियाना, आधा करना
Halved — अर्धित
Halving — अर्धन
Hamilton — हैमिल्टन
Hamiltonian derivative — हैमिल्टोनी अवकलज
Hamiltonian operator — हैमिल्टन कारक
Hamilton's equation — हैमिल्टन समीकरण
Hamilton's generalisation — हैमिल्टन व्याप्ति
Hamilton's number — हैमिल्टन संख्या
Hamilton's principle — हैमिल्टन नियम
Hammer — हथौड़ा
Hand — हस्थ, हाथ
Free hand — मुक्त हस्थ
Handed over — हस्तान्तरित
Left handed — वामांगी
Left-handed coordinates — वामांगी नियामक
Right handed — दक्षिणांगी
Handing over — हस्तान्तरण
Transference — अन्तरण
Translation — स्थानान्तरण
Transmission — संचारण
Hand (Cards) — हाथ (ताश)
Hang — लटकना, लटकाना
Hanged — लटकाई
Hanging — लटकना
Hanging freely — अधर लटकना
Hankel — हैंकेल
Hankel function — हैंकेल फलिन
Hankel integral — हैंकेल अनुकल
Hankel transform — हैंकेल परिवर्त
Hanoi — हैनौय
Tower of hanio — हैनौय की मीनार
Hard — कठिन
Brittle — भिदुर
Ductile — तन्य
Elastic — लचीला
Flexible — नम्य
Malleable — वर्द्धनीय
Plastic — सुनम्य
Rigid — दृढ़
Soft — मृदु, कोमल
Tough — कठोर
Viscous — सान्द्र
Hardy — हार्डी

Hardy's formula हार्डी सूत्र
Hardy's test हार्डी परीक्षण
Harmonic=Harmonical हरात्मक
Harmonical division हरात्मक विभाजन
Harmonical progression हरात्मक श्रेढ़ी
Arithmetical progression समान्तर श्रेढ़ी
Goemetrical progression गुणोत्तर श्रेढ़ी
Harmonical proportion हरात्मक अनुपात
Harmonic chords हरात्मक जीवायें
Harmonic conjugate हरात्मक अनुबद्ध
Harmonic derivative हरात्मक अवकलज
Harmonic homology हरात्मक सम्वादिता
Harmonic mean हरात्मक मध्यक
Arithmetic mean समान्तर मध्यक
Geometric mean गुणोत्तर मध्यक
Harmonc motion हरात्मक गति
Harmonic oscillation हरात्मक दोलन
Harmonic pencil हरात्मक रेखावली
Harmonic polar हरात्मक ध्रुवी
Harmonic progression हरात्मक श्रेढ़ी
Harmonic property हरात्मक गुण
Harmonic proportion हरात्मक अनुपात
Harmonic range हरात्मक बिन्दुमाला
Harmonic ratio हरात्मक निष्पत्ति
Harmonic series हरात्मक श्रेणी
Elliptic harmonic दीर्घवृत्तीय हरात्मक
Ellipsoidal harmonic दीर्घवृत्तजी हरात्मक
Polar harmonic कोणीय हरात्मक
Simple harmonic function सरल हरात्मक फलिन
Simple harmonic motion सरल आवर्त गति
Harmonically हरात्मकतः
Harmonically conjugate हरात्मकतः अनुबद्ध
Harmonically divided हरात्मकतः विभक्त
Harmonics हरमिति
Ellipsoidal Harmonics दीर्घवृत्तजी हरमिति
Sectional Harmonics परिच्छेद हरमिति
Sectional surface Harmonics परिच्छेद पृष्ठ हरमिति
Sectorial Harmonics शकलीय हरमिति
Sectorial surface Harmonics शकलीय पृष्ठ हरमिति
Solid Harmonics ठोस हरमिति
Spherical Harmonics गोलीय हरमिति
Surface Harmonics पृष्ठ हरमिति
Tesseral surface Harmonics चौकोरी पृष्ठ हरमिति
Zonal Harmonics कटिबन्ध हरमिति
Harnack-Lebesgue integral हार्नक-लेबेग अनुकल
Hawksbee's air pump हौक्सबी वायु पम्प
H. C. F. म. स.
Head 1. सिरा, अग्र 2. उत्सेध
Head of a liquid द्रव का उत्सेध
Arrow head शराग्र
Drum head ढोल का चर्म
Pressure head निपीडोत्सेध
Velocity head वेगोत्सेध
With arrow-head शरांकित
Heat ताप
Latent heat गुप्त ताप
Mechanical equivalent of heat ताप का यान्त्रिक तुल्यांक
Specific heat विशिष्ट ताप
Heaviness भारीपन
Heavy भारी, गुरु
Light हल्का
Hectogram हेक्टोग्राम
Hectometer हेक्टोमीटर
Height ऊँचाई
Altitude उच्चत्व
Height of the perpendicular लम्ब की ऊँचाई
Slant height तिरछी ऊँचाई
Heine हाइने
Heine-Borel theorem हाइने-बोरेल प्रमेय
Heine's integral हाइने अनुकल
Helical twisted rod रेखजवक्री व्यावृत छड़
Helicoid सर्पिलज
Helix रेखजवक्र

Hellinger's integral	हेलिंगर अनुकल
Helmholtz	हेल्म्होल्ट्ज
Helmholtz equation	हेल्म्होल्ट्ज समीकरण
Helmholtz theorem	हेल्म्होल्ट्ज प्रमेय
Hemisphere	अर्ध गोला
Hemisherical (of, or pertaining to, a hemisphere)	अर्धगोलीय, अर्धगोल
Hemispherical (having the shape of a hemisphere)	अर्ध गोलाकार
Hence	अतएव
Because	यतः
Since	चूंकि
Therefore	अतः
Heptagon	सप्तभुज
Regular heptagon	सम सप्तभुज
Heptagonal	सप्तभुजी
Hermite	हर्मिट
Hermite formula	हर्मिट सूत्र
Hermite function	हर्मिट फलिन
Hermite polynomial	हर्मिट बहुपद
Hermitian	हर्मिटी
Hermitian form	हर्मिटी रूप
Hermitian matrix	हर्मिटी श्रेणिक
Hermitian skew	हर्मिटी कुटिल
Heron	हेरौन
Heron angle	हेरौन कोण
Heron parallelogram	हेरौन समानाभुज
Heron problem	हेरौन समस्या
Heronial triangle	हेरौनी त्रिभुज
Hero	हीरो
Hero's fountain	हीरो का जलाशय
Hero's function	हीरो फलिन
Herpolhode	तल्लुण्ठज
polhode	पृष्ठलुण्ठज
Hessian	हेसियन, हेसी
Hessian matrix	हेसी श्रेणिक
Hess's integral	हेस अनुकल

Heterogeniety	विषमांगता
Heterogeneous	1. विषमांग 2. विषमघात
Homogeneous	1. समांग 2. समघात
Multiform=Non-uniform	बहुरूप, अनेकरूप
Uniform	एकरूप
Heterogeneous chain	विषमांग शृंखला
Heterogeneous fluid	विषमांग तरल
Heterogeneous medium	विषमांग माध्यम
Heterogeneousness	विषमांगता
Hexagon	षड्भुज
Regular hexagon	सम षड्भुज
Simple hexagon	सरल षड्भुज
Hexagonal	षड्भुजी
Hexagonal base	षड्भुजी आधार
Hexagonal number	षड्भुजी संख्या
Hexagonal prism	षड्भुजी संक्षेप्र
Hexahedral	षड्फलकी
Hexahedron	षड्फलक
Regular hexahedron	सम षड्फलक
High	उच्च, ऊँचा
Low	निम्न, नीचा
High pressure	उच्च निपीड
High trajectory	उच्च प्रक्षेपपथ
Infinitesimal of high order	उच्चवर्ण अत्यल्प
Higham's formula	हिग्हैम सूत्र
Higher	उच्चतर
Higher apsis	उच्चतर आरात
Higher degree	उच्चतर घात
Higher degree equation	उच्चतर घात समीकरण
Higher derivative	उच्चतर अवकलज
Higher dimension	उच्चतर घात
Higher power	उच्चतर घात
Higher term	उच्चतर पद
Highest	उच्चतम
Highest common factor	महत्तम समापवर्तक
Highest pwoer	उच्चतम घात
Hilbert	हिल्बर्ट

Hilbertian formalism	हिल्बर्टी आकारवाद	Homogeneous	1. समांग 2. समघात
Hilbert equation	हिल्बर्ट समीकरण	Heterogeneous	1. विषमांग 2. विषमघात
Hilbert space	हिल्बर्ट अवकाश	Multiform=Non-uniform	बहुरूप, अनेकरूप
Hill	पहाड़ी	Uniform	एकरूप
Hillock	टीला	Homogeneous atmosphere	समांग वायुमण्डल
Hindu problem	हिन्दू प्रश्न	Homogeneous body	समांग काय
Hinge	कब्जा	Homogeneous chain	समांग शृंखला
Rough hinge	रूक्ष कब्जा	Homogeneous combination	समघात संचय
Smooth hinge	चिकना कब्जा	Homogeneous coordinates	समघात नियामक
Hinged	बद्ध	Homogeneous equation	समघात समीकरण
Histogram	स्तम्भालेख	Homogeneous expression	समघात व्यंजक
Historian	इतिहासज्ञ	Homogeneous fluid	समांग तरल
Historic=Historical	ऐतिहासिक	Homogeneous form	समघात रूप
Historical note	ऐतिहासिक टिप्पणी	Homogeneous function	समघात फलिन
Historigram	समयालेख	Homogeneous linear equation	समघात एकघात समीकरण
Historiographer	समयालेखक	Homogeneous linear form	समघात एकघात रूप
Historiographic= Historiographical	समयालैखिक	Homogeneous medium	समांग माध्यम
		Homogeneous product	समघात गुणनफल
Historiography	समयालेखन	Homogeneous rod	समांग छड़
History	इतिहास	Homogeneous solid	समांग ठोस
Hodograph	वेगालेख	Homogeneous sphere	समांग गोला
Hold	क्षेत्र	Homogeneous stain	समांग प्रतति
Free hold	मार्फी	Homogeneous transformation	समघात रूपान्तर
Holder	होल्डर		
Holder's condition	होल्डर अनुबन्ध	Homographic	एकैकीसंगत
Holder summation	होल्डर संकलन	Homographic pencil	एकैकीसंगत रेखावली
Holditch's theorem	होल्डिच प्रमेय	Homographic range	एकैकीसंगत बिन्दुमाला
Hole	छेद	Homographic relation	एकैकीसंगत सम्बन्ध
Hollow	खोखला	Homographic transformation	एकैकीसंगत रूपान्तर
Hollow cone	खोखला शंकु	Homography	एकैकीसंगति
Hollow square	खोखला वर्ग	Periodic homography	आवर्त एकैकीसंगति
Holomophic=Analytic	वैश्लेषिक	Homological	संवादी
Holomorphic function	वैश्लेषिक फलिन	Homologous	संवादी
Holonomic	नियामकी	Homologous elements	संवादी अल्पांश
Homocoid	समपृष्ठज	Homologous lines	सम्वादी रेखायें
Homogeniety	समांगता	Homologous points	सम्वादी बिन्दु
Principle of homogeniety	समांगता नियम	Homologous terms	सम्वादी प्रद

Homology	सम्वादिता
Harmonic homology	हरात्मक सम्वादिता
Homomorphic	समानरूपी
Homomorphism	समानरूपता
Homonomically	समनियमतः
Homothetic	तद्रूप
Homothetic centre	तद्रूपता केन्द्र
Homothetic fugure	तद्रूप आकृति
Homothetic transformation	तद्रूप रूपान्तर
Honey	मधु
Hooke's law	हुक नियम
Hoop	छल्ला
Hopscotch (game)	काँटा (खेल)
Horizon	क्षितिज
Visible horizon	दृश्य क्षितिज
Horizontal	क्षैतिज
Vertical	ऊर्ध्व
Horizontal acceleration	क्षैतिज गतिवृद्धि
Horizontal pendulum	क्षैतिज दोलक
Horizontal plane	क्षैतिज समतल
Horizontal pressure	क्षैतिज निपीड
Horizontal row	क्षैतिज पंक्ति
Horizontal section	क्षैतिज काट
Horizontal surface	क्षैतिज पृष्ठ
Horner	हौर्नर
Horner's method	हौर्नर विधि
Horner's process	हौर्नर विधा
Horograph	वक्रतालेख
Horse power	अश्व बल
Hospital's rule	हौस्पिटल नियम
Hot	गरम
Hour	घण्टा
H. P.	ह. श्रे.
A. P.	स. श्रे.
G. P.	गु. श्रे.
Humid	आर्द्र
Humidity	आर्द्रता

Hundred	सौ
Hundreds	सैकड़े
Hundreds of billoin	दस नील
Hundreds of million	दस करोड़
Hundreds of thousand	लाख
Hundreds of thousands of billion	शंख
Hundreds of thousands of million	खरब
Hundred's place	सैकड़े का स्थान
Hundredth	सौवाँ
Hundredweight	हण्ड्रेडवेट
Hung	लटका
Hurwitz' theorem	हर्विट्ज प्रमेय
Huygen	हाइगेन
Huygen's principle	हाइगेन नियम
Huygen's zone	हाइगेन कटिबन्ध
Hydraulic	जलप्रेरित, आम्भस (र)
Hydraulic lift	जलप्रेरित उत्थापक
Hydraulic press	जलप्रेरित सम्पीडक
Hydraulic ram	मेष यन्त्र
Hydraulic screw	जलप्रेरित पेंच
Hydraulics	आम्भसी (र)
Hydro- dynamical	द्रवप्रवैगिक
Hydro- dynamics	द्रवप्रवैगिकी
Hydro- mechanics	द्रवयान्त्रिकी
Hydrostatics	द्रवस्थैतिकी
Hydro- kinetics	द्रवगतिशास्त्र
Hydro mechanics	द्रवयान्त्रिकी
Hydro-dynamics	द्रवप्रवैगिकी
Hydrostatics	द्रवस्थैतिकी
Hydrometer	द्रवमापक
Common hydrometrer	साधारण द्रवमापक
Nicholson's hydrometer	निकल्सन द्रवमापक
Hydrostatic=hydrostatical	द्रवस्थैतिक, उत्प्लवन
Hydrostatical arch	उत्प्लवन तोरण
Hydrostatic balance	उत्प्लवन तुला

Hydrostatic bellows उत्प्लवन धौंकनी
Hydrostatics द्रवस्थैतिकी
Hydro-dynamics द्रवप्रवैगिकी
Hydro-mechanics द्रवयान्त्रिकी
Hyperbola अतिपरवलय
Ellipse दीर्घवृत्त
Parabola परवलय
Conjugate hyperbola अनुबद्ध अतिपरवलय
Equiangular hyperbola समानकोण अतिपरवलय
Equilateral hyperbola सम अतिपरवलय
Rectangular hyperbola आयताकार अतिपरवलय
Similar hyperbola समरूप अतिपरवलय
Hyperbolic अतिपरवलीय
Hyperbolic cosecant अतिपरवलीय व्युज्या
Hyperbolic cosine अतिपरवलीय कोज्या
Hyperbolic cotangent अतिपरवलीय कोस्पज्या
Hyperbolic cylinder अतिपरवलीय बेलन
Hyperbolic function अतिपरवलीय फलिन
Hyperbolic involution अतिपरवलीय समुत्क्रमण
Hyperbolic logarithm अतिपरवलीय लघुगणक
Hyperbolic paraboloid अतिपरवलीय परवलयज
Hyperbolic point अतिपरवलीय बिन्दु
Hyperbolic ratio अतिपरवलीय निष्पत्ति
Hyperbolic secant अतिपरवलीय व्युकोज्या
Hyperbolic sine अतिपरवलीय ज्या
Hyperbolic spiral अतिपरवलीय सर्पिल
Hyperbolic tangent अतिपरवलीय स्पज्या
Hyperboloid अतिपरवलयज
Hyperboloid of one sheet एकपृष्ठी अतिपरवलयज
Hyperboloid of revolution परिक्रमण अतिपरवलयज
Hyperboloid of two sheets द्विपृष्ठी अतिपरवलयज
Hyperboloidal अतिपरवलयजी
Hypercomplex परासंकर
Hypercomplex number परासंकर संख्या
Hyperdeterminant परासारणिक
Hyper-elliptic परादीर्घवृत्तीय
Hyperelliptic function परादीर्घवृत्तीय फलिन
Hypergeometric पराज्यामितीय
Hypergeometric equation पराज्यामितीय समीकरण
Hypergeometric function पराज्यामितीय फलिन
Hypergeometric series पराज्यामितीय श्रेणी
Generalised hypergeometric function व्याप्त पराज्यामितीय फलिन
Hyper-quadric पराचतुर्घात
Hyperspace परावकाश
Hypersphere परागोल
Hyphen योजिका
Dash (paranthetical) वियोजिका
Dash (as in x', y') प्रास
Hypocycle पराचक्र
Epicycle प्राग्चक्र
Hypocycloid पराचक्रज
Epicycloid प्राग्चक्रज
Hypotenuse कर्ण
Hypothesis उपकल्पना (र)
Data न्यास
Ergodic hypothesis अर्गोदी उपकल्पना
Riemannian hypothesis रीमानी उपकल्पना
Hypothetical औपकाल्पनिक
Complex संकर
Imaginary काल्पनिक
Real वास्तविक
Hypothetical construction औपकाल्पनिक रचना
Hypotrochoid परावक्रज
Epitrochiod प्राग्वक्रज
Hysterisis हच्छेस

I

Icosahedral द्वादशफलकी
Icosahedron द्वादशफलक
  Regular icosahedron सम द्वादशफलक
Idea विचार
Ideal आदर्श
  Ideal line आदर्श रेखा
Idealism आदर्शवाद
  Platonic idealism प्लेटौनी आदर्शवाद
Idealist आदर्शवादी
Idem factor=unit matrix इकाई श्रेणिक
Idempotent समक्षम
Identical अभिन्न, एकात्मक
  Identically equal सर्वांगसम
  Identically equation एकात्मक समीकरण
  Identical figure एकात्मक आकृति
  Identical polynomial एकात्मक बहुपद
  Indentical quantity एकात्मक राशि
  Identical relation एकात्मक सम्बन्ध
  Indentical system एकात्मक संहति
  Indentical transformation एकात्मक रूपान्तर
  Indentical triangles एकात्मक त्रिभुज
Identically एकात्मतः
  Indentically equal सर्वांगसम
    Indentical एकात्मक
  Indentically true एकात्मतः सत्य
  Indentically vanish एकात्मतः लुप्त होना
Identity एकात्म्य
  Equation समीकरण
  Algebraical identity बीजगणितीय एकात्म्य
  Extensional identity वितान एकात्म्य
  Fundamental identity मूल एकात्म्य
  Lagrange's identity लैग्रांज एकात्म्य
  Newton's identity न्यूटन एकात्म्य
  Pythagorean identity पिथैगोरी एकात्म्य
  Trigonometrical identity त्रिकोणमितीय एकात्म्य
  Two squares identity द्विवर्ग एकात्म्य
Idiostatic charge स्वस्थिति निक्षेप
Idoneal समुचित
Ignore उपेक्षा करना
Ignored उपेक्षित
Ignoring उपेक्षण
  Cancellation निरसन
  Crossing out निरसन, काटना
  Deletion अपमृजन
  Elimination विलोपन
  Exclusion अपवर्जन
  Neglecting उपेक्षण
  Leaving out त्यजन
  Omission उत्सृजन
  Rejection अस्वीकरण
  Removal अपनयन
  Vanishing लोपन
Illimitable असीम
  Bounded परिमित
  Finite सान्त
  Infinite अनन्त
  finity अनन्ती
  सीमित

Unbounded अपरिमित
Unlimited असीम
Illustration दृष्टान्त
Example उदाहरण
Geometrical illustration ज्यामितीय दृष्टान्त
Graphical illustration आलैखिक दृष्टान्त
Illustrative दार्ष्टान्तिक
Illustrative example दार्ष्टान्तिक उदाहरण
I locus आइ निधि
Image प्रतिबिम्ब
Reflection परावर्तन
Shadow छाया
Functional image फलिनीय प्रतिबिम्ब
Mirror image दर्पण प्रतिबिम्ब
Imaginary काल्पनिक
Complex संकर
Hypothetical औपकाल्पनिक
Real वास्तविक
Imaginary asymptote काल्पनिक अनन्तस्पर्शी
Imaginary axis काल्पनिक अक्ष
Imaginary circle काल्पनिक वृत्त
Imaginary coefficient काल्पनिक गुणक
Imaginary conic काल्पनिक शांकव
Imaginary curve काल्पनिक वक्र
Imaginary double series काल्पनिक द्विक् श्रेणी
Imaginary ellips काल्पनिक दीर्घवृत्त
Imaginary ellipsoid काल्पनिक दीर्घवृत्तज
Imaginary exponent काल्पनिक घातांक
Imaginary intersection काल्पनिक कटान
Imaginary number काल्पनिक संख्या
Imaginary part काल्पनिक भाग
Imaginary period काल्पनिक आवर्तनांक
Imaginary quantity काल्पनिक राशि
Imaginary root काल्पनिक मूल
Imaginary surface काल्पनिक पृष्ठ
Imaginary transformation काल्पनिक रूपान्तर
Imaginary unit काल्पनिक इकाई
Conjugate imaginary expression अनुबद्ध काल्पनिक व्यंजक
Modulus of an imaginary काल्पनिक राशि का मापांक
Pure imaginary शुद्ध काल्पनिक
Wholly imaginary पूर्णतः काल्पनिक
Axis of imaginaries काल्पनिक अक्ष
Galois' imaginaries गैलौयस काल्पनिक
Scale of imaginaries काल्पनिक राशि मापनी
Unit of imaginaries काल्पनिक राशि इकाई
Imagination कल्पना
Imagine कल्पना करो
Imagined कल्पित
Immediate तात्कालिक
Immediate annuity तात्कालिक वार्षिकी
Immerse डूबना, निमज्जित करना
Immersed निमज्जित
Immersing निमज्जन
Immersion निमज्जन
Immovable अचल, स्थावर
Impact संघात
Collision टक्कर
Contact संस्पर्श, सम्पर्क
Direct impact समक्ष संघात
Line of impact संघात रेखा
Oblique impact तिर्यक् संघात
Imperfect अपूर्ण
Imperfectly अपूर्णतः
Imperfectly rough अपूर्णतः रूक्ष
Impinge टकराना
Impinge directly समक्षतः टकराना
Implicit अस्पष्ट
Explicit स्पष्ट
Implicit differentiation अस्पष्ट अवकलन
Implicit function अस्पष्ट फलिन
Importance महत्त्व
Important महत्त्वपूर्ण

Impossibility असम्भावना
  Improbability असम्भाव्यता
Impossible असम्भव
  Improbable असम्भाव्य
  Impossible motion असम्भव गति
  Impossible operation असम्भव क्रिया
  Impossible quantity असम्भव राशि
Impressed force निणिहत बल
Improbability असम्भाव्यता
  Impossibility असम्भावना
  Improtable असम्भाव्य
  Impossible असम्भव
Improper fraction स्थूल भिन्न (लीलावती)
  Proper fraction सूक्ष्म भिन्न
Improper integral अनुचित अनुकल
Impulse संवेग
  Infinitesimal impulse अत्यल्प संवेग
  Turbine impulse भ्रमयन्त्र संवेग
Impulsive सावैगिक
  Impulsive force संवेग बल
  Impulsive pressure संवेग निपीड
  Impulsive tension संवेग आतति
Impure अशुद्ध
Impurity अशुद्धि
Inaccessibility अनभिगम्यता
Inaccessible अनभिगम्य
  Inaccessible limit अनभिगम्य सीमा
Inaccuracy अपरिशुद्धि
Inaccurate अपरिशुद्ध
Inaction निष्क्रिया
Inactive निष्क्रिय
Inadmissiblity अग्राह्यता
Inadmissible अग्राह्य
Inapplicability अप्रयोज्यता
Inapplicable अप्रयोज्य
Incentre अन्तःकेन्द्र
  Centroid केन्द्रव
  Circumcentre परिकेन्द्र
  Ex-centre बहिष्केन्द्र
  Orthocentre लाम्बिक केन्द्र
Inch इंच
  Cubic inch घन इंच
  Square inch वर्ग इंच
Incidence आपतन
  Angle of incidence आपतन कोण
Incident आपात
  Accident उपपात, दुर्घटना
  Event घटना
  Fact तथ्य
Incirlce अन्तःवृत्त
Inclination आनति, झुकाव
Incline 1. झुकना 2. आनत समतल
  Rough incline रूक्ष आनत तल
  Smooth incline चिक्कण आनत तल
Inclined आनत
  Inclined plane आनत समतल
  Equally inclined समानत
Include समावेश करना
Included समाविष्ट
  Included angle समाविष्ट कोण
Including समावेशन
  Including surface समावेशक पृष्ठ
Inclusion समावेश
  Class inclusion वर्ग समावेश
Income आय
  Income tax आय कर
Incommensurability असंमेयता
Incommensurable असंमेय (र)
  Commensurable संमेय
  Irrational दुर्मेय
  Rational सुमेय
  Surd करणी
  Incommensurable lines असंमेय रेखायें
  Incommensurable numbers असंमेय संख्यायें

Incommensurable quantities असंमेय राशियाँ
Incomparability अतुलनीयता
Incomparable अतुलनीय
Incomplete अपूर्ण
Incomplete equation अपूर्ण समीकरण
Incomplete induction अपूर्ण उद्गमन
Incompleteness अपूर्णता
Incompressibility असम्पीड्यता
Incompressible असम्पीड्य
Incompressible fluid असम्पीड्य तरल
Incongruent असर्वांगसम
Inconsistency असंगति
Inconsistent असंगत
Inconsistent equations असंगत समीकरण
Incorrect अशुद्ध
Incorrrectly अशुद्ध रूप से
Incorrectness अशुद्धि
Increase बढ़ना
Increases बढ़ता है
Increases proportionately यथानुपात बढ़ता है
Incresaing बढ़ना
Incresaing continually निरन्तर बढ़ना
Increasing function वृद्धिमय फलिन
Increasing series वृद्धिमय श्रेणी
Algebraically increasing बीजगणिततः वृद्धिमय
Monotonic increasing एकस्वनी वृद्धिमय
Monotonic decreasing एकस्वनी ह्रासमय
Increment वृद्धि, उपचय
Total increment पूर्ण वृद्धि
Method of increments वृद्धि विधि
Incrementary ratio उपचय निष्पत्ति
Indefinite अनिश्चित
Indifinite integral अनिश्चित अनुकल
Definite integral निश्चित अनुकल
Indefinitely अनिश्चित रूप से
Indefinitely close अत्यन्त समीप
Indefinitely diminishes अनन्ततः घटता है

Indifinitely expands अनन्ततः फैलता है
Indefinitely small अत्यन्त लघु, अत्यल्प
Independence स्वतन्त्रता
Physical independence भौतिक स्वतन्त्रता
Independent स्वतन्त्र
Dependent परतन्त्र
Independent constant स्वतन्त्र अचल
Independent criteria स्वतन्त्र निकष
Independent equations स्वतन्त्र समीकरण
Independent events स्वतन्त्र घटनायें
Independent functions स्वतन्त्र फलिन
Independent variable स्वतन्त्र चल
Linearly independent एकघाततः स्वतन्त्र
Three independent data तीन स्वतन्त्र न्यास
Indeterminate अनिर्णीत
Deternined निर्णीत
Undetermined अनिर्धारित
Indeterminate coefficient अनिर्णीत गुणक
Indeterninate equation अनिर्णीत समीकरण
Indeterminate form अनिर्णीत रूप
Indeterminate multiplier अनिर्णीत गुणक
Indeterminate value अनिर्णीत मान
Apparently indeterminate देखने में अनिर्णीत
Indeterminateness अनिर्णीतता
Indetermination अनिर्णीतता
Limits of indetermination अनिर्णीतता की सीमायें
Index 1. घातांक 2. संकेतांक (a in x_a)
Index law घातांक नियम
Exponential theorem घातीय प्रमेय
Index notation घातांक संकेतलिपि
Index number घातांक संख्या
Index of precision यथार्थतमता घातांक
Index of radical करणी घातांक
Contravariant index प्रतिचल घातांक
Covariant index सहचल घातांक
Dummy index मूक घातांक

Fractional index भिन्नात्मक घातांक
Free index मुक्त घातांक
Integral index पूर्णांक घातांक
Negative index ऋण घातांक
Positive index धन घातांक
Positive integral index धन पूर्णांक घातांक
Surd index करणी घातांक
Zero index शून्य घातांक
Indicator निर्देशक
Indicator diagram निर्देशक चित्र
Indicatrix वक्रनिर्देशक
Spherical indicatrix गोलीय वक्र निर्देशक
Indices घातांक
Irrational indices दुर्मेय घातांक
Theory of indices घातांक सिद्धान्त
Indicial घातांकीय
Indicial equation घातांक समीकरण
Indirect 1. परोक्ष 2. अनुप्रस्थ
Direct 1. समक्ष 2. अनुक्रम
Indirect differentiation परोक्ष अवकलन
Indirect process परोक्ष विधा
Indirect proof परोक्ष उपपत्ति
Direct proof समक्ष उपपत्ति
Method of indirect proof परोक्ष उपपत्ति विधि
Indivisibility अभाज्यता
Indivisible अभाज्य
Induce प्रेरित करना
Induced प्रेरित करना
Inducement प्रेरणा
Inducing प्रेरण
In due order क्रमानुसार
Gradually क्रमशः
Respectively यथाक्रम
Induction उद्गमन (र)
Deduction निगमन
Complete induction पूर्ण उद्गमन
Incomplete induction अपूर्ण उद्गमन
Mathematical induction गणितीय उद्गमन
Inductive proof उद्गमन उपपत्ति
Inelastic लचकहीन
Inelasticity लचकहीनता
Inequality असमता
Abel's inequality औबेल असमता
Absolute inequality निरपेक्ष असमता
A ratio of greater inequality दीर्घ असमता निष्पत्ति
A ratio of lesser inequality लघु असमता निष्पत्ति
Conditional inequality अनुबन्धी असमता
Cauchy's inequality कौशी असमता
Exponential inequality घातीय असमता
Fundamental inequality मूल असमता
Greater inequality दीर्घ असमता
Lesser inequality लघु असमता
Logarithmic inequality लघुगणकीय असमता
Sense of inequality असमता की दिशा
Unconditional inequality अननुबन्ध असमता
Weierstrass' inequality वीर्स्ट्रास असमता
Simultaneous inequalities युगपद असमतायें
Inert subtance जड़ पदार्थ
Inertia जड़त्व
Centre of inertia जड़त्व केन्द्र
Integral of inertia जड़त्व अनुकल
Moment of inertia जड़त्व घूर्ण
Principle of inertia जड़त्व नियम
Product of inertia जड़त्व गुणनफल
Inertial mass जड़त्व मात्रा
Inexact अयथार्थ, अतथ्य
Inexactitude अयथार्थता, अतथ्यता
Inextensibility अवितान्यता
Inextensible अवितान्य
Infer अनुमान करना
Inference अनुमान
Conclusion निष्कर्ष
Consequence परिणाम
Result फल

Calculus of inference — अनुमान कलन
Inferior — निम्न, अवकृष्ट (र)
Superior — उच्च, उत्कृष्ट
Inferior-limit — निम्न सीमा
Infinite — अनन्त
Bounded — परिमित
Finite — सान्त
Illimitable — असीम
Infinity — अनन्ती
Limited — सीमित
Unbounded — अपरिमित
Unlimited — असीम
Infinite branch — अनन्त शाखा
Infinite discontinuity — अनन्त असातत्य
Infinite group — अनन्त समुदाय
Infinite integral — अनन्त अनुकल
Infinite limit — अनन्त सीमा
Infinite number — अनन्त संख्या
Infinite point — अनन्त बिन्दु
Infinite product — अनन्त गुणनफल
Infinite quantity — अनन्त राशि
Infinite rod — अनन्त छड़
Infinite root — अनन्त मूल
Infinite sequence — अनन्त अनुक्रम
Infinite series — अनन्त श्रेणी
Infinite set — अनन्त कुलक
Infinitesimal — अत्यल्प
Infinitesimal analysis — अत्यल्प विश्लेषण
Infinitesimal calculus — अत्यल्प कलन
Infinitesimal impulse — अत्यल्प संवेग
Infinitesimal of the first order — प्रथम वर्ण अत्यल्प
Infinitesimal of higher order — उच्चतर वर्ण अत्यल्प
Infinitesimal of lower order — निम्नतर वर्ण अत्यल्प
Infinitesimal of the same order — उसी वर्ण का अत्यल्प
Infinitesimal of the second order — द्वितीय वर्ण अत्यल्प
Infinitesimal strength — अत्यल्प सामर्थ्य

Infinitesimally small — अति लघु, अत्यल्प
Infinitude — अनन्तता
Infinity — अनन्ती
Bounded — परिमित
Finite — सान्त
Infinite — अनन्त
Illimitable — असीम
Limited — सीमित
Unbounded — अपरिमित
Unlimited — असीम
Circular points at infinity — अनन्ती वर्तुल बिन्दु
Form infinity — अनन्ती से
Line at infinity — अनन्ती रेखा
Order of infinity — अनन्ती का वर्ण
Plane at infinity — अनन्ती समतल
Point at infinity — अनन्ती बिन्दु
Relation to line at infinity — अनन्त रेखा से सम्बन्ध
Scale of infinity — अनन्ती स्केल
Sum to infinity — अनन्त तक योग
Tangent at infinity — अनन्ती स्पर्शी
Inflexibility — अनम्यता
Inflexible — अनम्य
Inflexion — नति
Circle of inflexion — नति वृत्त
Line of inflexion — नति रेखा
Point of inflexion — नति बिन्दु
Inflexional tangent — नति स्पर्शी
Influence — प्रभाव
Successive influence — उत्तरोत्तर प्रभाव
In general — साधारणतः
Ingenious — मौलिक
Inherent — अन्तर्वर्ती
Initial — आदि, आदिम
Final — अन्त्य
Former — अगला, पूर्व
Last — अन्तिम
Latter — पिछला, अपर

terminal	आवसानिक, अन्तिम
Ultimate	चरम, सर्वान्त्य
Initial arm	आदि बाहु
Initial condition	आदि अनुबन्ध
Initial form	आदि रूप
Initial line	आदि रेखा
Initial position	आदि स्थिति
Initial radius	आदि त्रिज्या
Initial reaction	आदि प्रतिक्रिया
Initial rotation	आदि परिभ्रमण
Initial side	आदि भुजा
Initial tension	आदि आतति
Initial value	आदि मान
Initially	आदि में
Inner	आन्तरिक, आन्तर (र)
Inner fiuctuation	आन्तरिक डोलन
Inner polygon	आन्तरिक बहुभुज
Inner product	आन्तरिक गुणनफल
Inner set	आन्तरिक कुलक
Innings	पाली
Innumerable	अगणनीय
In order	क्रम में, क्रमानुसार
In particular	विशिष्टतः
In proportion	अनुपात में
In question under consideration	विचाराधीन प्रश्न में
Inscribe	अन्तर्लेखन
Inscribe a circle	अन्तःवृत्त खींची
Inscribed	अन्तर्लिखित
Inscribed circle	अन्तर्लिखित वृत्त
Circumscribed circle	परिवृत्त, परिलिखित वृत्त
Described circle	उल्लेखित वृत्त
Excribed circle	बाह्य वृत्त
Nine-point circle	नव-बिन्दु वृत्त
Inscribed cone	अन्तर्लिखित शंकु
Inscribed conic	अन्तर्लिखित शांकव
Inscribed cylinder	अन्तर्लिखित बेलन
Inscribed in a circle	वृत्त में अन्तर्लिखित
Inscribed polygon	अन्तर्लिखित बहुभुज
Inscribed polyhedron	अन्तर्लिखित बहुफलक
Inscribed prism	अन्तर्लिखित संक्षेत्र
Inscribed pyramid	अन्तर्लिखित स्तूप
Inscribed sphere	अन्तर्लिखित गोला
Inscription	अन्तर्लेखन
Insertion of brackets	कोष्ठीकरण
Removal of brackets	विकोष्ठीकरण
Inside	अन्दर, के अन्दर
Insignificance	नगण्यता
Insignificant	नगण्य
Insignificant figure	नगण्य अंक
Significant figure	सार्थ अंक
Inspection	निरीक्षण
By inspection	निरीक्षण से
Asymptotes by inspection	प्रत्यक्ष अनन्तस्पर्शी
Integration by inspection	निरीक्षण से अनुकलन
Instability	अस्थायित्व
Instant	क्षण
Velocity at an instant	क्षणिक वेग
Instantaneous	तात्कालिक
Instantaneous acceleration	तात्कालिक गतिवृद्धि
Instantaneous axis	तात्कालिक अक्ष
Instantaneous centre	तात्कालिक केन्द्र
Instantaneous rate	तात्कालिक अर्घ
Instantaneous speed	„ चाल
Instantaneous velocity	अत्कालिक वेग
Instantaneously	तत्काल
Instantly	तत्क्षण
Instead of	के स्थान पर, के बदले
Instrument	उपकरण
Apparatus	साधित्र
Machine	यन्त्र
Means	साधन
Machinery	संयन्त्र
Circular instrument	वर्तुल उपकरण

Musical instrument	संगीत उपकरण
In succession	क्रम से
Insufficiency	अपर्याप्तता
Insufficient	अपर्याप्त
Insurance	बीमा
Integer	पूर्णांक
Fraction	भिन्न
Consecutive integer	क्रमागत पूर्णांक
Gaussian integer	गाउसी पूर्णांक
Negative integer	ऋण पूर्णांक
Positive integer	धन पूर्णांक
Prime integer	अभाज्य पूर्णांक
Integrability	अनुकलनशीलता
Condition of integrability	अनुकलनशीलता की अवस्था
Integrable	अनुकलनशील, अनुकलनीय
Integrable case	अनुकलनशील दशा
Integrable function	अनुकलनशील फलिन
Non-integrable	अननुकलनशील
Integral	अनुकल
Integral Calculus	चलराशि कलन
Differential Calculus	चलन कलन
Integral case	पूर्णांक दशा
Integral coefficient	पूर्णांक गुणक
Integral curve	अनुकल वक्र
Integral equation	अनुकल समीकरण
Integral exponent	पूर्णांक घातांक
Integral expression	पूर्णांक व्यंजक
Integral function	पूर्णांक फलिन
Integral index	पूर्णांक घातांक
Integral number	पूर्णांक संख्या
Integral of continuity	सातत्य अनुकल
Integral of inertia	जड़त्व अनुकल
Integral part	पूर्णांश
Integral power	पूर्णांक घात
Integral solution	पूर्णांक साधन, पूर्णांक हल
Integral table	अनुकल तालिका
Integral term	पूर्णांक पद
Integral test	अनुकल परीक्षण
Integral value	पूर्णांक मान
Algebraic integral	बीजगणितीय अनुकल
Alternating integral	एकान्तर अनुकल
Barnes' integral	बार्न्स अनुकल
Complete integral	पूर्ण अनुकल
Complex integral	संकर अनुकल
Contour integral	नेमि अनुकल
Corrected integral	शोधित अनुकल
Curvilinear integral	वक्रात्मक अनुकल
Difinite integral	निश्चित अनुकल
Denjoy integral	डेंजौय अनुकल
Denjoy-Khintchine-Young integral	डेंजोय खिन्चिन-यंग अनुकल
Dirichlet integral	डिरिचले अनुकल
Double integral	द्विगनुकल अनुकल
Elementary integral	आरम्भिक अनुकल
Elliptic integral	दीर्घवृत्तीय अनुकल
Energy integral	शक्ति अनुकल
Eulerian integral	औयलरी अनुकल
First integral	प्रथम अनुकल
Fourier integral	फ़रियर अनुकल
Fresnel integral	फ्रेस्नेल अनुकल
Gaussian integral	गाउसी अनुकल
General integral	व्यापक अनुकल
Generalised integral number	व्याप्त पूर्णांक संख्या
Hankel integral	हैंकेल अनुकल
Harnack-Lebesgue integral	हार्नक-लेबेग अनुकल
Heine's integral	हाइने अनुकल
Hellinger's integral	हैलिंगर अनुकल
Hess's integral	हैस अनुकल
Improper integral	अनुचित अनुकल
Indefinite integral	अनिश्चित अनुकल
Infinite integral	अनन्त अनुकल
Intermediate integral	मध्यवर्ती अनुकल
Irregular integral	अनियमित अनुकल
Iterated integral	पुनरुक्त अनुकल

Laplace integral	लैप्लास अनुकल
Lebesgue integral	लेबेग अनुकल
Lebesgue-Stieltjes integral	लेबेग स्टील्टजेज़ अनुकल
Line integral	रेखा अनुकल
Lommel integral	लोमेल अनुकल
Multiple integral	बहनुकल अनुकल
Newmann integral	न्यूमैन अनुकल
Particular integral	विशिष्ट अनुकल
Poisson integral	पौयसौं अनुकल
Positive integral exponent	धन पूर्णांक घातांक
Positive integral index	धन पूर्णांक घातांक
Positive integral value	धन पूर्णांक मान
Prime integral	मुख्य अनुकल
Regular integral	नियमित अनुकल
Repeated integral	पुनरागत अनुकल
Riemann integral	रीमान अनुकल
Riemann-Stieltjes integral	रीमान-स्टील्टजेज़ अनकल
Schlafli's integral	श्लाफ्ली अनुकी
Simple integral	सरल अनुकल
Special integral	विशेष अनुकल
Stieltjes's integral	स्टील्टजेज़ अनुकल
Subsidiary integral	सहायक अनुकल
Surface integral	पृष्ठ अनुकल
Trigonometrical integral	त्रिकोणमितीय अनुकल
Triple integral	त्रिरनुकल
Uncorrected integral	अशोधित अनुकल
Volume integral	आयतन अनुकल
Young integral	यंग अनुकल
Table of integrals	अनुकल तालिका
Integrand	अनुकल्य
Decomposition of the integrand	अनुकल्य का विबन्धन
Exact integrand	ऋत अनुकल्य
Integrate	अनुकलन करना
Integrated	अनुकलित
Integrating	अनुकलन
Integrating factor	अनुकलन गुणक
Integrating machine	अनुकलन यन्त्र
Integrating symbol	अनुकलन संकेत
Integration	अनुकलन
Differentiation	अवकलन
Integration by inspection	प्रत्यक्ष अनुकलन
Integration by parts	खण्डानुकलन
Integration by substitution	आदेश द्वारा अनुकलन
Change of order in integration	अनुकलन में क्रम विनिमय
Constant of integration	अनुकलन अचल
Contour integration	नेमि अनुकलन
Difinite integration	निश्चित अनुकलन
Graphical integration	आलैखिक अनुकलन
Limits of integration	अनुकलन की सीमायें
Method of integration by parts	खण्डानुकलन विधि
Integrator	अनुकलक
Mechanical integrator	यान्त्रिक अनुकलक
Integro-binomial series	पूर्णांक द्विपद श्रेणी
Integro-differential equation	अनुकलावकल समीकरण
Integro-geometric series	पूर्णांक-गुणोत्तर श्रेणी
Integrometer	अनुकलमापक
In-tensor	अन्तः प्रदिश
Intercept	अन्तः खण्ड
Intercept form	अन्तःखण्ड रूप
Intercepted	अन्तःखण्डित
Intercepted annuity	अन्तःखण्डित वार्षिकी
Interception	अन्तः खण्डन
Interchange	हेर फेर
Cyclic interchange	चक्रीय हेर फेर
Interdependence	परस्पर परतन्त्रता
Interdependent	परस्पर परतन्त्र, अन्यान्योश्रित
Interdependent events	परस्पर परतन्त्र घटनायें
Interdependent functions	परस्पर परतन्त्र फलिन
Interest	ब्याज, वृद्धि
Accrued interest	उपार्जित ब्याज
Compound interest	चक्रवृद्धि
Exact interest	यथार्थ ब्याज
Geometrical interest	ज्यामितीय रुचि

Ordinary interest	साधारण ब्याज	Intersecting straight lines	छेदक सरल रेखायें
Period of interest	ब्याज की अवधि	Non- intersecting	अछेदक
Prevailing interest	प्रचलित ब्याज	Intersection	कटान, छेदन
Rate of interest	ब्याज की दर	Intersection of curves	वक्र छेदन
Simple interest	सरल ब्याज	Angle of intersection	कटान कोण
Interior	आन्तरिक, अन्त	Imaginary intersection	काल्पनिक कटान
Interior angle	अन्तःकोण	Line of intersection	कटान रेखा
Exterior angle	बहिष्कोण	Point of intersection	कटान बिन्दु
Interior extent	अन्तरायाम	Ultimate intersection	चरम कटान
Interior measure	अन्तर्माप	Interval (of space)	अन्तराल
Interior set	अन्तः पुंज	(of time)	कालान्तर (र)
Interlacing roots	समश्लिष्ट मूल	Interval of convergence	संसृति अन्तराल
Intermediary	मध्यवर्ती	Class interval	वर्ग अन्तराल
Intermediate	मध्यवर्ती	Closed interval	बन्द अन्तराल
Intermediate convergent	मध्यवर्ती संसृत	Conversion interval	परिवर्तन अन्तराल
Intermediate differential	मध्यवर्ती अवकल	Fixed interval	स्थिर अन्तराल
Intermediate integral	मध्यवर्ती अनुकल	Number interval	संख्या अन्तराल
Intermediate value	मध्यवर्ती मान	Open interval	खुला अन्तराल
Interminable division	अन्तहीन भाग	Overlapping intervals	प्रारोहक अन्तराल
In terms of	के पदों में	In that case	उस दशा में, ऐसी दशा में
Internal	आन्तरिक, आन्तर (र), अन्तः	In the form of	के रूप में
Internal angle	आन्तरिक कोण	Into	गुणित
Internal bisector	अन्तरर्धक	Intrados	अन्तरांश
Internal diameter	अन्तर्व्यास	Extrados	बहिरांश
Internal ratio	आन्तरिक निष्पत्ति	Intransitive relation	असंक्रमक सम्बन्ध
Internally divided	अन्तर्विभक्त	Transitive relation	संक्रमक सम्बन्ध
Externally divided	बहिर्विभक्त	Intrinsic	नैज
Interpolation problem	अन्तर्वेशन समस्या	Intrinsic angle	नैज कोण
Interpolatory function	अन्तर्वेशन फलिन	Interinsic equation	नैज समीकरण
Interpretation	निर्वचन (र)	Intrinsic pressure	नैज निपीड
Inter-quartile	अन्तःचतुर्थी	Intrinsic property	नैज गुण
Intersect	काटना, छेदना	Intrinsic value	नैज मान
Intersected	छेदित	Introduction	उपानयन
Intersecting	छेदन	Introduction of fictitious forces	कल्पित बलों का उपानयन
Intersecting curves	छेदक वक्र		
Intersecting lines	छेदक रेखायें	Introductory example	प्रवर्तक उदाहरण
Intersecting planes	छेदक समतल	In vacuo	ख में

Invariability अविचलता
  Line of invariability अविचलता रेखा
Invariable अविचल
  Constant अचल
  Parameter प्राचल
  Variable चल
  Invariable cone अविचल शंकु
  Invariable line अविचल रेखा
Invariance निश्चलता
Invariant निश्चल
  Contra-variant प्रतिचल
  Covariant सहचल
  Invariant property निश्चल गुण, अविचल गुण
  Absolute invariant निरपेक्ष निश्चल
  Chasle invariant चेज़िल निश्चल
  Cross-ratio invariant तिर्यक् निष्पत्ति निश्चल
  Mutual invariant पारस्परिक निश्चल
  Projective invariant विक्षेपी निश्चल
Invention उपज्ञा (र)
  Discovery आविष्कार
Inverse उत्क्रम
  Converse विलोम
  Reciprocal व्युत्क्रम
  Reverse विपर्य
  Inverse circular function उत्क्रम वर्तुल फलिन
  Inverse consecant उत्क्रम व्युज्या
  Inverse cosine उत्क्रम कोज्या
  Inverse contangent उत्क्रम कोस्पज्या
  Inverse curve उत्क्रम वक्र
  Inverse differentiation उत्क्रम अवकलन
  Inverse figure उत्क्रम आकृति
  Inverse function उत्क्रम फलिन
  Inverse hyperbolic cosecant उत्क्रम अतिपरवलीय व्युज्या
  Inverse hyperbolic cosine उत्क्रम अतिपरवलीय कोज्या
  Inverse hyperbolic cotangent उत्क्रम अतिपरवलीय कोस्पज्या
  Inverse hyperbolic function उत्क्रम अतिपरवलीय फलिन
  Inverse hyperbolic secant उत्क्रम अतिपरवलीय व्युकोज्या
  Inverse hyperbolic sine उत्क्रम अतिपरवलीय ज्या
  Inverse hyperbolic tangent उत्क्रम अतिपरवलीय स्पज्या
  Inverse Logarithm उत्क्रम लघुगणक
  Inverse notation उत्क्रम संकेतलिपि
  Inverse points उत्क्रम बिन्दु
  Inverse Probability उत्क्रम सम्भाव्यता
  Inverse process उत्क्रम विधा
  Inverse proportion व्युत्क्रम अनुपात
  Inverse ratio व्युत्क्रम निष्पत्ति
  Inverse secant उत्क्रम व्युकोज्या
  Inverse sine उत्क्रम ज्या
  Inverse substitution उत्क्रम आदेशन
  Inverse tangent उत्क्रम स्पज्या
  Inverse transformation उत्क्रम रूपान्तर
  Inverse variation व्युत्क्रम विचरण
    Direct variation अनुक्रम विचरण
  Unique inverse अद्वितीय उत्क्रम
Inversely उत्क्रमतः
  Inversely proportional व्युत्क्रमानुपाती
    Directly proportional अनुक्रमानुपाती
  Inversely similar उत्क्रमतः समरूप
  Inversely varies व्युत्क्रमतः विचरता है
  Vary inversely व्युत्क्रमतः विचरना
Inversion उत्क्रमण
  Inversion of order क्रम विनियम, क्रमोत्क्रमण
  Centre of inversion उत्क्रमण केन्द्र
  Circle of inversion उत्क्रमण वृत्त
  Jacobi's inversion जैकोबी उत्क्रमण
  Method of inversion उत्क्रमण विधि
  Proportion by inversion उत्क्रमण से अनुपात
Invert उत्क्रमण करना, उल्टा करना
Invertando व्युत्क्रम निष्पत्ति
  Alternando एकान्तर निष्पत्ति
  Componendo योग निष्पत्ति
  Componendo et dividendo योगान्तर निष्पत्ति

Dividendo अन्तर निष्पत्ति
Inverted उत्क्रमित
Investigate अनुसन्धान करना
Investigation अनुसन्धान
Investment विनियोग (र)
Fixed investment स्थिर विनियोग
Invisibility अदृश्यता
Invisible अदृश्य
Invisible difference अदृश्यान्तर
Involute प्रतिकेन्द्रज
Evolute केन्द्रज
Involution 1. घात क्रिया 2. समुत्क्रमण
Evolution 1. विकास 2. घातमूल क्रिया
Involution bundle समुत्क्रमण गुच्छ
Involution field समुत्क्रमण क्षेत्र
Involution pencil समुत्क्रमण रेखावली
Involution range समुत्क्रमण बिन्दुमाला
Centre of involution समुत्क्रमण केन्द्र
Commutative involution व्यत्ययशील समुत्क्रमण
Elliptic involution दीर्घवृत्तीय समुत्क्रमण
Foci of involution समुत्क्रमण की नाभियाँ
Hyperbolic involution अतिपरवलीय समुत्क्रमण
Skew involution कुटिल समुत्क्रमण
System of involution समुत्क्रमण संहति
Involutionary समुत्क्रमणीय, समुत्क्रमी
Involutionary bundle समुत्क्रमी गुच्छ
Involutionary field समुत्क्रमण क्षेत्र
Iota आयोटा
Irrational दुर्मेय (र)
Commensurable संमेय
Incommensurable असंमेय
Rational सुमेय
Surd करणी
Irrational coefficient दुर्मेय गुणक
Irrational equation दुर्मेय समीकरण
Irrational exponent दुर्मेय घातांक
Irrational index दुर्मेय घातांक

Irrational limit दुर्मेय सीमा
Irrational number दुर्मेय संख्या
Irrational power दुर्मेय घात
Irrational quantity दुर्मेय राशि
Irrationality दुर्मेयता
Irreducibility अलघुकरणीयता
Irreducible अलघुकरणीय
Irreducible case अलघुकरणीय दशा
Irreducible cubic अलघुकरणीय त्रिघाती
Irreducible equation अलघुकरणीय समीकरण
Irreducible polynomial अलघुकरणीय बहुपद
Irreducible radical अलघुकरणीय करणी
Irreducible set अलघुकरणीय
Irregular अनियमित
Irregular function अनियमित फलिन
Irregular integral अनियमित अनुकल
Irrotational अपरिभ्रामक
Isobar समनिपीड
Isobasic lines समनिपीड रेखायें
Isochronic तुल्यकालिक
Isochronism तुल्यकालत्व
Isochronous समकालिक
Isogon तुल्यकोणी
Isogonal तुल्यकोणीय
Isogonal conjugates तुल्यकोणीय अनुबद्ध
Isogonal lines तुल्यकोणीय रेखायें
Isogonal transformation तुल्यकोणीय रूपान्तर
Isolate वियुक्त करना
Lsolated वियुक्त
Isolated aggregate वियुक्त वृन्द, तटस्थ वृन्द
Isolated point तटस्थ बिन्दु
Isolated set तटस्थ कुलक
Isolating वियुक्त करना
Isolation वियुक्ति
Isomorphic समाकारी
Isomorphic group समाकारी समुदाय
Isomorphism समाकारवाद

Isoperimetric समपरिमितिक
Isoperimetric fugures समपरिमितिक आकृतियाँ
Isoptic समानकोणज
Isoptic curves समानकोणज वक्र
Isosceles द्विसम
Isosceles tetrahedron द्विसम चतुष्फलक
Isosceles trapezium द्विसम सलम्ब
Isosceles triangle द्विसम त्रिभुज
Isothermal समतापी
Isothermal change समताप परिवर्तन
Isothermal line समताप रेखा
Isothermal surface समताप पृष्ठ
Isothermal transformation समताप रूपान्तर
Isotomic lines समान्तराल रेखायें
Isotropic समधर्मी
Isotropic coordinates समधर्मी नियामक
Isotropic lines समधर्मी रेखायें
Isotropic matter समधर्मी पदार्थ
Isotropy समधर्मता
Iterance पुनरुक्ति
Iterate पुनरुक्ति करना
Iterated पुनरुक्त
Iterated integral पुनरुक्त अनुकल
Iteration पुनरुक्ति
Itself आप ही आप
Dense in itself स्वघना
Ivory हाथी दाँत

J

Jack (Cards)	गुलाम (ताश)
Jacobi	जैकोबी
Jacobi's ellipsoid	जैकोबी दीर्घवृत्तज
Jacobi's function	जैकोबी फलिन
Jacobi's inversion	जैकोबी उत्क्रमण
Jacobi's lemma	जैकोबी पूर्वप्रमेय
Jacobi's method	जैकोबी विधि
Jacobi's multiplier	जैकोबी गुणक
Jacobi's proof	जैकोबी उपपत्ति
Jacobi's symbol	जैकोबी संकेत
Jacobi's test	जैकोबी परीक्षण
jacobian	जैकोबियन
Jacobian function	जैकोबियन फलिन
January	जनवरी
Jar	कलश
Leyden jar	लीडेन कलश
Jensen's fromula	जेन्सेन सूत्र
Jerk	झटका
Jet	1. धार 2. टोटीं
Jinx	जिंक्स
Join	जोड़ना, संयोजन करना
Joined	संयुक्त
Joining	संयोजन
Joining line	संयोजक रेखा
Joint	युति, जोड़
Joint operations	संयुक्त क्रियायें
Joint structure	संयुत ढाँचा
Joint variation	संयुक्त विचरण
Rough joint	रूक्ष जोड़
Smooth joint	चिकना जोड़
Jointed	संयुत
Jointed freely	मुक्त संयुक्त
Jointly	साथ साथ
Jointly vary	साथ साथ विचरण करना
Jordan	जौर्डन
Jordan curve	जौर्डन वक्र
Jordan extension	जौर्डन वितान
Jordan measure	जौर्डन माप
Joseph's problem	जोज़ेफ समस्या
Joule	जूल
Joule's equivalent	जूल तुल्यांक
Julian calender	जूली तिथिपत्र
Julian period	जूली आवर्तनांक
July	जुलाई
Junction	संगम
June	जून
Jungle	जंगल
Just	ठीक, उचित
Justifiability	अपदेशनीयता
Justifiable	अपदेशनीय
Justification	अपदेशन
Justified	अपदिष्ट
Juxtaposition	सन्निधि

K

Kalical circle	कालिकी वृत्त
Kampyle of Eudoxus	यूडोक्सस का कम्पिल
Kappa	कप्पा
Kappa curve	कप्पा वक्र
kater's pendulum	केटर दोलक
Katha	काठा
Kelvin	केल्बिन
Kelvin's extension	केल्बिन वितान
kelvin's theorem	केल्बिन प्रमेय
Kepler's problem	केप्लर समस्या
Kerosene	मिट्टी का तेल
Kettle	केतली
Key	कुंजी
Kiln	भट्ठा
Kilogram	किलोग्राम
Kilometer	किलोमीटर
Kind	प्रकार
Category	निकाय
Class	वर्ग
Family	कुल, वंश, परिवार
Group	समुदाय
Order	1. वर्ण 2. क्रम
Species	जाति
System	1. पद्धति 2. संहति 3. व्यवस्था
Type	प्ररूप
Kinematical	गतिगणितीय
Kinematical velocity	गतिगणितीय वेग
Kinematics	गतिगणित
Dynamics	गतिविज्ञान, प्रावैगिकी (र)
Kinetics	गतिशास्त्र
Mechanics	यान्त्रिकी
Statics	स्थैतिकी
Kinetic	गति
Kinetic energy	गति शक्ति
Kinetics	गातिशास्त्र
Dynamics	गतिविज्ञान, प्रावैगिकी (र)
Kinematics	गतिगणित
Mechanics	यान्त्रिकी
Statics	स्थैतिकी
King (Chess)	राजा (शतरंज)
(Cards)	(ताश)
King's formula	किंग सूत्र
Kite	पतंग
Knight (Chess)	घोड़ा (शतरंज)
Knot	ग्रन्थि
Knowledge	ज्ञान
Sound knowledge	परिपक्व ज्ञान
Known	ज्ञात
Known quantity	ज्ञात राशि
Unknown quantity	अज्ञात राशि
Konig's theorem	कोनिग प्रमेय
Konigsberg bridge	कोनिग्सबर्ग पुल
Konowalow rule	कोनाओलो नियम
Kronecker	क्रौनेकर
Kronecker scheme	क्रौनेकर योजना
Kronecker symbol	क्रौनेकर संकेत
kummer	कमर
Kummer's quartic surface	कमर चतुर्घात पृष्ठ
Kummer's surface	कमर पृष्ठ
Kummer's test	कमर परीक्षण

L

Laboratory	प्रयोगशाला
Lac	लाख
Lace	फ़ीता
Ladder	सीढ़ी
Lady	महिला
Lag	व्यवधान
Lagrange	लैग्रांज
Lagrange's condition	लैग्रांज अनुबन्ध
Lagrange's equation	लैग्रांज समीकरण
Lagrange's expansion	लैग्रांज प्रसार
Lagrange's indentity	लैग्रांज एकात्म्य
Lagrange's polynomial	लैग्रांज बहुपद
Lagrange's reduction	लैग्रांज लघुकरण
Lagrange's remainder	लैग्रांज शेष
Lagrange series	लैग्रांज श्रेणी
Lagrangian function	लैग्रांज फलिन
Laguerre's polynomial	लौगरे बहुपद
Lake	झील
Lakh=lac	लाख
Lambda	लैम्डा
Lambert's theorem	लैम्बर्ट प्रमेय
Lame	लामे
Lame curve	लामे वक्र
Lame function	लामे फलिन
Lame theorem	लामे प्रमेय
Lamellar body	समशक्ति काय
Lamellar shell	समशक्ति कवच
Lamina	पटल
Elliptic lamina	दीर्घवृत्तीय पटल
Triangular lamina	त्रिभुजीय पटल
Uniform lamina	एकरूप पटल
Watson lamina	वाट्सन पटल
Lamp	लम्प
Land	भूमि
Land measure	भूमाप
Land measurement	भूमाप, भूमापन
Land surveying	भूमापन
Landau (carriage)	लैण्डो (गाड़ी)
Landau (name)	लैण्डाउ
Landau extension	लैण्डाउ वितान
Landau transformation	लैण्डाउ रूपान्तर
Landlord	ज़मींदार
Language	भाषा
Technical language	परिभाषा
Lantern	लालटेन
Magic lantern	जादू की लालटेन, मायादीप
Laplace	लैप्लास
Laplace-Everett formula	लैप्लास-इवरेट सूत्र
Laplace's coefficient	लैप्लास गुणक
Laplace development	लैप्लास विकास
Laplace equation	लैप्लास समीकरण
Laplace integral	लैप्लास अनुकल
Laplace operator	लैप्लास कारक
Laplace theorem	लैप्लास प्रमेय
Laplace Transformation	लैप्लास रूपान्तर
Laplacian expansion	लैप्लास प्रसार
Large	बड़ा
Small	छोटा

Lasca	लास्का
Lasson (Chess)	मुहरा (शतरंज)
Last	अन्तिम
Final	अन्त्य
Former	अगला, पूर्व
Initial	आदि, आदिम
Latter	पिछला, अपर
Terminal	आवसनिक, अन्तिम
Ultimate	सर्वान्त्य, चरम
Last-but-one-th	उपान्तिम, ऊनान्तिम
Last-but-two-eth	द्विऊनान्तिम
Last multiple	अन्तिम अपवर्त्य
Last multiplier	अन्तिम गुणक
Lastly	अन्त में
Latent	गुप्त
Latent form	गुप्त रूप
Latent heat	गुप्त ताप
Latent root	गुप्त मूल
Latent vector	गुप्त सदिश
Lateral	पार्श्विक, पार्श्व
Lateral area	पार्श्व-क्षेत्रफल
Lateral edge	पार्श्व तट
Lateral face	पार्श्व फलक
Lateral section	पार्श्व काट
Lateral surface	पार्श्व पृष्ठ
Lathe	सान
Latin square	लैटिन वर्ग
Latitude	अक्षांश
Longitude	रेखांश
Magnetic latitude	चुम्बकी अक्षांश
Middle latitude	मध्य अक्षांश
Parallel of latitude	अक्षांश रेखा
Latrumcules (Chess)	पैदल (शतरंज)
Latter	पिछला, अपर (र)
Final	अन्त्य
Former	अगला, पूर्व
Initial	आदि, आदिम
Last	अन्तिम
Terminal	आवसनिक, अन्तिम
Ultimate	सर्वान्त्य, चरम
Lattice	जाली, जाल
Lattice point	जाल बिन्दु
Dedekind lattice	डेडीकाइंड जाल
Latus rectum	नाभिगलम्ब जीवा
Laurent	लौरेण्ट
Laurent expansion	लौरेण्ट प्रसार
Laurent theorem	लौरेण्ट प्रमेय
Lava	लावा
Law	नियम
Principle	नियम, प्रनियम (र)
Provision	प्रावधान
Rule	नियम
Theory	सिद्धान्त, वाद
Law of association	सहचरन नियम
Law of attraction	आकर्षण नियम
Law of commutation	व्यत्यय नियम
Law of conversion	परिवर्तन नियम
Law of cosines	कोज्या नियम
Law of distribution	विकलन नियम
Law of elasticity	लोच नियम
Law of exponents	घातांक नियम
Law of motion	गति नियम
Law of nullity	मोघता नियम
Law of quadrants	चरण नियम
Law of science	विज्ञान नियम
law of sines	ज्या नियम
Law of species	जाति नियम
Law of tangents	स्पज्या नियम
Law of the mean	मध्यक नियम
Law of Algebra	बीजगणित के नियम
Associative law	सहचरन नियम
Avogadro's law	अवोगैड्रो नियम
Axiomatic law	स्वयंसिद्ध नियम
Boyle's law	बौयल नियम

Commutative law	व्यत्यय नियम	Leaf	पत्ता, वरक्र
Cancellation law	निरसन नियम	League (=2 miles)	लीग
Cardan's law	कार्डन नियम	Least	लघुतम, सब से छोटा
Charle's law	चार्ल्स नियम	Greatest	महत्तम, सब से बड़ा
Chasle's law	चेजिल नियम	Maximum	भूयिष्ठ
Coulomb's law	कूलूम्ब नियम	Minimum	अल्पिष्ठ
Development law	विकास नियम	Least action	लघुतम क्रिया
Double law	द्विक् नियम	Least common multiple	लघुतम समापवर्त्य
Einstein's law	आयन्स्टाइन नियम	Least positive angle	लघुतम धन कोण
Exponental law	घातीय नियम	Least positive residue	लघुतम धन अवशेष
Experimental law	प्रायोगिक नियम	Least square	लघुतम वर्ग
Faraday's law	फैरेडे नियम	Least value	लघुतम मान
Formal law	आकारी नियम	Leather	चमड़ा
Fundamental law	मूल नियम	Leaving out	त्यजन
Gaseous law	गैस नियम	Cancellation	निरसन
Hooke's law	हुक नियम	Crossing out	निरसन, काटना
Index law	घातांक नियम	Deletion	अपमृजन
Mersennne law	मर्सीन नियम	Elimination	विलोपन
Newton's law	न्यूटन नियम	Exclusion	अपवर्जन
Node law	पात नियम	Ignoring	उपेक्षण
Power law	घात नियम	Negelecting	उपेक्षण
Reciprocal law	व्युत्क्रम नियम	Omission	उत्सृजन
Reversal law	विपर्य नियम	Rejection	अस्वीकरण
Snell's law	स्नेल नियम	Removal	अपनयन
Sylvester's law	सिल्वेस्टर नियम	Vanishing	लोपन
Tangent law	स्पर्शी नियम	Lebesgue	लेबेग
Weber-Fechner law	वेबर-फेचनर नियम	Lebesgue chain	लेबेग शृंखला
Lawn	मैदान	Lebesgue constant	लेबेग अचल
Layer	परत	Lebesgue integral	लेबेग अनुकल
Layer of air	वायु का परत	Lebesgue-Stieltjes integral	लेबेग स्टील्टजेज़ अनुकल
L. C. M.	ल. स.	Lecture	व्याख्यान
Leader	नेता	Lecturer	व्याख्याता
Leading	अग्रग	Left	बायां, वाम
Leading coefficient	अग्रग गुणक	Left handed	वामांगी
Leading diagonal	अग्रग विकर्ण	Left handed coordinates	वामांगी नियामक
Leading element	अग्रग घटक	Right handed	दक्षिणांगी
Leading term	अग्रग पद	Left hand side	वाम पक्ष

Left hand side of equation	समीकरण का वाम पक्ष
Left had system	वामांगी संहति
Left side	वाम पक्ष
Leg	टांग
Legal chess	विशिष्ट शतरंज
Legendre	लेजाण्ड्र
Legendre coefficient	लेजाण्ड्र गुणक
Legendre equation	लेजाण्ड्र समीकरण
Legendre formula	लेजाण्ड्र सूत्र
Legendre function	लेजाण्ड्र फलिन
Legendre Jacobi symbol	लेजाण्ड्र जैकोबी संकेत
Legendre modulus	लेजाण्ड्र मापांक
Legendre polynomial	लेजाण्ड्र बहुपद
Legendre principle	लेजाण्ड्र नियम
Legendre relation	लेजाण्ड्र सम्बन्ध
Legendre symbol	लेजाण्ड्र संकेत
Legendre table	लेजाण्ड्र तालिका
Legendre unities	लेजाण्ड्र इकाइयाँ
Legitimate	उचित
Legitimate expansion	उचित प्रसार
Leibnitz	लिब्नी
Leibnitz rule	लिब्नी नियम
leibnitz theorem	लिब्नी प्रमेय
Leibnitzian space	लिब्नी अवकाश
Lemma	प्रमेयिका
Corollary	उपप्रमेय
Abl's lemma	औबेल प्रमेयिका
Fejer's lemma	फेअर प्रमेयिका
Gauss's lemma	गाउस प्रमेयिका
Jacobi's lemma	जैकोबी प्रमेयिका
Schwarz' lemma	श्वार्ज प्रमेयिका
Watson's lemm	वाट्सन प्रमेयिका
Lemniscate	द्विपाशी
Lemniscate of Bernoulli	बर्नोली का द्विपाशी
Lemoine	लेमौयन
Lemoine circle	लेमौयन वृत्त
Lemoine point	लेमौयन बिन्दु
Length	लम्बाई
Length vector	लम्बाई सदिश
Arc length	चाप की लम्बाई
Curve length	वक्र की लम्बाई
Focal lenth	नाभ्यन्तर
Mean length	मध्यक लम्बाई
Vector length	सदिश लम्बाई
Wave length	तरंग की लम्बाई
Les pendus	त्रिशंकु
Less	छोटा, न्यूनतर
Greater	अधिकतर
More	अधिक
Less inequality	लघु असमता
Less inequality ratio	लघु असमता निष्पत्ति
Lesser inequality	लघुतर असमता
Letter	अक्षर
Common letter	सार्व अक्षर
Level	तल
Level curve	तल वक्र
Level line	तल रेखा
Level surface	तल पृष्ठ
Ground level	भूतल
Spirit-level	तल मापक
Lever	उत्तोलक
Arm of lever	उत्तोलक की बाहु
Bent lever	टेढ़ा उत्तोलक
Straight level	सीधा उत्तोलक
Leverage	उत्तोलकता
Levy's theorem	लेवी प्रमेय
Lexical order	कोषी क्रम
Lexi's distribution	लेक्सी विकलन
Leyden jar	लीडेन कलश
Librarian	पुस्तकाध्यक्ष
Library	पुस्तकालय
Lies wholly in the plane	समतल में पूर्णतः स्थिति है
Life	जीवन
Life annuity	आजन्म वार्षिकी

Life contingencies	जीवन योग
Life statistics	जीवनांक
Life table	जीवन तालिका
Life time	जीवन काल
Lift	उत्थापक
Lift pump	उत्थापक पम्प
Hydraudic lift	जलप्रेरित उत्थापक
Lifting	उत्थापन
Lifting power	उत्थापक बल
Light	1. हल्का 2. प्रकाश
Heavy	भारी, गुरु
Light particle	हल्का कण
Light pulse	हल्की नाड़ी
Light track	प्रकाश मार्ग
Aberration of light	प्रकाशापेरण
Lightning	बिजली
Like	समान, सजातीय
Like parallel forces	सजातीय समानान्तर बल
Like powers	समान घात
Like signs	समान चिह्न
Like surds	समान करणियाँ
Like terms	समान पद
Like vectors	समान सदिश
Likeness	समानता, सजातीयता
Limacon of Pascal	पास्कल का मन्थरवक्र
Limit	सीमा
Bound	परिमा
Boundary	घेरा, पर्यन्त
Circumference	परिधि
Contour	नेमि
Outline	बहीरेखा
Perimeter	परिमिति
Periphery	बाह्यरेखा
Limit of elasticity	लोच सीमा
Limit of error	भ्रान्ति सीमा
Limit point	सीमा बिन्दु
Limits of a function	फलिन की सीमायें
Limits of indetermination	अनिर्णीतता की सीमायें
Limits of integration	अनुकलन की सीमायें
Limits of roots of equation	समीकरण के मूलों की सीमायें
Common limit	सार्व सीमा
Double limit	द्विक् सीमा
Elastic limit	लचीली सीमा
Exponential limit	घातीय सीमा
Fixed limit	स्थिर सीमा
Functional limit	फलिनीय सीमा
Fundamental algebraical limit	मूल बीजगणितीय सीमा
Fundamental limit	मूल सीमा
Greatest limit	महत्तम सीमा
Inaccessible limit	अनभिगम्य सीमा
Inferior limit	अवर सीमा
Infinite limit	अनन्त सीमा
Irrational limit	दुर्मेय सीमा
Logarithmic limit	लघुगणकीय सीमा
Lower limit	निम्न सीमा
Maximum limit	महत्तम सीमा
Minimum limit	लघुतम सीमा
Repeated limit	पुनरागत सीमा
Superior limit	उच्च सीमा
Trigonometrical limit	त्रिकोणमितीय सीमा
Upper limit	उच्च सीमा
Method of limits	सीमा विधि
Limitation	परिसीमा (र)
Limited	सीमित
Bounded	परिमित
Finite	सान्त
Illimitable	असीम
Infinite	अनन्त
Infinity	अनन्ती
Unbounded	अपरिमित
Unlimited	असीम
Limited sequence	सीमित अनुक्रम
Limiting	सीमान्त
Limiting age	सीमान्त वयस्

Limiting case सीमान्त दशा
Limiting equation सीमान्त समीकरण
Limiting equilibirum सीमान्त साम्य
Limiting form सीमान्त रूप
Limiting friction सीमान्त घर्षण
Limiting point सीमान्त बिन्दु
Limiting position सीमान्त स्थिति
Limiting ratio सीमान्त निष्पत्ति
Limiting sum सीमान्त योग
Limiting value सीमान्त मान
Limiting velocity सीमान्त वेग
As limiting form सीमान्त रूप में

Line रेखा
Line arrangement रेखा विन्यास
Line at infinity अनन्ती रेखा
Line bicomplex रेखा द्विसंकलण
Line complex रेखा संकल
Line coordinates रेखा नियामक
Line integral रेखा अनुकल
Line of action क्रिया रेखा
Line of apsides आरात रेखा
Line of best fit उत्तम अन्वायोजन रेखा
Line of centres केन्द्र रेखा
Line of force बल रेखा
Line of greatest slope महत्तम ढाल रेखा
Line of inpact संघात रेखा
Line of inflexion नति रेखा
Line of intersection कटान रेखा
Line of invariability अविचलता रेखा
Line of quickest descent द्रुततम अवपात रेखा
Line of reference आश्रय रेखा
Line of regression प्रत्यावर्तन रेखा
Line of resistance प्रतिरोध रेखा
Line of section कटान रेखा
Line of sight दृष्टि रेखा
Line of striction केन्द्रजनिधि रेखा
Line of zero segment शून्य अवधा रेखा
Line pair रेखा युग्म
Line segment रेखा अवधा, रेखा खण्ड
Line value रेखा मान
Absolute line परम रेखा
Asymptotic line अनन्तस्पर्शी रेखा
Base line आधार रेखा
Boundary line पर्यन्त रेखा
Bounding line परिमा रेखा
Broken line विच्छिन्न रेखा
Carried line नीत रेखा
Central line केन्द्रीय रेखा केन्द्र रेखा
Circular line वर्तुल रेखा
Conjugate line अनुबद्ध रेखा
Construction line रचना रेखा
Continuous line सतत रेखा
Contour line नेमि रेखा
Cosecant line व्युज्या रेखा
Cotangent line कोस्पज्या रेखा
Curved line वक्र रेखा
Dark line काली रेखा
Diametral line व्यास रेखा
Directed line लक्षित रेखा
Dotted line बिन्दुमय रेखा
Double line द्विक् रेखा
Equivalent line तुल्य रेखा
Fixed line स्थिर रेखा
Focal line नाभिगत रेखा
Fraunhoffer's line फ्रानहौफ़र रेखा
Generating line जनक रेखा
Half line अर्ध रेखा
Ideal line आदर्श रेखा
Initial line आदि रेखा
Invariable line अविचल रेखा
Isogonal line तुल्यकोणीय रेखा
Isothermal line समताप रेखा
Isotomic line समान्तराल रेखा
Isotropic line समधर्मी रेखा

Joining line	योजक रेखा
Level line	तल रेखा
Loxodromic line	अचलकोणीय रेखा
Matrial line	भौतिक रेखा
Middle line	मध्य रेखा
Neutral line	उदासीन रेखा
Nodal line	पात रेखा
Null line	मोघ रेखा
Oblique line	तिर्यक् रेखा
Perpendicular line	लम्ब रेखा
Plumb line	सीस रेखा (र)
Polar line	ध्रुवी रेखा
Revolving line	परिक्रामक रेखा
Rhumb line	पथी रेखा
Right line	सरल रेखा
Rotating line	परिभ्रामक रेखा
Secant line	छेदक रेखा
Segment of a line	रेखा खण्ड
Self-conjugate line	स्वानुबद्ध रेखा
Straight line	सरल रेखा
Stream line	स्रोत रेखा
Tangent line	स्पर्श रेखा
Terminal line	आवसानिक रेखा
Trend line	प्रवृत्ति रेखा
Trigonometrical line	त्रिकोणमितीय रेखा
Value line	मान रेखा
Vanishing line	लुप्तप्रायः रेखा
Vertical line	ऊर्ध्व रेखा
Water line	जल रेखा
World line	विश्व रेखा
Complex of lines	रेखा संकल
Concurrent lines	संगामी रेखायें
Conjugate lines	अनुबद्ध रेखा
Coplaner lines	समतली रेखा
Corresponding lines	संवादी रेखा
Equivalent lines	तुल्य रेखा
Homologous lines	सम्वादी रेखा
Incommensurable lines	असंमेय रेखा
Intersecting lines	छेदक रेखा
Isobasic lines	समनिपीड रेखायें
Parallel lines	समानान्तर रेखायें
Pencil of lines	रेखावली
Random straight lines	स्वेच्छ सरल रेखायें
Skew lines	विषमतली रेखा
System of lines	रेखा संहति
Linear	1. एकघात 2. रैखिक 3. एकविस्तारी
Linear amplitude	रैखिक दोलनांक
Linear arrangement	रैखिक विन्यास
Linear combination	एकघात संचय
Linear complex	एकघात संकल
Linear congruence	एकघात संशेषता
Linear dependence	एकघात परतन्त्रता
Linear differential equation	एकघात अवकल समीकरण
Linear equation	एकघात समीकरण
Linear expansion	एकविस्तारी प्रसार
Linear expression	एकघात व्यंजक
Linear factor	एकघात अपवर्तक
Linear function	एकघात फलिन
Linear measure	एकविस्तारी माप
Linear momentum	रैखिक आवेग
Linear number	एकघात संख्या
Linear permutation	एकघात संचय
Linear problem	रैखिक समस्या
Linear regression	रैखिक प्रत्यावर्तन
Linear substitution	एकघात आदेश
Linesar transformation	एकघात रूपान्तर
Linear unit	एकविस्तारी इकाई
Linear velocity	रैखिक वेग
Linearity	एकघातता
Linearly	एकघाततः
Linearly dependent	एकघाततः परतन्त्र
Linearly independent	एकघाततः स्वतन्त्र
Link	कड़ी

Liouville's theorem	ल्यूविल प्रमेय	Locus	निधि
Liquifaction	द्रवण	Body locus	काय निधि
Liquified	द्रवित	Centre locus	केन्द्र निधि
Liquify	द्रवित होना	Conic locus	शांकव निधि
Liquid	द्रव	Cusp locus	निशित निधि
Fluid	तरल.	Cuspidal locus	निशित निधि
Gas	गैस	Envelope locus	कोश निधि
Solid	ठोस	Equilibrium locus	साम्य निधि
Liquid measure	द्रव माप	Friction locus	घर्षण निधि
Liquid pressure	द्रव निपीड	Geometrical locus	ज्यामितीय निधि
Head of a liquid	द्रवोत्सेध	Nodal locus	पात निधि
List	सूची	Node locus	पात निधि
Literal	आक्षरिक	Orthoptic locus	समकोणज निधि
Literal coefficient	आक्षरिक गुणक	Pedal locus	पदिक निधि
Literal constant	आक्षरिक अचल	Space locus	अवकाश निधि
Literal equation	आक्षरिक समीकरण	Tac locus	स्पर्शबिन्दु निधि
Literal expression	आक्षरिक व्यंजक	L	ला
Literal notation	आक्षरिक संकेतलिपि	Log	लघु
Literal magic squre	आक्षरिक माया वर्ग	Logarithm	लघुगणक, छेदा (र)
Litre	लिटर	Arithmetic complement of a logarithm	लघुगणक का दशपूरक
Little	थोड़ा, अल्प		
Much	बहुत, बहु	Base of a logarithm	लघुगणक का आधार
Load	बोझ	Brigg's logarithm	ब्रिग लघुगणक
Load curve	बोझ वक्र	Characteristic of a logarithm	लघुगणक का पूर्णांश
Continuous load	सतत बोझ	Common logarithm	साधारण लघुगणक
Loaded	बोझ ग्रस्त	Gauss' logarithm	गाउस लघुगणक
Loan	ऋण, उधार	Generalised logarithm	व्याप्त लघुगणक
Loan value	ऋण का मान	Hyperbolic logarithm	अतिपरवलीय लघुगणक
Lobachewsky's method	लोबाच्यूस्की विधि	Inverse logarithm	उत्क्रम लघुगणक
Local	स्थानीय	Mantissa of a logarithm	लघुगणक का भिन्नांश
Local curve	स्थानीय वक्र	Napierian logarithm	नेपियरी लघुगणक
Local plane	स्थानीय समतल	Natural logarithm	प्राकृतिक लघुगणक
Local probability	स्थानीय सम्भाव्यता	Real logarithm	वास्तविक लघुगणक
Local value	स्थानीय मान	Method of logarithms	लघुगणक विधि
Location of roots	मूलों की स्थिति	Successive logarithms	उत्तरोत्तर लघुगणक
Locking	ताला, ताला लगाना, बन्द करना	Table of logarithms	लघुगणक तालिका
Locking of teeth	दन्तरोध	Tabular logarithms	तालिकाबद्ध लघुगणक

Logarithmic=logarithmical लघुगणकीय
Logarithmic calculation लघुगणकीय परिकलन
Logarithmic coordinates लघुगणकीय नियामक
Logarithmic cosecant लघुगणकीय व्युज्या
Logarithmic cosine लघुगणकीय कोज्या
Logarithmic cotangent लघुगणकीय कोस्पज्या
Logarithmic criteria लघुगणकीय निकष
Logarithmic curve लघुगणकीय वक्र
Logarithmic decrement लघुगणकीय ह्रास
Logarithmic differentiation लघुगणकीय अवकलन
Logarithmic equation लघुगणकीय समीकरण
Logarithmic expression लघुगणकीय व्यंजक
Logarithmic function लघुगणकीय फलिन
Logarithmic graphing लघुगणकीय आलेखन
Logarithmic inequality लघुगणकीय असमता
Logarithmic .limit लघुगणकीय सीमा
Logarithmic plotting लघुगणकीय अंकन
Logarithmic potential लघुगणकीय विभव
Logarithmic scale लघुगणकीय स्केल
Logarithmic secant लघुगणकीय व्युकोज्या
Logarithmic series लघुगणकीय श्रेणी
Logarithmic sine लघुगणकीय ज्या
Logarithmic solution लघुगणकीय साधन
Logarithmic spiral लघुगणकीय सर्पिल
Logarithmic system लघुगणकीय संहति
Logarithmic table लघुगणकीय तालिका
Logarithmic tangent लघुगणकीय स्पर्शी
Logarithmic term पद
Logarithmic theorem प्रमेय
Logic तर्कशास्त्र, तार्किकी (र)
Logical तर्कसम्मत तर्कसंगत
Logically तर्क द्वारा
Logician तर्क शास्त्री, तार्किक
Logistic तर्कवाद
Lommel integral लोमेल अनुकल
Long दीर्घ
Short ह्रस्व
Long division दीर्घ भाग
Long period दीर्घ काल
Long radius दीर्घ त्रिज्या
Longitude रेखांश
Latitude अक्षांश
Longitudinal अनुरैखिक
Longitudinal mass अनुरैखिक मात्रा
Loo लू
Loop पाश
Loose ढीला
Loose end ढीला सिरा, स्वाधीन सिरा
Loose string ढीली डोरी
Loot लूट
Thieves and loot (Game) चोर और लूट (खेल)
Lorentz transformation लौरेण्ट्ज़ रूपान्तर
Lose अपचयन, खोना
Loss हानि
Loss of energy शान्ति का अपचय
Without loss of generality बिना व्यापकता के ह्रास के
Lost अपचयित
Lost energy अपचयित शक्ति
Lot 1. ढेरी, ढेर 2. भाग्य पत्र, पर्ची
Lottery लाटरी
Low निम्न, न्यून
High उच्च
Low pressure न्यून निपीड
Lower निम्न
Lower apsis निम्न आरात
Lower bound निम्न परिमा
Lower degree निम्न घात
Lower derivative निम्न अवकलज
Lower limit निम्न सीमा
Lower order निम्न वर्ण
Lower sign निम्न चिह्न
Lowest अधम (र), लघुतम
Lowest common multiple लघुतम समापवर्त्य
Lowest terms लघुतम पद

Loxodrome अचलकोणी
Loxodromic अचलकोणीय
Loxoomic line अचलकोणीय रेखा
Loxodromic spiral अचलकोणीय सर्पिल
Loxodromic table अचलकोणीय तालिका
Lozenge समभुज
Lubbock's formula लुबक सूत्र
Luck भाग्य
Runs of luck भाग्य के फेर
Lump पिण्ड (र)
Body काय
Solid ठोस
Lune चन्द्रभ

M

Macculagh's theorem	मैकुलो प्रमेय
Machine	यन्त्र
Apparatus	साधित्र
Instrument	उपकरण
Machinery	संयन्त्र
Atwood's machine	ऐटूड यन्त्र
Calculating machine	परिकलन यन्त्र
Centrifugal machine	केन्द्रापसारी यन्त्र
Computing machine	संगणन यन्त्र
Integrating machine	अनुकलन यन्त्र
Modulus of a machine	यन्त्र का मापांक
Machinery	संयन्त्र (र)
Apparatus	साधित्र
Instrument	उपकरण
Machine	यन्त्र
Machinist	यन्त्रज्ञ
Maclaurin	मैक्लौरिन
Maclaurin integral test	मैक्लौरिन अनुकल परीक्षण
Maclaurin remainder	मैक्लौरिन शेष
Maclaurin series	मैक्लौरिन श्रेणी
Maclaurin theorem	मैक्लौरिन प्रमेय
Magic	जादू, माया
Magic addition	जादू का जोड़, माया योग
Magic constant	माया अचल
Magic lantern	माया दीप, जादू की लालटैन
Magic series	माया श्रेणी
Magic square	माय वर्ग
Composite magic square	यौगिक माया वर्ग
Literal magic square	आक्षरिक माया वर्ग
Orthogonal magic square	समकोणीय माया वर्ग
Magnet	चुम्बक
Central megnet	केन्द्रीय चुम्बक
Magnetic	चुम्बकीय
Magnetic body	चुम्बकीय काय
Magnetic curve	चुम्बकीय वक्र
Magnetic latitude	चुम्बकीय अक्षांश
Magnetic meridean	चुम्बकीय आम्योत्तर
Magnetism	चुम्बकत्व
Magnitude	परिमाण
Quantity	राशि, मात्रा
Size	आकार
Concrete magnitude	मूर्त राशि, मूर्त परिमाण
Geometrical magnitude	ज्यामितीय परिमाण
Quartile magnitude	चतुर्थी परिमाण
Main	मुख्य
Major	दीर्घ
Minor	लघु
Major arc	दीर्घ चाप
Major axis	दीर्घाक्ष
Major segment	दीर्घ खण्ड, दीर्घ अवधा
Major semi-axis	दीर्घ अर्घाक्ष
Semi-major axis	अर्ध दीर्घाक्ष
Malfater's circle	मल्फेटर वृत्त
Malleability	वर्द्धनीयता
Malleable	वर्द्धनीय
Brittle	भिदुर
Ductile	तन्य
Elastic	लचीला

Flexible नम्य
Hard कठिन
Plastic सुनम्य
Rigid दृढ़
Soft मृदु, कोमल
Tough कठोर
Viscous सान्द्र
Manage प्रबन्ध करना
Management प्रबन्ध
Manager प्रबन्धक
General manager व्यवस्थापक
Manifold बहुगुण
Manometer निपीडमापक
Compressed air manometer संपीडित वायु निपीडमापक
Mantissa भिन्नांश
Mantissa of a logarithm लघुगणक का भिन्नांश
Manufactory निर्माणशाला, निर्माणी (र)
Manufacture निर्माण
Manufactured निर्मित
Manufacturer निर्माता
Manufacturing निर्माण
Manuscript पाण्डुलिपि
Many बहुत, बहु
Few अल्प, थोड़े
Many valued बहुमानीय
Many valued function बहुमानीय फलिन
Map मानचित्र
Map drawing मानचित्रण
Marble संगमरमर
March मार्च
Marine सामुद्र
Marine barometer नाविक का दाबमापक
Mariner नाविक
Mariner's bottle नाविक की बोतल
Mariner's compass नाविक का दिग्सूचक
Mariote's bottle मैरियोट बोतल
Mark चिह्न
Class mark वर्ग चिह्न
Marked चिह्नित अंकित
Marked card चिह्नित ताश
Marked pawn चिह्नित पैदल
Market value बाज़ारू मूल्य
Marking चिह्नन
Marseille chess द्विचाली शतरंज
Mass मात्रा, द्रव्यमान
Mass (Dyn) जाड्य, जाड्य
A mass of 10 lbs. 10 पौण्ड का एक काय
Centre of mass मात्रा केन्द्र
Centroid of mass मात्रा केन्द्रव
Differential mass अवकल मात्रा
Element of mass मात्रा अल्पांश
Inertial mass जड़त्व मात्रा
Longitudinal mass अनुरैखिक मात्रा
Moment of mass मात्रा घूर्ण
Unit mass इकाई मात्रा
Without mass मात्राहीन, अमात्र
Mast मस्तूल
Mat चटाई, दरी
Matador (Game) माटाडोर, (खेल)
Match प्रतिद्वन्द्व
Mate सहचर
Fool's mate (Game) मूर्ख का सहचर (खेल)
Material भौतिक
Material body भौतिक काय
Material line भौतिक रेखा
Material particle भौतिक कण
Material point भौतिक बिन्दु
Material surface भौतिक पृष्ठ
Materialism भौतिकवाद
Materialist भौतिकवादी
Mathematical गणितीय
Mathematical induction गणितीय उद्गमन
Mathematical probability गणितीय सम्भाव्यता
Mathemetically गणितीय विधि से

Mathematics	गणित
Mathematics of finance	वित्त गणित
Applied Mathematics	प्रयोजित गणित
Pure Mathematics	शुद्ध गणित
School of Mathematics	गणित प्रणाली
Mathieu	मैथ्यू
Mathieu rule	मैथ्यू नियम
Mathieu function	मैथ्यू फलिन
Matrix	श्रेणिक
Array	सरणी
Determinant	सारणिक
Adjoint matrix	संलग्न श्रेणिक
Adjugate matrix	संलग्न श्रेणिक
Alternate matrix	एकान्तर श्रेणिक
Augmented matirx	आगमित श्रेणिक
Centro-symmetric matrix	केन्द्र-सम्मित श्रेणिक
Characteristic matrix	लक्षण श्रेणिक
Complex conjugate matrix	संकर अनुबद्ध श्रेणिक
Compound matrix	मिश्र श्रेणिक
Continuant matrix	वितान श्रेणिक
Diagonal matrix	विकर्ण श्रेणिक
Equivalent matrix	तुल्य श्रेणिक
Hermitian matrix	हर्मिटी श्रेणिक
Hessian matrix	हेसी श्रेणिक
Non singular matrix	अनपूर्व श्रेणिक
Null matrix	मोघ श्रेणिक
Orthogonal matrix	समकोणीय श्रेणिक
Partitioned matrix	विभाजित श्रेणिक
Quasi-scalar matrix	क्वदिश श्रेणिक
Rank of a matrix	श्रेणिक की पदवी
Singular matrix	अपूर्व श्रेणिक
Transposed matrix	पक्षान्तरित श्रेणिक
Transpose of a matrix	श्रेणिक का पक्षान्तर
Unimodular matrix	एकमापी रेणिक
Unit matrix	इकाई श्रेणिक
Unitary matrix	ऐकिक श्रेणिक
Wronskian matrix	रौन्स्की श्रेणिक

Matter	द्रव्य
Conservation of matter	द्रव्य संरक्षण
Isotropic matter	समधर्मी द्रव्य
Maxima	भूयिष्ठ बिन्दु
Maximum	भूयिष्ठ (र)
=Greatest	महत्तम
Greatest	महत्तम
Least	लघुतम
Minimum	अल्पिष्ठ
Maximum limit	महत्तम सीमा
Maximum modulus	महत्तम मापांक
Maximum of a function	फलिन का महत्तम, " " भूमिष्ठ
Maximum range	महत्तम गोचर
Maximum triangle	महत्तम त्रिभुज
Absolute maximum	निरपेक्ष महत्तम
Relative maximum	आपेक्षिक महत्तम
Maxwell's theorem	मैक्स्वेल प्रमेय
May	मई
Mayer's method	मेअर विधि
Mean	मध्यक
Average	माध्य
Mean axis	मध्यकाक्ष
Mean centre	मध्यक केन्द्र
Mean cruvature	मध्यक वक्रता
Mean density	मध्यक घनत्व
Mean deviation	मध्यक विचलन
Mean difference	मध्यक अन्तर
Mean error	मध्यक भ्रान्ति
Mean length	मध्यक लम्बाई
Mean ordinate	मध्यक कोटि
Mean point	मध्यक बिन्दु
Mean position	मध्यक स्थिति
Mean pressure	मध्यक निपीड
Mean proportion	मध्यकानुपात
Mean proportional	मध्यकानुपाती
Mean reserve	मध्यक संचिति

Mean square	मध्यक वर्ग
Mean terms	मध्य पद
Mean value	मध्यक मान
Mean value theorem	मध्यक मान प्रमेय
Arithmetic mean	संख्यात्मक मध्यक
Centre of mean position	मध्यक स्थिति केन्द्र
Geometric mean	गुणोत्तर मध्यक
Harmonic mean	हरात्मक मध्यक
Law of the mean	मध्यक नियम
Weighted mean	भाराक्रान्त मध्यक
Meaning	अर्थ
Extended meaning	विस्तृत अर्थ
Physical meaning	भौतिक अर्थ
Means	साधन
Instrument	उपकरण
Means	मध्य पद
Extremes	बाह्यपद
Measurable	मापनीय
Measure	माप, मापांक
Measure code	माप, संकेत
Measure of variability	विचलता माप
Angular measure	कोणीय मापांक, कोणीय माप
Board measure	पट्ट माप
Circular measure	वर्तुल माप
Common measure	सार्व माप
Cubic measure	घन माप
Decimal measure	दशमलव माप
Dry measure	शुष्क माप
Exterior measure	बाह्य माप
Greatest common measure	महत्तम समापवर्तक
Interior measure	अन्तर्माप
Jordan measure	जौर्डन माप
Land measure	भू माप
Linear measure	एकविस्तारी माप
Numeried Measure	द्रव माप
Liquid measure	संख्यात्मक माप
Poinsot's measure	पौइन्सो माप
Radian measure	रेडियन माप
Rate measure	अर्घ माप
Sexagesimal measure	षड्दशांशिक माप
Solid measure	ठोस माप
Square measure	वर्ग माप
Surveyor's measure	परिमापक का माप
Sylvester's measure	सिल्वेस्टर माप
Unit of measure	माप की इकाई
Word measure	काष्ठ माप
Weights and measures	नाप तौल
Measurement	माप, मापन
Angular measurement	कोणीय माप
Land measurement	भू माप, भू मापन
Measurer	मापक
Rate measurer	अर्घ मापक
Measuring	मापन
Mechanic	यन्त्रकार
Mechanic's rule	यन्त्रकार की पटरी
Mechanical	यान्त्रिक
Mechanical advantage	यान्त्रिक लाभ
Mechanical construction	यान्त्रिक रचना
Mechanical disadvantage	यान्त्रिक हानि
Mechanical equivalent of heat	ताप का यान्त्रिक तुल्यांक
Mechanical integrator	यान्त्रिक अनुकलक
Mechanical method	यान्त्रिक विधि
Mechanical problem	यान्त्रिक प्रश्न
Mechanical property	यान्त्रिक गुण
Mechanically	यन्त्रबत, यान्त्रिक विधि से
Mechanician	यन्त्रज्ञ
Mechanics	यान्त्रिकी (र)
Dynamics	प्रावैगिकी, गतिविज्ञान
Kinematics	गतिगणित
Kinetics	गतिशास्त्र
Statics	स्थैतिकी
Analytical mechanics	वैश्लेषिक यान्त्रिकी
Celestial mechanics	खगोलीय यान्त्रिकी
Newtonian mechanics	न्यूटोनी यान्त्रिकी

Machanism	यन्त्र रचना
Mechanist	यन्त्रकार
Medial section	माध्यमिक काट
Median	माध्यिका
Median deviation	माध्यिका विचलन
Median point	माध्यिका बिन्दु
Medium	माध्यम
Heterogeneous medium	विषमांग माध्यम
Homogeneous medium	समांग माध्यम
Resisting medium	प्रतिरोधक माध्यम
Meet	मिलना
Meeting	मिलन
Meeting point	मिलन बिन्दु
Member	सदस्य
Membership	सदस्यता
Membrane	जाली
Flexible membrance	नम्य जाली
Stretched membrane	तनी हुई जाली
Memoir	गवेषणा-लेख
Mensuration	क्षेत्रमिति
Mental	मानसिक
Mentality	मनोवृत्ति
Mercator	मर्केटर
Mercator's chart	मर्केटर का लेखाचित्र
Mercator's projection	मर्केटर का विक्षेप
Merchant's rule	व्यापारी की पटरी
Mercury	पारा
Meridean	याम्योत्तर
Meridean section	याम्योत्तर काट
Meridean zone	याम्योत्तर कटिबन्ध
Celestial meridean	खगोलीय याम्योत्तर
Magnetic meridean	चुम्बकी याम्योत्तर
Prime meridean	प्रधान याम्योत्तर
Principal meridean	मुख्य याम्योत्तर
Zero meridean	शून्य याम्योत्तर
Meromorphic function	श्लेषिक फलिन
Mersenne	मर्सीन
Mersenne law	मर्सीन नियम
Mersenne number	मर्सीन संख्या
Mersenne test	मर्सीन परीक्षण
Mersenne theorem	मर्सीन प्रमेय
Mertin	मर्टिन
Mertin test	मर्टिन परीक्षण
Mesh system	जालान्तर संहति
Metacentre	मितकेन्द्र
Metacentric evolute	मितकैन्द्रिक केन्द्रज
Metal	धातु
Metamathematics	मितगणित
Meter=metre	मीटर
Meter scale	मीटर स्केल
Method	विधि
Procedure	कार्यविधि, कार्यप्रणाली
Process	विधा
Technique	प्रक्रिया
Method of compounding	संयोजन विधि
Method of differences	अनन्तर विधि
Method of division	भाग विधि
Method of divisors	भाजक विधि
Method of exhaustion	निश्शेषण विधि
Method of increments	वृद्धि विधि
Method of indirect proof	परोक्ष उपपत्ति विधि
Method of integration by parts	खण्डानुकलन विधि
Method of inversion	उत्क्रमण विधि
Method of last squares	न्यूनतम वर्ग विधि
Method of limits	सीमा विधि
Method of logarithms	लघुगणक विधि
Method of recurrence	पुनरावर्तन विधि
Method of reduction formula	लघुकरण सूत्र विधि
Method of sections	परिच्छेद विधि
Method of substitution	आदेश विधि
Method of trial and error	परख भूल विधि
Method to be discussed	पर्यालोचनीय विधि
Abbreviated method	संक्षिप्त विधि
Alternative method	विकल्प विधि

Ampere's method ऐम्पियर विधि
Analytical method वैश्लेषिक विधि
Appraisal method आगणन विधि
Arbogast's Method अर्बोगास्ट विधि
Bezout's method बिजूर विधि
Cantor's method कैण्टर विधि
Cardan's method कार्डन विधि
Cauchy's method कौशी विधि
Charpit's method चार्पिट विधि
Column method स्कन्ध विधि
Curvilinear method वक्रात्मक विधि
Darboux's method डार्बो विधि
Deby's method डेबी विधि
Dedekind's method डेडीकाइण्ड विधि
Deductive method निगमन विधि
Dyalytic method विश्लेषक विधि
Edgeworth's method ऐज्वर्थ विधि
Frobenius' method फ्रोबीनियस विधि
Geometrical method ज्यामितीय विधि
Graeff's method ग्रैफ विधि
Horner's method हौर्नर विधि
Jacobi's method जैकोबी विधि
Lobachewsky's method लोबाच्यूस्की विधि
Mayer's method मेअर विधि
Mechanical method यान्त्रिक विधि
Midrule method मध्यनियम विधि
Monge's method मौन्जे विधि
New method नवीन विधि
Newton's method न्यूटन विधि
Newton-Raphson method न्यूटन-रैप्सन विधि
Poisson's method पौयसौं विधि
Practical method व्यावहारिक विधि
Prony's method प्रोनी विधि
Recurrence method पुनरावर्तन विधि
Richelot's method रिशेलो विधि
Ruffini-Homer method रूफिनी-होमर विधि
Runge's method रुंज विधि
Six per cent method छः प्रतिशत विधि
Sixty day method साठ दिवस विधि
Sylvester's method सिल्वेस्टर विधि
Symbolical method सांकेतिक विधि
Synthetic method सांश्लेषिक विधि
Unitary method ऐकिक विधि
Whittaker's method विट्टेकर विधि
Sundry method फुटकर विधियाँ
Sundry standard methods फुटकर प्रामाणिक विधियाँ

Methodology प्रणाली
Metonic cycle चान्द्र चक्र
Metre मीटर
Metric 1. मीटरीय 2. मापात्मक
Metric density मीटिरीय घनत्व
Metric property मापात्मक गुण
Descriptive property वर्णनात्मक गुण
Metric system मीटरी पद्धति
Metric unit मीटरी इकाई
Meunier's theorem म्यूनियर प्रमेय
Michelson-Morley experiment मिकेल्सन-मौर्ले प्रयोग
Mid मध्य
Midday दोपहर, मध्यदिन
Mid-line मध्य रेखा
Midnight मध्यरात्रि
Mid-ordinate rule मध्य-कोटि नियम
Mid-perpendicular मध्य-लम्ब
Mid point मध्य बिन्दु
Mid rule मध्य नियम
Mid rule method मध्य नियम विधि
Mid section मध्य काट
Midsummer मध्य ग्रीष्म
Middle मध्य
Middle latitude मध्य अक्षांश
Middle point मध्य बिन्दु
Middle term मध्य पद
Excluded middle वर्जित मध्य
Mile मील

Geographical mile भौगोलिक मील
Nautical mile नाविक मील
Milk दूध, दुग्ध
Milky way आकाश गंगा
Mill मिल
Milliard अरब
Millimeter मिलीमीटर
Million दस लाख
Hundreds of million दस करोड़
Hundreds of thousands of million खरब
Tens of million करोड़
Tens of thousands of million दस अरब
Thousands of million अरब
Millionaire लखपति
Minding's theorem माइण्डिग प्रमेय
Minima अल्पिष्ठ बिन्दु (र)
Minimal लघुतमी
Minimal surface लघुतमी पृष्ठ
Minimisation लघुतमीकरण
Minimise लघुतमीकरण करना
Minimised लघुतमीकृत
Minimising लघुतमीकरण
Minimum अल्पिष्ठ (र)
=Least लघुतम
Greatest महत्तम
Least लघुतम
Maximum महत्तम, भूयिष्ठ
Minimum limit लघुतम सीमा
Minimum of a function फलिन का अल्पिष्ठ, फलिन का लघुतम
Absolute minimum निरपेक्ष लघुतम
Relative minimum आपेक्षिक लघुतम
Minor 1. लघु 2. उपसारणिक
Major दीर्घ
Minor arc लघु चाप
Minor axis लघ्वक्ष
Minor segment लघु खण्ड, लघु अवधा
Minor semi-axis लघु अर्धाक्ष
Complementary minor पूरक उपसारणिक
Principal minor मुख्य उपसारणिक
Minuend वियोज्य
Minus वियुत (र)
Plus युत
Minute (Angle) कला (कोण)
(Time) मिनट (समय)
Mirage मृगजल
Mirror दर्पण
Mirror image दर्पण प्रतिबिम्ब
Miscellaneous विविध
Mixed मिश्र
Mixed decimal मिश्र दशमलव
Mixed fraction मिश्र भिन्न
Mixed number मिश्र संख्या
Mixed quantity मिश्र राशि
Mixed recurring decimal मिश्र आवर्त दशमलव
Mixed surd मिश्र करणी
Mixture मिश्रण
Mm. मिमी
Mobius मोबियस
Mobius band मोबियस बन्ध
Mobius function मोबियस फलिन
Mobius theorem मोबियस प्रमेय
Mode रीत
Model प्रतिमान (रा)
Modern आधुनिक
Modification संशोधन, रूपभेद
Modified संशोधित
Modul मोदल
Modular मापांकी
Modular equation मापांक समीकरण
Modular function मापांक फलिन
Modular group मापांकी समुदाय
Module मापांक

Modulo	अपवर्तनांक	Principal moment	मुख्य घूर्ण
Modulus	मापांक	Product moment	गुणनफल घूर्ण
Modulus denotes absolute	मापांक निरपेक्ष मान	Second moment	द्वितीय घूर्ण
Value	निरूपित करता है	Statical moment	स्थिति घूर्ण
Modulus of a complex	संकर राशि का मापांक	Virtual moment	आभास घूर्ण
number		Axis of moments	घूर्णाक्ष
Modulus of a machine	यन्त्र का मापांक	Couple of moments	घूर्ण बलयुग
Mudulus of an imaginary	काल्पनिक राशि का मापांक	Curve of moments	घूर्ण वक्र
quantity		Differential of moments	घूर्ण अवकल
Modulus of a system of	लघुगणक संहति का मापांक	Element of moments	घूर्ण अल्पांश
logarithms		Plane of moments	घूर्ण समतल
Modulus of conversion	परिवर्तन मापांक	Momental	घूर्णीय
Modulus of elasticity	लोच मापांक	Momentl ellipse	घूर्ण दीर्घवृत्त
Mosulus of precision	यथार्थता का मापांक	Momental ellipsoid	घूर्ण दीर्घवृत्तज
Congruence modulus	संशेषता मापांक	Momentary	क्षणिक
Legendre modulus	लेजाण्ड्र मापांक	Momentum	आवेग
Maximum modulus	महत्तम मापांक	Angular momentum	कोणीय आवेग
Young's modulus	यंग मापांक	Linear momentum	रैखिक आवेग
Moigno's definition	मौयनो व्याख्या	Moment of momentum	आवेग घूर्ण
Molecular energy	अणुक शक्ति	Monge	मौन्जे
Molecule	अणु	Monge's equation	मौन्जे समीकरण
Moment	1. घूर्ण 2. क्षण	Monge's expression	मौन्जे व्यंजक
Moment of a couple	बलयुग का घूर्ण	Monge's form	मौन्जे रूप
Moment of a curve	वक्र घूर्ण	Monge's form of solution	हल का मौन्जे रूप
Moment of a force	बल घूर्ण	Monge's method	मौन्जे विधि
Moment of an area	क्षेत्रफल घूर्ण	Monge's shuffle	मौन्जे बाँट
Moment of flexure	नमन घूर्ण	Monomial	एकपद
Moment of inertia	जड़त्व घूर्ण	Binomial	द्विपद
Moment of mass	मात्रा घूर्ण	Multinomial	बहुपद
Moment of momentum	आवेग घूर्ण	Polynomial	बहुपद
Moment plare	घूर्ण समतल	Trinomial	त्रिपद
Astatic moment	सुस्थिति घूर्ण	Monomial expression	एकपद व्यंजक
Axis of no moment	शून्य घूर्ण अक्ष	Monomial factor	एकपद अपवर्तक
Bending moment	नमन घूर्ण	Monomial surd	एकपद करणी
Bending moment curve	नमन घूर्ण वक्र	Monotone	एकस्वन
Conservation of moment	घूर्ण संरक्षण	Monotonic	एकस्वनी
Frequency moment	बारम्बारता घूर्ण	Monotonic decreasing	एकस्वनी ह्रासमय

Monotonic increasing	एकस्वनी वृद्धिमय
Monotonic sequence	एकस्वनी अनुक्रम
Montford's stransformation	मौण्टफोर्ड रूपान्तर
Month	मास, महीना
Moon	चाँद, चन्द्रमा
Cycle of the moon	चाँद चक्र
More	अधिक
Less	कम, थोड़ा
Morera's theorem	मौरेरा प्रमेय
Morley	मौर्ले
Michelson-Morley experiment	मिकेल्सन-मौर्ले प्रयोग
Mortality	मरण
Mortality curve	मरण वक्र
Mortality force	मरण बल
Mortality rate	मरण अर्घ
Mortality table	मरण तालिका
Rate of mortality	मरण अर्घ
Morten's theorem	मौर्टेन प्रमेय
Most	1. अधिकतम 2. अधिकांश
Most general solution	व्यापकतम साधन, सब से व्यापक हल
Most nearly continuous	अधिकतम लगभग सतत
Most probable	सम्भाव्यतम
Most probable error	सम्भाव्यतम भ्रान्ति
Motion	गति
Motion along a curve	वक्र पर गति
Motion down a curve	वक्र पर अधोमुखी गति
Motion down a plane	समतल पर अधोमुखी गति
Motion of a top	लट्टू की गति
Accelerated motion	वर्द्धित गति, त्वरित गति
Acceleratory motion	वर्धमान गति
Angular motion	कोणी गति
Brownian motion	ब्राउनी गति
Circular motion	वर्तुल गति
Constant motion	अचल गति, समान गति
Constrained motion	नियन्त्रित गति
Curvilinear motion	वक्र गति
Cyclical motion	चक्रीय गति
Cycloidal motion	चक्रजी गति
Direction of motion	गति की दिशा
Discontinuous motion	असतत गति
Downward motion	अधोमुखी गति
Elliptic motion	दीर्घवृत्तीय गति
Equation of motion	गति समीकरण
General curvilinear motion	व्यापक वक्रात्मक गति
Harmonic motion	हरात्मक गति
Impossible motion	असम्भव गति
Law of motion	गति नियम
Non-harmonic motion	अहरात्मक गति
Oscillatory motion	दोलन गति
Parabolic motion	परवलीय गति
Periodic motion	आवर्त गति
Perpetual motion	चिरस्थायी गति
Planetary motion	ग्रहीय गति
Precessional motion	पुरः सरण गति
Rectilinear motion	ऋजुरेख गति
Relative motion	आपेक्षिक गति
Retarded motion	ह्रसित गति
Rigid motion	दृढ़ गति
Rotational motion	परिभ्रमण गति
Rotatary motion	परिभ्रमण गति
Screw motion	पेंचदार गति
Shearing motion	विरूपण गति
Simple harmonic motion	सरल आवर्त गति
Stable motion	स्थायी गति
Stationary motion	स्तब्ध गति
Steady motion	धीर गति
Tanslatory motion	स्थानान्तरण गति
Type of motion	गति का प्रकार
Undulatory motion	हिलोरित गति
Uniform motion	एकरूप गति
Uniform circular motion	एकरूप वर्तुल गति
Variable motion	विचल गति

Vertical motion	ऊर्ध्व गति
Vibratory motion	कम्पन गति
Vortex motion	भँवर गति
Motor	मोटर
Motor car	मोटर कार
Mould	साँचा
Mountain	पहाड़, पर्वत
Mouse trap	चूहे दान
Mouth	मुँह
Mouthpiece	मुखनाल
Borda's mouthpiece	बोर्डा मुखनाल
Movability	गतिशीलता
Movable	गतिशील
Movement	गतिगमन
Move	हिलना, चलना
Moving	गतिमान
Moving area	गतिमान क्षेत्र
Moving axis	गतिमान अक्ष
Moving point	गतिमान बिन्दु
Moving sphere	गतिमान गोला
M-test	म-परीक्षण
Much	बहुत, बहु
Little	थोड़ा, अल्प
Mud	कीच, कीचड़
Muggins (game)	मगिन
Multiform	बहुरूप, अनेकरूप
Uniform	एकरूप
Multiform function	बहुरूप फलिन
Multigrade	बहुसम्बन्ध
Multi-magic	बहुजाल
Multinomial	बहुपदी, बहुपद
Binomial	द्विपद
Monomial	एकपद
Polynomial	बहुपद
Trinomial	त्रिपद
Multinomial theorem	बहुपद प्रमेय
Multipartite	बहुंशी
Multiple	1. गुणज अपवर्त्य 2. बहुलक
Multiple angle	बहुलक कोण
Multiple integral	बहुलक अनुकल
Multiple point	बहुलक बिन्दु
Multiple real root	बहुलक वास्तविक मूल
Mutiple root	बहुलक मूल
Multiple tangent	बहुलक स्पर्शी
Multiple valued	बहुमानीय
Multiple valued function	बहुमानीय फलिन
Multiple valuedness	बहुमानीयता
Common multiple	समापवर्त्य
Last multiple	लघुतम अपवर्त्य
Least common multiple	लघुतम समापवर्त्य
Lowest common multiple	लघुतम समापवर्त्य
Multiplicand	गुण्य
Multiplication	गुणन
Multiplication formula	गुणन सूत्र
Multiplication of vectors	सदिश गुणन
Multiplication table	गुणन तालिका
Abridged multiplication	संक्षिप्त गुणन
Algebraic multiplication	बीजगणितीय गुणन
Compound multiplication	मिश्र गुणन
Contrated mutiplication	संक्षिप्त गुणन
Cross multiplication	तिर्यक् गुणन
Scalar multiplication	अदिश गुणन
Sign of multiplication	गुणन चिह्न
Vector multiplication	सदिश गुणन
Multiplicative number	गुणनात्मक संख्या
Cardinal number	गणनात्मक संख्या
Ordinal number	क्रमात्मक संख्या
Multiplicity	बहुलकता
Multiplier	गुणक
Indeterminate multiplier	अनिर्णीत गुणक
Jacobi's multiplier	जैकोबी गुणक
Last multiplier	अन्तिम गुणक
Use of multipliers	गुणकों का प्रयोग
Multiply	गुणन करना

Multiply connected	बहुलगन्वित	Mutual invariant	पारस्परिक निश्चल
Simply connected	सरलतः अन्वित	Mutuality	पारस्परिकता
Multiply periodic	बहु परावर्त	Mutually	परस्पर
Music	संगीत	Mutually apolar	परस्पर अभिध्रुवी
Musical	संगीतमय	Mutually equiangular	परस्पर समानकोण
Musical instrument	संगीत यन्त्र	polygons	बहुभुज
Mutual	पारस्परिक	Mutually equilateral	परस्पर समभुजीय
Mutual action	पारस्परिक क्रिया	polygons	बहुभुज
Mutual attraction	पारस्परिक आकर्षण	Mutually exclusive events	परस्पर अपवर्जी घटनायें
Mutual energy	पारस्परिक शक्ति	Muzzle velocity	मुख वेग

N

n (given number) any	ग ('गच्छ'-प्राचीन शब्द)
n (number)	सं (संख्या)
Napier	नेपियर
Napierian base	नेपियरी आधार
Napierian logarithm	नेपियरी लघुगणक
Natural	प्राकृतिक
Natural coordinates	प्राकृतिक नियामक
Natural cosine	प्राकृतिक कोज्या
Natural Geometry	प्राकृतिक ज्यामिति
Natural logarithm	प्राकृतिक लघुगणक
Natural number	प्राकृतिक संख्या
Natural premium	प्राकृतिक प्रीमियम
Natural scale	प्राकृतिक स्केल, मापनी
Natural sine	प्राकृतिक ज्या
Natural tangent	प्राकृतिक स्पर्शी
Naturalism	प्रकृतिवाद
Naturalist	प्रकृतिवादी
Naturally	प्रकृतितः, प्राकृतिक रूप से
Nature	प्रकृति
Nature of Algebra	बीजगणित की प्रकृति
Nature of the problem	समस्या की प्रकृति
Naught=Nought	शून्य
Nautical	सामुद्र
Nautical mile	सामुद्र मील, नाविक मील
Naval battle	जल युद्ध
Near	निकट, समीप
Near approximation	निकट उपनयन
Nearer	निकटतर
Nearer approximation	निकटतर उपनयन
Nearest	निकटतम
Nearest approximation	निकटतम उपनयन
Nearest pie	निकटतम पाइ
Nearly	लगभग
Nearly continuous	लगभग सतत
Nearly spherical	लगभग गोलाकार
Nearness	निकटता
Necessary	आवश्यक
Necessary condition	आवश्यक शर्त, आवश्यक अनुबन्ध
Necessary and sufficient	आवश्यक और पर्याप्त
Necessity	आवश्यकता
Needle problem	सूई की समस्या
Negative	ऋणात्मक, ऋण
Positive	धनात्मक, धन
Negative angle	ऋण कोण
Negative correlation	ऋण बन्धुता
Negative curvature	ऋण वक्रता
Negative direction	ऋण दिशा
Negative exponent	ऋण घातांक
Negative index	ऋण घातांक
Negative integer	ऋण पूर्णांक
Negative number	ऋण संख्या
Negative pedal	ऋण पदिक
Negative quantity	ऋण राशि
Negative series	ऋण श्रेणी
Negative side	ऋण पक्ष
Negative sign	ऋण चिह्न

English	Hindi	English	Hindi
First negative pedal	प्रथम ऋण पदिक	Neutral line	उदासीन रेखा
Neglect	उपेक्षा करना	Neutralisation	निराकरण
Neglected	उपेक्षित	Neutralise	निराकरण करना
Neglecting	उपेक्षण	Neutralised	निराकृत
Cancellation	निरसन	New	नवीन, नया
Crossing out	निरसन, काटना	New method	नवीन विधि
Deletion	अपमृजन	Newcomb theory	न्यूकूम्ब सिद्धान्त
Elimination	विलोपन	Newmann	न्यूमैन
Exclusion	अपवर्जन	Nemann's formula	न्यूमैन सूत्र
Ignoring	उपेक्षण	Newmann integral	न्यूमैन अनुकल
Leaving out	त्यजन	Newmann polynomial	न्यूमैन बहुपद
Omission	उत्सृजन	Newmann's problem	न्यूमैन समस्या
Rejection	अस्वीकरण	Newton	न्यूटन
Removal	अपनयन	Newton-Bessel formula	न्यूटन-बेसिल सूत्र
Vanishing	लोपन	Newton-Cotes formula	न्यूटन-कोट्स सूत्र
Negligibility	उपेक्षणीयता	Newton-Gauss formula	न्यूटन-गाउस सूत्र
Negligible	उपेक्षणीय	Newton-Gregory formula	न्यूटन-ग्रेगरी सूत्र
Neighbour	पड़ोसी	Newton-Raphson method	न्यूटन-रैफ्सन सूत्र
Neighbourhood	पड़ोसी	Newton-Stirling formula	न्यूटन-स्टर्लिंग सूत्र
Cross neighbourhood	तिर्यक् पड़ोसी	Newtonian Mechanics	न्यूटोनी यान्त्रिकी
Neighbouring	पड़ोसी	Newtonian potential	न्यूटोनी विभव
Net	जाल	Newtonian space	न्यूटोनी अवकाश
Net of circles	वृत्त जाल	newton's approximation	न्यूटन उपनयन
Net of particles	कण जाल	Neeton's formula	न्यूटन सूत्र
Net proceeds	शुद्ध उदय (र)	Newton's identity	न्यूटन एकात्म्य
Net profit	शुद्ध लाभ	Newton's Law	न्यूटन नियम
Plane net	समतल जाल	Newton's method	न्यूटन विधि
Network	जाली	Newton's principia	न्यूटन की प्रिन्सीपिया
Network of particles	कण जाली	Trident of Newton	न्यूटन त्रिदन्त
Neumann	नौयमन	Next	अगला
Neumann formula	नौयमन सूत्र	Consecutive	क्रमागत
Neumann polygon	नौयमन बहुभुज	Nicholson's hydrometer	निकल्सन द्रवमापक
Neumann problem	नौयमन समस्या	Nicomedes conicoid	निकोमिडीज़ शंकुज
Neuter (Chess)	विदूषक (शतरंज)	Nil-potent	शून्यक्षम
Neutral=Nutral	उदासीन	Nim (game)	निम (खेल)
Neutral axis	उदासीन अक्ष	Nine	नव, नौ
Neutral equilibrium	उदासीन साम्य	Nine-point circle	नव-बिन्दु वृत्त

Circumscribed circle परिलिखित वृत्त
Descibed circle उल्लिखित वृत्त
Escribed circle बाह्य वृत्त
Inscribed अन्तर्लिखित वृत्त
Nine-point conic नव-बिन्दु शांकव
Nineteen उन्नीस
Nineteenth उन्नीसवाँ
Ninetieth नव्वेवाँ
Ninety नव्वे
Ninth नौवाँ
Nodal पातीय
Nodal line पात रेखा
Nodal locus पात निधि
Node पात निधि
Node law पात नियम
Node locus पात निधि
Biplanar node द्वितली पात
Conic node शंकु पात
Nodical पातीय
Nodoid पातज
Nomenclature नामावली
Definition व्याख्या, परिभाषा
Technical language परिभाखा
Terminology शब्दावली
Nominal annual rate नाम मात्र का वार्षिक अर्घ
Nomogram नियमालेख
Nomography नियमालेखन
Non-absolutely convergent अ-निरपेक्षतः संसृत
Nonagon नवभुज
Regular nonagon सम नवभुज
Nonary नवांशिक
Non-collinear असरैखिक
Non-conservative असंरक्षक
Non-contradiction अप्रतिवाद
Non-covergence असंसृति
Non-coplanar असमतली
Coplanar समतली
Skew विषमतली
Tortuous कुटिल
Uniplanar एकतली
Non-dense अघना
Non-differentiability अनवकलनशीलता
अनवकलनीयता
Non-differentiable अनवकलनशील, अनवकलनीय
Non-Euclidean Geometry अनयूक्लिडी ज्यामिति
Non-existence अनस्तित्व
Non-existent अविद्यमान
Non-harmonic motion अनावर्त गति
Non-homogeneous equatin विषमघात समीकरण
Nonie नवघातक
Non-integrability अननुकलनशीलता,
अनुकलनीयता
Non-integrable अननुकलनशील, अननुकलनीय
Non-intersecting अछेदक
Non-limiting असीमान्त
Non-limiting equilibrium असीमान्त साम्य
Non-linear अनेकघाती, अनेकघात
Non-linear equation अनेकघात समीकरण
Non-linearity अनेकघातित्व
Non-oscillatory अदोलनीय
Non-overlapping अप्रारोहक
Non-recurring अनावर्त
Non-redundant stiff frame अनतिरिक्त कठिन साँचा
Non-reflexive relation अप्रतिक्षेपी सम्बन्ध
Non-removable अनपनयनशील
Non-removable discontinuity अनपनयनशील असातत्य
Non-residue अनवशेष
Non-Riemannian Geometry अरीमानी ज्यामिति
Non-singular अनपूर्व
Non-Singular matrix अनपूर्व श्रेणिक
Non-summable असंकलनशील, असंकलनीय
Non-terminating अन्तहीन
Non-terminating continued fraction अन्तहीन वितत भिन्न

Non-trivial अतुच्छ
  Non-trivial solution अतुच्छ हल
Non-uniform=Multiform अनेकरूप, बहुरूप
  Heterogeneous विषमांग
  Homogeneous 1. समांग 2. समघात
  Uniform एकरूप
  Non-uniform continuity अनेकरूप सातत्य
  Non-uniform convergence अनेकरूप संसृति
  Non-uniform velocity अनेकरूप वेग, असमान वेग
Non-uniformity अनेकरूपता
Non-universality असर्वगतता
Noon दोपहर
Normal 1. अभिलम्ब 2. प्रकृत
  Tangent स्पर्शी
  Normal acceleration अभिलम्ब गतिवृद्धि
    Tangential acceleration स्पर्शी गतिवृद्धि
  Normal attraction अभिलम्ब आकर्षण
  Normal conjugate अभिलम्ब अनुबद्ध
  Normal curvature अभिलम्ब वक्रता
  Normal deformation प्रकृत विकार
  Normal derivative प्रकृत अवकलज
  Normal dispersion प्रकृत विकिरण
  Normal distribution प्रकृत विकलन
  Normal form प्रकृत रूप
  Normal frequency प्रकृत बारम्बारता
  Normal order प्रकृत क्रम
  Normal plane अभ्भिलम्ब समतल
  Normal pressure अभिलम्ब निपीड
  Normal reaction अभिलम्ब प्रतिक्रिया
  Normal resolution अभिलम्ब विश्लेषण
  Normal section अभिलम्ब परिच्छेद
  Normal stress अभिलम्ब चाँप
  Normal system प्रकृत संहति
  Normal transformation प्रकृत रूपान्तर
  Normal value प्रकृत मान
  Normal velocity अभिलम्ब वेग
    Tangential velocity स्पर्शी वेग
  Polar normal कोणीय अभिलम्ब
  Principal normal मुख्य अभिलम्ब
  Consecutive normals क्रमागत अभिलम्ब
Normally 1. अभिलम्बतः 2. प्रकृतितः
  Normally ordered प्रकृतितः क्रमित
North उत्तर
Northward उत्तरगामी
Northwards उत्तर की ओर
North-easter उत्तर-पूर्वी
Northerly उत्तरमुखी
Northern उत्तरी
Northerner उत्तरी
Northernmost सब से उत्तरी
North-wester उत्तर-पश्चिमी
Nota Bena टिप्पणी
Notation संकेतलिपि, संकेतना
  Abridged notation संक्षिप्त संकेतलिपि
  Continuation notation संतति संकेतलिपि
  Contracted notation संक्षिप्त संकेतलिपि
  Denary scale of notation दशांशिक संकेतलिपि पद्धति
  Factorial notation क्रमगुणन संकेतलिपि
  Functional notation फलिनीय संकेतलिपि
  Index notation घातांक संकेतलिपि
  Inverse notation उत्क्रम संकेतलिपि
  Literal notation आक्षरिक संकेतलिपि
  Scale of notation संकेतलिपि का स्केल
  Symbolic notation सांकेतिक लिपि
  Umbral notation छाया संकेतलिपि
Note 1. नोट 2. टिप्पणी
  Bank note बंक नोट
  Historical note ऐतिहासिक टिप्पणी
Notion भांव, धारणा
Nought शून्य
Novel नवीन
Novelty नवीनता
November नवम्बर
Nowhere कहीं नहीं

Nowhere dense कहीं भी घना नहीं
n sides ग भुजायें
n th class गवाँ वर्ग
n th derivative गवाँ अवकलज
n th root गवाँ मूल
n tuple point ग-क बिन्दु
Nucleus बीज
Nuisance कण्टक
Null मोघ
Null circle मोघ वृत्त
Null class मोघ वर्ग
Null cone मोघ शंकु
Null correlation मोघ बन्धुता
Null ellipse मोघ दीर्घवृत्त
Null function मोघ फलिन
Null line मोघ रेखा
Null matrix मोघ श्रेणिक
Null system मोघ संहति
Nullity मोघता
Law of nullity मोघता नियम
Number संख्या
Number couple संख्या युग्म
Number field संख्या क्षेत्र
Number interval संख्या अन्तराल
Number scale संख्या स्केल
Number sieve संख्या छलनी
Number system संख्या संहति
Number theory संख्या सिद्धान्त
Absolute number निरपेक्ष संख्या
Abstract number अमूर्त संख्या
Aleph number प्रानन्ती संख्या
Algebraic number बीजगणितीय संख्या
Aliquant part of a number संख्या का भिन्नांश
Aliquot part of a number संख्या का अंकांश
Amicable number मित्र संख्या
Any number of forces कई एक बल
Arithmetical number अंकगणितीय संख्या
Artificial number कृत्रिम संख्या
Automorphic number स्वाकारी संख्या
Bernoulli number बर्नोली संख्या
Biserial number द्विक्रमी संख्या
Cardinal number गणनात्मक संख्या
Circular number वर्तुल संख्या
Class number वर्ग संख्या
Complex number संकर संख्या
Complex conjugate number संकर अनुबद्ध संख्या
Composite number यौगिक संख्या, भाज्यसंख्या
Compound number मिश्र संख्या
Concrete number मूर्त संख्या
Conjugate complex number अनुबद्ध संकर संख्या
Consecutive numbers क्रमागत संख्यायें
Decimal number दशमलव संख्या
Defective number दूषित संख्या
Direction number दिशा संख्या
Duplicate number द्विगुणित संख्या
Euler number औयलर संख्या
Even number सम संख्या
Fairy number परी संख्या
Fermat number फर्मा संख्या
Fibonacci number फिबोनाकी संख्या
Figurate number सरूप संख्या
Finite number सान्त संख्या
Forcing number बल संख्या
Fractional number भिन्नात्मक संख्या
G-adic number ग-आंशिक संख्या
Generalised integral number व्याप्त पूर्णांक संख्या
Generalised number व्याप्त संख्या
Hamilton's number हैमिल्टन संख्या
Hexagonal number षड्भुजी संख्या
Hypercomplex number परासंकर संख्या
Imaginary number काल्पनिक संख्या
Index number घातांक संख्या
Infinite number अनन्त संख्या
Integral number पूर्णांक संख्या

Irrational number दुर्मेय संख्या
Linear number एकघात संख्या
Mersenne number मर्सीन संख्या
Mixed number मिश्र संख्या
Multiplicative number गुणनात्मक संख्या
Natural number प्राकृतिक संख्या
Negative number ऋण संख्या
Odd number विषम संख्या
Ordinal number क्रम संख्या
Pentagonal number पंचभुजी संख्या
Perfect number सम्पूर्ण संख्या
Polygonal number बहुभुजी संख्या
Positive number घन संख्या
Power of a number संख्या का घात
Prime number अभाज्य संख्या, रूढ़ संख्या
Quadrangular number चतुष्कोणी संख्या
Quadratic surd number वर्ग करणी संख्या
Rational real algebraic number सुमेय वास्तविक बीजगणितीय संख्या
Rational number सुमेय संख्या
Real Algebraic number वास्तविक बीजगणितीय संख्या
Real number वास्तविक संख्या
Reciprocal number व्युत्क्रम संख्या
Redundant number अतिरिक्त संख्या
Relative number आपेक्षिक संख्या
Serial number क्रम संख्या
Signed number चिह्नित संख्या
Square number वर्ग संख्या
Transcendental number बीजातीत संख्या
Transfinite number अतीत संख्या
Triangular number त्रिभुजी संख्या
Unit number इकाई संख्या
Whole number पूर्ण संख्या
Alternate numbers एकान्तर संख्यायें
Battle of numbers संख्या संग्राम
Congruent numbers संशेष संख्यायें
Incommensurable numbers असमेय संख्यायें
Science of numbers संख्या विज्ञान
Table of numbers संख्या सारिणी, संख्या तालिका
Theory of numbers संख्या सिद्धान्त

Numberless संख्याहीन

Numeral संख्यांक
Numeral equation संख्यांक समीकरण
Roman numerals रूमी

Numeration संख्योल्लेखन

Numerator अंश
Denominator हर
Numerator of a fraction भिन्न का अंश

Numerical संख्यात्मक
Numerical angle संख्यात्मक कोण
Numerical approximation संख्यात्मक उपनयन
Numerical coefficient संख्यात्मक गुणक
Numerical Common factor संख्यात्मक समापवर्तक
Numerical determinant संख्यात्मक सारणिक
Numerical equation संख्यात्मक समीकरण
Numerical evaluation संख्यात्मक मान निकालना
Numerical emasure संख्यात्मक माप
Numerical pastime संख्यात्मक क्रीड़ा
Numerical quantity संख्यात्मक राशि
Numerical value संख्यात्मक मान
Numerical verification संख्यात्मक सत्यापन

Numerically संख्यानुसार

Numerology गणनांक विद्या

Numerous अनेक

Nutation अक्षविचलन
Period of nutation अक्षविचलनांक

O

English	Hindi
Object	1. वस्तु 2. उदेश्य
Objection	आपत्ति
Objectionable	आपत्तिजनक
Oblate spheroid	लघ्वक्ष उपगोल
Prolate spheroid	दीर्घाक्ष उपगोल
Oblique	तिर्यक्
Secant	छेदक
Transversal	भेदिका
Oblique angle	तिर्यक् कोण
Oblique cone	तिर्यक् शंकु
Oblique coordinates	तिर्यक् नियामक
Oblique cylinder	तिर्यक् बेलन
Oblique frustum	तिर्यक् छिन्नक
Oblique impact	तिर्यक् संघात
Direct impact	समक्ष संघात
Oblique line	तिर्यक् रेखा
Oblique parallelopiped	तिर्यक् समानाफलक
Oblique resolution	तिर्यक् विश्लेषण
Oblique section	तिर्यक् काट
Oblique triangle	तिर्यक् त्रिभुज
Obliquely	तिर्यक्तः
Oblong	आयत रूप
Observable	अवलोकनीय
Observation	अवलोकन
Observation equation	अवलोकन समीकरण
Albrecht's observation	ऐल्बेख्ट अवलोकन
Barometric observation	दाबमापक अवलोकन
Chandler's observation	चैण्डलर अवलोकन
Forster's observation	फौर्स्टर अवलोकन

English	Hindi
Graduation of observations =Smoothing of observations	अवलोकन मृदुकरण
Observatory	वेधशाला
Observer	अवलोकक
Obtuse angle	अधिक कोण
Acute angle	न्यून कोण
Obtuse angled	अधिक कोणीय, अधिक कोण
Obtuse angled triangle	अधिक कोण त्रिभुज
Obvious	प्रत्यक्ष
Ocean	समुद्र
Octahedral	अष्टफलकी
Octahedron	अष्टफलक
Octanary	अष्टांशिक
Octant	अष्टमांश
Octave	अष्टक
October	अक्तूबर
Odd	विषम
Even	सम
Odd function	विषम फलिन
Odd number	विषम संख्या
Odd permutation	विषम क्रमचय
Odd substitution	विषम आदेश
Odd terms	विषम पद
Off-set	अनुलम्ब
Ogive	अंकतोरण
Oil	तैल
Omega	औमेगा
Omicron	ओमीक्रौन
Omission	उत्सृजन

Cancellation निरसन
Crossing out उत्सृजन, काटना
Deletion अपमृजन
Elimination विलोपन
Exclusion अपवर्जन
Ignoring उपेक्षण
Leving out त्यजन
Neglecting उपेक्षण
Rejection अस्वीकरण
Removal अपनयन
Vanishing लोपन
Omit उत्सृजन करना
Omitted उत्सृष्ट
Omiting उत्सृजन
Once एक बार
One एक
One-dimensional एक-विस्तारी
One-compression एक-संपीडन
One-one correspondence एकैकी संवादिता
One-signed एक-चिह्नी
One-Valued एक-मानीय
Only one केवल एक
Only केवल, मात्र
Open खुला
Open interval खुला अन्तराल
Open region खुला प्रदेश
Opening (n) छिद्र, द्वार
Operand कर्म
Operate क्रिया करना
Operated क्रियाकृत
Operation क्रिया
Action कार्य, क्रिया
Algebraic operation बीजगणितीय क्रिया
Elementary operation प्राथमिक क्रिया
Fundamental operation मूल क्रिया
Impossible operation असम्भव क्रिया
Rational operation सुमेय क्रिया
Secondary operation क्रिया चिह्न
Reciprocal Operation व्युत्क्रम क्रिया
Sign of operation गौण क्रिया
Symbolic operation सांकेतिक क्रिया
Joint operation संयुक्त क्रियायें
Operational क्रियात्मक
Operational factor क्रियात्मक अपवर्तक
Operative क्रियाकारी
Operator कारक
Differential operator अवकल कारक
Hamiltonian operator हैमिल्टोनी कारक
Laplace operator लैप्लास कारक
Substitution operator आदेश कारक
Symbolic operator सांकेतिक कारक
Use as operator कारक के रूप में उपयोग
Oppolzer's table औपोल्ज़र तालिका
Opposite 1. सम्मुख, विमुख 2. विरुद्ध
Opposite angle सम्मुख कोण
Opposite Character विरुद्ध प्रकृति
Opposite force विरुद्ध बल विपरीत बल
Opposite form विरुद्ध रूप, विपरीत रूप
Opposite side सम्मुख भुजा
Opposite vertex सम्मुख शीर्ष
Diamterically opposite व्यासतः सम्मुख, व्यासतः विमुख
Symmetrically opposite सम्मिति सम्मुख, सम्मिति विमुख
Optic चाक्षुष
Optics चाक्षुषी (र)
Or अथवा, या
Either 1. किसी एक, कोई एक 2. या तो
Orbit कक्षा
Central orbit सकेन्द्र कक्षा
Closed orbit बन्द कक्षा
Critical orbit चरम कक्षा
Periodic orbit आवर्त कक्षा

Order — 1. वर्ण 2. क्रम
- Category — निकाय
- Class — वर्ग
- Family — कुल, वंश, परिवार
- Group — समुदाय
- Kind — प्रकार
- Species — जाति
- System — 1. संहति 2. पद्धति 3. व्यवस्था
- Type — प्ररूप
- Order function — क्रम फलिन
- Order of a surd — करणी वर्ण
- Order of contact — संस्पर्श वर्ण
- Order of difference — अन्तर वर्ण
- Order of equation — समीकरण वर्ण
- Order of infinity — अनन्ती का वर्ण
- Order of smallness — अल्पता का वर्ण
- Order of terms — पदों का क्रम
- Order of unit — इकाई का वर्ण
- Order of relation — सम्बन्ध का वर्ण
- Order type — क्रम प्ररूप
- Alphabetical order — अकारादि क्रम
- Ascending order — आरोह क्रम
- Axiom of order — वर्ण स्वयंसिद्धि
- Change of order — वर्ण परिवर्तन
- Contact of the first order — प्रथम वर्ण संस्पर्श
- Contact of the second order — द्वितीय वर्ण संस्पर्श
- Cyclic order — चक्र क्रम
- Descending order — अवरोह क्रम
- Different order — भिन्न क्रम
- Equation of the first order — प्रथम वर्ण समीकरण
- Equation of the second order — द्वितीय वर्ण समीकरण
- Infinitesimal of higer order — उच्चतर वर्ण अत्यल्प
- Infinitesimal of lower order — निम्नतर वर्ण अत्यल्प
- Infinitesimal of the first order — प्रथम वर्ण अत्यल्प
- Infinitesimal of the same order — एक ही वर्ण का अत्यल्प
- Infinitesimal of the second order — द्वितीय वर्ण अत्यल्प
- Inversion of order — क्रमोत्क्रमण
- Lexical order — कोषी क्रम
- Lower order — निम्न वर्ण
- Normal order — प्रकृत क्रम
- Relative order — आपेक्षिक क्रम

Ordered — क्रमित
- Ordered field — क्रमित क्षेत्र
- Ordered pair — क्रमित युग्म
- Ordered set — क्रमित कुलक
- Normally ordered — प्रकृतितः क्रमित
- Simply ordered — सरलतः क्रमित

Ordinal — क्रमात्मक
- Ordinal number — क्रमात्मक संख्या
- Cardinal number — गणनात्मक संख्या
- Multiplicative number — गुणनात्मक संख्या

Ordinarily — साधारणतः

Ordinary — साधारण
- Ordinary annuity — साधारण वार्षिकी
- Ordinary differential equation — साधारण अवकल समीकरण
- Ordinary discontinuity — साधारण असातत्य
- Ordinary interest — साधारण ब्याज
- Ordinary point — साधारण बिन्दु
- Ordinary stock — साधारण पूँजी

Ordinate — कोटि
- Abscissa — भुज
- Coordinates — नियामक
- Average ordinate — माध्य कोटि
- Double ordinate — द्विक् कोटि
- Mean ordinate — मध्यक् कोटि
- Axis of ordinates — कोट्यक्ष
- Composition of ordinates — कोटि संयोजन

Orifice — मुख, छिद्र, छेद

Origin मूलबिन्दु
Origin of coordinates नियामक मूलबिन्दु
Change of origin मूलबिन्दु परिवर्तन
pedal origin पदिक मूलबिन्दु
To the origin मूलबिन्दु तक
Original मौलिक
Fundamental आधारभूत
Primitive पूर्वज
Original value मौलिक मान
Orthocentre लाम्बिक केन्द्र
Circum-centre परिकेन्द्र
Centroid केन्द्रव
Ex-centre बहिष्केन्द्र
In-centre अन्तःकेन्द्र
Orthocentric लाम्बिक केन्द्रीय
Orthocentric quadrangle लाम्बिक केन्द्रीय चतुष्कोण
Orthocycle लाम्बिक चक्र
Orthogonal समकोणीय
Orthogonal bundle समकोणीय गुच्छ
Orthogonal circles समकोणीय वृत्त
Orthogonal conics समकोणीय शांकव
Orthogonal coordinates समकोणीय नियामक
Orthogonal magic square समकोणीय माया वर्ग
Orthogonal matrix समकोणीय श्रेणिक
Orthogonal projection समकोणीय विक्षेप
Conical Projection शंकीय विक्षेप
Cylindrical projection बेलनीय विक्षेप
Orthogonal substitution समकोणीय आदेश
Orthogonal surface समकोणीय पृष्ठ
Orthogonal system समकोणीय संहति
Orthogonal trajectory प्रक्षेपपथ
Orthogonal transformation समकोणीय रूपान्तर
Orthogonally समकोणतः
Cut orthogonally समकोणतः काटना
Orthoptic समकोणज
Orthoptic circle समकोणज वृत्त
Orthoptic curve समकोणज वक्र
Orthoptic locus समकोणज निधि
Orthosymmetric प्रसम्मित
Orthotomic समकोणछिन्न
Orthotomic circle समकोणछिन्न वृत्त
Orthotomy समकोणछिन्नता
Oscillate दोलित होना
Oscillated दोलित
Oscillating दोलन
Oscillating everywhere सर्वत्र दोलनीय
Oscillating product दोलक गुणनफल
Oscillating series दोलक श्रेणी
Oscillating string दोलक डोरी
Oscillation दोलन
Fluctuation डोलन
Vacillation डोलन
Axis of oscillation दोलनाक्ष
Centre of oscillation दोलन केन्द्र
Dampedo oscillation अवरुद्ध दोलन
Energy of oscillation दोलन शक्ति
Forced oscillation बलित दोलन
Free oscillation स्वच्छन्द दोलन
Harmonic oscillation हरात्मक दोलन
Period of oscillation दोलन आवर्तनांक
Torsional oscillation कुटिल दोलन
Oscillatory दोलक
Oscillatory motion दोलन गति
Osc-node आश्पात
Osculate आश्लेषण करना
Osculated आश्लिष्ट
Osculating आश्लेषण
Osculating circle आश्लेषण वृत्त
Osculating conic आश्लेषण शांकव
Osculating curve आश्लेषण वक्र
Osculating parabola आश्लेषण परवलय
Osculating plane आश्लेषण समतल
Osculation आश्लेषण
Point of osculation आश्लेषण बिन्दु

Osculatory आश्लेषक
  Osculatory sphere आश्लेषक गोला
Osculinflection आश्लेष्यनति
  Point of osculinflection आश्लेष्यनति बिन्दु
Otherwise इतरतः
Ounce छोड़ देना
Out बाहर
  Crossing out काटना
  Leaving out औंस
Outer बाह्य
  Outer polygon बाह्य बहुभुज
  Outer product बाह्य गुणनफल
  Outer set बाह्य कुलक
Outline बहीरेखा (र)
  Bound परिमा
  Boundary घेरा, पर्यन्त
  Circumference परिधि
  Contour नेमि
  Limit सीमा
  Perimeter परिमिति
  Periphery बाह्य रेखा
Outside के बाहर
Outward निर्गामी, बहिर्गामी
Outwards बाहर की ओर
Oval अण्डाकार, अण्डवृत्त
  Oval chuck अण्ड चपेटिका
  Oval of Cassini कैसिनी अण्डवृत्त
  Cartesian oval कार्तीय अण्डवृत्त
  Cassinian oval कैसिनी अण्डवृत्त
  Centric oval केन्द्र अण्डवृत्त
  Closed oval बन्द अण्डवृत्त
Overlap प्रारोहण करना
Overlapped प्रारोहित
Overlapping प्रारोहण
  Overlapping intervals प्रारोहक अन्तराल
  Overlapping roots प्रारोहक मूल
Overquadratic परावर्गात्मक
Overstiff पराकठिन
Over-ten (Game) दशातीत (खेल)
Over-tone परास्वर
Ovaid अण्डज

P

Pack of cards	ताश की गड्डी
P-adic	प-आंशिक
Painter	चित्रकार
Painting	चित्रकारी
Pair	युग्म, युगल
Pair of points	बिन्दु युग्म
Common pair	सार्व युग्म
Line pair	रेखा युग्म
Ordered pair	क्रमित युग्म
Symmetric pair	सम्मित युग्म
Pandects	रूमी मुक़द्दमे
Pan	पलड़ा
Scale-pan	तराज़ू का पलड़ा
Pan-magic square	विराट माया वर्ग
Paper	काग़ज़, पत्र
Coordinate paper	नियामक पत्र
Graph paper	आलेख पत्र
Ruled paper	रेखांकित पत्र
Sheet of paper	काग़ज़ का तख्ता
Squared paper	वर्ग पत्र
Pappus' Theorem	पैपस प्रमेय
Par	सम
Par of exchange	विनिमय समार्घ (र)
Par value	सम मूल्य
Above par	अधि मूल्य पर
At par	सम मूल्य पर
Below par	अव मूल्य पर
Para	पैरा
Parabola	परवलय
Ellipse	दीर्घवृत्त
Hyperbola	अतिपरवलीय
Parabola of Descartes	दकार्ते का परवलय
Cubical parabola	घन परवलय
Osculating parabola	आश्लेषण परवलय
Semi-cubical parabola	अर्ध घन परवलय
Parabolic	परवलीय
Parabolic asymptote	परवलीय अनन्तस्पर्शी
Parabolic catenary	परवलीय रज्जुवक्र
Parabolic coordinates	परवलीय नियामक
Parabolic curve	परवलीय वक्र
Parabolic cylinder	परवलीय बेलन
Parabolic cylinder function	परवलीय बेलन फलिन
Parabolic motion	परवलीय गति
Parabolic point	परवलीय बिन्दु
Parabolic sector	परवलीय शकल
Parabolic segment	परवलीय अवधा, परवलीय खण्ड
Parabolic spiral	परवलीय सर्पिल
Paraboloid	परवलयज
Paraboloid of revolution	परिक्रमण परवलयज
Elliptic paraboloid	दीर्घवृत्तीय परवलयज
Hyperbolic paraboliod	अतिपरवलीय परवलयज
Paraboloidal	परवलयजीय
Paradox	विरोधाभास
Burali-Forti Paradox	बुराली-फोर्टी विरोधाभास
Russell's Paradox	रसेल विरोधाभास
Zeno's Paradox	ज़ीनो विरोधाभास

Paragraph पैरा, कण्डिका (र)
Parallel समानान्तर
  Parallel asymptotes समानान्तर अनन्तस्पर्शी
  Parallel case अनुषंगी दशा
  Parallel circles समानान्तर वृत्त
  Parallel curves समानान्तर वक्र
  Parallel displacements समानान्तर विस्थापन
  Parallel forces समानान्तर बल
  Parallel lines समानान्तर रेखायें
  Parallel of latitude अक्षांश रेखा
  Parallel planes समानान्तर समतल
  Parallel pastulate समानान्तरंता अंवाध्योपक्रम
  Parallel projection समानान्तर विक्षेप
  Parallel rulings समानान्तर रेखायें
Parallelepiped=
  Parallelopiped समानाफलक
Parallelogram समानाभुज
  Parallelogram of accelerations गतिवृद्धि समानाभुज
  Parallelogram of displacements विस्थापन समानाभुज
  Parallelogram of forces बल समानाभुज
  Parallelogram of velocities वेग समानाभुज
  Heronian parallelogram हेरैनी समानाभुज
  Period parallelogram आवर्तन समानाभुज
  Uniform parallelogram एकरूप समानाभुज
Parallelogramical समानाभुजीय
Parallelopiped=
  Parallepiped समानाफलक
  Parallelopiped of velocities वेग समानाफलक
  Oblique parallelopiped तिर्यक् समानाफलक
  Rectangular parallelopiped आयताकार समानाफलक
  Right parallelopiped लाम्बिक समानाफलक
Parameter प्राचल (र)
  Constant अचल
  Invariable अविचल
  Variable चल
  Parameter of a diameter व्यास का प्राचल
  Parameter of distribution विकलन प्राचल
  Arbitrary parameter स्वेच्छ प्राचल
  Principal parameter मुख्य प्राचल
  Variable parameter प्राचल विचरण
  Variation of parameters विचल प्राचल
Parametric प्राचलीय, प्राचल–
  Parametric curve प्राचलीय वक्र
  Parametric equation प्राचलीय समीकरण
  Parametric representation प्राचलीय प्रदर्शन
Paranome परानियम
Parenthesis लघुकोष्ठक
  Braces धनुकोष्ठक
  Crotchets गुरुकोष्ठक
  Vinculum रेखा कोष्ठक
Parseval's Theorem पार्सीवल प्रमेय
Part भाग, अंश, अंग, खण्ड
  Aliquant part भिन्नांश
  Aliquant part of a number संख्या का भिन्नांश
  Aliquot part अंकाश
  Aliquoto part of a number संख्या का अंकांश
  Circular part वर्तुल अंश
  Component part संघटक
  Imaginary part काल्पनिक अंग
  Integral part पूर्णांश
  Principal part मुख्यांश
  Real part वास्तविक अंश
  Resolved part विश्लिष्ट अंश
  Second part द्वितीय अंश
  Secondary part गौण अंश
  Integration by parts खण्डानुकलन
  Principle of proportional parts अनुपाती भाग नियम
  Proportional parts अनुपाती भाग
Partial आंशिक
  Partial derivative आंशिक अवकलज
  Partial differential आंशिक अवकल

Partial differential coefficient आंशिक अवकल गुणक
Partial differential equation आशिक अवकल समीकरण
Partial differentiation खण्डावकलन
Partial fraction आंशिक भिन्न
Partial product आंशिक गुणनफल
Partial quotient आंशिक भजनफल
Partial remainder आंशिक शेष
Partial residue आंशिक अवशेष
Partial solution आंशिक साधन
Partial sum आंशिक योग
Partially अंशतः
Particle कण
Attracted particle आकृष्ट कण
Constrained particle नियन्त्रित कण
Dust particle धूलि कण, धूल का कण
Light particle हल्का कण
Material particle भौतिक कण
Repelling particle विकर्षक कण
Chain of particles कण शृंखला
Net of particles कण जाल
Network of particles कण जाली
System of particles कण संहति
Particular विशिष्ट
General व्यापक
Special विशेष
Particular case विशिष्ट दशा
Particular enunciation विशिष्ट प्रतिज्ञा
General enunciation साधारण प्रतिज्ञा
Particular integral विशिष्ट अनुकल
Partial Solalur विशिष्ट साधन
Partition विभाजन
Partitioned विभाजित
Partitioned matrix विभाजित श्रेणिक
Partitioning विभाजन
Partly अंशतः
Partner साझी
Partnership साझा

Pascal पास्कल
Pascal's principle पास्कल नियम
Pascal's Theorem पास्कल प्रमेय
Pascal's triangle पास्कल त्रिभुज
Limacon of Pascal पास्कल का मन्थरवक्र
Pass गुजरना, होकर जाना
Passage मार्ग
Passive निष्क्रिय
Passive resistance निष्क्रिय प्रतिरोध
Pastime क्रीड़ा
Numerical pastime संख्यात्मक क्रीड़ा
Path पथ
Path curve पथ वक्र
Path of projectile प्रक्षेप्य का पथ
Disturbed path अपकृष्ट पथ
Free path मुक्त पथ
Pawn (Chess) पैदल (शतरंज)
Marked pawn चिह्नित पैदल
Payment भुगतान
Contingent payment दैवयोगी भुगतान
P-discriminant प-विवेचक
Peacellier's cell पीसेलियर कुटी
Peak शिखर
Peano symbol पियैनो संकेत
Peano's syambolism पियैनो संकेतवाद
Pear सेब
Pear-shaped quartic सेब वक्र
Pearson पियर्सन
Pearson's coefficient पियर्सन गुणक
Pearson's criterion पियर्सन निकष
Pebble कंकड़
Peculiar विचित्र
Peculiarity वैचित्र्य, विशेषता
Pedal पदिक
Pedal area पदिक क्षेत्र
Pedal curve पदिक वक्र
Pedal quation पदिक समीकरण

Pedal locus पदिक निधि
Pedal origin पदिक मूलबिन्दु
Pedal Surrface पदिक पृष्ठ
Pedal triangle पदिक त्रिभुज
First negative pedal प्रथम ऋण पदिक
First positive pedal प्रथम धन पदिक
Negative pedal ऋण पदिक
Positive pedal धन पदिक
Peg खूँटी
Peg solitaire एकाकी खूँटी
Pelian equation पेली समीकरण
Pell's equation पेल समीकरण
Pelton wheel पेल्टन चक्र
Pence=Penny पेन्स, पेनी
Pencil 1. पेन्सिल 2. अवली
Pencil of circles वृत्तावली
Pencil of complexes संकलावली
Pencil of conics शांकवावली
Pencil of curves वक्रावली
Pencil of lines रेखावली
Pencil of planes समतलावली
Pencil of spheres गोलावली
Anharmonic pencil अहरात्मक रेखावली
Axial pencil अक्षीय रेखावली
Axis of a pencil रेखावली का अक्ष
Congruent pencil एकात्मक रेखावली
Flat pencil चपटी रेखावली
Harmonic pencil हरात्मक रेखावली
Homographic pencil एकैकीसंगत रेखावली
Involution pencil समुत्क्रमण रेखावली
Plane pencil समतल रेखावली
Polar pencil ध्रुवी रेखावली
Pendulum दोलक
Ballistic pendulum क्षेपण दोलक
Blackburn's pendulum ब्लैकबर्न दोलक
Circular pendulum वर्तुल दोलक
Compound pendulum मिश्र दोलक
Conical pendulum शंक्वाकार दोलक
Cycloidal pendulum चक्रजी दोलक
Double pendulum द्विक् दोलक
Foucalt's pendulum फूको दोलक
Horizontal pendulum क्षैतिज दोलक
Kater's pendulum केटर दोलक
Second's pendulum सेकिण्ड का दोलक
Simple equivalent pendulum सरल तुल्य दोलक
Simple pendulum सरल दोलक
Spherical pendulum गोलाकार दोलक
Penny=Pence पेनी, पेन्स
Pennyweight पेनीवेट
Pentad पंचक
Pentagon पंचभुज
Pentagon of Pythagon पिथैगोरस का पंचभुज
Regular pentagores सम पंचभुज
Pentagonal पंचभुजी
Pentagonal number पंचभुजी संख्या
Pentagonal pyramid पंचभुजी स्तूप
Pentahedron पंचफलक
Penultimate उपान्त्य
Penultimate convergent उपान्त्य संसृत
Penumbra उपच्छाया
Umbra छाया
P-equation प-समीकरण
Percent प्रतिशत
Percent error प्रतिशत भ्रान्ति
Precentage प्रतिशतता
Error percentage भ्रान्ति प्रतिशतता
Profit percentage लाभ प्रतिशतता
Rate percentage अर्घ प्रतिशतता
Percussion आघात
Centre of percussion आघात केन्द्र
Perfect सम्पूर्ण
Perfect cube सम्पूर्ण घन
Perfect differential सम्पूर्ण अवकल

Perfect fluid — सम्पूर्ण तरल
Perfect number — सम्पूर्ण संख्या
Perfect set — सम्पूर्ण कुलक
Perfect square — सम्पूर्ण वर्ग
Perfectly — सम्पूर्णतः
Perfectly elastic — सम्पूर्णतः लचीला
Perfectly smooth — सम्पूर्णतः चिकना
Pericentre — केन्द्रनीच
Perihelion — रविनीच
Perimeter — परिमिति
Bound — परिमा
Boundary — घेरा, पर्यन्त
Circumference — परिधि
Contour — नेमि
Limit — सीमा
Outline — बहीरेखा
Periphery — बाह्यरेखा
Centroid of perimeter — परिमिति केन्द्रव
Period — 1. अवधि 2. आवर्तनांक
Period of a function — फलिन का आवर्तनांक
Period of interest — ब्याज की अवधि
Period of nutation — अक्षविचलन आवर्तनांक
Period of oscillation — दोलन आवर्तनांक
Period of time — समय की अवधि
Period parallelogram — आवर्तन समानाभुज
Change of period — अवधि परिवर्तन
Conversion period — परिवर्तन आवर्तनांक
Half period — अर्ध आवर्तनांक्र
Imaginary period — काल्पनिक आवर्तनांक
Julian period — जूली आवर्तनांक
Long period — दीर्घ अवधि
Quadruple period — चतुष्क आवर्तनांक
Quarter period — तुर्यावर्तनांक
Real period — वास्तविक आवर्तनांक
Ten-monthly period — दशमासी आवर्तनांक
Periodic — आवर्त
Periodic continued fraction — आवर्त वितत भिन्न
Periodic convergent series — आवर्त संसृत श्रेणी
Periodic Curve — आवर्त वक्र
Periodic decimal — आवर्त दशमलव
Periodic expression — आवर्त व्यंजक
Periodic function — आवर्त फलिन
Periodic homography — आवर्त एकैकीसंगति
Periodic motion — आवर्त गति
Periodic orbit — आवर्त कक्षा
Periodic time — आवर्तन काल
Doubly periodic — द्विगावर्त
Multiply periodic — बह्वावर्त
Quadruply periodic — चतुर्परावर्त
Periodicity — आवर्तता
Generalised periodicity — व्याप्त आवर्तता
Single periodicity — एकाकी आवर्तता
Periodogram — आवृत्तिखोजक
Schuser's periodogram — शुस्टर आवृत्तिखोजक
Peripherical — बाह्यरैखिक
Periphery — बाह्यरेखा
Bound — परिमा
Boundary — घेरा, पर्यन्त
Circumference — परिधि
Contour — नेमि
Limit — सीमा
Outline — बहीरेखा
Perimeter — परिमिति
Permanence — नित्यता
Permanence of form — रूप नित्यता
Permanent — नित्य का, नैत्यक
Perpetual — चिरस्थायी
Temporary — अस्थायी
Permanently — नित्य
Permanently convergent — नैत्यक संसृत
Permeability — प्रवेश्यता
Permeable — प्रवेश्य
Permissible value — ग्राह्य मान
Permutation — क्रमचय

Accumulation	पुंज
Aggregate	वृन्द
Assemblage	समवाय
Bundle	गुच्छ
Cluster	झुण्ड
Collection	संग्रह
Combination	संचय
Range (of points)	(बिन्दु) माला
Set	कुलक
Permutation from groups	समुदायों से क्रमचय
Permutation with repetitions	पुनरावर्तन सहित क्रमचय
Circular permutation	वर्तुल क्रमचय
Conjugate permutation	अनुबद्ध क्रमचय
Cyclic permutation	चक्रीय क्रमचय
Even permutation	सम क्रमचय
Linear permutation	एकघात क्रमचय
Odd permutation	विषम क्रमचय
Permutational	क्रमचयी, क्रमचय
Permutational game	क्रमचय खेल
Permutational problem	क्रमचय प्रश्न
Perpendicullar (Noun)	लम्ब
Perpendicular (Aj)	लाम्बिक, लम्ब
Perpendicular bisector	लम्बार्धक
Perpendicular line	लम्ब रेखा
Perpendicular plane	लम्ब समतल
Common perpendicular	उभयनिष्ठ लम्ब, सार्व लम्ब
Foot of the perpendicular	लम्ब मूल
Height of the perpendicular	लम्ब की ऊँचाई
Perpendicularity	लम्बता
Condition of perpendicularity	लम्बता की अवस्था
Perpetual	चिरस्थायी
Permanent	नैत्यक
Temporary	अस्थाई
Perpetual annuity	चिरस्थायी वार्षिकी
Perpetual calendar	चिरस्थायी तिथिपत्र
Perpetual motion	चिरस्थायी गति
Perpetuity	चिरस्थायी वृत्ति
Deferred perpetuity	विलम्बित चिरस्थायी वृत्ति
Poersist	अटल रहना
Persistence	अटलता
Persistent	अटल
Personality	व्यक्तित्व
Dynamical personality	गत्यात्मक, व्यक्तित्व
Perspective (Noun)	दृष्टिसाम्य
Perspective (Adj)	दृष्टिसम
Axis of perspective	दृष्टिसाम्य अक्ष
Centre of perspective	दृष्टिसाम्य केन्द्र
Perspectuity	दृष्टिसमता
Persymmetric	प्रसिम्मत
Pertain	सम्बद्ध होना
Pertaining to	से सम्बद्ध
Perturbation	संक्षोभ
Per unit area	प्रति इकाई क्षेत्र
Peter	पीटर
Peter's formula	पीटर सूत्र
Peter's table	पीटर तालिका
Pfaff	पफ
Pfaff's problem	पफ समस्या
Pfafian	पफियन
Pfafians equation	पफियन समीकरण
Phenomenon	परिवृत्ति
Gibb's phenomenon	गिब परिवृत्ति
Philosopher	दार्शनिक
Philosophy	दर्शन
Photoelastic	आलोकलची
Physical	भौतिक
Physical application	भौतिक प्रयोग
Physical independence	भौतिक स्वतन्त्रता
Physical meaning	भौतिक अर्थ
Physical problem	भौतिक प्रश्न
Physics	भौतिक विज्ञान, भौतिकी (र)
Pianoforte string	प्यानो का तार

Piano string	प्यानो का तार	Plane angle	समतल कोण
Picard	पिकार्ड	Plane at infinity	अनन्ती समतल
Picard's theorem	पिकार्ड प्रमेय	Plane coordinates	समतल नियामक
Picture	चित्र	Plane curve	समतल वक्र
Pie	पाई	Plane field	समतल क्षेत्र
Nearest pie	निकटतम पाई	Plane figure	समतल आकृति
Piece	टुकड़ा, लव	Plane geometry	समतल ज्यामिति
Piece (Chess)	मुहरा (शतरंज)	Plane moment	समतल घूर्ण
Pile	ढेर, ढेरी	Plane net	समतल जाल
Piles of shot	छर्रे की ढेरी	Plane of flotation	प्लवन समतल
Three piles (Game)	तीन ढेर (खेल)	Plane of moments	घूर्ण समतल
Pint	पाइण्ट	Plane of projection	विक्षेप समतल
Pipe	नल	Plane of reference	आश्रय समतल
Pistol	पिस्तौल	Plane pencil	समतल रेखावली
Piston	मूसल	Plane rectilineal angle	समतल ऋजुरेख कोण
Pitch	चूड़ी	Plane section	समतल काट
Pitch conic	चूड़ी, शांकव	Plane surface	समतल पृष्ठ
Pitch of the screw	पेंच की चूड़ी	Plane triangle	समतल त्रिभुज
Pivot	चूल, धुरी	Plane Trigonometry	समतल त्रिकोणमिति
Anti-friction pivot	उद्धर्षण चूल	Spherical Trigonometry	गोलीय त्रिकोणमिति
Pivotal	धुरी	Argand plane	आर्गण्ड समतल
Pivotal element	धुरी अल्पांश	Central plane	केन्द्रीय समतल
Pivotal reduction	धुरी लघुकरण	Characteristic of plane	समतल का लक्षण
Place	स्थान	Complex plane	संकर समतल
Space	अवकाश	Coordinate plane	नियामक समतल
Place system	स्थान पद्धति	Coordinate plane fields	बन्धु समतल क्षेत्र
Place value	स्थान मान, स्थिति मान	Diametral plane	व्यासीय समतल
Change of place	स्थान परिवर्तन	Directral plane	नियता समतल
Decimal place	दशमलव स्थान	Fixed plane	स्थिर समतल
Hundred's place	सैकड़े का स्थान	Generation of a plane	समतल जनन
Placed	स्थित	Horizontal plane	क्षैतिज समतल
Similarly placed	समरूपतः स्थित	Inclined plane	आनत समतल
Plan	तलचित्र	Lies wholly in the plane	समतल में पूर्णतः स्थिर
Plana	पाल्ना	Local plane	स्थानीय समतल
Plana's theorem	पाल्ना प्रमेय	Motion down a plane	समतल पर अधोमुखी गति
Planar	समतली	Normal plane	अभिलम्ब समतल
Plane	समतल	Osculating plane	आश्लेषक समतल

Perpendicular plane	लम्ब समतल	Flexible	नम्य
Polar plane	कोणीय समतल	Hard	कठिन
Principal plane	मुख्य समतल	Malleable	वर्द्धनीय
Projection plane	विक्षेप समतल	Rigid	दृढ़
Radical plane	मूल समतल	Soft	मृदु, कोमल
Real plane	वास्तविक समतल	Tough	कठोर
Rectifying plane	चापकलन समतल	Viscous	सान्द्र
Rectilinear plane	ऋजुरेख समतल	Plasticity	सुनम्यता
Rough plane	रूक्ष समतल	Plate	पट्ट, पत्र
Smooth plane	चिकना समतल	Plateau	प्लैटो
Sylvester's polar plane	सिल्वेस्टर कोणीय समतल	Plateau's film	प्लैटो फिल्म
Tangent plane	स्पर्श समतल	Plateau's problem	प्लैटो समस्या
Tangential plane	स्पर्शी समतल	Plato	प्लेटो
Vertical plane	ऊर्ध्व समतल	Platonic body	प्लेटो काय
Water plane	जल समतल	Platonic idealism	प्लेटो आदर्शवाद
Coaxal planes	समाक्ष समतल	Platonic reality	प्लेटो की वास्तविकता
Collinear planes	सरैखिक समतल	Platonism	प्लेटोवाद
Concurrent planes	संगामी समतल	Platonist	प्लेटोवादी
Coordinate planes	नियामक समतल	Playfair	प्लेफेअर
Intersecting planes	छेदक समतल	Playfair's axion	प्लेफेअर स्वयंसिद्धि
Parallel planes	समानान्तर समतल	Playfair's theorem	प्लेफेअर प्रमेय
Pencil of planes	समतलावली	Plot (Points)	अंकित करना
Planet	ग्रह	Plot (curve)	खींचना
Planetary	ग्रहीय	Plotting of points	बिन्दु अंकन
Planetary aberration	ग्रहापेरण	Logarithmic plotting	लघुगणकीय अंकन
Planetary motion	ग्रहीय गति	Pluck	लुंचन
Planimeter	क्षेत्रमापक, वक्रमापक	Plucked	लुचित
Amoler's planimeter	अमोलर वक्रमापक	Plucked string	लुचित डोरी
Amster's planimeter	ऐम्स्टर वक्रमापक	Plucker	प्लकर
Polar planimeter	कोणीय वक्रमापक	Plucker's equation	प्लकर समीकरण
Plank	तख्ता	Plumb line	साहुल सूत्र
Planude	प्लैन्यूड	Plus	युत, धन
Problem of Planude	प्लैन्यूड समस्या	Minus	वियुत ऋण
Plastic	सुनम्य	Plus sign	धन चिह्न
Brittle	भिदुर	Poincare	पौयन्कारे
Ductile	तन्य	Poincare's theorem	पौयन्कारे प्रसार
Elastic	लचीला	Poincare theory	पौयन्कारे सिद्धान्त

Poinsot	पौइन्सो	Brocard point	ब्रोकार्ड बिन्दु
Poinsot's axis	पौइन्सो अक्ष	Central point	केन्द्र बिन्दु
Poinsot's measure	पौइन्सो माप	Characteristic point	लक्षण बिन्दु
Poinsot theory	पौइन्सो सिद्धान्त	Complex point	संकर बिन्दु
Point	बिन्दु	Conical point	शंकु बिन्दु
Point at infinity	अनन्ती बिन्दु	Coordinate point	नियामक बिन्दु
Point charge	बिन्दु निक्षेप	Critical point	चरम बिन्दु
Point circle	बिन्दु वृत्त	Decimal point	द्विक् बिन्दु
Point de rebroussement		Distant Point	दूरस्थ बिन्दु
(cusp)	निशित	Double point	दशमलव बिन्दु
Point event	बिन्दु घटना	Elliptic point	दीर्घवृत्तीय बिन्दु
Point of application	प्रयोग बिन्दु	End point	छोर बिन्दु
Point of coincidence	संपात बिन्दु	Fixed point	स्थिर बिन्दु
Point of concurrence	संगम बिन्दु	Four-point figure	चतुर्बिन्दु आकृति
Point of contact	संस्पर्श बिन्दु	Freigier point	फ्रेअर बिन्दु
Point of dicontinuity	असातत्य बिन्दु	Hyperbolic point	अतिपरवलीय बिन्दु
Point of division	भाजन बिन्दु	Infinite point	अनन्ती बिन्दु
Point of inflection	नति बिन्दु	Isolated point	तटस्थ बिन्दु
Point of intersection	छेदन बिन्दु	Lattice point	जाल बिन्दु
Point of osculation	आश्लेष बिन्दु	Lemoine point	लेमौयन बिन्दु
Point of osculinflection	आश्लेषनति बिन्दु	Limit point	सीमा बिन्दु
Point of section	कटान बिन्दु, विभाजन बिन्दु	Limiting point	सीमान्त बिन्दु
Point of support	आलम्ब बिन्दु	Material point	भौतिक बिन्दु
Point of suspension	अवलम्बन बिन्दु	Mean point	मध्यक बिन्दु
Point of tangency	स्पर्श बिन्दु	Median point	माध्यिका बिन्दु
Point of undulation	हिलोर बिन्दु	Meeting point	मिलन बिन्दु
Point set	बिन्दु कुलक	Mid point	मध्य बिन्दु
Point-slope form	बिन्दु-ढाल रूप	Middle point	मध्य बिन्दु
Point to point	बिन्दु से बिन्दु तक	Moving point	गतिशील बिन्दु
Point-wise	बिन्दु क्रमतः	Multiple point	बहुलक बिन्दु
Absolute point	परम बिन्दु	Nine-point circle	नव-बिन्दु वृत्त
Angular point	कोण बिन्दु	Nine-point conic	नव-बिन्दु शांकव
Argument of a point	बिन्दु की नियन्ता	N-tuple point	ग-क बिन्दु
Astatic point	सुस्थिति बिन्दु	Ordinary point	साधारण बिन्दु
Bend point	नमन बिन्दु	Parabolic point	परवलीय बिन्दु
Bisecting point	अर्धन बिन्दु	Power of a point	बिन्दु का घात
Branch point	शाखा बिन्दु	Radix point	मूलांक बिन्दु

Representative point	प्रतिनिधि बिन्दु	Polar	ध्रुवी
Resting point	विराम बिन्दु	Polar angle	ध्रुवी कोण
Simple point	सरल बिन्दु	Polar axis	ध्रुवी अक्ष
Singular point	अपूर्व बिन्दु	Polar coordinates	कोणीय नियामक
Stationary point	स्तब्ध बिन्दु	Polar developable	कोणीय विकासज
Three-point problem	त्रिबिन्दु समस्या	Polar distance	कोणीय दूरी
Triple point	त्रिक बिन्दु	Polar element	कोणीय अल्पांश
Turning point	परिणमन बिन्दु	Polar equation	कोणीय समीकरण
Umbilical point	नाभिज बिन्दु	Polar form	कोणीय रूप
Vanishing point	लुप्तप्रायः बिन्दु	Polar formula	कोणीय सूत्र
Zero point	शून्य बिन्दु	Polar harmonic	कोणीय हरात्मक
Apolar pair of points	अभिध्रुवी बिन्दु युग्म	Polar line	ध्रुवी रेखा
Circular points at infinity	अनन्ती वर्तुल बिन्दु	Polar normal	कोणीय अभिलम्ब
Coincident point	संपाती बिन्दु	Polar pencil	ध्रुवीयावली
Collinear points	सरैखिक बिन्दु	Polar plane	ध्रुवी समतल
Concyclic points	वृत्तीय बिन्दु	Polar planimeter	कोणीय वक्रमापक
Conjugate points	अनुबद्ध बिन्दु	Polar reciprocal	कोणीय व्युत्क्रम
Conormal points	समभिलम्ब बिन्दु	Polar row	ध्रुवी माला
Coplanar points	समतली बिन्दु	Polar subnormal	कोणीय अधोलम्ब
Corresponding points	सम्वादी बिन्दु	Polar subtangent	कोणीय अधाःस्पर्शी
Degree of points	बिन्दुओं का घात	Polar tangent	कोणीय स्पर्शी
Degree points	घात बिन्दु	Polar tetrahedron	ध्रुवी चतुष्फलक
Homologous points	सम्वादी बिन्दु	Polar triangle	ध्रुवी त्रिभुज
Inverse points	उत्क्रम बिन्दु	Cremona's polar plane	क्रेमोना ध्रुवी समतल
Pair of points	बिन्दु युग्म	Harmonic polar	हरात्मक कोणीय
Plotting of points	बिन्दु अंकन	Relative polar triangle	आपेक्षिक ध्रुवी त्रिभुज
Random points	स्वेच्छ बिन्दु	Tangential polar	स्पर्शी ध्रुवी
Set of points	बिन्दु कुलक	Polarity	ध्रुवीयता
Poisson	पौयसौं	Pole (measure)	पोल
Poisson condition	पौयसौं अनुबन्ध	Pole (of a function)	ध्रुवबिन्दु
Poisson distribution	पौयसौं विकलन	Pole (of a polar)	ध्रुव
Poisson equation	पौयसौं समीकरण	Pole (of polar coordinates)	आदि बिन्दु
Poisson integral	पौयसौं अनुकल	Pole and polar	ध्रुव और ध्रुवी
Poisson method	पौयसौं विधि	Pole cluster	ध्रुवबिन्दु झुण्ड
poisson summation	पौयसौं संकलन	Polhode	पृष्ठलुण्ठज
Poisson theorem	पौयसौं प्रमेय	Harpolhode	तललुण्ठज
Polar	कोणीय	Separating polhode	विभेदक पृष्ठलुण्ठज

Polish Bank (Game) पोली बंक (खेल)

Polygon बहुभुज

Polygon of forces बल बहुभुज

Polygon of n sides ग-भुजाओं का बहुभुज

Polygon of velocities वेग बहुभुज

Circumscribed polygon परिलिखित बहुभुज

Concave polygon नतोदर बहुभुज

Convex polygon उन्नतोदर बहुभुज

Equiangular polygon समानकोण बहुभुज

Equilateral polygon समभुजीय बहुभुज

Frequency polygon बारम्बारता बहुभुज

Funicular polygon रज्जु बहुभुज

Inner polygon अन्तः बहुभुज

Inscribed polygon अन्तर्लिखित बहुभुज

Neumann polygon नौयमन बहुभुज

Outer polygon बाह्य बहुभुज

Regular polygon सम बहुभुह

Rod polygon छड़ बहुभुज

Rope polygon रज्जु बहुभुज

Spherical polygon गोलीय बहुभुज

Similar polygon समरूप बहुभुज

Polygonal बहुभुजी

Polygonal number बहुभुजी संख्या

Polyhedral बहुफलकी, बहुतली

Polyhedral angle बहुतल कोण

Polyhedron बहुफलक

Circumscribed polyhedron परिलिखित बहुफलक

Concave polyhedron नतोदर बहुफलक

Convex polyhedron उन्नतोदर बहुफलक

Inscribed polyhedron अन्तलिखित बहुफलक

Reciprocal polyhedron व्युत्क्रम बहुफलक

Regular polyhedron सम बहुफलक

Similar polyhedrons समरूप बहुफलक

Polynomial बहुपद

Binomial द्विपद

Monomial एकपद

Multinomial बहुपद

Trinomial त्रिपद

Polynomial equation बहुपद समीकरण

Polynomial expression बहुपद व्यंजक

Dyadic polynomial द्विणिकी बहुपद

Hermite polynomial हर्मिट बहुपद

Identical polynomial एकात्मक बहुपद

Irreducible polynomial अलघुकरणीय बहुपद

Lagrange polynomial लैग्रांज बहुपद

Laguerre's polynomial लौग्रे बहुपद

Legendre polynomial लेजाण्ड्र बहुपद

Newmann polynomial न्यूमैन बहुपद

Primary polynomial प्राथमिक बहुपद

Prime polynomial रूढ़ बहुपद

Zero polynomial शून्य बहुपद

Ponderomotive force भारवाहक बल

Pons asinorum गर्दभ पुल

Pool (in game) पूल

Pool ताल

Poristic system सछिद्र संहति

Porsity सछिद्रता

Porous सछिद्र

Position स्थिति

Position angle स्थिति कोण

Position of instantanewous rest तात्कालिक विराम स्थिति

Position vector स्थिति सदिश

Absolute position निरपेक्ष स्थिति

Centre of mean position मध्यक स्थिति केन्द्र

Critical postition चरम स्थिति

Disconnected postion अनन्वित स्थिति

False position मिथ्या स्थिति

Final position अन्त्य स्थिति

Initial position आदि स्थिति

Limiting postition सीमान्त स्थिति

Mean position मध्यक स्थिति

Relative position आपेक्षिक स्थिति

Zero position शून्य स्थिति

Positional game स्थिति का खेल
Positive धनात्मक, धन
  Negative ऋणात्मक, ऋण
  Positive angle धन कोण
  Positive correlation धन बन्धुता
  Positive curvature धन वक्रता
  Positive derivative धन अवकलज
  Positive exponent धन घातांक
  Positive index धन घातांक
  Positive integer धन पूर्णांक
  Positive integral exponent धन पूर्णांक घातांक
  Positive integral index पूर्णांक घातांक
  Positive integral value धन पूर्णांक मान
  Positive number धन संख्या
  Positive pedal धन पदिक
  Positive quantity धन राशि
  Positive series धन श्रेणी
  Positive side धन पक्ष
  Least positive angle लघुतम धन कोण
  Least positive residue लघुतम धन अवशेष
Positivism प्रत्यक्षवाद
Positivist प्रत्यक्षवादी
Positivity प्रत्यक्षवादिता
Possibility सम्भावना
  Probability सम्भाव्यता
Possible सम्भव
  Probable सम्भाव्य
Post उत्तर
  Post factor उत्तरापवर्तक
  Prefactor पूर्वापवर्तक
Postulate अवाध्योपक्रम
  Axiom स्वयंसिद्धि
  Bertrand postulate बर्ट्रेण्ड अवाध्योपक्रम
  Euclid postulate यूक्लिड अवाध्योपक्रम
  Parallel postulate समानान्तरता अवाध्योपक्रम
Postulational अवाध्योपक्रमी
Potent क्षम
  Idem potent सम क्षम
  Nil-potent शून्य क्षम
Potential विभव
  Potential energy विभव शक्ति
  Logarithmic potential लघुगणकीय विभव
  Newtonian potential न्यूटोनी विभव
  Vector potential सदिश विभव
  Velocity potential वेग विभव
Pound पाउण्ड
  Foot pound फुट पाउण्ड
Poundal पाउण्डल
  Foot poundal फुट पाउण्डल
Power (Algebra) घात (बीजगणित)
Power (Dynamics) सामर्थ्य (प्रावैगिकी), शक्ति
Power (of a continuum) घात
Power (with respect to a circle) ओज
  Power arm शक्ति बाहु
  Power law घात नियम
  Power of a number संख्या का घात
  Power of a point बिन्दु घात
  Power series घात श्रेणी
  Ascending power आरोह घात
  Fifth power पंचम घात
  Fourth power चतुर्थ घात
  Full power पूर्ण सामर्थ्य, पूर्ण शक्ति
  General power व्यापक घात
  Generalised power व्याप्त घात
  Higher power उच्चतर घात
  Highest power उच्चतम घात
  Horse-power अश्व-बल
  Integral power पूर्णांक घात
  Irrational power दुर्मेय घात
  Lifting power उत्थापक बल
  Double power series द्विघात श्रेणी
  Like powers समान घात
Poynting vector पौइन्टिंग सदिश
Practical व्यावहारिक

Practical analysis	व्यावहारिक विश्लेषण
Practical construction	व्यावहारिक रचना
Practical method	व्यावहारिक विधि
Practical use	व्यावहारिक उपयोग
Practically	व्यावहारिक रूप से
Practice	व्यवहार
Theory	सिद्धान्त
Compound practice	मिश्र व्यवहार-गणित
Simple practice	सरल व्यवहार
Pragmatism	व्यवहारवाद
Preceding term	पूर्व पद
Succeeding term	उत्तर पद
Precession	पुरःसरण
Precessional motion	पुरःसरण गति
Precise	यथार्थतम, सुतथ्य (र)
Accurate	परिशुद्ध
Correct	शुद्ध
Exact	यथार्थ, तथ्य
True	सत्य
Precision	यथार्थता
Index of precision	यथार्थता घातांक
Modulus of precision	यथार्थता मापांक
Predicate	विधेय
Preface	प्रस्तावना
Prefactor	पूर्वापवर्तक
Post factor	उत्तरापवर्तक
Preference stock	विशिष्ट पूँजी
Prefex	उपसर्ग
Suffix	प्रत्यय
Preliminary	प्रारम्भिक
Elementary	आरम्भिक
Primary	प्राथमिक
Principal	मुख्य, प्रधान
Secondary	गौण
Preliminary term	प्रारम्भिक पद
Preliminary theorem	प्रारम्भिक प्रमेय
Premium	प्रीमियम
Annual premium	वार्षिक प्रीमियम
Natural premium	प्राकृतिक प्रीमियम
Single premium	एकाकी प्रीमियम
Present	वर्तमान
Present value	तत्काल मान
Present worth	तत्काल धन
Press	प्रेस (मुद्रणालय)
Press	दबाना, संपीडन
Press	संपीड़क
Bramah press	ब्रह्मा संपीड़क
Hydraulic press	जलप्रेरित संपीड़क
Pressure	निपीड (र), दाब, दबाव
Pressure gradient	निपीड प्रवणता
Pressure head	निपीड उत्सेध
Atmospheric pressure	वायुमण्डले निपीड
Centre of pressure	निपीड केन्द्र
Difference of pressure	निपीड का अन्तर
Differential of pressure	निपीड का अवलक
Element of pressure	निपीड अल्पांश
Fluid pressure	तरल निपीड
Gradient pressure	प्रवणता निपीड
High pressure	उच्च निपीड
Horizontal pressure	क्षैतिज निपीड
Impulsive pressure	क्षैतिज संवेग निपीड
Intrinsic pressure	नैज निपीड
Liquid pressure	द्रव निपीड
Low pressure	निम्न निपीड
Mean pressure	मध्यक निपीड
Normal pressure	प्रकृत निपीड
Resultant pressure	लब्ध निपीड
Specific pressure	विशिष्ट निपीड
Uniform pressure	एकरूप निपीड
Vertical pressure	अर्ध्व निपीड
Whole pressure	पूर्ण निपीड
Prevailing interest	प्रचलित ब्याज
Price	मूल्य
Value	मान

Flat price	प्रधान मूल्य,
Gross price	सकल मूल्य
Primary	प्राथमिक
Elementary	आरम्भिक
Preliminary	प्रारम्भिक
Principal	मुख्य, प्रधान
Secondary	गौण
Primary polynomial	प्राथमिक बहुपद
Prime	अभाज्य, रूढ़
Prime	मुख्य
Prime (=12 seconds)	प्राइम
Prime direction	मुख्य दिशा
prime factor	अभाज्य अपवर्तक
Prime function	रूढ़ फलिन
Prime integer	अभाज्य पूर्णांक
Prime integral	मुख्य अनुकल
Prime meridean	मुख्य याम्योत्तर
Prime number	अभाज्य संख्या
Prime polynomial	रूढ़ बहुपद
Prime ratio	रूढ़ निष्पत्ति
Prime vertical	प्राक् प्रतीची वृत्त
Relative prime	आपेक्षिक रूढ़
Relatively prime	अपेक्षाकृत रूढ़
Vertical prime	प्राक् प्रतीची वृत्त
Primeness	रूढ़ि, अभाज्यता
Primeval	आदिम
primeval Calculus	आदिम कलन
Primitive	पूर्वज
Fundamental	आधारभूत
Original	मौलिक
Primitive curve	पूर्वज वक्र
Primitive element	पूर्वज अल्पांश
Primitive of a differential equation	अवकल समीकरण का पूर्वज
Complete primitive	पूर्ण पूर्वज
Principal	प्रिन्सिपल, प्रधानाचार्य
Principal (Arith.)	मूलधन

Principal	मुख्य, प्रधान
Elementary	आरम्भिक
Preliminary	प्रारम्भिक
Primary	प्राथमिक
Secondary	गौण
Principal angle	मुख्य कोण
Principal axis	मुख्याक्ष
Principal convergent	मुख्य संसृत
Principal couple	मुख्य बलयुग
Principal diagonal	मुख्य विकर्ण
Principal diameter	मुख्य व्यास
Principal force	मुख्य बल
Principal meridean	मुख्य याम्योत्तर
Principal minor	मुख्य उपसारणिक
Principal moment	मुख्य घूर्ण
Principal normal	मुख्य अभिलम्ब
Principal parameter	मुख्य प्राचल
Principal part	मुख्य भाग
Principal plane	मुख्य समतल
Principal radius	मुख्य त्रिज्या
Principal root	मुख्य मूल
Principal torsion	मुख्य कुटिलता
Principal value	मुख्य मान
Principia	प्रिन्सीपिया
Newton's principia	न्यूटन की प्रिन्सीपिया
Principle	नियम, प्रनियम (र)
Law	नियम
Provision	प्रावधान
Rule	नियम
Theory	सिद्धान्त, वाद
Principle of buoyancy	उत्प्लवन नियम
Principle of continuity	सातत्य नियम
Principle of convergence	संसृति नियम
Principle of duality	द्वैधता नियम
Principle of energy	शक्ति नियम
Principle of homogeniety	समांगता नियम
Principle of inertia	जड़त्व नियम

Principle of proportion parts	अनुपाती भाग नियम	Prismoid	संक्षेत्रज
Principle or work	कार्य नियम	Prismoid formula	संक्षेत्रजीय सूत्र
Archimedes principle	आर्किमेडीज नियम	Prismoidal (of or, pertaining to, a prismoid)	संक्षेत्रजीय
Cantor's principle	कैण्टर नियम	Prismoidal (having the shape of a prismoid)	संक्षेत्रजाकार
D' Alembert's priciple	डिलेम्बर्ट नियम	Prismoidal formula	संक्षेत्रजीय सूत्र
Dirichlet's principle	डिरिचले नियम	Prismoidal solid	संक्षेत्रजाकार ठोस
First principle	प्रथम नियम	Probability	सम्भाविता (र)
General principle of convergence	व्यापक संसृति नियम	Probability	सम्भावना
Hamilton's principle	हैमिल्टन नियम	Probability curve	सम्भाविता वक्र
Huygen's principle	हाइगेन नियम	Probability function	सम्भावित फलिन
Legendre principle	लेजाण्ड्र नियम	Contingent probability	दैवयोगी संभाविता
Pascal's principle	पास्कल नियम	Empirical probablility	अनुभूति संभाविता
Schwartz's principle	श्वार्ज नियम	Inverse probability	उत्क्रम संभाविता
Stationary principle	स्तब्ध नियम	Local probability	स्थानीय संभाविता
Stolz's principle	स्टोल्ज नियम	Mathematical probability	गणितीय संभाविता
First principles	प्राथमिक नियम	Probable	सम्भावी, सम्भाव्य
Pringsheim	प्रिंगशाइम	Possible	सम्भव
Pringsheim's test	प्रिंगशाइम परीक्षण	Probable derivative	सम्भावी अवकलज
Pringsheim's theorem	प्रिंगशाइम प्रमेय	Probable deviation	सम्भावी विचलन
Prism	संक्षेत्र	Probable error	सम्भावी भ्रान्ति
Circumcribed prism	परिलिखित संक्षेत्र	Most probable	सम्भाव्यतम
Hexagonal prism	षड् भुजी संक्षेत्र	Most probable error	सम्भाव्यतम भ्रान्ति
Inscribed prism	अन्तःलिखित संक्षेत्र	Probably	सम्भवतः
Quadrangular prism	चतुष्कोणीय संक्षेत्र	Problem	निर्मेय
Quadrilateral prism	चतुर्भुजी संक्षेत्र	Problem	समस्या
Regular prism	सम संक्षेत्र	Problem	प्रश्न
Right prism	लाम्बिक संक्षेत्र	Problem of Apollonius	ऐपोलोनियस समस्या
Triangular prism	त्रिभुजी संक्षेत्र	Problem of Planude	प्लैन्यूड समस्या
Truncated prism	विच्छिन्न संक्षेत्र	Accumulation problem	पुंजीभवन समस्या
Vertical prism	ऊर्ध्व संक्षेत्र	Airy's problem	एअरी समस्या
Prismatic (of, or pertaining to, a prism)	संक्षेत्रीय	Buffon's problem	बफ़न समस्या
		Chsles' problem	चेज़िल्स समस्या
Prismatic (having the shape of a prism)	संक्षेत्राकार	Delian problem	डेली समस्या
		Dido's problem	डीडो समस्या
Prismatic srufce	संक्षेत्राकार पृष्ठ	Diophantine problem	डायफ़ैण्टी समस्या

Dirchlet's problem डिरिचले समस्या
Discount problem बट्टे का पश्न
Dynamical problem प्रावैगिक प्रश्न
Four-colour problem चतुरंग प्रश्न
Freak problem स्वच्छन्द प्रश्न
Gallows problem फाँसी की समस्या
Geometrico-Statical problem ज्यामितीय-स्थैतिक प्रश्न
Greenhill's problem ग्रीनहिल प्रश्न
Heron problem हेरौन प्रश्न
Hindu problem हिन्दू प्रश्न
Interpolation problem आन्तर-गणन समस्या
Joseph's problem जोज़ेफ़ प्रश्न
Kepler's problem केप्लर प्रश्न
Linear problem रैखिक समस्या
Mechanical problem यान्त्रिक समस्या
Nature of the problem प्रश्न की प्रकृति
Needle problem सूई का प्रश्न
Newmann's problem न्यूमैन प्रश्न
Permutational problem क्रमचय प्रश्न
Pfaff's problem पफ़ प्रश्न
Physical problem भौतिक प्रश्न
Plateau's problem प्लैटो प्रश्न
Three point problem त्रि-बिन्दु प्रश्न
Top problem लट्टू का प्रश्न
Waring's problem वेरिंग समस्या

Procedure कार्यविधि, कार्यप्रणाली
Method विधि
Technique प्रक्रिया

Proceed आगे बढ़ना

Proceeds आय उदय (र)
Net proceeds शुद्ध उदय

Process विधा (र)
Direct process समक्ष विधा
Horner's process हौर्नर विधा
Indirect process परोक्ष विधा
Inverse process उत्क्रम विधा
Summation process संकलन विधा

Produce बढ़ाना, विस्तार करना

Produced बढ़ाई हुई, विस्तृत

Product गुणनफल
Product formula उद्यत गुणनफल
Product moment गुणनफल घूर्ण
Product of inertia जड़त्व गुणनफल
Cononical product उद्यत गुणनफल
Cauchy product कौशी गुणनफल
Complex product संकर गुणनफल
Continued product वितत गुणनफल
Convergent product संसृत गुणनफल
Convergence of infinite product अनन्त गुणनफल की संसृति
Cross product तिर्यक् गुणनफल
Divergent product अपसृत गुणनफल
Dot product बिन्दु गुणनफल
Homogenous product समघात गुणनफल
Infinite product अनन्त गुणनफल
Inner product आन्तरिक गुणनफल
Oscillating product दोलनीय गुणनफल
Outer product बाह्य गुणनफल
Partial product आंशिक गुणनफल
Scalar product अदिश गुणनफल
Symbolic product सांकेतिक गुणनफल
Vector product सदिश गुणनफल

Profit लाभ
Loss हानि
Profit percentage लाभ प्रतिशतता
Gross profit सकल लाभ
Net profit शुद्ध लाभ

Programme कार्यक्रम
Agenda कार्यावली
Erlanger programme अलैगर कार्यक्रम

Progression श्रेढ़ी
Series श्रेणी
Arithmetical progression समान्तर श्रेढ़ी

English	Hindi
Geometrical progression	गुणोत्तर श्रेढ़ी
Harmonic progression	हरात्मक श्रेढ़ी
Harmonical progression	हरात्मक श्रेढ़ी
Progressive	अग्रगामी
Project (Geom.)	विक्षेप करना
Project (Dyn.)	प्रक्षेप करना
Projected (Geom.)	विक्षिप्त
Projected (Dyn..)	प्रक्षिप्त
Projectile	प्रक्षेप्य
Path of a projectile	प्रक्षेप्य का पथ
Range of a projectile	प्रक्षेप्य की मार
Projection (Geom.)	विक्षेप
Projection (Dyn.)	प्रक्षेप
Projection of velocities	वेग विक्षेप
Projection plane	विक्षेप समतल
Angle of projection	प्रक्षेप कोण
Axis of projection	विक्षेपाक्ष
Central projection	केंद्रीय विक्षेप
Centre of projection	विक्षेप केन्द्र
Conical projection	शंक्यीय विक्षेप
Cylindrical projection	बेलनीय विक्षेप
Orthogonal projection	समकोणीय विक्षेप
Mercator's projection	मर्केटर विक्षेप
Parallel projection	समानान्तर विक्षेप
Plane of projection	विक्षेप समतल
Steriographic projection	गोलीय विक्षेप
Projective	विक्षेपी
Projective field	विक्षेपी क्षेत्र
Projective Geometry	विक्षेप ज्यामिति
Projective group	विक्षेपीय समुदाय
Projective invariant	विक्षेपी निश्चल
Projective property	विक्षेपी गुण
Projective tranformation	विक्षेपी रूपान्तर
Pure Projective Geometry	शुद्ध विक्षेप ज्यामिति
Projectivity	विक्षेपीयता
Prolate cycloid	उच्चाक्ष चक्रज
Oblate cycloid	निम्नाक्ष चक्रज

English	Hindi
Prolate Ellipsoid	उच्चाक्ष दीर्घवृत्तज
Oblate ellipsoid	निम्नाक्ष दीर्घवृत्तज
Prolate spheroid	उच्चाक्ष उपगोल
Oblate spheroid	निम्नाक्ष उपगोल
Pronic	उन्मुखी
Prony	प्रोनी
Prony's differential screw	प्रोनी अन्तरीय पेंच
Prony's method	प्रोनी विधि
Proof	उपपत्ति
Demonstration	निदर्शन
Representation	निरूपण
Analytic proof	वैश्लेषिक उपपत्ति
Bertrand's proof	बर्ट्रेण्ड उपपत्ति
Deductive proof	निगमन उपपत्ति
Direct proof	समक्ष उपपत्ति
Experimental proof	प्रयोगात्मक उपपत्ति
Flawless proof	निर्दोष उपपत्ति
Formula proof	आकारी उपपत्ति
General proof	व्यापक उपपत्ति
Geometrical proof	ज्यामितीय उपपत्ति
Indirect proof	परोक्ष उपपत्ति
Inductive proof	उद्गमन उपपत्ति
Jacobi's proof	जैकोबी उपपत्ति
Method of indirect proof	परोक्ष उपपत्ति विधि
Reductio ad absurdum proof	असंगति प्रदर्शन उपपत्ति
Rigorous proof	परुष उपपत्ति
Synthetic proof	सांश्लेषिक उपपत्ति
Proper	उचित
Proper coordinates	उचित नियामक
Proper fraction	सूक्ष्म भिन्न (प्राचीन)
Improper fraction	स्थूल भिन्न
Proper integral	उचित अनुकल
Improper integral	अनुचित अनुकल
Property	गुण
Analytical property	वैश्लेषिक गुण
Assigned property	निर्दिष्ट गुण

Commutative property व्यत्यय गुण
Contact property संस्पर्श गुण
Descriptive property वर्णनात्मक गुण
Dynamical property प्रावैगिक गुण
Elementary property प्राथमिक गुण
Fundamental property मूल गुण
Geometrical property ज्यामितीय गुण
Harmonic property हरात्मक गुण
Intrinsic property नैज गुण
Invariant property निश्चल गुण, अविचल गुण
Mechanical property यान्त्रिक गुण
Metric property मापात्मक गुण
Projective property विक्षेपी गुण
Reflection property परावर्तन गुण
Statical property स्थिति गुण

Proportion अनुपात
Proportion by addition योजन अनुपात
Proportion by addition and subtraction योजन व्यवकलन अनुपात
Proportion by alternation एकान्तरण अनुपात
Proportion by inversion व्युत्क्रमण अनुपात
Proportion by subtraction व्यकलन अनुपात
Continued proportion वितत अनुपात
Direct proportion समक्ष अनुपात
Fourth proportion चतुर्थानुपात
Harmonical proportion हरात्मक अनुपात
Inverse proportion व्युत्क्रमानुपात
Mean proportion मध्यकानुपात
Reciprocal proportion व्युत्क्रमानुपात
Third proportion तृतीयानुपात
Ratio निष्पत्ति

Proportional अनुपाती
Proportional parts अनुपाती भाग
Proportional quantities अनुपाती राशियाँ
Proportional sets अनुपाती कुलक
Continual proportional सतत अनुपाती
Directly proportional समक्षतः अनुपाती
Fourth proportional चतुर्थानुपाती
Inversely proportional व्युत्क्रमानुपाती
Mean proportional मध्यकानुपाती
Principle of proportional parts अनुपाती भाग नियम
Third proportional तृतीयानुपाती

Proportionality अनुपातीयता
Constant of proportionality अनुपातीयता अचल

Proportionally यथानुपात
Cuts proportionally यथानुपात काटती है

Proportionate अनुपाती
Reciprocally proportionate व्युत्क्रमानुपाती

Proportionately यथानुपात
Decreases proportionately यथानुपात घटती है
Increases proportionately यथानुपात बढ़ती है

Proposition साध्य
Direct proposition समक्ष साध्य
Fundamental proposition मूल साध्य

Propositional function साध्य फलिन

Protractor चाँदा

Protuberance उभार

Protuberant उभरी हुई
Protuberant thread उभरी चूड़ी

Prove सिद्ध करना

Proved सिद्ध

Provision प्रावधान (र)
Principle प्रनियम, नियम
Law नियम
Rule नियम
Theory सिद्धान्त; वाद

Proximate उपनीत

Pseudo-periodic छद्मावर्त

Pseudo-sphere छद्म-गोला

Pseudo-tangent छद्म-स्पर्शी

Pseudo-vector छद्म-सदिश

Psychological मनोवैज्ञानिक

Psychologist मनोविज्ञानी

Psychology मनोविज्ञान

English	Hindi
Psycho-physical	मनो-भौतिक
Path class	पवाँ वर्ग
Path root	पवाँ मूल
Path term	पवाँ पद
Ptolemy	टोलेमी
Ptolemy's theorem	टोलेमी प्रमेय
Pull	खींचना, खिंचाव
Pulled	खींची हुई
Pulley	घिरनी
Block of a pulley	घिरनी का गुटका
Differential pulley	अन्तरीय घिरनी
Frictionless pulley	घर्षणहीन घिरनी
Single pulley	एकाकी घिरनी
First system of pulleys	प्रथम घिरनी संहति
Second system of pulleys	द्वितीय घिरनी संहति
System of pulleys	घिरनी संहति
Third system of pulleys	तृतीय घिरनी संहति
Pulse	नाड़ी
Light pulse	हलकी नाड़ी
Pulveriser	कुट्टक (प्राचीन)
Pump	पम्प, उदंच (र)
Air pump	वायु पम्प
Centrifugal pump	केन्द्रापसारी पम्प
Common pump	साधारण पम्प
Condensing air pump	संहनक वायु पम्प
Force pump	बल पम्प
Forcing pump	बल पम्प
Hawkbec's air pump	हाक्सबी वायु पम्प
Lift pump	उत्थापक पम्प
Springel's air pump	स्प्रिंगेल वायु पम्प
Tate's air pump	टेट वायु पम्प
Water pump	जल पम्प
Punter	पणक
Pure	शुद्ध
Adfected	अशुद्ध
Pure Geometry	शुद्ध ज्यामिति
Pure imaginary	शुद्ध काल्पनिक
Pure Mathematics	शुद्ध गणित
Pure Projective Geometry	शुद्ध विक्षेप ज्यामिति
Pure quardratic	शुद्ध वर्गात्मक
Pure quardratic equation	शुद्ध वर्ग समीकरण
Pure surd	शुद्ध करणी
Purity	शुद्धि
Pursuit	अनुसरण
Curve of pursuit	अनुसरण वक्र
Push	धक्का, धक्का देना
Putty	पुटीन
Puzzle	पहेली
Fifteen puzzle	'पन्द्रह' पहेली
Pyramid	स्तूप (र)
Circumscribed pyramid	परिलिखित स्तूप
Frustum of a pyramid	स्तूप का छिन्नक
Greatest pyramid	महत्तम स्तूप
Inscribed pyramid	अन्तःलिखित स्तूप
Pentagonal pyramid	पंचभुजी स्तूप
Regualr pyramid	सम स्तूप
Right pyramid	लाम्बिक स्तूप
Spherical pyramid	गोली स्तूप
Square pyramid	वर्ग स्तूप
Triangular pyramid	त्रिभुजी स्तूप
Truncated pyramid	विच्छिन्न स्तूप
Pyramidal (of or pertaining to a pyramid)	स्तूपीय
Pyramidal (having the shape of a pyramid)	स्तूपाकार
Pyramidal solid	स्तूपाकार
Pyramidi-pyramidal	स्तूप-स्तूपीय
Pyramidical	स्तूपीय
Tringuli-pyramidical	त्रिभुजी-स्तूपीय
Pythagoras	पिथैगोरस
Theorem of Pythagoras	पिथैगोरस प्रमेय
Pentagon of Pythagoras	पिथैगोरस पंचभुज
Pythagorean	पिथैगोरी
Pythagorean identity	पिथैगोरी एकात्म्य
Pythagorean relation	पिथैगोरी सम्बन्ध
Pythagorean theorem	पिथैगोरी प्रमेय

Q

Q. E. D. — यही सिद्ध करना था
Q. E. F. — यही अभीष्ट था
Quadrangle — चतुष्कोण
  Quadrilateral — चतुर्भुज
  Complete quadrangle — पूर्ण चतुष्कोण
  Orthocentric quadrangle — लाम्बिक केन्द्रीय चतुष्कोण
  Simple quadrangle — सरल चतुष्कोण
Quadrangular — चतुष्कोणीय
  Quadrangular number — चतुष्कोणीय संख्या
  Quadrangular prism — चतुष्कोणीय संक्षेत्र
Quadrant — चरण
  Quadrant — चरण कोण
  Law of quadrants — चरण नियम
Quadrantal angle — चारणिक
  Quadrantal angle — चरण कोण
  Quadrantal triangle — चरण त्रिभुज
Quadratic — वर्गात्मक, वर्ग
  Quadratic curve — वर्गात्मक वक्र
  Quadratic equation — वर्ग समीकरण
  Quadratic expression — वर्ग व्यंजक
  Quadratic field — वर्गात्मक क्षेत्र
  Quadratic form — वर्गात्मक रूप
  Quadratic formula — वर्गात्मक सूत्र
  Quadratic reciprocity — वर्गात्मक व्युत्क्रमता
  Quadratic surd — वर्ग करणी
  Quadratic surd number — वर्ग करणी संख्या
  Auxeliary guadratic — सहायक वर्गात्मक
  Auxiliary quadratic equation — अशुद्ध वर्ग समीकरण
  Binomial quadratic surd — द्विपद वर्ग करणी
  Biquadratic surd — द्विवर्गात्मक करणी
  Pure quadratic equation — शुद्ध वर्ग समीकरण
  Pure quadratic — शुद्ध वर्गात्मक
Quadrature — क्षेत्रकलन
  Quadrature of a circle — वृत्त का क्षेत्रकलन
Quadric (Geom.) — द्विघाती
Quadric (Alg.) — द्विघात
  Quadric cone — द्विघात शंकु
  Quadric curve — द्विघाती वक्र
  Quadric surd — द्विघात करणी
  Quadric surd number — द्विघात करणी संख्या
  Quadric surface — द्विघात पृष्ठ
  Central quadric — केन्द्रीय द्विघाती
  Confocal quadric — संनाभि द्विघाती
Quadrilateral (Noun) — चतुर्भुज
Quadrilateral (Adj.) — चतुर्भुजी, चतुर्भुज
  Quadrangle — चतुष्कोण
  Quadrilateral prism — चतुर्भुजी संक्षेत्र
  Complete quadrilateral — पूर्ण चतुर्भुज
  Cross quadrilateral — तिर्यक् चतुर्भुज
  Cyclic quadrilateral — वृत्तीय चतुर्भुज
  Regular quadrilateral — सम चतुर्भुज
  Simple quadrilateral — सरल चतुर्भुज
  Skew quadrilateral — विषमतली चतुर्भुज
Quadrille — चालीसा
Quadriplanar — चतुर्तली
  Quadriplanar coordinates — चतुर्तली नियामक
Quadrivium — चतुष्की

Quadruple चतुष्क
  Quadruple period चतुष्क आवर्तनांक
  Quadruply periodic चतुर्परावर्त
Qualitative तत्तात्मक (र), गुणात्मक
  Quantitative इयत्तात्मक (र), मात्रिक
Quality तत्ता (र), गुण
  Quantity इयत्ता (र), मात्रा, राशि
Quantic समघातक
  Binary quantic द्विवर्ग समघातक
Quantitative इयत्तात्मक (र), मात्रिक
  Qualitative तत्तात्मक (र), गुणात्मक
Quantity इयत्ता (र), मात्रा, राशि
  Quality तत्ता (र), गुण
  Magnitude परिमाण
  Size आकार
  Quantity of the first order of smallness प्रथम वर्ण की अत्यल्प राशि
  Quantity of the second order of smallness द्वितीय वर्ण की अत्यल्प राशि
  Algebriac quantity बीजगणितीय राशि
  Assignable quantity निर्देषणीय राशि
  Assumed quantity कल्पित राशि
  Bounded quantity परिमित राशि
  Commensurable quantity संमेय राशि
  Complex quantity संकर राशि
  Composite quantity यौगिक राशि
  Compound quantity मिश्र राशि
  Concrete quantity मूर्त राशि
  Constant quantity अचल राशि
  Finite quantity सान्त राशि
  Identical quantity एकात्मक राशि
  Imaginary quantity काल्पनिक राशि
  Impossible quantity असम्भव राशि
  Incommensurable quantity असंमेय राशि
  Infinite quantity अनन्त राशि
  Irrational quantity दुर्मेय राशि
  Known quantity ज्ञात राशि
  Mixed quantity मिश्र राशि
  Modulus of an imaginary quantity काल्पनिक राशि का मापांक
  Negative quantity ऋण राशि
  Numerical quantity संख्यात्मक राशि
  Positive quantity धन राशि
  Rational quantity सुमेय राशि
  Reciprocal quantity व्युत्क्रम राशि
  Scalar quantity अदिश राशि
  Simple quantity सरल राशि
  Slowly varying quantity मन्द विचल राशि, मन्दचल राशि
  Small quantity अल्प राशि
  Standard quntity मानक राशि
  Symbol of quantity राशि संकेत
  Trigonometrical quantity त्रिकोणमितीय राशि
  Unknown quantity अज्ञात राशि
  Variable quantity चल राशि
  Varying quantity विचल राशि
  Vector quantity सदिश राशि
  Congruent quantities संशेष राशियाँ
  Proportional quantities अनुपाती राशियाँ
Quarante चालीसा
  Trente and quarante तीस-चालीसा
Quart क्वार्टर
Quarter चतुर्थांश, चतुर्थ भाग, पाव, चौथाई
  Quarter period तुर्यावर्तनांक
Quartic चतुर्घाती, चतुर्घात
  Quartic field चतुर्घाती क्षेत्र
  Quartic curve चतुर्घाती वक्र
  Quartic equation चतुर्घात समीकरण
  Quartic surface चतुर्घाती पृष्ठ
  Pearshaped quartic सेब वक्र
  Reciprocal quartic व्युत्क्रम चतुर्घाती
Quartile चतुर्थी
  Quartile deviation चतुर्थी विचलन
  Quartile magnitude चतुर्थी परिमाण

Semi-inter quartile	अर्ध-अन्तः चतुर्थी
Quasi-addition	कुयोग
Quasi-continuous	कुसतत
Quasi-inversion	कूत्क्रमण
Quasi-monotonic	क्वेकस्वनी
Quasi-scaler matrix	क्वदिश श्रेणिक
Quaternary	चतुर्वर्णक
Quaternion	चतुष्टय
Queen (Chess)	मंत्री (शतरंज)
Query	पृच्छा
Question	प्रश्न
Converse question	विलोम प्रश्न
Questionaire	प्रश्नावली
Quickest descent	द्रुततम अवपात
Line of quickest descent	द्रुततम अवपात रेखा
Quinary	पंचवर्णक
Quincunx	त्रिकीपंचक
Galton's quincunx	गैल्टन त्रिकीपंचक
Qunidecagon	पंचदशभुज
Quinquennial	पंचवर्षी
Quinquennium	पंचवर्ष
Quintenz	क्विंटेंज़
Quintenz' balance	क्विंटेंज तुला
Quintic	पंचघातक
Quintic Curve	पंचघातक वक्र
Quod erat demonstrandum	यही सिद्ध करना था
Quod erat faciendum	यही अभीष्ट था
Quorum	कोरम
Quota	कोटा
Quotient	भजनफल
Quotient of a continued fraction	वितत भिन्न का भजनफल
Acyclic quotient	आचक्री भजनफल
Difference quotient	अन्तर भजनफल
Partial quotient	आंशिक भजनफल
Cycle of quotients	भजनफल चक्र
Quotity	अवतरण

R

English	Hindi
Raabe's test	राबे रीक्षण
Radial	त्रिज्यीय
Radial velocity	त्रिज्यीय वेग
Radially	त्रिज्यतः
Radially related	त्रिज्यतः सम्बद्ध
Radian	रेडियन
Redian measure	रेडियन माप
Radical	1. मौलिक 2. करणी
Radical axis	मूलाक्ष
Radical centre	मूल केन्द्र
Redical circle	मूल वृत्त
Radical curve	मूल वक्र
Radical difference	मौलिक अन्तर
Radical equation	करणी समीकरण
Radical plane	मूल समतल
Radical sign	करणी चिह्न
Conjugate radical	अनुबद्ध करणी
Index of radical	करणी घातांक
Irreducible radical	अलघुकरणीय करणी
Sinpligication of radical	करणी सरलन
Solution by radicals	करणी द्वारा साधन
Radius	त्रिज्या
Radius of convergence	संसृति त्रिज्या
Radius of curvature	वक्रता त्रिज्या
Radius of gyration	घूर्णन त्रिज्या
Radius vector	सदिश त्रिज्या, त्रिज्या सदिश
Initial radius	आदि त्रिज्या
Long radius	दीर्घ त्रिज्या
Principal radius	मुख्य त्रिज्या
Short radius	लघु त्रिज्या
Swing radius	दोलन त्रिज्या
Radix	मूलांक
Radix fraction	मूलांक भिन्न
Radix point	मूलांक बिन्दु
Rain gauge	वर्षा प्रमापक
Ram	मेष गन्त्र
Hydraulic ram	जलप्रेरित मेषयन्त्र
Ramphoid cusp	चंचु निशित
Caretiod cusp	शृंग निशित
Random	स्वेच्छ
Random points	स्वेच्छ बिन्दु
Random straight lines	स्वेच्छ सरल रेखायें
Randomness	स्वेच्छता
Range (of points)	(बिन्दु) माला
Accumulation	पुंज
Aggregate	वृन्द
Assemblage	समवाय
Bundle	गुच्छ
Collection	संग्रह
Combination	संचय
Cluster	झुण्ड
Permutation	क्रमचय
Set	कुलक
Range (of projection)	मार
Range (of values)	1. परास 2. माला 3. मार
Range of a variable	चल का गोचर
Range of circles	वृत्त माला

Range of conics शांकव माला
Range of projectile प्रक्षेप्य की मार
Range of stability स्थायित्व का गोचर
Range of values मान गोचर
Half range अर्ध गोचर
Half range series अर्ध गोचर श्रेणी
Harmonic range हरात्मक बिन्दुमाला
Homographic range एकैकीसंगत बिन्दुमाला
Involution range समुत्क्रमण बिन्दुमाला
Maximum range महत्तम मार

Rank पदवी
Rank of a matrix श्रेणिक की पदवी
Bracket rank कोष्ठक पदवी
Criterion for rank पदवी निकष

Rankin रैंकिन
Rankin's theorem रैंकिन प्रमेय

Rapid द्रुत
Rapid convergence द्रुत संसृति

Rapidity द्रुतता

Rate अर्घ, दर
Rate measure अर्घ माप
Rate measurer अर्घ मापक
Rate of change परिवर्तन अर्घ
Rate of displacement विस्थापन अर्घ
Rate of interest ब्याज की दर
Rate of mortality मरण अर्घ
Rate of variation विचरण अर्घ
Rate of work कार्य अर्घ
Rate of working कार्य अर्घ
Rate percentage अर्घ प्रतिशतता
Annual rate वार्षिक अर्घ
Arbitrated rate निर्धारित अर्घ
Average rate माध्य अर्घ
Corresponding rate सम्वादी अर्घ
Current rate चालू अर्घ
Death rate मृत्यु अर्घ
Equivalent rate तुल्य अर्घ
Instantaneous rate तात्कालिक अर्घ
Martality rate मरण अर्घ
Nominal annual rate नाम मात्र का वार्षिक अर्घ
Time rate काल अर्घ

Ratio निष्पत्ति
Proportion अनुपात
Ratio of coefficients गुणक निष्पत्ति
Ratio of convergence संसृति निष्पत्ति
Ratio of equality समता निष्पत्ति
Ratio of greater inequality दीर्घ असमता निष्पत्ति
Ratio of lesser inequality लघु असमता निष्पत्ति
Ratio of similitude अनुरूपता निष्पत्ति
Ratio test निष्पत्ति परीक्षण
Anharmonic ratio अहरात्मक निष्पत्ति
Common ratio गुणोत्तर निष्पत्ति
Compound ratio मिश्र निष्पत्ति
Compounded ratio संयुक्त निष्पत्ति
Constant ratio अचल निष्पत्ति
Correction ratio शोधन निष्पत्ति
Correlation ratio बन्धुता निष्पत्ति
Cross ratio तिर्यक् निष्पत्ति
Direction ratio दिशा निष्पत्ति
Division ratio भाग निष्पत्ति
Duplicate ratio वर्गित निष्पत्ति
External ratio बाह्य निष्पत्ति
First term of a ratio निष्पत्ति का प्रथम पद
Force ratio बल निष्पत्ति
Greater inequality ratio दीर्घ असमता निष्पत्ति
Harmonic ratio हरात्मक निष्पत्ति
Hyperbolic ratio अतिपरवलीय निष्पत्ति
Incrementary ratio उपचय निष्पत्ति
Internal ratio आन्तरिक निष्पत्ति
Inverse ratio व्युत्क्रम निष्पत्ति
Linter ratio सीमान्त निष्पत्ति
Pime ratio रूढ़ निष्पत्ति
Reciprocal ratio व्युत्क्रम निष्पत्ति
Second term of a ratio निष्पत्ति का द्वितीय पद

Sub-duplicate ratio	वर्गमूलित निष्पत्ति
Sub-triplicate ratio	घनमूलित निष्पत्ति
Trigonometrical ratio	त्रिकोणमितीय निष्पत्ति
Triplicate ratio	घनित निष्पत्ति
Ultimate ratio	अन्त्य निष्पत्ति
Velocity ratio	वेग निष्पत्ति
Composition of ratios	निष्पत्ति संयोजन
Rational	सुमेय (र)
Commensurable	संमेय
Incommensurable	असंमेय
Irrational	दुर्मेय
Surd	करणी
Rational algebraical expression	सुमेय बीजगणितीय व्यंजक
Rational coefficient	सुमेय गुणक
Rational equation	सुमेय समीकरण
Rational exponent	सुमेय घातांक
Rational expression	सुमेय व्यंजक
Rational fraction	सुमेय भिन्न
Rational function	सुमेय फलिन
Rational integral function	सुमेय पूर्णांक फलिन
Rational number	सुमेय संख्या
Rational operation	सुमेय क्रिया
Rational quantity	सुमेय राशि
Rational root	सुमेय मूल
Rational term	सुमेय पद
Rational transformation	सुमेय रूपान्तर
Rationalisation	सुमेयकरण
Rationalise	सुमेय करना
Rationalised	सुमेयकृत
Rationalised form	सुमेयकृत रूप
Rationalising	सुमेयकरण
Rationalising factor	सुमेयकार अपवर्तक
Rationalising the denominator	हर का सुमेयकरण
Rationality	सुमेयता
Ray	किरण
Ray coordinates	किरण नियामक
Reaction	प्रतिक्रिया
Action	क्रिया, कार्य
Initial reaction	आदि प्रतिक्रिया
Normal reaction	अभिलम्ब प्रतिक्रिया
Specific reaction	विशिष्ट प्रतिक्रिया
Turbine reaction	भ्रमयन्त्र प्रतिक्रिया
Reading	पाठ, वाचन
Reads	का पाठ है
Ready	सज्ज
Ready reference	तत्काल आलोकन
Real	वास्तविक
Complex	संकर
Hypothetical	औपकाल्पनिक
Imaginary	काल्पनिक
Real algebraic number	वास्तविक बीजगणितीय संख्या
Real coefficient	वास्तविक गुणक
Real continuum	वास्तविक प्रतान
Real difference	वास्तविक अन्तर
Real exponent	वास्तविक घातांक
Real logarithm	वास्तविक लघुगणक
Real number	वास्तविक संख्या
Real part	वास्तविक अंश
Real period	वास्तविक आवर्तनांक
Real plane	वास्तविक समतल
Real root	वास्तविक मूल
Real series	वास्तविक श्रेणी
Real system	वास्तविक संहति
Realisation	प्रापण (र)
Real axis	वास्तविक अक्ष
Real variable	वास्तविक चल
Real zero	वास्तविक शून्य
Multiple real root	बहुलक वास्तविक मूल
Axis of reals	वास्तविक अक्ष
Reality	वास्तविकता
Platonic reality	प्लेटोनी वास्तविकता

Ream रीम
Reapportionment पुनर्विभाजन
Rearrangement पुनर्विन्यास
Reaumur thermometer र्‍यूमर तापमापक
Rebound उत्पतन करना
Rebounding उत्पतन
Recapitulation संक्षिप्त वर्णन
Reciprocal व्युत्क्रम
 Converse विलोम
 Inverse उत्क्रम
 Reverse विपर्य
 Reciprocal cone व्युत्क्रम शंकु
 Reciprocal curve व्युत्क्रम वक्र
 Reciprocal determinant व्युत्क्रम सारणिक
 Reciprocal equation व्युत्क्रम समीकरण
 Reciprocal figure व्युत्क्रम आकृति
 Reciprocal fraction व्युत्क्रम भिन्न
 Reciprocal function व्युत्क्रम फलिन
 Reciprocal law व्युत्क्रम नियम
 Reciprocal number व्युत्क्रम संख्या
 Reciprocal operation व्युत्क्रम क्रिया
 Reciprocal polar कोणीय व्युत्क्रम
 Reciprocal polyhedron व्युत्क्रम बहुलक
 Reciprocal proportion व्युत्क्रम अनुपात
 Reciprocal quantity व्युत्क्रम राशि
 Reciprocal quartic व्युत्क्रम चतुर्घातक
 Reciprocal ratio व्युत्क्रम निष्पत्ति
 Reciprocal root व्युत्क्रम मूल
 Reciprocal screw व्युत्क्रम पेंच
 Reciprocal series व्युत्क्रम श्रेणी
 Reciprocal spiral व्युत्क्रम सर्पिल
 Reciprocal substitution व्युत्क्रम आदेश
 Reciprocal theorem व्युत्क्रम प्रमेय
 Reciprocal triangle व्युत्क्रम त्रिभुज
Reciprocally proportionate व्युत्क्रमानुपाती
Reciprocant व्यतिहारक
Reciprocation व्युत्क्रमण
Reciprocity व्युत्क्रमता
 Reciprocity theorem व्युत्क्रमता प्रमेय
 Quadratic reciprocity वर्गात्मक व्युत्क्रमता
Reckon गिनना
Reckoning गिनती
 Calculation परिकलन, परिगणन
 Computation संगणन
 Counting गिनना, गणन
 Enumeration प्रगणन
 Estimation आगणन
Recognise पहिचानना, अभिज्ञान करना
Recognition अभिज्ञान
Record अभिलेख (प्राचीन)
 Statistical record सांख्यिक अभिलेख
Recreation मनोरंजन
Rectangle आयत
Rectangular आयताकार
 Rectangular aperture आयताकार छिद्र
 Rectangular array आयताकार सरणी
 Rectangular axes आयताकार अक्ष
 Rectangular coordinates आयताकार नियामक
 Rectangular form आयताकार रूप
 Rectangular formula आयताकार सूत्र
 Rectangular graph आयताकार आलेख
 Rectangular hyperbola आयताकार अतिपरवलय
 Rectangular parallelopiped आयताकार समानाफलक
 Rectangular solid आयताकार ठोस
Rectifiable चापकलनीय
Rectification चापकलन
Rectifying plane चापकलन समतल
Rectilineal ऋजुरेखात्मक, ऋजुरेखक
 Rectilineal angle ऋजुरेख कोण
 Rectilineal figure ऋजुरेख आकृति
 Rectilineal plane ऋजुरेख समतल
 Rectilineal velocity ऋजुरेख वेग
Rectilinear ऋजुरेखज
 Rectilinear coordinates ऋजुरेख नियामक

Rectilinear figure	ऋजुरेखाकृति	Redundant number	अतिरिक्त संख्या
Rectilinear generator	ऋजुरेख जनक	Redundant root	अतिरिक्त मूल
Rectilinear motion	ऋजुरेख गति	Non-redundant stiff frame	अनतिरिक्त कठिन ढाँचा
Recur	आवर्तन, पुनरावर्तन	Re-entrant angle	पुनर्युक्त कोण
Recurrence	आवृत्ति, पुनरावृत्ति	Reflex angle	वृहत् कोण
Recurrence formula	आवृत्ति सूत्र	Reference	आश्रय
Recurrence method	आवृत्ति विधि	Reference frame	आश्रय का ढाँचा
Method of recurrence	आवृत्ति विधि	Angle of reference	आश्रय कोण
Recurrent	आवर्तक, आवर्ती	Axes of reference	आश्रय अक्ष
Recurring	आवर्तक, आवर्ती	Line o reference	आश्रय रेखा
Recurring continued		Plane of reference	आश्रय समतल
fraction	आवर्त वितत भिन्न	Ready reference	तत्काल आलोकन
Recurring decimal	आवर्त दशमलव	Triangle of reference	आश्रय त्रिभुज
Recurring figure	आवर्त अंक	Various references	विविध अनुषंग
Recurring series	आवर्त श्रेणी	With reference to	के अनुषंग में
Mixed recurring decimal	मिश्र आवर्त दशमलव	Referred to	पर आश्रित
Non-recurring	अनावर्त	Reflect	परावर्तित होना
Reduce	अल्पीकरण, लघ्वीकरण करना	Reflected	परावर्तित
Reduce to lowest terms	लघुतम पदों में रक्खो	Reflected wave	परावर्तित तरंग
Reduced	अल्पीकृत, लघ्वीकृत	Relection	परावर्तन
Reduced cubic	अल्पीकृत त्रिघाती	Image	प्रतिबिम्ब
Reduced form	अल्पीकृत रूप	Shadow	छाया
Reducibility	अल्पीकरणीयता, लघुकरणीयता	Refelction property	परावर्तन गुण
Reducible	लघुकरणीय	Angle of property	परावर्तन कोण
Reducing cubic	लघुकारक त्रिघाती	Angle of incidence	आपतन कोण
Reductio ad absurdum	असंगति प्रदर्शन	Refelx angle	वृहत् कोण
Reductio ad absurdum		Re-entrant angle	पुनर्युक्त कोण
proof	असंगति प्रदर्शन उपपत्ति	Reflexion=Reflextion	परावर्तन
Reduction	लघुकरण	Reflexive	प्रतिक्षेपी
Reduction formula	लघुकरण सूत्र	Reflexive relation	प्रतिक्षेप सम्बन्ध
Lagrange's reduction	लैग्रांज लघुकरण	Reflexivenes	प्रतिक्षेपीयता
Method of reduction		Refraction	वर्तन
formula	लघुकरण सूत्र विधि	Angle of refraction	वर्तन कोण
Pivotal reduction	धुरी लघुकरण	Regard	अवेक्षण
Successive reduction	उत्तरोत्तर लघुकरण	Regarded as	अवेक्षित
Redundant	अतिरिक्त	Regarding	के विषय में
Redundant equation	अतिरिक्त समीकरण	Region	प्रदेश

Domain प्रान्त
Closed region बन्द प्रदेश
Open region खुला प्रदेश
Regression प्रत्यागमन
Regression coefficient प्रत्यागमन गुणक
Edge of regression प्रत्यागमन तट
Linear regression रैखिक प्रत्यागमन
Line of regession प्रत्यागमन रेखा
Regressive प्रत्यागामी
Regular 1. सम 2.नियमित
Regular curve नियमित वक्र
Regualr decagon सम दशभुज
Regualr dodecagon सम द्वादशभुज
Regular dodecahedron सम द्वादशफलक
Regular figure सम आकृति
Regular function नियमित फलिन
Regular heptagon सम सप्तभुज
Regular hexagon सम षड्भुज
Regular hexahedron सम षड्फलक
Regular icosahedron समविंशतिफलक
Regular integral नियमित अनुकल
Regular nonagon सम नवभुज
Regular pentagon सम पंचभुज
Regular polygon सम बहुभुज
Regular polyhedron सम बहुफलक
Regular prism सम संक्षेत्र
Regular pyramid सम स्तूप
Regular quadrilateral सम चतुर्भुज
Regular sequence नियमित अनुक्रम
Regular solid सम ठोस
Regular tetrahedron सम चतुष्फलक
Regulation आनियम, आनियमन (र)
Regulus रेखापुंज
Reisz-Fisher theorem रीज़ फ़िशर प्रमेय
Rejection अस्वीकरण
Cancellation निरसन
Crossing out निरसन काटना
Deletion अपमृजन
Elimination विलोपन
Exclusion अपवर्जन
Ignoring उपेक्षण
Leaving out त्यजन
Neglecting उपेक्षण
Omission उत्सृजन
Removal अपनयन
Vanishing लोपन
Related सम्बद्ध
Conjugate अनुबद्ध
Related angle सम्बद्ध कोण
Related expression सम्बद्ध व्यंजक
Related function सम्बद्ध फलिन
Radially related त्रिज्यतः सम्बद्ध
Relation सम्बन्ध
Relation to line at infinity अनन्ती रेखा से सम्बन्ध
Anti-reflexive relation अप्रतिक्षेप सम्बन्ध
Asymmetric relation आसम्मित सम्बन्ध
Fnctional relation फलिनीय सम्बन्ध
Fundamental relation मूल सम्बन्ध
Gruneisen's relation ग्रूनाइजेन सम्बन्ध
Homographic relation एकैकीसंगति सम्बन्ध
Identical relation एकात्मक सम्बन्ध
Intransitive relation असंक्रमक सम्बन्ध
Legendre relation लेजाण्ड्र सम्बन्ध
Non-reflexive relation अप्रतिक्षेपी सम्बन्ध
Order of relation सम्बन्ध का वर्ण
Pythagorean relation पिथैगोरी सम्बन्ध
Reflexive relation प्रतिक्षेपी सम्बन्ध
Scale of relation माप सम्बन्ध
Squared relation वर्गित सम्बन्ध
Symmetric relation सम्मित सम्बन्ध
Transitive relation संक्रमक सम्बन्ध
Wronski's relation रौन्स्की सम्बन्ध
Relative आपेक्षिक
Relative (Polar triangle) सम्बन्धी, सम्बद्ध

Relative chain आपेक्षिक शृंखला
Relative density आपेक्षिक घनत्व
Relative error आपेक्षिक भ्रान्ति
Relative frequency आपेक्षिक बारम्बारता
Relative maximum आपेक्षिक महत्तम
Relative minimum आपेक्षिक लघुतम
Relative motion आपेक्षिक गति
Relative number आपेक्षिक संख्या
Relative order आपेक्षिक क्रम
Relative polar triangle सम्बन्धी ध्रुव त्रिभुज
Relative position आपेक्षिक स्थिति
Relative prime आपेक्षिक रूढ़
Relative triangle सम्बद्ध त्रिभुज
Relative velocity आपेक्षिक वेग
Absolute velocity निरपेक्ष वेग
Relative vis viva आपेक्षिक गति शक्ति
Relatively अपेक्षाकृत
Relatively prime अपेक्षाकृत रूढ़
Relativistic सापेक्ष
Relativity सापेक्षवाद
Reliable विश्वस्त
Remainder शेष, शेषफल
Residue अवशेष
Remainder function शेषफल फलिन
Remainder in series श्रेणी का शेष
Remainder theorem शेषफल प्रमेय
Lagrange's remainder लैग्रांज शेष
Maclaurin's remainder मैल्क्लौरिन शेष
Sturm's remainder आंशिक शेष
Partial remainder टेलर शेष
Sturm's remainder स्टर्म शेष
Remark टिप्पणी, अभ्युक्ति (र)
Removability अपनीयता
Removable अपनीय
Removable discontinuity अपनीय असातत्य
Non removable अनपनीय
Removal अपनयन
Cancellation निरसन
Crossing out निरसन काटना
Deletion अपमृजन
Elimination विलोपन
Exclusion अपवर्जन
Ignoring उपेक्षण
Leaving out त्यजन
Neglcting उपेक्षण
Omission उत्सृजन
Rejection अस्वीकरण
Vanishing लोपन
Removal of brackets विकोष्ठीकरण
Insertion of brackets कोष्ठीकरण
Remove अपनयन करना
Removed अपनीत
Rent किराया
Annual rent वार्षिक किराया
Repeat पुनरावर्तन, पुनरागमन
Repeated पुनरागत
Repeated differentiation पुनरागत अवकलन
Repeated integral पुनरागत अनुकल
Repeated limit पुनरागत सीमा
Repeated root पुनरागत मूल
Repeated trials पुनरागत परख
Repeating पुनरागमन
Repeating decimal आवर्त दशमलव
Repel विकर्षित करना या होना
Repelling विकर्षण
Repelling particle विकर्षक कण
Repetition पुनरावृत्ति
Permutation with repetitions पुनरावृत्ति सहित क्रमचय
Replace प्रतिस्थापित करना
Replaceable प्रतिस्थापनीय
Replacement प्रतिस्थापन (र)
Displacement विस्थापन
Substitution आदेशन, स्थानापतन

English	Hindi
Represent	निरूपित करना
Representation	निरूपण
Demonstration	निदर्शन
Proof	उपपत्ति
Approximate representation	उपनीत निरूपण
Compound representation	मिश्र निरूपण
Conformal representation	अनुगुण निरूपण
Diagrammatic representation	चित्रमय निरूपण
Graphic representation	आलैखिक निरूपण
Graphical representation	आलैखिक निरूपण
Parametric representation	प्राचलीय निरूपण
Systematic representation	व्यवस्थित निरूपण
Representative	प्रतिनिधि
Representative point	प्रतिनिधि बिन्दु
Represented	निरूपित
Reproduce	पुनरुत्पादन
Reproductive	पुनरुत्पादक
Repulsion	आकर्षण
Attraction	विकर्षण
Capillary repulsion	केश विकर्षण
Required	अपेक्षित
Required result	अपेक्षित फल
Requisite	आवश्यक
Reserve	संचिति (र)
Mean reserve	मध्यक संचिति
Reservior	आशय, जलाशय
Cistern	कुण्ड
Residual	अवशिष्ट
Residual congruence	अवशेषी संशेषता
Residual error	अवशिष्ट भ्रान्ति
Residual set	अवशिष्ट कुलक
Residually congruent	अवशेषी संशेष
Residue	अवशेष
Remainder	शेष, शेषफल
Residue of terms	पदों का अवशेष
Least positive residue	लघुतम धन अवशेष
Partial residue	आंशिक अवशेष
Associated residues	सहचर अवशेष
Calculus of residues	अवशेष कलन
Resilience=Restitution	प्रत्यानयन
Resist	प्रतिरोध करना
Resistance	प्रतिरोध
Active resistance	सक्रिय प्रतिरोध
Firctional resistance	घर्षण प्रतिरोध
Line of resistance	प्रतिरोध रेखा
Passive resistance	निष्क्रिय प्रतिरोध
Sliding resistance	विसर्पी प्रतिरोध
Total resistance	पूर्ण प्रतिरोध
Resisted	प्रतिरुद्ध
Resisted body	प्रतिरुद्ध काय
Resisting (Adj.)	प्रतिरोधक
Resisting body	प्रतिरोधक काय
Resisting medium	प्रतिरोधक माध्यम
Resolute	विश्लिष्ट अंग
Resolution	वियोजन, विश्लेषण
Resolution into factors	खण्डन
Resolution of accelerations	गतिवृद्धि विश्लेषण
Resolution of forces	बल विश्लेषण
Resolution of velocities	वेग विश्लेषण
Normal resolution	अभिलम्ब विश्लेषण
Oblique resolution	तिर्यक् विश्लेषण
Tangential resolution	स्पर्शी विश्लेषण
Resolve	विश्लेषण करना
Resolved	विश्लिष्ट
Resolved curvature	विश्लिष्ट वक्रता
Resolved parts	विश्लिष्ट अंग
Resolvent cubic	विश्लेषक त्रिघाती
Resolvent theorem	विश्लेषक प्रमेय
Resonance	प्रतिध्वनि
Respective	क्रमिक
Respective coefficients	क्रमिक गुणक
Respectively	यथाक्रम
Gradually	क्रमशः
In due order	क्रमानुसार

Rest विराम
  At rest विराम में
  From rest विराम से
  Position of instantaneous rest तात्कालिक विराम स्थिति
Resting point विराम बिन्दु
Restitution=Resilience प्रत्यानयन
  Coefficient of restitution प्रत्यानयन गुणक
  Force of restitution प्रत्यानयन बल
Restoration उद्धार
Restorative उद्धारक
  Restorative force उद्धारक बल
Restriant निरोध
Restrict आयन्त्रित करना (र)
Restricted आयन्त्रित (र)
  Restricted type आयन्त्रित प्ररूप
Restriction आयन्त्रण
Result फल
  Conclusion निष्कर्ष
  Consequence परिणाम
  Inference अनुमान
  Approximete result उपनीत फल
  Correct result शुद्ध फल
  Required result अपेक्षित फल
Resultant लब्ध
  Resultant force लब्ध बल
  Resultant pressure लब्ध निपीड
  Resultant thrust लब्ध ठेल
  Resultant weight लब्ध भार
  Single resultant एकाकी लब्धबल
  Vertical resultant ऊर्ध्व लब्धबल
Retard रोकना, ह्रास करना
Retardation गतिह्रास
  Acceleration गतिवृद्धि, त्वरण
  Deceleration गतिह्रास
Retarded ह्रासित
  Retarded motion ह्रासित गति
Retrospect सिंहावलोकन
Reversal विपर्यय
  Reversal law विपर्य नियम
Reverse विपर्य
  Converse विलोम
  Inverse उत्क्रम
  Reciprocal व्युत्क्रम
Reversibility विपर्यशीलता
Reversible विपर्यशील
Reversion विपर्यास
  Reversion of series श्रेणी विपर्यास
Review पुनरीक्षा (र)
Revolution परिक्रमण, परिक्रमा
  Rolling लुण्ठन
  Rotation परिभ्रमण
  Translation स्थानान्तरण
  Turning परिणमन
  Axis of revolution परिक्रमणाक्ष
  Complete revolution पूर्ण परिक्रमा
  Cone of revolution परिक्रमण शंकु
  Cylinder of revolution परिक्रमण बेलन
  Ellipsoid of revolution परिक्रमण दीर्घवृत्तज
  Hyperboliod of revolution परिक्रमण अतिपरवलयज
  Paraboloid of revolution परिक्रमण परवलयज
  Solid of revolution परिक्रमण ठोस
  Surface of revolution परिक्रमण पृष्ठ
  Volume of revolution परिक्रमण आयतन
Revolve परिक्रमा करना
Revolving (Adj.) परिक्रामक
  Revolving curve परिक्रामक वक्र
  Revolving fluid परिक्रामक तरल
  Revolving line परिक्रामक ठोस
Rhodes रहोड्स
  Rhodes's formula रहोड्स सूत्र
Rhodoneae (Rose-petal) रक्तज
Rhomboid=parallelogram समानाभुज
Rhombus चतुः समभुज (र)

Rhumb line पथी रेखा
Ricatti रिकैटी
  Ricatti's equation रिकैटी समीकरण
Richelot रिशेलो
  Richelot's method रिशेलो विधि
Rieman रीमान
  Riemann-Christofell tensor रीमान क्रिस्टोफ़ेल प्रदिश
  Riemann hypothesis रीमान उपकल्पना
  Riemann integral रीमान अनुकल
  Riemann Stieltjes integral रीमान स्टील्टजेज़ अनुकल
  Riemann summation रीमान संकलन
  Riemann surface रीमान पृष्ठ
  Riemann theorem रीमान प्रमेय
  Riemannian function रीमानी फलिन
  Riemannian Geometry रीमानी ज्यामिति
  Riemannian space रीमानी अवकाश
Riesz रीज़
  Riesz classification रीज़ वर्गीकरण
  Riesz-Fisher theorem रीज़-फिशर प्रमेय
Right 1. ठीक 2. दक्षिण, दाहिना 3. सम, लाम्बिक
  Right angle सम कोण
  Right angled triangle सम कोण त्रिभुज
  Right circular cone लाम्बिक वर्तुल शंकु
  Right cone लाम्बिक शंकु
  Right cylinder लाम्बिक बेलन
  Right frustum लाम्बिक छिन्नक
  Right-hand column दक्षिण स्तम्भ
  Right handed दक्षिणांगी
  Right-handed coordinates दक्षिणांगी नियामक
  Right-hand side दक्षिण पक्ष
  Right hand side expression दक्षिण पक्ष व्यंजक
  Right-hand side of equation समीकरण का दक्षिण पक्ष
  Right line ऋजु रेखा, सरल रेखा
  Right parallelopiped लाम्बिक समानाफलक
  Right prism लाम्बिक संक्षेत्र
  Right pyramid लाम्बिक स्तूप
  Right section लाम्बिक काट
  Right side दक्षिण पक्ष
  At right angles परस्पर लम्ब
Rigid दृढ़
  Brittle भिदुर
  Ductile तन्य
  Elastic लचीला
  Flexible नम्य
  Hard कठिन
  Malleable वर्द्धनीय
  Plastic सुनम्य
  Soft मृदु, कोमल
  Tough कठोर
  Viscous सान्द्र
  Rigid body दृढ़ काय
  Rigid Dynamics ठोस प्रावैगिकी
  Rigid motion दृढ़ गति
  Rigid proof=Rigorous proof परुष उपपत्ति
Rigidity दृढ़ता
  Flexural rigidity नमन दृढ़ता
Rigidly दृढ़तः
  Connected rigidly दृढ़तः अन्वित
Rigorous परुष
  Rigorous proof परुष उपपत्ति
Rigorously परुषतः
Rigour पारुष्य, परुषता
  Absolute rigour परम परुषता
  Weierstrassian rigour वीर्स्ट्रासी परुषता
Rim किनारा
Ring 1. छल्ला 2. वलय
  Ring function वलय फलिन
  Ring shaped वलयाकार
  Ring surface वलय पृष्ठ
  Anchor ring लंगर वलय
  Benzene ring बेन्जीन छल्ला
  Circular ring वर्तुल छल्ला

Cylindrical ring	बेलनीय छल्ला	Rolling friction	लुण्ठन घर्षण
Fourier ring	फूरियर छल्ला	Rolle	रोल
Solid ring	ठोस वलय	Rolle's theorem	रोल प्रमेय
The inside of a ring	छल्ले का अन्तः पार्श्व	Roman	रूमी
Torus ring	शांकवी वलय	Roman numerals	रूमी अंक
Chinese rings (game)	चीनी छल्ले (खेल)	Roman steelyard	रूमी विषमभुज तुला
Saturn's rings	शनि के वलय	Rook (Chess)	हाथी, रुक (शतरंज)
Ripple	लहर	Root	मूल
Rise	उत्थान	Root-mean square	मूल-मध्यक वर्ग
Rise and fall	उत्थान और पतन	Root of congruence	संशेषता मूल
Road	सड़क	Root of equation	समीकरण का मूल
Roadway	पथमार्ग	Root symbol	मूल का संकेत
Cross road	छेदक मार्ग	Admissible root	ग्राह्य मूल
Robert	रौबर्ट	Approximent root	उपनीत मूल
Robert's theorem	रौबर्ट प्रमेय	Arithmetical root	संख्यात्मक मूल
Roberval	रूबर्वल	Assigned root	निदिष्ट मूल
Roberval's balance	रूबर्वल तुला	Commensurable root	संमेय मूल
Rock	स्पन्दन	Complex root	संकर मूल
Rocking (Adj.)	स्पन्दमान	Conjugate root	अनुबद्ध मूल
Rocking body	स्पन्दमान काय	Cube root	घन मूल
Rod	छड़, दण्ड	Double root	द्विक्
Rod polygon	छड़ बहुभुज	Encke root	अन्के मूल
Bent rod	टेढ़ा छड़	Fundamental root	आधार मूल
Circular rod	वर्तुल छड़	Imaginary root	काल्पनिक मूल
Helical twisted rod	रेखजवक्री व्यावृत्त छड़	Infinite root	अनन्त मूल
Homogeneous rod	समांग छड़	Latent root	गुप्त मूल
Infinite rod	अनन्त छड़	Mean square root	मध्यक वर्ग मूल
Uniform rod	एकरूप छड़	Multiple root	बहुलक मूल
Rodrigue	रौड्रीग	Multiple real root	बहुलक वास्तविक मूल
Rodrigue's formula	रौड्रीग सूत्र	Nth root	गवाँ मूल
Roll	लुढ़कना, लुण्ठित होना	Principal root	मूख्य मूल
Rolling	लुण्ठन	Pth root	पवाँ मूल
Revolution	परिक्रमण	Rational root	सुमेय मूल
Rotation	परिभ्रमण	Real root	वास्तविक मूल
Translation	स्थानान्तरण	Reciprocal root	व्युत्क्रम मूल
Turning	परिणमन	Redundant root	अतिरिक्त मूल
Rolling curve	लुण्ठन वक्र	Repeated root	पुनरागत मूल

Simple root	सरल मूल
Simple real root	सरल वास्तविक मूल
Special root	विशेष मूल
Square root	वर्ग मूल
Triple root	त्रिक् मूल
Zero root	शून्य मूल
Character of roots	मूलों की प्रकृति
Consecutive roots	क्रमागत मूल
Diminution of roots	मूलों की घटी
Equal roots	समान मूल
Interlacing roots	समलिष्ट मूल
Limits to roots of equation	समीकरण के मूलों की सीमायें
Location of roots	मूलों की स्थिति
Overlapping roots	प्रारोहक मूल
Rope	रस्सी, रज्जु
Rope polygon	रज्जु बहुभुज
Rope stretcher	रज्जु वितानक
Rotate	परिभ्रमण करना
Rotating (Adj.)	परिभ्रामक
Rotating disc	परिभ्रामक बिम्ब
Rotating field	परिभ्रामक क्षेत्र
Rotating line	परिभ्रामक रेखा
Rotating sphere	परिभ्रामक गोला
Rotation	परिभ्रमण
Revolution	परिक्रमण
Rolling	लुण्ठन
Translation	स्थानान्तरण
Turning	परिणमन
Rotation formula	परिभ्रमण सूत्र
Axial rotation	अक्षीय परिभ्रमण
Axis of rotation	परिभ्रमणाक्ष
Finite rotation	सान्त परिभ्रमण
Initial rotation	आदि परिभ्रमण
Rotational motion	परिभ्रमण गति
Rotatory	परिभ्रामक
Rotatory motion	परिभ्रमण गति
Rouche	रूश
Rouche's theorem	रूश प्रमेय
Rough	1. स्थूल 2. रूक्ष, खुरदार
Smooth	चिकना, चिक्कण
Rough bearing	दिङ्मान
Rough body	रूक्ष काय
Rough hinge	रूक्ष कब्जा
Rough incline	रूक्ष आनत तल
Rough joint	रूक्ष जोड़
Rough plane	रूक्ष समतल
Rough screw	रूक्ष पेंच
Rough string	रूक्ष डोरी
Rough value	स्थूल मान
Imperfectly rough	अपूर्णतः रूक्ष
Roughly	स्थूल रूप से
Roulette	लुण्ठज
Spherical roulette	गोलीय लुण्ठज
Round	गोल, गोलाकार
Round dances	मण्डल नाच
Round robin	मण्डल पत्र
Goes round	की परिक्रमा करता है
Route	मार्ग
Row	पंक्ति
Column	स्तम्भ
Horizontal row	क्षैतिज पंक्ति
Polar row	ध्रुवी माला
Ruckkehrpunkte (Cusp)	निशित
Ruffini	रुफिनी
Ruffin-Horner method	रुफिनी-हौर्नर विधि
Ruin	नाश
Gambler's ruin (Game)	जुआरी का नाश (खेल)
Rule (Verb)	रेखांकित करना
Rule (Noun)	रेखा, पटरी
Rule (Noun)	नियम
Law	नियम
Principle	प्रनियम, नियम
Provision	प्रावधान
Theory	सिद्धान्तवाद

Rule of Serrus	सेरस नियम	Shephard's rule	शेफर्ड नियम
Rule of signs	चिह्न नियम	Simpson's rule	सिम्सन नियम
Rule of three	त्रिराशिक	Slide rule	विसर्पी गणक
Rules of equality	समता के नियम	Solid rule	ठोस नियम
Chain rule	शृंखला नियम	Trapezoidal rule	समलम्ब नियम
Compound rule	मिश्र नियम	Warnsdorf's rule	वार्न्सडौर्फ नियम
Cramer's rule	क्रेमर नियम	Weddle's rule	वेडिल नियम
De Gua's rule	दगुअ नियम	Working rule	क्रियात्मक नियम
Characteristic	लक्षण नियम	Descartes' rule of signs	दकार्ते का चिह्न नियम
Empirical rule	अनुभूति नियम	Double rule of three	पंचराशिक
Euler's rule	औयलर नियम	Ruled	1. ऋजुरेखज 2. रेखांकित
Foot rule	फुटा नियम	Ruled paper	रेखांकित पत्र
Fourier rule	फूरियर नियम	Ruled surface	ऋजुरेखज पृष्ठ
Guldberg rule	गुल्डबर्ग नियम	Ruler	पटरी
Hospital's rule	हौस्पिटल नियम	Rulings	रेखायें
Konowalow rule	कोनाओलो नियम	Parallel ruling	समानान्तर रेखायें
Leibnitz's rule	लिब्नीज़ नियम	Ruma (Game)	स्यूमा (खेल)
mathieu's rule	मैथ्यू नियम	Runge	रुंज
Machanic's rule	यन्त्रकार की पटरी	Runge's method	रुंज विधि
Merchant's rule	व्यापारी की पटरी	Runs of luck	भाग्य के फेर
Mid-ordinate rule	मध्यम-कोटि नियम	Russell	रसेल
Mid-rule	मध्य नियम	Russell's paradox	रसेल विरोधाभास
Mid-rule method	मध्य-नियम विधि	Russian Bank (Game)	रूसी बंक (खेल)

S

Safety valve	अभय कपाट
Sag	लटकाव
Sag of a wire	तार का लटकाव
Sail	पतवार
Saltus	डोलक
Saltus function	डोलक फलिन
Same	एक ही
Same sense	एक ही दिशा
Infinitesimal of the same order	एक ही वर्ण का अत्यल्प
Satellite	उपग्रह
Satin	साटन
Satisfaction	सन्तोष
Satisfy	सन्तुष्ट करना
Satisfying	सन्तुष्ट करना
Satisfying an equation	समीकरण को सन्तुष्ट करना
Saturn	शनि
Saturn's rings	शनि के वलय
Figure of Seturn (game)	शनि की आकृति (खेल)
Savary	सेवरी
Savary's construction	सेवरी रचना
Scalar	अदिश
Tensor	प्रदिश
Vector	सदिश
Scalar density	अदिश घनत्व
Scalar multiplication	अदिश गुणन
Scalar product	अदिश गुणनफल
Scalar quar	अदिश राशि
Scale	पार करना
Scale	मापनी (र)
Scale of imaginaries	काल्पनिक राशियों का स्केल
Scale of infinity	अनन्ती स्केल
Scale of notation	संकेतलिपि का स्केल
Scale of relation	सम्बन्ध मापनी
Scale pan	तराजू का पलड़ा
Binary scale	द्विवर्णी मापनी
Change of scale	स्केल परिवर्तन
Common scale	सार्व स्केल
Decimal scale	दशमलव स्केल
Denary scale	दशमिक स्केल
Denary scale of notation	संकेतलिपि का दशमिक स्केल
Diagonal Scale	विकर्ण स्केल
Graduated scale	अंकित स्केल
Logarithmic Scale	लघुगणकीय स्केल
Meter scale	मीटर स्केल
Natural scale	प्राकृतिक स्केल
Number scale	संख्या स्केल
Radiation	अनुमाप लघुकरण
Sliding scale	विसर्पी स्केल
Uniform scale	एकरूप मापनी
Scalene triangle	विषम त्रिभुज
Scatter	विकिरण
Scatter diagram	विकिरण चित्र
Scheme	योजना
necker's scheme	क्रोनेकर योजना
	श्लाल्फ्ली

Schlafli's integral श्लाफ्ली अनुकल
Schlicht शिलख्ट
Schlicht function शिलख्ट फलिन
Scholastics पाण्डित्य
School प्रणाली
School of Mathematics गणितीय प्रणाली
Alexandrian school एलेग्जैण्ड्री प्रणाली
Schuster शुष्टर
Schuster's periodogram शुष्टर आवर्तखोजक
Schwarz श्वार्ज
Schwarz' Lemma श्वार्ज पूर्वप्रमेय
Schwarz' principle श्वार्ज नियम
Schwarzian derivative श्वार्जी अवकलज
Schwarzian deviation श्वार्जी विचलन
Schwarzian expansion श्वार्जी प्रसार
Science विज्ञान
Science of force बल विज्ञान
Science of numbers संख्या विज्ञान
Actuarial science जीवनांक विज्ञान
Applied science प्रयोजित विज्ञान
Experimental science प्रयोगात्मक विज्ञान
Law of science विज्ञान का नियम
Scientific वैज्ञानिक
Scientifically वैज्ञानिक विधि से
Scientist विज्ञानी (र)
Screen पर्दा पट
Screw पेंच
Screw complex पेंच संकल
Screw motion पेंच गति
Angle of the screw पेंच का कोण
Common screw साधारण पेंच
Compound screw मिश्र पेंच
Differential screw अन्तरीय पेंच
Hydraulic screw जलप्रेरित पेंच
Pitch of the screw पेंच की चूड़ी
Prony's differential screw प्रोनी का अन्तरीय पेंच
Reciprocal screw व्युत्क्रम पेंच
Rough screw रूक्ष पेंच
Smooth screw चिकना पेंच
Thread of the screw पेंच की चूड़ी
Sea सागर
Season ऋतु
Seasonal variation ऋतु विचरण
Secant (line) छेदक
Oblique तिर्यक्
Transversal भेदिका
Secant (ratio) व्युकोज्या
Cosecant व्युज्या
Cosine कोज्या
Cotangent कोस्पज्या
Sine ज्या
Tangent स्पज्या
Secant curve व्युकोज्या वक्र
Secant line छेदक रेखा
Secant of an angle कोण की व्युकोज्या
Hyperbolic secant अतिपरवलीय व्युकोज्या
Inverse hyperbolic secant उत्क्रम अतिपरवलीय व्युकोज्या
Inverse secant उत्क्रम व्युकोज्या
Logarithmic secant लघुगणकीय व्युकोज्या
Second सेकिण्ड
Second द्वितीय, दूसरा
Second curvature द्वितीय वक्रता
Second derivative द्वितीय अवकलज
Second Mean Value theorem द्वितीय मध्यक मान प्रमेय
Second moment द्वितीय घूर्ण
Socond order element द्वितीय वर्ण अल्पांर्श
Second part द्वितीय भाग
Seconds pendulum सेकिण्ड दोलक
Second system of pulleys द्वितीय घिरनी संहति
Second term of a ratio निष्पत्ति का द्वितीय पद
Equation of the second degree द्वितीय घात समीकरण
Equation of the second order द्वितीय वर्ण समीकरण

Infinitesimal or the second order — द्वितीय वर्ण अत्यल्प

Secondary — गौण, द्वितीयक
- Elementary — आरम्भिक
- Preliminary — प्रारम्भिक
- Primary — प्राथमिक
- Principal — मुख्य, प्रधान
- Secondary canonical form — गौण उद्यत रूप
- Secondary diagonal — गौण विकर्ण
- Secondary operation — गौण क्रिया
- Secondary part — गौण अंग

Section — काट, परिच्छेद
- Section formula — परिच्छेद सूत्र
- Section of aggregates — वृन्द काट
- Section of rational system — सुमेय संहति का काट
- Section of real system — वास्तविक संहति का काट
- Circular section — वर्तुल काट
- Common section — उभयनिष्ठ काट
- Conic section — शंकु काट, शांकव
- Cross section — अनुप्रस्थ काट
- Dedekind section — डेडीकाइण्ड काट
- Golden section — कनक काट
- Horizontal section — क्षैतिज काट
- Lateral section — पार्श्विक काट
- Line of section — कटान रेखा काट
- Medial section — माध्यमिक काट
- Meridean section — याम्योत्तर काट
- Mid-section — मध्य काट
- Normal section — अभिलम्ब काट
- Oblique section — तिर्यक् काट
- Plane section — समतल काट
- Point of section — कटान बिन्दु, विभाजक बिन्दु
- Right section — लाम्बिक काट
- Vertical section — ऊर्ध्व काट
- Method of sections — परिच्छेद विधि
- Theory of sections — परिच्छेद सिद्धान्त
- Sectional Harmonics — परिच्छेद हरमिति
- Sectional surface harmonics — परिच्छेद पृष्ठीय हरमिति

Sector — शकल (र), त्रिज्यखण्ड
- Sector of a circle — वृत्त का शकल
- Sector of a sphere — गोले का शकल
- Parabolic sector — परवलीय शकल
- Spherical sector — गोलीय शकल

Sectorial — शकलीय
- Sectorial area — शकलीय क्षेत्र
- Sectorial Harmonics — शकलीय हरमिति
- Sectorial surface Harmonics — शकलीय पृष्ठ हरमिति

Secular — लौकिक
- Secular trend — लौकिक वृत्ति

Segment — खण्ड, अवधा
- Segment of a circle — वृत्त खण्ड
- Segment of a curve — वक्र खण्ड
- Segment of a line — रेखा खण्ड
- Segment of a sphere — गोले का खण्ड
- Alternate segment — एकान्तर अवधा
- Angle in a segment — अवधा का कोण
- Directed segment — लक्षित अवधा
- Line segment — रेखा खण्ड
- Major segment — दीर्घ खण्ड
- Minor segement — लघु खण्ड
- Parabolic segment — परवलीय खण्ड
- Small segment — लघु खण्ड
- Spherical segment — गोलीय खण्ड
- Zero segment — शून्य खण्ड

Segmental cap — खण्डीय टोपी

Select — चयन करना

Selected — चयित

Selection — चयन

Self — आत्म-,स्व-
- Self-acquired — स्वयमोपार्जित
- Self-acting sluice — स्वक्रिय जलद्वार
- Self-adjustible force — स्वसमायोज्य बल
- Self-attracting (Adj) — स्वाकर्षक
- Self-conjugate — स्वानुबद्ध

Self-conjugate line — स्वानुबद्ध रेखा
Self-conjugate triangle — स्वानुबद्ध त्रिभुज
Self-consistency — स्वसंगति
Self-evident — प्रत्यक्ष
Self-perpendicular — स्वलम्ब
Self-registering barometer — दाब स्वलेखक
Self-strained — स्वयं प्रतत
Semantics — अर्थविकासशास्त्र
Semi- — अर्ध-
Semi-annual — अर्ध-वार्षिक
Semi-axis — अर्धाक्ष
Major semi-axis — दीर्घ अर्धाक्ष
Minor semi-axis — लघु अर्धव्यास
Semi-circle — अर्धवृत्त
Semi-circumference — अर्ध-परिधि
Semi-conjugate axis — अनुबद्ध अर्धाक्ष
Simi-conjugate diameters — अनुबद्ध अर्धाक्ष
Semi-continuous — अर्ध-सतत
Semi-convergent — अर्ध-संसृत
Semi-convergent series — अर्ध संसृत श्रेणी
Semi-cubical parabola — अर्ध घन परवलय
Semi-definite — अर्ध निश्चित
Semi-diameter — अर्ध व्यास
Semi-external — अर्ध बाह्य
Semi-infinite — अर्धानन्त
Semi-integral — अर्धानुकल
Semi-inter-quartile — अर्धान्तः चतुर्थी
Semi-magic square — अर्ध-माया वर्ग
Semi-major axis — अर्ध दीर्घाक्ष
Semi-mean axis — अर्ध मध्यकाक्ष
Semi-minor axis — अर्ध लघ्वक्ष
Semi-perimeter — अर्ध परिमिति
Semi-quartic — अर्ध चतुर्थी
Semi-reduced — अर्धाल्पीकृत
Semi-simple — अर्ध ऋजु
Semi-transverse axis — अनुप्रस्थ अर्धाक्ष
Sense — अभि दिशा
Sense of inequality — असमता की दिशा
Same sense — एक ही दिशा
Sensibility — वेदनीयता
Sensitive — सुग्राही, सचेतन
Sensitive balance — गुग्राही, तुला
Sensitiveness — सुग्राह्यता, सचेतनता
Senstiveness of a balance — तुला की सुग्राह्यता
Separability — विभेद्यता
Separable — विभेद्य
Separable variables — विभेद्य चल
Separableness — विभेद्यता
Separate (Verb) — पृथक करना
Separate (Adj.) — पृथक
Separate equilibrium — पृथक साम्य
Separated — विभेदित
Separating (Adj.) — विभेदक
Separating cone — विभेदक शंकु
Separating polhode — विभेदक पृष्ठलुण्ठज
Separation — विभेदन, पृथक्करण
Separation of variables — चल विभेदन
Surface of separation — विभेदन पृष्ठ
Velocity of separation — पार्थक्य वेग
September — सितम्बर
Septenary — सप्ताशिक
Sequence — अनुक्रम
Bounded sequence — परिमित अनुक्रम
Complex sequence — संकर अनुक्रम
Convergent sequence — संसृत अनुक्रम
Double sequence — द्विगनुक्रम
Infinite sequence — अनन्त अनुक्रम
Limited sequence — सीमित अनुक्रम
Monotonic sequence — एकस्वनी अनुक्रम
Regular sequence — नियमित अनुक्रम
Simple sequence — सरल अनुक्रम
Serial number — क्रमांक
Series — श्रेणी
Progression — श्रेढ़ी

Absolutely convergent seires	निरपेक्ष संसृत श्रेणी
Alternating series	एकान्तर श्रेणी
Arbogast series	आर्बोगस्त श्रेणी
Arithmetic seires	समान्तर श्रेणी
Arithmetico-Geometric series	समान्तर-गुणोत्तर श्रेणी
Ascending series	आरोह श्रेणी
Auxiliary series	सहायक श्रेणी
Bernoulli series	बर्नोली श्रेणी
Binomial series	द्विपद श्रेणी
Brounker series	ब्राउंकर श्रेणी
Complex series	संकर श्रेणी
Conditionally convergent series	अनुबन्धी संसृत श्रेणी
Convergent series	संसृत श्रेणी
Corrected series	शोधित श्रेणी
Cosine series	कोज्या श्रेणी
Decreasing series	ह्रासमय श्रेणी
Deranged series	अविन्यस्त श्रेणी
Descending series	अवरोह श्रेणी
Divergent series	अपसृत श्रेणी
Double series	द्विक् श्रेणी
Double power series	द्विगघात श्रेणी
Entire series	सकल श्रेणी
Expansion as series	श्रेणी रूप में प्रसार
Exponential series	घातीय श्रेणी
External series	बाह्य श्रेणी
Factorial series	क्रमगुणन श्रेणी
Fbonaci series	फिबोनाकी श्रेणी
Finite series	सान्त श्रेणी
Fourier Series	फूरियर श्रेणी
Fractional series	भिन्नात्मक श्रेणी
Geometric series	गुणोत्तर श्रेणी
Gregory series	ग्रेगरी श्रेणी
Half-range series	अर्ध-गोचर श्रेणी
Harmonic series	हरात्मक श्रेणी
Hypergeometric series	पराज्यामितीय श्रेणी
Imaginary double series	काल्पनिक द्विक् श्रेणी
Increasing series	वृद्धिमय श्रेणी
Infinite series	अनन्त श्रेणी
Intergo-Binomial series	अनुकल द्विपद श्रेणी
Integro-geometric series	अनुकल-गुणोत्तर श्रेणी
Lagrange series	लैग्रांज श्रेणी
Logarithmic series	लघुगणकीय श्रेणी
Maclaurin series	मैक्लौरिन श्रेणी
Magic series	माया श्रेणी
Negative series	ऋण श्रेणी
Oscillating series	दोलक श्रेणी
Positive series	घन श्रेणी
Power series	घात श्रेणी
Real series	वास्तविक श्रेणी
Reciprocal series	व्युत्क्रम श्रेणी
Recurring series	आवर्त श्रेणी
Remainder in series	श्रेणी का शेष
Reversion of series	श्रेणी विपर्यास
Semi-convergent series	अर्ध-संसृत श्रेणी
Sine series	ज्या श्रेणी
Stirling series	स्टर्लिंग श्रेणी
Summation of series	श्रेणी संकलन
Tabular logarithmic series	तालिकामय लघुगणकीय श्रेणी
Taylor series	टेलर श्रेणी
Test series	परीक्षण श्रेणी
Time series	काल श्रेणी
Trigonometrical series	त्रिकोणमितीय श्रेणी
Unending series	अन्तहीन श्रेणी
Serpentine (curve)	सर्पी
Serrus	सेरस
Rule of Serrus	सेरस नियम
Set	कुलक, संघ
Accumulation	पुंज
Aggregate	वृन्द
Assemblage	समवाय

Bundle गुच्छ
Cluster झुण्ड
Collection संग्रह
Combination संचय
Permutation क्रमचय
Range (of points) (बिन्दु) माला
Set of constants अचल कुलक
Set of points बिन्दु कुलक
Set square गुनिया, समकोणक
Bounded set परिमित कुलक
Canonical set उद्यत कुलक
Closed set बन्द कुलक
Element of a set कुलक का घटक
Equivalent set तुल्य कुलक
Exterior set बहिर्कुलक
Finite set सान्त कुलक
Infinite set अनन्त कुलक
Inner set अन्तः कुलक
Interior set आन्तरिक कुलक
Irreducible set अलघुकरणीय कुलक
Isolates set तटस्थ कुलक
Ordered set क्रमित कुलक
Outer set बाह्य कुलक
Perfect set सम्पूर्ण कुलक
Point set बिन्दु कुलक
Residual set अवशिष्ट कुलक
Proportional sets अनुपाती कुलक
Similar sets समरूप कुलक
Several कतिपय, कई एक
Severally अलग अलग
Sexagesimal षड्दशांशिक
Sexagesimal measure षड्दशांशिक माप
Sexagesimal system षड्दशांशिक पद्धति
Sextant षड्कक
Sextic षड्क
Sextic covariant षड्क संहचल
Sextic covariant of tetrad चतुष्क का षड्क सहचल
Sextic curve षड्क वक्र
Sextic equation षड्क समीकरण
Cayley's sextic केली षड्क
Shadow छाया
Image प्रतिबिम्ब
Reflection परावर्तन
Shallow उंथला
Shape स्वरूप
Figure आकृति
Form रूप
Elasticity of shape स्वरूप चलक
Shaped —आकार
Egg shaped अण्डाकार
Ring shaped वलयाकार
Share भाग, अंश
Shear विरूपण
Strain प्रतति
Stress चाँप
Shear transformation विरूपण रूपान्तर
Shearing forces विरूपण बल
Shearing force curve विरूपण बल वक्र
Shearing motion विरूपण गति
Shearing strain विरूपण प्रतति
Shearing stress विरूपण चाँप
Simple stress सरल विरूपण
Sheet तख्ता
Sheet of paper काग़ज़ का तख्ता
Sheet of tin टीन की चादर
Balance sheet सन्तुलन पत्र
Hyperboloid of one sheet एकपृष्ठी अतिपरवलयज
Hyperboloid of two sheets द्विपृष्ठी अतिपरवलयज
Shell कवच
Eccentric shell उत्केन्द्र कवच
Lamellar shell समशक्ति कवच
Spherical shell गोलिय कवच
Thin shell पतला कवच
Shephard शेफर्ड

Shephard's correction शेफर्ड शोधन
Shephard's formula शेफर्ड सूत्र
Shephard's rule शेफर्ड नियम
Shift स्थानान्तरण, विवर्तन (र)
Shilling शिलिंग
Ship पोत, जहाज़
Short स्व, अल्प
Long दीर्घ
Short Arc ह्रस्व चाप
Short division ह्रस्व भाग
Short radius ह्रस्व त्रिज्या
Short-range vibration लघु-गोचर कम्पन
Shortest सब से छोटा, अल्पतम
Shot छर्रा
Drift of shot छर्रे का विचलन
Piles of shot छर्रे का ढेर
Shovelton शोवेल्टन
Shovelton formula शोवेल्टन सूत्र
Shuffe बाँट
Monge's shuffe मौन्जे बाँट
Shunting उपसरण
Side (of a figure) भुजा, पार्श्व
Side (of an equation) पक्ष
Side face पार्श्व फलक
Side of a figure आकृति की भुजा
Side of an equation समीकरण का पक्ष
Adjacent side संलग्न भुजा
Common side उभयनिष्ठ भुजा
Half side अर्ध भुजा
Initial side आदि भुजा
Left side वाम पक्ष
Left-hand side वाम पक्ष
Negative side ऋण पक्ष
Opposite side सम्मुख भुजा
Positive side धन पक्ष
Right side दक्षिण पक्ष
Right-hand side दक्षिण पक्ष

Polygon of n sides ग भुजाओं का बहुभुज
Sight दृष्टि
Line of sight दृष्टि रेखा
Sigma सिग्मा
Sigma function सिग्मा फलिन
Sign (verb) 1. हस्ताक्षर करना 2. चिह्न लगाना
Sign (Noun) चिह्न
Symbol संकेत
Sign curve चिह्न वक्र
Sign of addition योग चिह्न
Sign of affection क्रिया चिह्न
Sign of difference अन्तर चिह्न
Sign of division भाग चिह्न
Sign of multiplication गुणन चिह्न
Sign of operation क्रिया चिह्न
Affixing the sign चिह्न लगाना
Algebraic sign बीजगणितीय चिह्न
Ambiguity sign संशय चिह्न
Ambiguous sign संशय चिह्न
Contrary sign विपरीत चिह्न
Convention of sign चिह्न रूढ़ि
Correction of sign चिह्न शोधन
Division sign भाग चिह्न
Lower sign निम्न चिह्न
Negative sign ऋण चिह्न
Plus sign युत चिह्न, धन चिह्न
Positive sign धन, चिह्न
Radical sign करणी चिह्न
Summation sign संकलन चिह्न
Supperior sign उच्च चिह्न
Upper sign उच्च चिह्न
Variation of sign चिह्न परिवर्तन
Variations in sign चिह्न परिवर्तन
Descartes' rule of signs दकार्ते चिह्न नियम
Law of signs चिह्न नियम
Like signs समान चिह्न
Rule of signs चिह्न नियम

To change signs	चिह्न बदलना	Centre of similarity	समरूपता केन्द्र
Unlike signs	असमान चिह्न	Similarly	समरूपतः, इसी प्रकार
Signal	संकेत	Similarly described	समरूपतः उल्लिखित
Signed	चिन्हित	Similarly placed	समरूपतः स्थित
Signed number	चिन्हित संख्या	Similarly situated	समरूपतः स्थित
One-signed	एक-चिह्नी	Similitude	अनुरूपता
Significance	सार्थकता, अर्थ	Similarity	समरूपता
Geometrical significance	ज्यामितीय अर्थ	Centre of similitude	अनुरूपता केन्द्र
Significant	सार्थ	Ratio of similitude	अनुरूपता निष्पत्ति
Significant digit	सार्थ अंक्र	Transformation of similitude	अनुरूपता रूपान्तर
Significant figure	सार्थ अंक		
Insignificant figure	व्यर्थ अंक	Simple	सरल
Signum (Sgn)	चिह्नम	Simple Algebraic expression	सरल बीजगणितीय व्यंजक
Similar	समरूप	Simple Algebraical extension	सरल बीजगणितीय वितान
Similar and similarly situate	समरूप और समरूपतः स्थित		
Similar bodies	समरूप काय	Simple compression	सरल संपीडन
Similar decimal	समरूप दशमलव	Simple continuant	सरल वितान
Similar ellipses	समरूप दीर्घवृत्त	Simple Continued fraction	सरल वितत भिन्न
Similar figures	समरूप आकृतियाँ	Simple cusp	सरल निशित
Similar fractions	समरूप भिन्न	Simple differential equation	अवकल समीकरण
Similar hyperbolas	समरूप अतिपरवलय	Simple elongation	सरल प्रतान
Similar polygons	समरूप बहुभुज	Simple equation	सरल समीकरण
Similar polyhedrons	समरूप बहुफलक	Simple equivalent pendulum	सरल तुल्य दोलक
Similar rectilineal figures	समरूप ऋजुरेखाकृतियाँ		
Similar sets	समरूप कुलक	Simple expression	सरल व्यंजक
Similar solids	समरूप ठोस	Simple event	सरल घटना
Similar surds	समरूप करणियाँ	Simple factor	सरल अपवर्तक
Similar surfaces	समरूप पृष्ठ	Simple fraction	सरल भिन्न
Similar terms	समरूप पद	Simple function	सरल फलिन
Similar transformations	समरूप रूपान्तर	Simple harmonic function	सरल आवर्त फलिन
Similar triangles	समरूप त्रिभुज	Simple harmonic motion	सरल आवर्त गति
Directly similar	अनुक्रमतः समरूप	Simple hexagon	सरल षड्भुज
Inversely similar	उत्क्रमतः समरूप	Simple integral	सरल अनुकल
Similarity	समरूपता	Simple interest	सरल ब्याज
Similitude	अनुरूपता	Simple pendulum	सरल दोलक
Similarity transformation	समरूपता रूपान्तर	Simple point	सरल बिन्दु

Simple practice	सरल व्यवहार गणित
Simple quadrangle	सरल चतुष्कोण
Simple quadrilateral	सरल चतुर्भुज
Simple quantity	सरल राशि
Simple real root	सरल वास्तविक मूल
Simple root	सरल मूल
Simple sequence	सरल अनुक्रम
Simple shear	सरल विरूपण
Simple strain	सरल प्रतति
Simple surd	सरल करणी
Simple transformation	सरल रूपान्तर
Simplex	सरला
Simplicity	सरलता
Simplification	सरलन
Simplification of radical	करणी सरलन
Simplified	सरलित
Simplified form	सरलित रूप
Simplified fraction	सरलित भिन्न
Simplify	सरल करना
Simply	सरलतः
Simply connected	सरलतः अन्वित
Multiply connected	बहुलगन्वित
Simply ordered	सरलतः क्रमित
Simply stiff	कठिन मात्र
Simply uniform convergence	सरल एकरूप संसृति
Simpson	सिम्सन
Simpson's formula	सिम्सन सूत्र
Simpson's rule	सिम्सन नियम
Simultaneous	युगपद, यौगपदिक
Simultaneous differential equations	युगपद् अवकल समीकरण
Simultaneous equations	युगपद् समीकरण
Simultaneous inequalities	युगपद् असमतायें
Simultaneous solutions	युगपद् साधन
Simultaneously	युगपद्
Sn A ज्या का	
Sin-1_a	ज्या^{1} क
Since	चूंकि
Because	अतः
Hence	अतएव
Therefore	अतः
Sine	ज्या
Cosecant	व्युज्या
Cosine	कोज्या
Cotangent	कोस्पज्या
Secant	व्युकोज्या
Tangent	स्पज्या
Sine curve	ज्या वक्र
Sine of an angle	कोण की ज्या
Sine series	ज्या श्रेणी
Sine spiral	ज्या सर्पिल
Artificial sine	कृत्रिम ज्या
Coversedsine	कोशरज्या
Hyperbolic sine	अतिपरवलीय ज्या
Inverse hyperbolic sine	उत्क्रम अतिपरवलीय ज्या
Inverse sine	उत्क्रम ज्या
Logarithmic sine	लघुगणकीय ज्या
Natural sine	प्राकृतिक ज्या
Tabular logarithmic sine	तालिकामय लघुगणकीय ज्या
Versed sine	शरज्या
Law of sines	ज्या नियम
Single	एक, एकाकी, अकेला
Single periodicity	एकाकी आवर्तता
Single premium	एकाकी प्रीमियम
Single pulley	एकाकी घिरनी
Single resultant	एकाकी लब्धबल
Single valued	एक मानीय
Single valued function	एक मानीय फलिन
Singular	अपूर्व
Singular affine transformation	अपूर्व परिमिती रूपान्तर
Singular form	अपूर्व रूप
Singular matrix	अपूर्व श्रेणिक

Singular point अपूर्व बिन्दु
Singular solution अपूर्व साधन, अपूर्व हल
Singular tangent अपूर्व स्पर्शी
Singularity अपूर्वता
Sink निपात, विगम
Sinusoid ज्यावक्र
Sinusoidal spiral ज्यावक्र सर्पिल
Siphon द्विनलिका, साइफ़न
Siphon barometer द्विनलिका दाबमापक
Situate स्थित होना
Situated स्थित
Diagonally situated विकर्णतः स्थित
Similar and similarly situated समरूप और समरूपतः स्थित
Similarly situated समरूपतः स्थित
Situation स्थिति
Six छः
Six per cent method 'छः प्रतिशत' विधि
Sixty साठ
Sixty day method साठ दिवस विधि
Size आकार
Magnitude परिमाण
Quantity राशि, मात्रा, इयत्ता
Skew विषमतली
Coplanar समतली
Non-coplanar असमतली
Tortuous कुटिल
Uni-planar एकतली
Skew curve विषमतली वक्र
Skew determinant विषम सारणिक
Skew frequency विषम बारम्बारता
Skew involution विषम समुत्क्रमण
Skew lines विषमतली रेखायें
Skew quadrilateral विषमतली चतुर्भुज
Skew surface विषमतली पृष्ठ
Skew-symmetric विषम-सम्मित
Skew-symmetric determinant विषम-सम्मित सारणिक
Skew-symmetric tensor विषम-सम्मित प्रदिश
Hermitian skew हर्मिटी कुटिल
Sky आकाश
Slant तिरछा
Slant height तिरछी ऊँचाई
Slant surface तिरछा पृष्ठ
Slant thickness तिरछी मोटाई
Slanting तिरछा
Slice फाँक्व
Slide खिसकना, विसर्पी होना
Slide rule विसर्पी गणक
Sliding विसर्पी
Sliding friction विसर्पी घर्षण
Sliding resistance विसर्पी प्रतिरोध
Sliding Scale विसर्पी मापनी
Slip फिसलना
Slit चीर
Slope ढाल, प्रवणता
Slope-intercept form ढाल-अन्तः खण्ड रूप
Slope curve ढाल वक्र
Greatest slope महत्तम ढाल
Line of geatest slope महत्तम ढाल रेखा
Point-Slope form बिन्दु-ढाल रूप
Sloping ढालू
Slow मन्द
Slow change मन्द परिवर्तन
Slow convergence मन्द संसृति
Slowly धीरे धीरे
Slowly varying quantity मन्द विचल राशि
Slowness मन्दता
Sluice जलद्वार
Self-acting sluice स्वक्रिय जलद्वार
Small लघु, छोटा
Great वृहत्, बड़ा
Large बड़ा
Small arc लघु चाप

Small circle	लघु वृत्त	Ductile	तन्य
Great circle	वृहत् वृत्त	Elastic	लचीला
Small quantity	लघु राशि	Flexible	नम्य
Small segment	लघु खण्ड	Hard	कठिन
Indefinitely small	अत्यल्प	Malleable	वर्द्धनीय
Infini tesimally small	अत्यल्प	Plastic	सुनम्य
Very small	अति अल्प	Rigid	दृढ़
Smallest	लघुतम	Tough	कठोर
Smallest numerical angle	लघुतम संख्यात्मक कोण	Viscous	सान्द्र
Smallness	लघुता	Solar	सौर
First order of smallness	प्रथम वर्ण की लघुता	Solar cycle	सौर चक्र
Order of smallness	लघुता का वर्ण	Apparent solar time	प्रगट सौर समय
Quantity of the first order of smallness	प्रथम वर्ण लघुता की राशि	Mean solar time	मध्यक सौर समय
		Sole	एकाकी
Quantity of the second order of smallness	द्वितीय वर्ण लघुता की राशि	Solenoidd	मण्डलायत
		Solenioild	मण्डलायती
Smeaton	स्मीटन	Solid	ठोस
Smeaton's air-pump	स्मीटन वायु-पम्प	Fluid	तरल
Smooth	चिकना, चिक्कण	Gas	गैस
Rough	रूक्ष, खुरदरा	Liquid	द्रव
Smooth body	चिकना काय	Body	काय
Smooth hinge	चिकना कब्जा	Lump	पिण्ड
Smooth incline	चिकना आनत तल	Solid angle	ठोस कोण
Smooth joint	चिकना जोड़	Solid body	ठोस काय
Smooth plane	चिकना समतल	Solid cone	ठोस शंकु
Smooth screw	चिकना पेंच	Solid contents	ठोस समावृत्ति
Smooth string	चिकनी डोरी	Solid Geometry	ठोस ज्यामिति
Perfectly smooth	पूर्णतः चिकना	Solid Harmonics	ठोस हरमिति
Smoothing	मृदुकरण	Solid measure	ठोस माप
Smoothing formula	मृदुकरण सूत्र	Solid of revolution	परिक्रमण ठोस
Smoothing of observations	अवलोकन मृदुकरण	Solid ring	ठोस वलय
Snell	स्नेल	Solid rule	ठोस नियम
Snell's law	स्नेल नियम	Solid square	ठोस वर्ग
So-called	नाम मात्र का, यथा कथित	Solid unit	ठोस इकाई
Social	सामाजिक	Annular solid	वलयाकार ठोस
Soft	मृदु, कोमल	Convex solid angle	उन्नतोदर ठोस कोण
Brittle	भिदुर	Centroid of solid	ठोस का केन्द्रव

Geometrical solid	ज्यामितीय ठोस	Trial solution	प्रायोगिक हल
Homogeneous solid	समांग ठोस	Trigonometrical solution	त्रिकोणमितीय हल
Prismoidal solid	संक्षेत्राभासी ठोस	Trivial solution	तुच्छ हल
Pyramidal solid	स्तूपाकार ठोस	Simultaneous solutions	युगपद् हल
Rectangular solid	आयताकार ठोस	System of solutions	हल संहति
Regular solid	सम ठोस	Solve (a problem)	साधन करना, हल करना
System of solid bodies	ठोस काय संहति	Solve (a triangle)	निर्धारण करना
Similar solids	समरूप ठोस	Solved	सिद्ध, निर्धारित, साधित
Solidification	घनीभवन, ठोस होना	Solved example	प्रपन्न उदाहरण, साधित प्रश्न
Solidus	भागरेखा	Son	पुत्र
Solitaire	एकाकी	Father and son (Game)	पिता और पुत्र (खेल)
Peg solitaire	एकाकी खूँटी	Sophien	सोफियन
Solitary peg	एकाकी खूँटी	Sophist	सूफी
Solution (of an equation)	फल	So that	ताकि
Solution (the method)	हल, साधन	Sound	परिपक्व
Solution (the result)	उत्तर	Sound	ध्वनि
Solution by radicals	करणियों द्वारा साधन	Sound equation	ध्वनि समीकरण
Solution of a triangle	त्रिभुज निर्धारण	Sound knowledge	परिपक्व ज्ञान
Admissible solution	ग्राह्य हल	Source	उद्गम, उद्भव
Algebraical soluton	बीजगणितीय हल	Sovereign	सौभरिन
Analytic solution	वैश्लेषिक हल	Half sovereign	अर्ध-सौभरिन
Cardan's solution	कार्डन हल	Space	अवकाश
Correct solution	शुद्ध हल	Place	स्थान
Ferrar's solution	फेरार हल	Space centrode	अवकाश केन्द्रपथ
General solution	व्यापक हल	Space charge	अवकाश निक्षेप
Geometric solution	ज्यामितीय हल	Space current	अवकाश धारा
Graphical solution	आलैखिक हल	Space curve	अवकाश वक्र
Green's solution	ग्रीन हल	Space-like	अवकाश सदृश
Integral solution	पूर्णांक हल	Space locus	अवकाश निधि
Logarithmic solution	लघुगणकीय हल	Space-time curve	अवकाश-काल वक्र
Monge's form of solution	हल का मौंजे रूप	Absolute space	परम अवकाश
Most general solution	सब से व्यापक हल	Annular space	वलयाकार अवकाश
Non-trivial solution	अतुच्छ हल	Axes of coordinates in space	त्रिनियामकाक्ष
Partial solution	आंशिक हल	Banach space	बनख अवकाश
Particular solution	विशिष्ट हल	Branch space	शाखा अवकाश
Singular solution	अपूर्व हल	Cyclic space	चक्रीय अवकाश
Symbolical solution	सांकेतिक हल		

Dimensions of space अवकाश के विस्तार
Euclidean space यूक्लिडी अवकाश
Flat space-time चपटा अवकाश-काल
Four dimensional space चतुर्विस्तारी अवकाश
Hilbert space हिल्बर्ट अवकाश
Hyper-space परावकाश अवकाश
Leibnitzian space लिब्नीज़ी अवकाश
Newtonian space न्यूटोनी अवकाश
Riemannian·space रीमानी अवकाश
There dimensional space त्रिविस्तारी अवकाश
Traversed space उत्तरित अवकाश
Two dimensional space द्विविस्तारी अवकाश

Span वित्ता

Special विशेष
General व्यापक, सामान्य
Particular विशिष्ट
Special form विशेष रूप
Special fractional form विशेष भिन्नात्मक रूप
Special integral विशेष अनुकल
Special linear complex विशेष एकघात संकल
Special linear congruence विशेष एकघात संशेषता
Special root विशेष मूल
Special type विशेष प्ररूप

Specialist विशेषज्ञ

Species जाति
Category निकाय
Class कक्षा
Family कुल, वंश, परिवार
Group समुदाय
Kind प्रकार
Order 1.क्रम 2.वर्ण
System 1.पद्धति 2.संहति 3.व्यवस्था
Type· प्ररूप
Species of angles कोण जाति
Cusp of the first species प्रथम जाति का निशित
Cusp of the second species द्वितीय जाति का निशित
Low of species जाति नियम

Specific विशिष्ट
Specific curvature विशिष्ट वक्रता
Specific force विशिष्ट बल
Specific gravity विशिष्ट भार
Specific gravity bottle विशिष्ट भार बोतल
Specific heat विशिष्ट ताप
Specific pressure विशिष्ट दाब
Specific reaction विशिष्ट प्रतिक्रिया

Specified विशेषित, निर्देशित

Spectrum रश्मिपट

Speed चाल
Velocity वेग
Speed governor वेग शासक
Angular speed कोणीय चाल
Average speed माध्य चाल
Constant speed एक चाल, अचल चाल
Instantaneous speed तात्कालिक चाल
Variable speed विचल चाल

Sphere गोला
Celestial sphere खगोलीय गोला
Circumscribed sphere परिलिखित गोला
Conducting sphere चालक गोला
Eccentric sphere उत्केन्द्र गोला
Frustum of a sphere गोले का छिन्नक
Homogeneous sphere समांग गोला
Hyper-sphere परा-गोला
Inscribed sphere अन्तर्लिखित गोला
Moving sphere गतिशील गोला
Osculatory sphere आश्लेषिक गोला
Pseudo-sphere छद्म-गोला
Rotating sphere परिभ्रामक गोला
Sector of a sphere गोले का शकल
Segement of a sphere गोले की अवधा, गोलीय खण्ड
Zone of a sphere गोले का कटिबन्ध
Family of spheres गोला परिवार
Pencil of spheres गोलावली

Spherical (of, or pertaining to

a sphere)	गोलीय
Spherical (having the Shape	
of a sphere)	गोलाकार
Spherical angle	गोलीय कोण
Spherical body	गोलाकार काय
Spherical catenary	गोलीय रज्जुवक्र
Spherical cone	गोलीय शंकु
Spherical coordinates	गोलीय नियामक
Spherical degree	गोलीय अंश
Spherical distance	गोलीय दूरी
Spherical excess	गोलीय आधिक्य
Spherical Geometry	गोलीय ज्यामिति
Spherical Harmonics	गोलीय हरमिति
Spherical indicatrix	गोलीय वक्रनिर्देशक
Spherical pendulum	गोलीय दोलक
Spherical polygon	गोलीय बहुभुज
Spherical pyramid	गोलीय स्तूप
Spherical roulette	गोलीय लुण्ठज
Spherical sector	गोलीय शकल
Spherical segment	गोलीय खण्ड
Spherical shell	गोलीय कवच
Spherical triangle	गोलीय त्रिभुज
Tri-rectangular spherical	त्रिआयताकार गोलीय
Triangle	त्रिभुज
Spherical Trigonometry	गोलीय त्रिकोणमिति
Plane Trigonometry	समतल त्रिकोणमिति
Spherical wedge	गोलीय टंक
Spherical zone	गोलीय कटिबन्ध
Nearly spherical	लगभग गोलाकार
Sphero-conic	गोलीय शांकव
Spheroid	उपगोल
Oblate spheroid	निम्नाक्ष उपगोल
Prolate spheroid	उच्चाक्ष उपगोल
Spheriodal (of, or pertaining	
to, a spheroid)	उपगोलीय
Spheroidal (having the shape	
of a spheroid)	उपगोलाकार

Spherioidal coordinates	उपगोलीय नियामक
Spin	घुमाना, घूमना
Spinode (Cusp)	निशित
Spiral	सर्पिल
Spiral spring	सर्पिल डोरी
Archimidean spiral	आर्किमिडीज़ सर्पिल
Cotes' spiral	कोट्स सर्पिल
Equiangular spiral	समानकोण सर्पिल
Hyperbolic spiral	अतिपरवलीय सर्पिल
Logarithmic spiral	लघुगणकीय सर्पिल
Loxodromic spiral	अचलकोणीय सर्पिल
Parabolic spiral	परवलीय सर्पिल
Reciprocal spiral	व्युत्क्रम सर्पिल
Sine spiral	ज्या सर्पिल
Sinusoidal spiral	ज्यावक्र सर्पिल
Spirit-level	तल मापक
Spring	कमानी
Spring balance	कमानीदार तुला
Spiral spring	सर्पिल कमानी
Springel	स्प्रिंगेल
Springel's air pump	स्प्रिंगेल वायु पम्प
Spun	घुमाई हुई
Spur=Trace	जोत
Square (second power)	वर्ग
Square (Geometrical figure)	वर्ग
Square (Verb)	वर्गण, वर्गकरण
Square centimeter	वर्ग सेण्टीमीटर
Square foot	वर्ग फुट
Square inch	वर्ग इंच
Square measure	वर्ग माप
Square number	वर्ग संख्या
Square pyramid	वर्ग स्तूप
Square root	वर्ग मूल
Square unit	वर्ग इकाई
Square yard	वर्ग गज
Bimagic square	द्विमाया वर्ग
Border square	पर्यन्त वर्ग, गोट वर्ग

Euler square	औयलर वर्ग
Graeco-Latin square	ग्रीस-लैटिन वर्ग
Hollow square	खोखला वर्ग
Latin square	लैटिन वर्ग
Least square	लघुतम वर्ग
Literal magic square	आक्षरिक माया वर्ग
Magic square	माया वर्ग
Mean square	मध्यक वर्ग
Orthogonal magic square	समकोणीय माया वर्ग
Pan-magic square	विराट-माया वर्ग
Perfect square	सम्पूर्ण वर्ग
Root-mean square	मूल-मध्यक वर्ग
Set square	गुनिया, समकोणक
Solid square	ठोस वर्ग
Tri-magic square	त्रिमाया वर्ग
Trinomial square	त्रिपद वर्ग
Method of least squares	लघुतम वर्ग विधि
Sum by squares	वर्गों द्वारा योग
Two squares identity	द्विवर्ग एकात्म्य
Squared	वर्गित
Squared difference	वर्गित अन्तर
Squard paper	वर्गित पत्र
Squared relation	वर्गित सम्बन्ध
Equation of squared-differences	वर्गित अन्तर समीकरण
Squaring	वर्गण, वर्गकरण
Squaring the circle	वृत्त वर्गण
Stability	स्थायित्व
Circle of stability	स्थायित्व वृत्त
Curve of stability	स्थायित्व वक्र
Dynamical stability	प्रावैगिक स्थायित्व
Range of stability	स्थायित्व गोचर
Stable	अस्तबल
Stable	स्थायी
Unstable	अस्थायी
Stable equilibrium	स्थायी साम्य
Stable motion	स्थायी गति
Stage	उपक्रम
Successive stages	उत्तरोत्तर उपक्रम
Standard	मानक (रा)
Standard (fixed)	नियत
Standard (of living)	स्तर
Standard (of measurement)	मानक
Standard deviation	मानक विचलन
Standard form	मानक रूप, नियत रूप
Standard quantity	मानक मात्रा
Standard time	मानक समय
Standing (Adj.)	स्तब्ध
Standing wave	स्तब्ध तरंग
State	अवस्था
Case	दशा
Condition	अनुबन्ध, शर्त, अवस्था
Statement	वक्तव्य, कथन
Erroneous statement	भ्रमात्मक कथन
General statement	व्यापक कथन
Uniformity of statement	कथन की एकरूपता
Static	स्थिर, स्थैतिक (र)
Static energy	स्थिति शक्ति
Statical	स्थैतिक
Statical coordinates	स्थिति नियामक
Statical directrix	स्थिति नियता
Statical friction	स्थिति घर्षण
Statical moment	स्थिति घूर्ण
Statical property	स्थिति गुण
Geometrio-Statical problem	ज्यामितीय-स्थैतिक प्रश्न
Statics	स्थितिविज्ञान, स्थैतिकी (र)
Dynamics	गतिविज्ञान, प्रावैगिकी (र)
Kinematics	गति गणित
Kinetics	गति शास्त्र
Mechanics	यान्त्रिकी (र)
Analytical Statics	वैश्लेषिक स्थैतिकी
Graphical Statics	आलैखिक स्थैतिकी
Stationary	स्तब्ध
Stationary action	स्तब्ध कार्य

English	Hindi
Stationary motion	स्तब्ध गति
Stationary point	स्तब्ध बिन्दु
Stationary principle	स्तब्ध नियम
Stationary tangent	स्तब्ध स्पर्शी
Statistical	सांख्यिकीय (र)
Statistical graph	सांख्यिकीय आलेख
Statistical graphing	सांख्यिकीय आलेखन
Statistical record	सांख्यिकीय अभिलेख
Statistician	सांख्यिक (र)
Statistics (subject)	सांख्यिकी (र)
Statistics	आँकड़े
Life statistics	जीवनांक
Vital statistics	जीवनांक
Staudt	स्टौट
Staudt theorem	स्टौट प्रमेय
Steadily	धीरता से
Steady	धीर
Steady flow	धीर प्रवाह
Steady motion	धीर गति
Steel	स्पात
Steel wedge	स्पात का टंक
Steel yard	विषमभुज तुला
Common steel yard	साधारण विषमभुज तुला
Danish steel yard	डेनी विषमभुज तुला
Roman steel yard	रूमी विषमभुजी तुला
Steep	ढालू, प्रवण
Steeper	प्रवणतर
Steepest	प्रवणतम
Steiner	स्टेनर
Steiner ellipse	स्टेनर दीर्घवृत्त
Steiner envelope	स्टेनर कोष
Stem	डण्डी
Step	पग
Successive steps	उत्तरोत्तर पग
stereographic projection	गोलीय विक्षेप
Stieltjes	स्टील्टजेज़
Stieltjes' integral	स्टील्टजेज़ अनुकल
Riemann-Stieltjes Integral	रीमान-स्टील्टजेज़ अनुकल
Stiff	कठिन
Simply stiff	कठिन मात्र
Non-reduntant stiff frames	अनतिरिक्त कठिन ढाँचे
Stirling	स्टर्लिंग
Stirling's approximation	स्टर्लिंग उपनयन
Stirling's formula	स्टर्लिंग सूत्र
Stirling series	स्टर्लिंग श्रेणी
Stirling test	स्टर्लिंग परीक्षण
Stock	स्कन्ध, पूंजी, भण्डार
Ordinary stock	साधारण पूँजी
Common stock	सार्व पूँजी
Preference stock	विशिष्ट पूँजी
Stokes	स्टोक्स
Stokes' asymptotic formula	स्टोक्स अनन्तस्पर्शी सूत्र
Stokes' current function	स्टोक्स धारा फलिन
Stokes' theorem	स्टोक्स प्रमेय
Stokes' transformation	स्टोक्स रूपान्तर
Stolz	स्टोल्ज
Stolz principle	स्टोल्ज़ नियम
Stone=14 lbs.	स्टोन
Stone	पत्थर
Stone (Name)	स्टोन
Stone theorem	स्टोन प्रमेय
Storey	खण्ड, तल
Four-storey tower	चतुर्तली मीनार
Straight	ऋजु, सीधा
Straight angle	ऋजु कोण
Straight lever	सीधा उत्तोलक
Straight line	ऋजु रेखा, सरल रेखा
Intersecting straight lines	छेदक ऋजु रेखायें
Random straight lines	स्वेच्छ ऋजु रेखायें
Strain	प्रतति
Shear	विरूपण
Stress	चाँप
Strain ellipsoid	प्रतति दीर्घवृत्तज
Coefficient of strain	प्रतति गुणक

Homogeneous strain	समांग प्रतति
Simple strain	सरल प्रतति
Shearing strain	विरूपण प्रतति
Strained	प्रतत
Strained wire	प्रतत तार
Stratum	स्तर
Stream	स्रोत
Stream line	स्रोत रेखा
Stream function	स्रोत फलिन
Strength	सामर्थ्य, बल
Catenary of uniform strength	समबल रज्जुवक्र
Infinitesimal strength	अत्यल्प बल
Uniform strength	एकरूप बल
Stress	चाँप
Shear	विरूपण
Strain	प्रतति
Stress couple	चाँप बलयुग
Stress system	चाँप संहति
Bending stress	नमन चाँप
Dyadic stress	द्विणिकी चाँप
Normal stress	अभिलम्ब चाँप
Shearing stress	विरूपण चाँप
Tangential stress	स्पर्शी चाँप
Stretch	खींचना
Stretched	खींची हुई
Stretched membrane	खींची हुई जाली
Stretcher	वितानक
Rope stretcher	रज्जु वितानक
Stretching	खींचना
Strict accuracy	परम परिशुद्धता
Striction	केन्द्रज निधि
Line of striction	केन्द्रज निधि रेखा
Strictly	यथार्थ रूप से
Strictly Accurate	परम परिशुद्ध
Strike	आघात करना
String	डोरी, तार
Elastic string	लचीली डोरी
Flexible string	नम्य डोरी
Loose string	ढीली डोरी
Oscillating string	दोलक डोरी
Piano string	प्यानो का तार
Pianoforte string	प्यानो का तार
Plucked string	लुंचित डोरी
Rough string	रूक्ष डोरी
Smooth string	चिकनी डोरी
Vibrating string	कम्पमान डोरी
Violin string	वायलिन का तार
Stroke	चोट
Strong	प्रबल
Strong convergence	प्रबल संसृति
Strophoid	नाभिनिधिज
Structure	ढाँचा
Joint structure	संयुत ढाँचा
Strut	निठेल
Study	अध्ययन
Field of study	अध्ययन क्षेत्र
Sturm	स्टर्म
Sturm-Liouville function	स्टर्म-ल्यूविल फलिन
Sturm function	स्टर्म फलिन
Sturm remainder	स्टर्म शेष
Sturm theorem	स्टर्म प्रमेय
Sub	उप-,अधः-,प्र-
Sub-algebra	बीजोपगणित
Sub-class	उपकक्षा
Sub-divide	प्रविभाजित करना, उपविभाजन
Sub-division	प्रविभाजन, उपविभाजन
Sub-duplicate ratio	वर्गमूलित निष्पत्ति
Sub-factorial	उपक्रमगुणित
Sub-field	उपक्षेत्र
Sub-group	उपसमुदाय
Sub-mathematical	उपगणितीय
Sub-matrix	उप-श्रेणिक

Submerge	डुबाना, निमज्जन करना
Sub-multiple	उपापवर्त्य
Subnormal	अधोलम्ब
Subtangent	अधः स्पर्शी
Polar subnormal	कोणीय अधोलम्ब
Sub-region	उप-प्रदेश
Sub-resultant	प्रलब्ध
Sub-sequence	उपानुक्रम
Subsequent	उत्तरगामी
Subsequent term	उत्तरगामी पद
Subsequently	तदनन्तर
Sub-set	उप-कुलक
Subsidiary	सहायक
Subsidiary angle	सहायक कोण
Subsidairy function	सहायक फलिन
Subsidiary integral	सहायक अनुकल
Substance	पदार्थ
Composition of a substance	पदार्थ का संघटन
Gaseous substance	गैसीय पदार्थ
Inert substance	जड़ पदार्थ
Substitute	आदेश करना, स्थानापत्ति करना
Substitutitution	आदेश, स्थानापत्ति
Replacement	प्रतिस्थापन
Displacement	विस्थापन
Substitution operator	आदेश कारक
Bilinear substitution	द्विघात आदेश
Cyclic substitution	चक्रीय आदेश
Even substitution	सम आदेश
Integration by sustitution	आदेश द्वारा अनुकलन
Inverse substitution	व्युत्क्रम आदेश
Linear substitution	एकघात आदेश
Method of substitution	आदेश विधि
Odd substitution	विषम आदेश
Orthogonal substitution	समकोणीय आदेश
Reciprocal substitution	उत्क्रम आदेश
Synthetic substitution	सांश्लेषिक आदेश
Theory of substitution	आदेश सिद्धान्त
Trigonometrical substitution	त्रिकोणमितीय आदेश
Subtabulation	उपतालिका बन्धन
Subtangent	अधः स्पर्शी
Sub-normal	अधोलम्ब
Polar subtangent	कोणीय अधःस्पर्शी
Subtend	छेकना
Subtract	घटाना, व्यवकलन, वियोजन
Subtraction	वियोग, व्यवकलन
Subtraction formula	वियोग सूत्र
Subtraction theorem	वियोग प्रमेय
Algebraic subtraction	बीजगणितीय वियोग
Compound subtraction	मिश्र वियोग
Proportion by subtraction	वियोग द्वारा अनुपात
Subtrahend	वियोजक
Subtriplicate ratio	घनमूलित निष्पत्ति
Succeeding term	उत्तर पद
Preceding term	पूर्वपद
Success	सफलता
Successive	उत्तरोत्तर अनुलोम
Successive approximation	उत्तरोत्तर उपनयन
Successive deduction	उत्तरोत्तर निगमन
Successive differentiation	उत्तरोत्तर अवकलन
Successive events	उत्तरोत्तर घटनायें
Successive influence	उत्तरोत्तर प्रभाव
Successive logarithms	उत्तरोत्तर लघुगणक
Successive reduction	उत्तरोत्तर लघुकरण
Successive stages	उत्तरोत्तर उपक्रम
Successive steps	उत्तरोत्तर पग
Successive terms	उत्तरोत्तर पद
Successive trials	उत्तरोत्तर प्रयोग
Succesively	उत्तरोत्तरतः
Sudden	आकस्मिक
Sufficiency	पर्याप्तता
Sufficient	पर्याप्त
Sufficient condition	पर्याप्त अनुबन्ध
Necessary and sufficient condition	आवश्यक और पर्याप्त

	अनुबन्ध
Suffix	प्रत्यय
Prefix	उपसर्ग
Suggested by Geometry	ज्यामिति से निर्देशित
Sum	योग
Sum (Verb)	योजन
Sum by diagonals	विकर्णों द्वारा योग
Sum by squares	वर्गों द्वारा योग
Sum-function	योग फलिन
Sum to infinity	अनन्त तक योग
Algebraic sum	बीजगणितीय योग
Algebraical sum	बीजगणितीय योग
Approximation to sum	योगोपनयन
Arithmetical sum	संख्यात्मक योग
Cesaro sum	सिसैरो योग
Continuity of sum	योग सातत्य
Diagonal sum	विकर्ण योग
Limiting sum	सीमान्त योग
Partial sum	आंशिक योग
Summability	संकलनशीलता, सकलनीयता
Summable	संकलनशील, संकलनीय
Non-summable	असंकलनशील, असंकलनीय
Summary	सारांश
Summation	संकलन
Summation convention	संकलन रूढ़ि
Summation formula	संकलन सूत्र
Summation of series	श्रेणी संकलन
Summation process	संकलन विधा
Summation sign	संकलन चिह्न
Approximate summation	उपनीत संकलन
Cesaro summation	सिसैरो संकलन
Dirichlet summation	डिरिचले संकलन
Euler summation	औयलर संकलन
Holder summation	होल्डर संकलन
Poisson summation	पौयसौं संकलन
Riemann summation	रीमान संकलन
Summer	ग्रीष्म
Midsummer	मध्य-ग्रीष्म
Summit	चोटी, शिखर
Sun	सूर्य
Sundry	फुटकर
Sundry fors	फुटकर रूप
Sundry methods	फुटकर विधियाँ
Sundry standard forms	फुटकर नियत रूप
Sundry standard methods	फुटकर नियत विधियाँ
Sundry transendental functions	फुटकर बीजातीत फलिन
Super-	परा-
Super-class	परा-कक्षा
Super-diagonal	परा-विकर्ण
Superficial	ऊपरी, पृष्ठीय
Superficial energy	पृष्ठीय शक्ति
Superficial contents	पृष्ठीय समावृत्ति
Super-field	परा-क्षेत्र
Superfluous	अनावश्यक
Superior	उच्च, उत्कृष्ट (र)
Inferior	निम्न, अवकृष्ट
Superior sign	उच्च चिह्न
Superior limit	उच्च सीमा
Super-naturalism	परा प्रकृतिवाद
Super-normal	परा-प्रकृत
Super-numerary	अतिरिक्त
Superposable	आच्छादनीय
Superposable configurations	आच्छादनीय आकृतियाँ
Superpose	आच्छाद न करना
Superposed	आच्छादित
Superpostion	आच्छादन
Axiom of superposition	आच्छानदन स्वर्थासिद्धि
Supplement	ऋजुपूरक
Complement	समपूरक
Supplemental	पूरक
Supplemental chords	पूरक जीवायें
Supplementary	ऋजुपूरक, पूरक
Complementary	समपूरक, पूरक

Supplementary angle	ऋजुपूरक कोण	Like surd	समान करणियाँ
Supplementary chords	पूरक जीवायें	Similar surds	समरूप करणियाँ
Supplied	प्रदत्त	Unlike surds	असमान करणियाँ
Supply	प्रदाय (र)	Surface	पृष्ठ
Support	टेक, आलम्ब	Surface area	पृष्ठ क्षेत्रफल
Point of support	आलम्ब बिन्दु	Surface charge	पृष्ठ निक्षेप
Suppose	मान लो, कल्पना करो	Surface coordinates	पृष्ठ नियामक
Supposition	कल्पना	Surface current	पृष्ठ धारा
Surd	करणी	Surface density	पृष्ठ घनत्व
Commensurable	संमेय	Surface Harmonics'	पृष्ठ हरमिति
Incommensurable	असंमेय	Surface integral	पृष्ठानुकल
Irrational	दुर्मेय	Surface of buoyancy	उत्प्लवन पृष्ठ
Rational	सुमेय	Surface of elasticity	लोच पृष्ठ
Surd index	करणी घातांक	Surface of flotation	उत्प्लवन पृष्ठ
Surd number	करणी संख्या	Surface of revolution	परिक्रमण पृष्ठ
Binomial surd	द्विपद करणी	Surface of separation	पार्थक्य पृष्ठ
Binomial quadratic surd	द्विपद वर्ग करणी	Surface tension	पृष्ठ आतति
Biquadratic surd	चतुर्घात करणी	Algebraical surface	बीजगणितीय पृष्ठ
Complementary surd	पूरक करणी	Anallagmatic surface	समव्युत्क्रम पृष्ठ
Compound surd	मिश्र करणी	Anti-clastic surface	अतिवलयक पृष्ठ
Conjugate surd	अनुबद्ध करणी	Bilateral surface	द्विपार्श्व पृष्ठ
Cubic surd	घन करणी	Bounding surface	पर्यन्त पृष्ठ
Degree of a surd	करणी घांत	Closed surface	बन्द पृष्ठ
Entire surd	सकल करणी	Conical surface	शंक्वाकार पृष्ठ
Equiradical surd	सममूल करणी	Continuous surface	सतत पृष्ठ
Equivalent surd	तुल्य करणी	Convex surface	उन्नतोदर पृष्ठ
Mixed surd	मिश्र करणी	Coordinate surface	नियामक पृष्ठ
Monomial surd	एकपद करणी	Cubic surface	घन पृष्ठ
Order of a surd	करणी वर्ण	Curved surface	वक्र पृष्ठ
Pure surd	शुद्ध करणी	Cylindrical surface	बेलनीय पृष्ठ
Quadratice surd	वर्ग करणी	Developable Surface	विकासनीय पृष्ठ
Quadratic surd number	वर्ग करणी संख्या, द्विघात करणी संख्या	Geometrical surface	ज्यामितीय पृष्ठ
		Horizontal surface	क्षैतिज पृष्ठ
Simple surd	सरल करणी	Imaginary surface	काल्पनिक पृष्ठ
Trinomial surd	त्रिपद करणी	Including surface	समावेशक पृष्ठ
Trinomial quadratic surd	त्रिपद वर्ग करणी	Isothermal surface	समताप पृष्ठ
Dissimilar surds	असमरूप करणियाँ	Kummer's quartic surface	कमर चतुर्घात पृष्ठ

Kummer's surface कमर पृष्ठ
Lateral surface पार्श्व पृष्ठ
Level surface समतल पृष्ठ
Material surface भौतिक पृष्ठ
Minimal surface लघुतमी पृष्ठ
Orthogonal surface समकोणीय पृष्ठ
Pedal surface पदिक पृष्ठ
Plane surface समतल पृष्ठ
Prismatic surface संक्षेत्राकार पृष्ठ
Quadric surface द्विघात पृष्ठ
Quartic surface चतुर्घात पृष्ठ
Riemann surface रीमान पृष्ठ
Ring surface वलय पृष्ठ
Ruled surface ऋजुरेखज पृष्ठ
Skew surface विषमतली पृष्ठ
Slant surface तिरछा पृष्ठ
Tesseral surface Harmonics चौकोरी पृष्ठ हरमिति
True surface सत्य पृष्ठ
Tubular surface नलिकाकार पृष्ठ
Unicursal surface एकपथी पृष्ठ
Vertical surface ऊर्ध्व पृष्ठ
Water surface जल पृष्ठ
Wave surface तरंग पृष्ठ
Whole surface पूर्ण पृष्ठ
Geometry of surfaces पृष्ठ ज्यामिति
Similar surfaces समरूप पृष्ठ
Surround घेरना
Survey परिमाप, सर्वेक्षण
Surveying परिमापन, सर्वेक्षण
Land surveying भूमापन, भू सर्वेक्षण
Surveyor परिमापक, सर्वेक्षक
Surveyors's chain सर्वेक्षक की शृंखला
Surveyor's measure सर्वेक्षक का माप
Susceptibility वेदनशीलता, वेदनीयता
Susceptible वेदनशील, वेदनीय
Suspend लटकाना, निलम्बित करना (र)
Suspended लटका हुआ, निलम्बित
Suspension निलम्बन, अवलम्बन
Suspension bridge अवलम्बन पुल
Suspension chain अवलम्बन शृंखला
Bifilar suspension द्वितन्तु अवलम्बन
Centre of suspension अवलम्बन केन्द्र
Point of suspension अवलम्बन बिन्दु
Swarm झुण्ड
Swelling सूजन, शोथ
Swing दोलन, झोंटा
Swing radius दोलन त्रिज्या
Syllogism संवाक्य (र)
Sylvester सिल्वेस्टर
Sylvester's law सिल्वेस्टर नियम
Sylvester's measure सिल्वेस्टर माप
Sylvester's method सिल्वेस्टर विधि
Sylvester's polar plane सिल्वेस्टर ध्रुवी समतल
Sylvester's top सिल्वेस्टर का लट्टू
Symbol संकेत
Sign चिह्न
Symbol of quantity राशि संकेत
Algebraic symbol बीजगणितीय संकेत
Integrating symbol अनुकलन संकेत
Peano symbol प्यानो संकेत
Jacobi's symbol जैकोबी संकेत
Kronecker symbol क्रोनेकर संकेत
Legendre symbol लेजाण्ड्र संकेत
Legendre-Jacobi symbol लेजाण्ड्र जैकोबी संकेत
Root symbol मूल का संकेत
Symbolic सांकेतिक
Symbolic form सांकेतिक रूप
Symbolic function सांकेतिक फलिन
Symbolic method सांकेतिक विधि
Symbolic notation सांकेतिक संकेतलिपि
Symbolic operation सांकेतिक क्रिया
Symbolic operator सांकेतिक कारक
Symbolic product सांकेतिक गुणनफल
Symbolic Solution सांकेतिक साधन

English	Hindi
Symbolic vector	सांकेतिक सदिश
Symbolical	सांकेतिक
Symbolically	संकेत द्वारा
Symbolism	संकेतवाद
Peano's symbolism	प्यानो संकेतवाद
Symmedian	अनुमाध्यिका
Symmetric	सम्मित
Symmetric continued fraction	सम्मित वितत फलिन
Symmetric determinant	सम्मित सारणिक
Symmetric form	सम्मित रूप
Symmetric fraction	सम्मित भिन्न
Symmetric function	सम्मित फलिन
Elementary symmetric function	प्रारम्भिक सम्मित फलिन
Symmetric pair	सम्मित युग्म
Symmetric relation	सम्मित सम्बन्ध
Symmetric tensor	सम्मित प्रदिश
Centro-symmetric matrix	केन्द्र-सम्मित श्रेणिक
Skew symmetric	विषम सम्मित
Symmetrical	सम्मित
Symmetrical determinant	सम्मित सारणिक
Symmetrical equation	सम्मित समीकरण
Symmetrical expression	सम्मित व्यंजक
Symmetrical function	सम्मित फलिन
Collaterally symmetrical	संपक्षतः सम्मित
Symmetrically	सम्मिति से
Symmetrically equal	सम्मिति सम
Symmetrically opposite	सम्मिति विमुख, सम्मिति सम्मुख
Symmetry	सम्मिति
Absolute symmetry	निरपेक्ष सम्मिति
Axial symmetry	अक्षीय सम्मिति
Axis of symmetry	सम्मित्यक्ष
Central symmetry	केन्द्रीय सम्मिति
Centre of symmetry	सम्मिति केन्द्र
Plane of symmetry	सम्मिति समतल
Test for symmetry	सम्मिति परीक्षण
Three-fold symmetry	त्रिगुणित सम्मिति
Two-fold symmetry	द्विगुणित सम्मिति
Synectic	आश्लेषिक
Synectic function	आश्लेषिक फलिन
Synthesis	संश्लेषण
Analysis	विश्लेषण
Synthetic	सांश्लेषिक
Synthetic division	सांश्लेषिक भाग
Synthetic Geometry	सांश्लेषिक ज्यामिति
Synthetic method	सांश्लेषिक विधि
Synthetic proof	सांश्लेषिक उपपत्ति
Synthetic substitution	सांश्लेषिक आदेश
System	1. व्यवस्था
System	2. पद्धति
System	3. संस्थान
Category	निकाय
Class	कक्षा
Family	कुल, वंश, परिवार
Group	समुदाय
Kind	प्रकार
Order	1. क्रम 2. वर्ण
Species	जाति
Type	प्ररूप
System of bodies	काय संहति
System of circles	वृत्त संहति
System of equations	समीकरण संहति
System of forces	बल संहति
System of involution	समुत्क्रमण संहति
System of lines	रेखा संहति
System of particles	कण संहति
System of pulleys	घिरनी संहति
System of rigid bodies	दृढ़ काय संहति
System of solid bodies	ठोस संहति
System of solutions	साधन संहति
Adjoint system	संलग्न संहति
Brigg's logarithmic system	ब्रिगी लघुगणकीय संहति

Cartesian system कार्तीय पद्धति

Centimetre-Gramme Second system सेण्टीमीटर-ग्राम-सेकिण्ड पद्धति

Centesimal system शतांशिक पद्धति

Centigrade system सेण्टीग्रेड पद्धति

C. G. S. system से. ग्रा. से पद्धति

Conjugate system अनुबद्ध संहति

Coordinate system नियामक पद्धति

Coplanar system समतली संहति

Decimal system दशमलव पद्धति

Dense system घनी संहति

Duodecimal system द्वादशांश पद्धति

Equimomental system समघूर्ण संहति

Equivalent system तुल्य संहति

First system of pulleys प्रथम घिरनी संहति

F. P. S. System फु. पा. से. पद्धति

Gambling system जुआ पद्धति

Gauge system प्रमापक पद्धति

Identical system एकात्मक पद्धति

Left hand system वामांगी पद्धति

Logarithmic system लघुगणकीय संहति

Mesh system जाल संहति

Metric system मीटरी पद्धति

Modulus of a system of logarithms लघुगणक संहति का मापांक

Normal system प्रमाप संहति

Null system मोघ संहति

Number system संख्या संहति

Orthogonal system समकोणीय संहति

Place system स्थान पद्धति

Poristic system सछिद्र संहति

Real system वास्तविक संहति

Second system of pulleys द्वितीय घिरनी संहति

Section of rational system सुमेय संहति काट

Section of real system वास्तविक संहति काट

Sexagesimal system षड्दशांशिक पद्धति

Stress system चाँप संहति

Third system of pulleys तृतीय घिरनी संहति

Systematic व्यवस्थित

Systematic representation व्यवस्थित निरूपण

Syzygy संयुतिज

Szily ज़ाइली

Szily theorem ज़ाइली प्रमेय

T

Table	तालिका, सूची, सारणी
Table of contents	विषय सूची
Table of derivatives	अवकलज तालिका
Table of integrals	अनुकल तालिका
Table of logarithms	लघुगणक तालिका
Table of numbers	संख्या तालिका
Barrow's table	बैरो तालिका
Burgess' table	बर्गेस तालिका
Commutation table	व्यत्यय तालिका
Conversion table	परिवर्तन तालिका
Correlation table	बन्धुता तालिका
Crelle's table	क्रेले तालिका
Difference table	अन्तर तालिका
Encke's table	अन्के तालिका
Integral table	अनुकल तालिका
Legendre's table	लेजाण्ड्र तालिका
Life table	जीवन तालिका
Logarithmic table	लघुगणक तालिका
Loxodromic table	अचलकोणीय तालिका
Mortality table	मरण तालिका
Multiplication table	गुणन तालिका
Oppolzer's table	औपोल्ज़र तालिका
Peter's table	पीटर तालिका
Truth-table	सत्य तालिका
Zimmerman table	ज़िमरमैन तालिका
Tabular	सारणीय, तालिकामय
Tabular arrangement	तालिकामय विन्यास
Tabular differences	तालिकामय अन्तर
Tabular logarithmic series	तालिकामय लघुगणकीय श्रेणी
Tabular logarithmic sines	तालिकामय लघुगणकीय ज्यायें
Tabular logarithms	तालिकामय लघुगणक
Tabulate	सारणीयन करना
Tabulation	सारणीयन
Tac-locus	स्पर्श-बिन्दु निधि
Tac-node	द्विक्-निशित
Tact-invariant	स्पर्श निश्चल
Tail	पूँछ, पुच्छ
T'aiyen	संव्याप्ति
Tan A	स्पज्या का
$\tan^{-1} a$	स्पज्या$^{-1}$ क
Tan-chord angle	स्पर्श-जीवा कोण
Tangency	स्पर्श, स्पर्शीयता
Point of tangency	स्पर्श बिन्दु
Tangent (line)	स्पर्शी
Normal	अभिलम्ब
Tangent (ratio)	स्पज्या
Cosecant	व्युज्या
Cosine	कोज्या
Cotangent	कोस्पज्या
Secant	व्युकोज्या
Sine	ज्या
Tangent at infinity	अनन्ती स्पर्शी
Tangent cone	स्पर्श शंकु
Tangent curve	स्पर्श वक्र
Tangent formula	स्पर्श सूत्र
Tangent law	स्पर्श नियम

Tangent line स्पर्श रेखा
Tangent plane स्पर्श समतल
Common tangent उभय स्पर्शी
Direct tangent अनुक्रम स्पर्शी
Double tangent द्विक् स्पर्शी
Hyperbolic tangent अतिपरवलीय स्पर्शी
Inflexional tangent नति स्पर्शी
Inverse hyperbolic tangent उत्क्रम अतिपरवलीय स्पर्शी
Logarithmic tangent लघुगणकीय स्पर्शी
Multiple tangent बहुलक स्पर्शी
Natural tangent प्राकृतिक स्पज्या
Polar tangent कोणीय स्पर्शी
Pseudo-tangent छद्म स्पर्शी
Singular tangent अपूर्व स्पर्शी
Stationary tangent स्तब्ध स्पर्शी
Transverse common tangent अनुप्रस्थ उभय स्पर्शी
Transverse tangent अनुप्रस्थ स्पर्शी
Law of tangents स्पर्शी नियम
Tangential स्पर्शीय, स्पर्शी
Tangential acceleration स्पर्शीय गतिवृद्धि
Normal acceleration अभिलम्ब गतिवृद्धि
Tangential coordinates स्पर्शी नियामक
Tangential disturbing force स्पर्शी अपकर्षक बल
Tangential equation स्पर्शी समीकरण
Tangential force स्पर्शी बल
Tangential plane स्पर्शी समतल
Tangential polar स्पर्शी ध्रुवी
Tangential resolution स्पर्शी विश्लेषण
Tangential stress स्पर्शीय चाँप
Tangential velocity स्पर्शीय वेग
Normal velocity अभिलम्ब वेग
Tangentially स्पर्श करती हुई
Tangentless स्पर्शीहीन
Tannery टैनरी
Tannery's theorem टैनरी प्रमेय
Tartaglia टार्टेग्लिया
Tartaglia's triangle टार्टेग्लिया त्रिभुज
Tauberian theorem टौबेरी प्रमेय
Tate टेट
Tate's air pump टेट वायु पम्प
Taut तना हुआ
Tautochrone समकालवक्र
Tautochronous समकालिक
Tautology पुनरुक्ति
Tax कर
Incom tax आय कर
Taylor टेलर
Taylor formula टेलर सूत्र
Taylor remainder टेलर शेष
Taylor series टेलर श्रेणी
Taylor theorem टेलर प्रमेय
Technic, technique
=Special procedure प्रक्रिया
=Special method प्रणाली
=Technical language परिभाषा
=Technicality पारिभाषिकता
Method विधि
Procedure कार्यविधि
Process विधा
Technical पारिभाषिक
Technical language परिभाषा
Definition व्याख्या, परिभाषा
Nomenclature नामावली
Terminology शब्दावली
Techincality पारिभाषिकता
Technology प्रौद्योगिकी (र)
Teeth दाँत, दन्त
Locking of teeth दन्तरोध
Telegraph wire दूरलिख तार
Temperature तापक्रम, तापमान
Absolute temperature परम तापक्रम
Temporary अस्थायी
Permanent स्थायी

Perpetual	चिरस्थायी
Temporary annuity	स्थायी वार्षिकी
Ten	दश, दस
Ten-monthly period	दश-मास आवर्तनांक
Over ten (game)	परादश (खेल)
Tend	प्रवृत्त होना
Tendency	प्रवृत्ति
Tendency to break	टूटने की प्रवृत्ति
Central tendency	केन्द्रीय प्रवृत्ति
Tens	दहाई
Tens of Billions	नील
Tens of millions	करोड़
Tens of thousands	दस हज़ार
Tens of thousands of billion	दस पद्म
Tens of thousands of million	दस अरब
Tension	आतति
Impulsive tension	संवेग आतति
Initial tension	आदि आतति
Surface tension	पृष्ठ आतति
Tensor	प्रदिश
Scalar	अदिश
Vector	सदिश
Tensor density	प्रदिश घनत्व
Tensor energy	प्रदिश शक्ति
Tensor field	प्रदिश क्षेत्र
Cotravariant tensor	प्रदिश प्रतिचल
Convariant tensor	प्रदिश सहचल
Einstein tensor	आयन्स्टाइन प्रदिश
Riemann-Christofell tensor	रीमान-क्रिस्टोफेल प्रदिश
Skew-Symmetric tensor	विषम-सम्मित प्रदिश
Symmetric tensor	सम्मित प्रदिश
Term	शब्द
Term (word)	पद
Term by term	एक एक पद करके
Terms of a determinant	सारणिक के पद
Absolute term	निरपेक्ष पद
Algebraic term	बीजगणितीय पद
Assigned term	निर्दिष्ट पद
Constant term	अचल पद
Even term	सम पद
Exponential term	घातीय पद
First term	प्रथम पद
General term	व्यापक पद
Greatest term	महत्तम पद
Higher term	उच्चतर पद
Integral term	पूर्णांक पद
Leading term	अग्रग पद
Logarithmic term	लघुगणकीय पद
Middle term	मध्य पद
Odd term	विषम पद
Preceding term	पूर्व पद
Preliminary term	प्रारम्भिक पद
P th term	पवाँ पद
Rational term	सुमेय पद
Subsequent term	उत्तरगामी पद
Succeeding term	उत्तर पद
Transcendental term	बीजातीत पद
Trigonometrical term	त्रिकोणमितीय पद
Disimilar terms	असमरूप पद
Extreme terms	बाह्य पद
Grouping of terms	पदों का समुदायीकरण
Homologous terms	सम्वादी पद
Like terms	समान पद
Lowest terms	लघुतम पद
Mean terms	मध्यक पद
Odd terms	विषम पद
Order of terms	पद क्रम
Reduce to lowest terms	लघुतम पदों में रक्खो
Residue of terms	पदावशेष
Similar terms	समरूप पद
Successive terms	उत्तरोत्तर पद
To express in terms of	के पदों में रखना
Undefined term	अपरिभाषित पद
Unlike terms	असमान पद

Terminable	सान्त
Terminable annuity	सान्त वार्षिकी
Terminable division	सान्त भाग
Terminal	आवसानिक (र), अन्तिम
Final	अन्त्य
Former	पूर्व, अगला
Initial	आदि, आदिम
Last	अन्तिम
Latter	अपर, पिछला
Ultimate	चरम, अन्तिम
Terminal form	आवसानिक रूप
Terminal line	आवसानिक रेखा
Terminal velocity	आवसानिक वेग
Terminate	समाप्त होना
Terminated	समाप्त
Terminating	सान्त
Terminating continued fraction	सान्त वितत भिन्न
Terminating fraction	सान्त भिन्न
Non-terminating continued fraction	अन्तहीन वितत भिन्न
Terminology	शब्दावली
Definition	व्याख्या, परिभाषा
Nomenclature	नामावली
Technical language	परिभाषा
Ternary	त्रिवर्णक
Terrestrial	पार्थिव
Terrestial triangle	पार्थिव त्रिभुज
Tesseral	चौकोरी
Tesseral suface Harmonics	चौकोरी पृष्ठ हरमिति
Test	परीक्षण
Characteristic	लक्षण
Criterion	निकष
Examination	परीक्षा
Test for convergence	संसृति परीक्षण
Test for symmetry	सम्मिति परीक्षण
Test of dependence	परतन्त्रता परीक्षण
Test series	परीक्षण श्रेणी
Abel test	औबेल परीक्षण
Bendixon test	बन्डिक्सन परीक्षण
Bertrand test	बर्ट्रेण्ड परीक्षण
Comparison test	तुलना परीक्षण
convergence test	संसृति परीक्षण
Cauchy's condensation test	कौशी संहनन परीक्षण
D' Alembert test	डिलेम्बर्ट परीक्षण
De la Vallee Poussin test	द ला वाली पूसैं परीक्षण
De Morgan test	डी मौर्गन परीक्षण
Dirichlet test	डिरिचले परीक्षण
Energy test	शक्ति परीक्षण
Ermakoff test	अर्माकौफ परीक्षण
Gauss's test	गाउस परीक्षण
Harday's test	हार्डी परीक्षण
Integral test	अनुकल परीक्षण
Jacobi's test	जैकोबी परीक्षण
Kummer's test	कमर परीक्षण
M-test	म-परीक्षण
Maclaurin integral test	मैक्लौरिन अनुकल परीक्षण
Mersienne test	मर्सीन परीक्षण
Mertin test	मर्टिन परीक्षण
Pringsheim test	प्रिंगशाइम परीक्षण
Raabe test	राबे परीक्षण
Ratio test	निष्पत्ति परीक्षण
Stirling test	स्टर्लिंग परीक्षण
Weierstrass test	वीर्स्ट्रास परीक्षण
Young test	यंग परीक्षण
Testimony	प्रमाण
Value of testimony	प्रमाण का मान
Tetrachrone (Game)	चतुरंगी (खेल)
Tetra-cusped	चतुनिशिती
Tetrad	चतुष्क
Sextic covariant of tetrad	चतुष्क का षड्क सहचल
Tetradecagonal	चतुर्दशभुजी
Tetragon	चतुर्भुज
Trigone tetragone	वर्ग त्रिभुजी

Tetragonal चतुर्भुजी
Tetrahedral चतुष्फलकी
  Tetrahedral angle चतुष्फलकी-कोण
  Tetrahedral coordinates चतुष्फलकी नियामक
  Tetrahedral group चतुष्फलकी समुदाय
Tetrahedron चतुष्फलक
  Double tetrahedron द्विक् चतुष्फलक
  Isosceles tetrahedron द्विसम चतुष्फलक
  Polar tetrahedron ध्रुवी चतुष्फलकी
  Regular tetrahedron सम चतुष्फलकी
  Uniform tetrahedron एकरूप चतुष्फलकी
The inside of a ring छल्ले का अन्तः पार्श्व
Theorem प्रमेय
  Theorem of Cavendish कैवेण्डिश प्रमेय
  Theorem of Mean Value मध्यक मान प्रमेय
  Theorem of Pappus पैपस प्रमेय
  Theorem of Parseval पार्सीवल प्रमेय
  Theorem of Pythagoras पिथैगोरस प्रमेय
  Abel theorem औबेल प्रमेय
  Abelian theorem औबेली प्रमेय
  Addition theorem योग प्रमेय
  Apollonius theorem ऐपोलोनियस प्रमेय
  Bachet theorem बैशेट प्रमेय
  Bairc theorem वेअर प्रमेय
  Bernoulli theorem बर्नोली प्रमेय
  Binet-Cauchy theorem बिनेट-कौशी प्रमेय
  Binomial theorem द्विपद प्रमेय
  Bobillier theorem बोबीलियर प्रमेय
  Bolzano-Weierstrass theorem बोल्ज़ानो-वीर्स्ट्रास प्रमेय
  Booth theorem बूथ प्रमेय
  Briancon theorem ब्रियांकन प्रमेय
  Budan theorem बुडान प्रमेय
  Carnot theorem कार्नो प्रमेय
  Casey theorem केसी प्रमेय
  cayley-Hamilton theorem केली-हैमिल्टन प्रमेय
  Cesaro theorem सिसैरो प्रमेय
  Christofell theorem क्रिस्टोफेल प्रमेय
  Clairaut's theorem क्लैरो प्रमेय
  Clapeyron theorem क्लैपिरौन प्रमेय
  Comparison theorem तुलना प्रमेय
  Continuant theorem वितान प्रमेय
  Converse theorem विलोम प्रमेय
  Coriolis theorem कोरियोलिस प्रमेय
  Crofton theorem क्रौफ्टन प्रमेय
  Darboux theorem डार्बो प्रमेय
  Dedekind theorem डेडीकाइण्ड प्रमेय
  De Moivre's theorem डी मौयवर प्रमेय
  Derived theorem व्युत्पन्न प्रमेय
  Desargue theorem डेसार्ग प्रमेय
  Dini theorem डिनी प्रमेय
  Dirichlet theorem डिरिचले प्रमेय
  Dual theorem द्वैध प्रमेय
  Duhamel theorem डुहामेल प्रमेय
  Dupin theorem डयूपिन प्रमेय
  Earnshaw theorem अर्नशौ प्रमेय
  Egoroff theorem अगोरफ़ प्रमेय
  Einstein theorem आयन्स्टाइन प्रमेय
  Elementary theorem आरम्भिक प्रमेय
  Equivalence theorem तुल्यता प्रमेय
  Eudoxus theorem यूडोक्सस प्रमेय
  Euler theorem औयलर प्रमेय
  Existence theorem अस्तित्व प्रमेय
  Exponential theorem घातीय प्रमेय
  Factor theorem अपवर्तक प्रमेय
  Factorization theorem खण्डन प्रमेय
  Fagnani theorem फ़ग्नानी प्रमेय
  Fejer theorem फेअर प्रमेय
  Fermat theorem फर्मा प्रमेय
  Feuerbach theorem फ्यूर्बाश प्रमेय
  Fourier theorem फूरियर प्रमेय
  Frobenius theorem फ्रोबीनियस प्रमेय
  Frullani's theorem फ्रलानी प्रमेय
  Fundamental theorem मूल प्रमेय

Galois theorem	गौलोयस प्रमेय	Poincare theorem	पोयन्कारे प्रमेय
Gauss's theorem	गाउस प्रमेय	Poisson theorem	पौयसों प्रमेय
General exponential theorem	व्यापक घातीय प्रमेय	Preliminary theorem	प्रारम्भिक प्रमेय
Girard's theorem	जीरर्ड प्रमेय	Pringsheim theorem	प्रिंग्शाइम प्रमेय
Green's theorem	ग्रीन प्रमेय	Ptolemy theorem	टोलेमी प्रमेय
Guldin's theorem	गुल्डिन प्रमेय	Pythagorean theorem	पिथैगोरी प्रमेय
Heine-boral theorem	हाइने-बोरेल प्रमेय	Rankin theorem	रैन्किन प्रमेय
Hemholtz theorem	हेल्महोल्ट्ज़ प्रमेय	Reciprocal theorem	व्युत्क्रम प्रमेय
Holdich's theorem	होल्डिच प्रमेय	Reciprocity theorem	व्युत्क्रमता प्रमेय
Hurwitz's theorem	हर्विट्ज़ प्रमेय	Reisz-Fisher theorem	रीज़-फीशर प्रमेय
Kelvin's theorem	केल्विन प्रमेय	Remainder theorem	शेषफल प्रमेय
Koenig's theorem	कोनिग प्रमेय	Resolvent theorem	विश्लेषक प्रमेय
Lambert's theorem	लैम्बर्ट प्रमेय	Riemann theorem	रीमान प्रमेय
Lame's theorem	लामे प्रमेय	Robert theorem	रौबर्ट प्रमेय
Laplace theorem	लैप्लास प्रमेय	Rolle theorem	रोल प्रमेय
Laurent theorem	लौरेण्ट प्रमेय	Rouche theorem	रूश प्रमेय
Leibnitz theorem	लिब्नीज़ प्रमेय	Second Mean value theorem	द्वितीय मध्यक मान प्रमेय
Levy's theorem	लेवी प्रमेय	Staudt t heorem	स्टौट प्रमेय
Liouville's theorem	ल्यूविल प्रमेय	Stokes theorem	स्टोक्स प्रमेय
Logarithmic theorem	लघुगणकीय प्रमेय	Stone theorem	स्टोन प्रमेय
Macculaugh's theorem	मैकुलो प्रमेय	Sturn theorem	स्टर्म प्रमेय
Maclaurin theorem	मैक्लौरिन प्रमेय	Subtraction theorem	वियोग प्रमेय
Maxwell's theorem	मैक्स्वेल प्रमेय	Szily theorem	ज़ाइली प्रमेय
Mean value theorem	मध्यक मान	Tannery theorem	टैनरी प्रमेय
Marsenne theorem	मर्सीन प्रमेय	Tauberian theorem	टौबेरी प्रमेय
Meunier's theorem	म्यूनियर प्रमेय	Taylor theorem	टेलर प्रमेय
Minding's theorem	माइडिंग प्रमेय	Thue theorem	थ्यू प्रमेय
Mobius theorem	मोबियस प्रमेय	Torricelli theorem	टौरीसेली प्रमेय
Morera's theorem	मौरेरा प्रमेय	Townsend theorem	टाउन्सेण्ड प्रमेय
Morten's theorem	मौर्टेन प्रमेय	Transformation theorem	रूपान्तर प्रमेय
Multinomial theorem	बहुपद प्रमेय	Vanermonde theorem	वैन्दर्मौन्द प्रमेय
Pappus' theorem	पैपस प्रमेय	Vargnon theorem	वर्गनौन प्रमेय
Parseval's theorem	पार्सीवल प्रमेय	Varignon theorem	वैरिग्नौन प्रमेय
Pascal theorem	पास्कल प्रमेय	Vitali theorem	विटाली प्रमेय
Picard theorem	पिकार्ड प्रमेय	Wallis theorem	वालिस प्रमेय
Plana theorem	प्लाना प्रमेय	Weierstrass theorem	वीर्स्ट्रास प्रमेय
Playfair theorem	प्लेफेयर प्रमेय		

Whitworth theorem व्हिट्वर्थ प्रमेय
Wilson theorem विल्सन प्रमेय
Wronski theorem रौन्स्की प्रमेय
Young theorem यंग प्रमेय
Theoretical सैद्धान्तिक
Theoretical Dynamics सैद्धान्तिक प्रावैगिकी
Theoretically सिद्धान्ततः
Theory सिद्धान्त, वाद
Practice प्रयोग
Law नियम
Theory of aggregates वृन्द सिद्धान्त
Theory of atoms परमाणु सिद्धान्त
Theory of Boscovitch बौस्कोविच सिद्धान्त
Theory of equations समीकरण सिद्धान्त
Theory of evolution विकास सिद्धान्त
Theory of function फलिन सिद्धान्त
Theory of indices घातांक सिद्धान्त
Theory of numbers संख्या सिद्धान्त
Theory of sections परिच्छेद सिद्धान्त
Theory of substitution आदेश सिद्धान्त
Arithmetical theory अंकगणितीय सिद्धान्त
Cantor theory कैण्टर सिद्धान्त
Charlier theory चार्लियर सिद्धान्त
Copernican theory कोपरनीकी सिद्धान्त
Dedekind theory डेडीकाइण्ड सिद्धान्त
Dynamical theory प्रावैगिक सिद्धान्त
Elementary function theory आरम्भिक फलिन सिद्धान्त
Function theory फलिन सिद्धान्त
Galois group theory गैलोयस समुदाय सिद्धान्त
Group theory समुदाय सिद्धान्त
Newcomb theory न्यूकूम्ब सिद्धान्त
Number theory संख्या सिद्धान्त
Poincare theory पौयन्कारे सिद्धान्त
Poinsot theory पौइन्सो सिद्धान्त
Tonelli theory टोनेली सिद्धान्त
Veroness theory वेरोनिज़ सिद्धान्त
Weyl theory वाइल सिद्धान्त
Thermal तापी
Thermal expansion तापी प्रसार
Thermo-dynamic function ताप-वैगिक फलिन
Thermo-dynamics ताप-वैगिकी
Thermometer ताप मापक
Air thermometer वायु ताप मापक
Centigrade thermometer सेण्टीग्रेड तापमापक
Reaumur thermometer रयूमर तापमापक
Therefore अतः
Because यतः
Hence अतएव
Since चूंकि
Theta थीटा
Theta function थीटा फलिन
Thick मोटा, स्थूल
Thin पतला
Thick air स्थूल वायु
Thickness मोटाई, स्थौल्य
Slant thickness तिरछी मोटाई
Thieves and loot (Game) चोर और लूट (खेल)
Thin पतला, सूक्ष्म
Thick मोटा, स्थूल
Thin air सूक्ष्म वायु
Thin shell पतला कवच
Thing वस्तु
Dissimilar things असमरूप वस्तुयें, असमान वस्तुयें
Third तीसरा, तृतीय
Third (1 second-12 thirds) थर्ड
Third proportion तृतीयानुपात
Third proportional तृतीयानुपाती
Third system of pulleys तृतीय घिरनी संहति
Fquation of the third degree तृतीय घात समीकरण
Thousand हजार, सहस्र
Thousands of billion पद्म
Thousands of million अरब
Hundreds of thousand लाख

Hundreds of thousands of billion शंख
Hundreds of thousands of billion खरब
Tens of thousand दस हजार
Thread 1. डोरा 2. चूड़ी
Thread of the screw पेंच की चूड़ी
Protuberant thread उभरी हुई चूड़ी
Three तीन
Three circles theorem of Hadamard हैडमार्ड का तीन-वृत्त प्रमेय
Three cusped त्रिनिशिती
Three dimensional त्रिविस्तारी
Three dimensienal coordinates त्रिविस्तारी नियामक
Three dimensional space त्रिविस्तारी अवकाश
Three dimensions तीन विस्तार
Analytical Geometry of Three dimensions त्रिविस्तारी वैश्लेषिक ज्यामिति
Three-fold Summetry त्रिगुणित सम्मिति
Three independent data तीन स्वतन्त्र न्यास
Three Piles (Game) तीन ढेर (खेल)
Three point problem तीन बिन्दु प्रश्न
Three times तीन बेर
Double rule of three पंचराशिक
Rule of three त्रिराशिक
Thrice तीन बेर
Through में से, के मध्येन
Goes through में से जाता है
Throw (Noun) फेंक
Throw (Verb) फेंकना
Throw the equation into that form समीकरण को उस रूप में ढालो
Thrust ठेल
Fluid thrust तरल ठेल
Resultant thrust लब्ध ठेल
Vertical thrust ऊर्ध ठेल
Thue theorem थ्यू प्रमेय
Tide ज्वार भाटा
Tide wave भाटे की तरंग
Tie बाँधना, निबन्धन
Tight संसक्त
Tigh Chain संसक्त शृंखला
Tighten तानना
Tightened तनी हुई, सुसंसक्त
Timbre (Music) सुर
Time समय, काल
Time like समय सदृश
Time of discount बट्टे की अवधि
Time of flight उड़न काल
Time rate काल अर्घ
Time series काल श्रेणी
Apparent solar time प्रगट सौर समय
Equated time समीकृत काल
Equation of time काल समीकरण
Flat space-time चपटा अवकाश-काल
Life time जीवन काल
Mean solar time मध्यक सौर समय
Periodic time आवर्तन काल
Period of time आवर्तनांक
Standard time मानक समय
Three times तीन बेर
Tin टीन
Tin sheet टीन की चादर
Tisserand टिसैरैण्ड
Tisserand criterion टिसैरैण्ड निष्कर्ष
To को, तक
To and fro इधर उधर
To be in equilibrium साम्य में होना
Belong to से सम्बद्ध होना
Ton टन
Tone स्वर
over-tone परा-स्वर
Tonelli टोनेली
Tonelli theory टोनेली सिद्धान्त

English	Hindi
Top	चोटी, शिखर
Bottom	तली
Top of a glass	गिलास का मुँह
Top	लट्टू
Top problem	लट्टू का प्रश्न
Motion of a top	लट्टू की गति
Sylvester's top	सिल्वेटर का लट्टू
Uniaxal top	एकाक्ष लट्टू
Topography	स्थान भूगोल
Topology	स्थान विज्ञान
Tore	वृत्तघूर्णज
Toroid	शांक्वज
Torque	घूर्णक
Torricelli	टौरीसेली
Torricelli theorem	टौरीसेली प्रमेय
Torricelli vacuum	टौरीसेली खं
Torrid zone	उष्ण कटिबन्ध
Torsion	मरोड़, ऐंठन, कुटिलता
Developable torsion	विकासनीय कुटिलता
Flexure torsion	नमन कुटिलता
Geodesic torsion	भूमितिज कुटिलता
Principal torsion	मुख्य कुटिलता
Torsional	मरोड़ी
Torsional oscillation	मरोड़ी दोलन
Torsional oscillation	मरोड़ी कम्पन
Tortuous	कुटिल
Coplanar	समतली
Non-coplanar	असमतली
Skew	विषमतली
Uniplanar	एकतली
Tortuous curve	कुटिल वक्र
Torus	शांकवी
Torus ring	शांकवी वलय
Toss	उछालना, उत्क्षेपण
Tosser	उत्क्षेपक
Tossing	उत्क्षेपण
Total	पूर्ण, योग
Total acceleration	पूर्ण गतिवृद्धि
Total curvature	पूर्ण वक्रता
Total depreciation	पूर्ण अवमूल्यन
Total derivative	पूर्ण अवकलज
Total differential	पूर्ण अवकल
Total differential coefficient	पूर्ण अवकल गुणक
Total fluctuation	पूर्ण डोलन
Total increment	पूर्ण वृद्धि
Total resistance	पूर्ण प्रतिरोध
Totality	सर्वयोग
To the origin	मूलबिन्दु तक
Touch	छूना, स्पर्श करना
Tough	कठोर
Brittle	भिदुर
Ductile	तन्य
Elastic	लचीला
Flexible	नम्य
Hard	कठिन
Malleable	वर्द्धनीय
Plastic	सुनम्य
Rigid	दृढ़
Soft	मृदु, कोमल
Viscous	सान्द्र
Tournament	क्रीड़ा-युद्ध
Tower	मीनार
Tower of Hanoi	हैनौय की मीनार
Four storey tower	चौतली मीनार
Townsend	टाउन्सेण्ड
Townsend theorem	टाउन्सेण्ड प्रमेय
Trace (Spur)	जोत
Trace	अनुरेखण करना
Trace a curve	अनुरेखन
Tracing	अनुरेखण
Curve tracing	वक्रालेखन
Track	मार्ग
Light track	प्रकाश मार्ग
Traction	कर्षण

English	Hindi
Traction force	कर्षण बल
Tractional	कर्षणी
Tractive	कर्षक
Tractive force	कर्षक बल
Tractory curve	कर्षण वक्र
Tractrix	अचलखण्डी
Trajectory	प्रक्षेपपथ
Flat trajectory	चपटा प्रक्षेप पथ
High trajectory	उच्च प्रक्षेप
Orthogonal trajectory	समकोणीय प्रक्षेप
Transcendental	बीजातीत
Algebraical	बीजगणितीय
Transcendental curve	बीजातीत वक्र
Transcendental equation	बीजातीत समीकरण
Transcendental extension	बीजातीत वितान
Transcendental function	बीजातीत फलिन
Transcendental number	बीजातीत संख्या
Transcendental term	बीजातीत पद
Sundry transcendental functions	फुटकर बीजातीत फलिन
Transfer	अन्तरित करना
Transference	अन्तरण (रा)
Handing over	हस्तान्तरण
Translation	स्थानान्तरण
Transmission	संचारण
Transference of energy	शक्ति अन्तरण
Transfering	अन्तरण
Transfinite	अतीत
Transfinite derivation	अतीत अवकलज
Transfinite number	अतीत संख्या
Transform (N.)	परिवर्त
Fourier transform	फूरियर परिवर्त
Hankel transform	हैंकेल परिवर्त
Transform	रूपान्तर
Transformation of coordinates	नियामक रूपान्तर
Transformation of similitude	अनुरूपता रूपान्तर
Transformation theorem	रूपान्तर प्रमेय

English	Hindi
Affine transformation	परिमिती रूपान्तर
Conformal transformation	अनुगुण रूपान्तर
Congruent transformation	एकात्मक रूपान्तर
Conjunctive transformation	संयुति रूपान्तर
Contact transformation	संस्पर्श रूपान्तर
Cremona transformation	क्रेमोना रूपान्तर
Division transformation	भाग रूपान्तर
Equiangular transformation	समानकोण रूपान्तर
Equiangular transformation	मूल्य रूपान्तर
Euler transformation	औयलर रूपान्तर
Gaussian transformation	गाउसी रूपान्तर
General transformation	व्यापक रूपान्तर
Group transformation	समुदाय रूपान्तर
Homogeneous transformation	समघात रूपान्तर
Homographic transformation	एकैकीसंगत रूपान्तर
Homothetic transformation	तद्रूप रूपान्तर
Identical transformation	एकात्मक रूपान्तर
Imaginary transformation	काल्पनिक रूपान्तर
Inverse transformation	उत्क्रम रूपान्तर
Isogonal transformation	तुल्यकोणीय रूपान्तर
Isothermal transformation	समताप रूपान्तर
Landau transformation	लैण्डाउ रूपान्तर
Laplace transformation	लैप्लास रूपान्तर
Linear transformation	एकघात रूपान्तर
Lorentz transformation	लौरेण्ट्ज रूपान्तर
Montford's transformation	मौण्टफोर्ड रूपान्तर
Normal transformation	प्रमाप रूपान्तर
Orthogonal transformation	समकोणीय रूपान्तर
Projective transformation	विक्षेपी रूपान्तर
Rational transformation	सुमेय रूपान्तर
Shear transformation	विरूपण रूपान्तर
Similarity transformation	समरूपता रूपान्तर
Simple transformation	सरल रूपान्तर
Singular offine transformation	अपूर्व परिमिती रूपान्तर
[illegible] transformation	स्टोक्स रूपान्तर
[illegible]hauser	

transformation	शीर्हाउसेन रूपान्तर
Unitary transformation	ऐकिक रूपान्तर
Composition of transformations	रूपान्तर संयोजन
Similar transformations	समरूप रूपान्तर
Transition	संक्रमण
Transitive	संक्रमक
Transitive relation	संक्रमक सम्बन्ध
Intransitive relation	असंक्रमक सम्बन्ध
Transitivity	संक्रमकता
Translation	स्थानान्तरण
Handing over	हस्तान्तरण
Transference	अन्तरण
Transmission	संचारण
Revolution	परिक्रमण
Rolling	लुण्ठन
Rotation	परिभ्रमण
Turning	परिणमन
Translation formula	स्थानान्तरण सूत्र
Velocity of translation	स्थानान्तरण वेग
Translational velocity	स्थानान्तरण वेग
Translatory motion	स्थानान्तरण गति
Translucent	पारभाषक
Transmissibility	संचारशीलता
Transmissibility of forces	बल संचारशीलता
Transmissible	संचारशील
Transmission	संचारण
Handing over	हस्तान्तरण
Transference	अन्तरण
Translation	स्थानान्तरण
Transmit	संचार करना
Transmittal	संचार
Transport	यातायात
Transpose	पक्षान्तरण करना
Transpose of a matrix	श्रेणिक का पक्षान्तर
Transposed	पक्षान्तरित
Transposed matrix	पक्षान्तरित श्रेणिक
Transposition	पक्षान्तरण
Transversal	भेदिका (र)
Oblique	तिर्यक्
Secant	छेदक
Transverse	अनुप्रस्थ
Transverse axis	अनुप्रस्थ अक्ष
Conjugate axis	अनुबद्ध अक्ष
Transverse common tangent	अनुप्रस्थ उभय स्पर्शी
Direct common tangent	अनुक्रम उभय स्पर्शी
Transverse of a wire	तार का अनुप्रस्थ
Transverse tangent	अनुप्रस्थ स्पर्शी
Transverse vibration	अनुप्रस्थ कम्पन
Transversion	व्यत्ययन
Trap	जाल
Mouse trap	चूहे दान
Trap door	कूट द्वार, चोर द्वार
Trapezium	समलम्ब (र)
Isosceles trapezium	द्विसम समलम्ब
Trapezoid	समलम्ब
Trapezoidal	समलम्बी
Trapezoidal rule	समलम्बी नियम
Traverse	उत्तरित करना
Traversed	उत्तरित
Space traversed	उत्तरित अवकाश
Traversing	उत्तरण
Treat	उपचरण करना, प्रतिपादन करना
Treated	उपचरित, प्रतिपादित
Treated as a curve	वक्रवत उपचरित
Treated by Calculus	कलन से उपचरित
Treatise	ग्रन्थ
Treatment	उपचार
Trench	खाई
Trend	वृत्ति
Trend line	वृत्ति रेखा
Secular trend	लौकिक वृत्ति
Trente and quarante	तीस-चालीसा
Triad	त्रिक्

Trial	परख
Trial and error	परख भूल
Trial divisor	प्रायोगिक भाजक
Trial solution	प्रायोगिक साधन
By trial	परख से
Method of trial and error	परख भूल विधि
Repeatd trials	पुनरागत परख
Successive trials	उत्तरोत्तर परख
Triangle	त्रिभुज
Triangle arrangement	त्रिभुज विन्यास
Triangle of forces	बल त्रिभुज
Triangle of reference	आश्रय त्रिभुज
Triangle of velocities	वेग त्रिभुज
Acute angled triangle	न्यून कोण त्रिभुज
Astatic triangle	सुस्थिति त्रिभुज
Astronomical triangle	खगोलीय त्रिभुज
Birectangular triangle	द्विआयताकार त्रिभुज
Curvilinear triangle	वक्रात्मक त्रिभुज
Equiangular triangle	समानकोण त्रिभुज
Equilateral triangle	सम त्रिभुज
Heronian triangle	हेरौनी त्रिभुज
Isosceles triangle	द्विसम त्रिभुज
Maximum triangle	महत्तम त्रिभुज
Oblique triangle	तिर्यक् त्रिभुज
Obtuse angled triangle	अधिक कोण त्रिभुज
pascal triangle	पास्कल त्रिभुज
Pedal triangle	पदिक त्रिभुज
Plane triangle	समतल त्रिभुज
Polar triangle	ध्रुवी त्रिभुज
Quadrantal triangle	चरण त्रिभुज
Reciprocal triangle	व्युत्क्रम त्रिभुज
Relative triangle	सम्बद्ध त्रिभुज
Right angled triangle	समकोण त्रिभुज
Scalene triangle	विषम त्रिभुज
Self-conjugate triangle	स्वानुबद्ध त्रिभुज
Solution of a triangle	त्रिभुज निर्धारण
Spherical triangle	गोलीय त्रिभुज
Tartaglia's trianlge	टार्टैग्लिया त्रिभुज
Terrestrial triangle	पार्थिव त्रिभुज
Trithedral triangle	त्रितल त्रिभुज
Congruent triangles	सर्वांगसम त्रिभुज
Conjugate triangles	अनुबद्ध त्रिभुज
Equal triangles	समान त्रिभुज
Identical triangles	एकात्मक त्रिभुज
Similar triangles	समरूप त्रिभुज
Triangular	त्रिभुजी, त्रिभुजीय
Triangular lamina	त्रिभुजीय पटल
Triangular number	त्रिभुजीय संख्या
Triangular prism	त्रिभुजीय संक्षेत्र
Triangular pyramid	त्रिभुजीय स्तूप
Trianguli-pyramidical	त्रिभुज-स्तूपी
Triangulo-triangular	त्रिभुज त्रिभुजी
Tri-colour	तिरंगा
Tricuspide (Three cusped)	त्रिनिशिती
Trident	त्रिशूल
Trident of Newton	न्यूटन त्रिशूल
Trigone	त्रिभुजी
Tetragone trigone	वर्ग त्रिभुजी
Trigonometrical trigonometric	त्रिकोणमितीय
Trigonometrical analysis	त्रिकोणमितीय विश्लेषण
Trigonometrical coordinates	त्रिकोणमितीय नियामक
Trigonometrical curve	त्रिकोणमितीय वक्र
Trigonometrical equation	त्रिकोणमितीय समीकरण
Trigonometrical form	त्रिकोणमितीय रूप
Trigonometrical function	त्रिकोणमितीय फलिन
Trigonometrical identity	त्रिकोणमितीय एकात्म्य
Trigonometrical integral	त्रिकोणमितीय अनुकल
Trigonometrical limit	त्रिकोणमितीय सीमा
Trigonometrical line	त्रिकोणमितीय रेखा
Trigonometrical quantity	त्रिकोणमितीय राशि
Trigonometrical ratio	त्रिकोणमितीय निष्पत्ति
Trigonometrical series	त्रिकोणमितीय श्रेणी
Trigonometrical solution	त्रिकोणमितीय साधन
Trigonometrical substitution	त्रिकोणमितीय आदेश

Trigonometrical term — त्रिकोणमितीय पद
Trigonometrically — त्रिकोणमितीय विधि से
Trigonometry — त्रिकोणमिति
  Analytical trigonometry — वैश्लेषिक त्रिकोणमिति
  Plane Trigonometry — समतल त्रिकोणमिति
  Spherical Trigonometry — गोलीय त्रिकोणमिति
Trihedral — त्रितली, त्रितल–
  Trihedral angle — त्रितल कोण
  Trihedral coordinates — त्रितल नियामक
  Trihedral triangle — त्रितल त्रिभुज
  Directed trihedral — लक्षित त्रितली
  Left-handed trihedral — वामांगी त्रितली
  Right-handed trihedral — दक्षिणांगी त्रितली
  Tri-rectangular trihedral — त्रिआयताकार त्रितली
Trilinear — त्रिरैखिक त्रिरेखीय
  Trilinear coordinates — त्रिरेखीय नियामक
Tri-magic — त्रिमायावी, त्रिमाया–
  Trimagic square — त्रिमाया वर्ग
Trinomial — त्रिपद
  Binomial — द्विपद
  Monomial — एकपद
  Multinomial — बहुपद
  Polynomial — बहुपद
  Trinomial expression — त्रिपद व्यंजक
  Trinomial square — त्रिपद वर्ग
  Trinomial surd — त्रिपद करणी
    Trinomial quadratic — त्रिपद वर्ग करणी
Triple — तिगुना, त्रिगुणित, त्रिक्
  Triple integral — त्रिगनुकल
  Triple point — त्रिक् बिन्दु
  Triple root — त्रिक् मूल
Triplicate — घनित
  Triplicate ratio — घनित निष्पत्ति
Triplication — त्रिगुणन
  Triplication formula — त्रिगुणन सूत्र
Tripod — तिपाई
Tri-rectangular — त्रि-आयताकार
Tri-rectangular spherical triangle — त्रि-आयताकारगोलीय त्रिभुज
Tri-rectangular trihedral — त्रि-आयताकारगोलीय त्रितली
Trisect — त्रिछेदित करना
Trisected — त्रिछेदित करना
Trisection — त्रिछेदन
Trisectrix — त्रिभागज
Trivial — तुच्छ
  Trivial solution — तुच्छ हल
  Non-trivial — अतुच्छ
    Non-trivial solution — अतुच्छ हल
Trivium — त्रिकी
Trochoid — वक्रज
Trochoidal — वक्रजी
  Gernster's trochoidal wave — गर्न्सटन वक्रजी तरंग
Trolly — ट्रौली
Tropic of Cancer — कर्क रेखा
Tropic of Capricorn — मकर रेखा
True — सत्य
  Accurate — परिशुद्ध
  Correct — शुद्ध
  Exact — यथार्थ
  Precise — यथार्थतम
  True curve — सत्य वक्र
  True discount — सत्य बट्टा
  True equivalent — सत्य तुल्यांक
  True surface — सत्य पृष्ठ
  Identically true — एकात्मतः सत्य
Trump card — तुरप का पत्ता
Truncated — विच्छिन्न
  Truncated cone — विच्छिन्न शंकु
  Truncated cylinder — विच्छिन्न बेलन
  Truncated prism — विच्छिन्न संक्षेत्र
  Truncated pyramid — विच्छिन्न स्तूप
Truth — सत्य
Truth system — सत्य संहति

English	Hindi
Truth-table	सत्य-तालिका
Axiomatic truth	स्वयंसिद्ध सत्य
Tschirhausen	शीर्हाउसेन
Tschirhausen transformation	शीर्हाउसेन रूपान्तर
Tub	नाँद
Tube	नली, नलिका
Tube of forces	बल नली
Capillary tube	केश नली
U-tube	यू-नली
Tubular	नलिकाकार
Tubular surface	नलिकाकार पृष्ठ
Tucker	टकर
Tucker circles	टकर वृत्त
Tune	लय
Tunnel	सुरंग
Turbine	भ्रमयन्त्र
Turbine impulse	भ्रमयन्त्र संवेग
Reaction turbine	प्रतिक्रिया भ्रमयन्त्र
Turbulence	तुमुल
Turbulent	तुमुलकारी
Turn	घूमना, परिणमन करना
Turning	परिणमन
Revolution	परिक्रमण
Rolling	लुण्ठन
Rotation	परिभ्रमण
Translation	स्थानान्तरण
Turning point	परिणमन बिन्दु
Turning value	परिणमन नाम
Twice	दो बेर
Twist	मरोड़ना
Twisted	व्यावृत्त
Twisted curve	व्यावृत्त वक्र
Helical twisted rod	रेखजवक्री व्यावृत्त छड़
Twisting	मरोड़ना
Two	दो, द्वि
Two-dimensional	द्विविस्तारी
Two-dimesional space	द्विविस्तारी अवकाश
Two dimensions	दो विस्तार
Analytical Geometry of two dimenstions	द्विविस्तारी वैश्लेषिक ज्यामिति
Two-fold symmetry	द्विगुणित सम्मिति
Two-square identity	द्विवर्ग एकात्म्य
Either of the two	दो में से कोई एक
Type	प्ररूप (र)
Category	निकाय
Class	कक्षा
Family	कुल, वंश, परिवार
Group	समुदाय
Kind	प्रकार
Order	1. क्रम 2. वर्ण
Species	जाति
System	1. संहति 2. पद्धति 3. व्यवस्था
Type of motion	गति का प्रकार
Change of type	प्रकार परिवर्तन
Order type	क्रम प्ररूप
Restricted type	नियन्त्रित प्ररूप
Special type	विशेष प्रकार
Typical	प्ररूपी
Typical expression	प्ररूपी व्यंजक

U

Ultimate	चरम, अन्तिम	Unconditional	अप्रतिबन्धीय, अननुबन्धीय,
Final	अन्त्य	Unconditional convergence	अननुबन्ध संसृति
Former	पूर्व, अगला	Unconditional inequality	अननुबन्ध असमता
Initial	आदि, आदिम	Uncorrected	अशोधित
Last	अन्तिम	Uncorrected integral	अशोधित अनुकल
Latter	अपर, पिछला	Corrected integral	शोधित अनुकल
Terminal	आवसानिक, अन्तिम	Undecagon	एकादशभुज
Ultimate intersection	चरम कटान	Undefined	अपरिभाषित
Ultimate ratio	चरम निष्पत्ति	Undefined term	अपरिभाषित पद
Ultimately	अन्ततः	Under gravity	गुरुत्व से
Ultimately coincident	अन्ततः संपाती	Underlying	अन्तर्निहित
Umbilic	नाभिज	Undetermined	अनिर्धारित
Umbilical point	नाभिज बिन्दु	Determinate	निर्णीत
Umbra	छाया	Indeterminate	अनिर्णीत
Penumbra	उपच्छाया	Undetermined coefficient	अनिर्णीत गुणक
Umbral notation	छाया संकेतलिपि	Undetermined form	अनिर्णीत रूप
Umbrella	छाता, छतरी	Undulate	लहराना
Unapproachability	अनुपगम्यता	Undulation	हिलोर
Unapproachable	अनुपगम्य	Vibration	कम्पन
Unbounded	अपरिमित	Point fo undulation	हिलोर बिन्दु
Bounded	परिमित	Undulatory motion	हिलोरित गति
Finite	सान्त	Unduloid	हिलोरज
Illimitable	असीम	Unending	अन्तहीन, अनन्त
Infinite	अनन्त	Unending series	अनन्त श्रेणी
Infinity	अनन्ती	Unenummerable	अगण्य
Limited	सीमित	Unequal	असमान, विषम
Unlimited	असीम	Very unequal	अति विषम
Unbounded function	अपरिमित फलिन	Unfinished game	अधूरा खेल
Uncertainty	अनिश्चय	Uni-axal	एकाक्ष

Uni-axal body	एकाक्ष काय
Uni-axal top	एकाक्ष लट्टू
Unicursal	एकपथी
Unicursal cruve	एकपथी वक्र
Unicursal surface	एकपथी पृष्ठ
Unifield	एकी क्षेत्र
Uniform	एकरूप
Heterogeneous	विषमांग
Homogeneous	1. समांग 2. समघात
Multiform-Non-unform	बहुरूप, अनेकरूप
Uniform acceleration	एकरूप त्वरण
Uniform approach	एकरूप उपगमन
Uniform catenary	एकरूप रज्जुवक्र
Uniform circular motion	एकरूप वर्तुल गति
Uniform cone	एकरूप शंकु
Uniform continuity	एकरूप सातत्य
Uniform convergence	एकरूप संसृति
Uniform field	एकरूप क्षेत्र
Uniform fluid	एकरूप तरल
Uniform function	एकरूप फलिन
Uniform lamina	एकरूप पटल
Uniform motion	एकरूप गति
Uniform parallelogram	एकरूप समानाभुज
Uniform pressure	एकरूप निपीड
Uniform rod	एकरूप छड़
Uniform scale	एकरूप मापनी
Uniform strength	एकरूप सामर्थ्य, समबल
Uniform velocity	एकरूप चतुष्फलक
Uniform tetrahedron	एकरूप वेग, समान वेग
Non-uniform continuity	अनेकरूप सातत्य
Non-uniform convergence	अनेकरूप संसृति
Non-uniform velocity	असमान वेग
Uniformity	एकरूपता
Uniformity of statement	कथन की एकरूपता
Non-uniformity	अनेकरूपता
Uniformly	एकरूपतः
Uniformaly continuous	एकरूपतः सतत
Uniformly varying	एकरूपतः विचल
Uniformly varying quantity	एकरूपतः विचल राशि
Uniformly working	एकरूपतः करना
Unilateral	एकपक्षी
Unimodular	एकमापी
Unimodular matrix	एकमापी श्रेणिक
Union	मेल
Uniplanar	एकतली
Coplanar	समतली
Non-coplanar	असमतली
Skew	विषमतली
Tortuous	कुटिल
Unique	अद्वितीय, अपूर्व
Unique inverse	अद्वितीय उत्क्रम
Uniquely	अपूर्व, अद्वितीय रूप से
Uniquely defined	अपूर्व परिभाषित
Uniqueness	अद्वितीयता
Unit	इकाई, मात्रक
Unit circle	इकाई वृत्त
Unit density	इकाई घनत्व
Unit force	इकाई बल
Unit fraction	इकाई भिन्न
Unit mass	इकाई मात्रा
Unit matrix	इकाई श्रेणिक
Unit number	इकाई संख्या
Unit of force	बल की इकाई
Unit of imaginaries	काल्पनिक राशि इकाई
Unit of measure	माप इकाई
Unit volume	इकाई आयतन
Unit work	इकाई कार्य
Absolute unit	निरपेक्ष इकाई, परम इकाई
Complex unit	संकर इकाई
Derived unit	व्युत्पन्न इकाई
Electrostatic unit	विद्युत्स्थिति इकाई
Fundamental unit	मूल इकाई
Gravitational unit	गुरुत्वाकर्षण इकाई

Imaginary unit काल्पनिक इकाई
Linear unit एकघात इकाई
Metric unit मीटरी इकाई
Order unit इकाई का वर्ण
Solid unit ठोस इकाई
Square unit वर्ग इकाई
Unitary ऐकिक मात्रिक
Unitary analysis ऐकिक विश्लेषण
Unitary matrix ऐकिक श्रेणिक
Unitary method ऐकिक विधि
Unitary transformation एकिक रूपान्तर
United संयुक्त
United form संयुक्त रूप
Unities इकाइयाँ
Legendre unities लेजाण्ड्र इकाइयाँ
Unity ऐक्य, एकता
Unity (Maths. एक
Universal विश्वव्यापी, वैश्व, विण्वक
Universal Arithmetic विश्वांकगणित
Universality सर्वगतता
Non-universality असर्वगतता
Universally सर्वतः
Universe विश्व
Unknown अज्ञात
Unknown quantity अज्ञात राशि
Known quantity ज्ञात राशि
Unless जबतक नहीं
Unlike असमान, विजातीय
Unlike parallel forces विजातीय समानान्तर बल
Unlike signs असमान चिह्न
Unlike surds असमान करणियाँ
Unlike terms असमान पद
Unlimited असीम
Bounded परिमित
Finite सान्त
Illimitable असीम
Infinite अनन्त
Infinity अनन्ती
Limited सीमित
Unode इकपात
Unpaid अदत्त
Unpaid annuity अदत्त वार्षिकी
Unreal अवास्तविक
Unreliable अविश्वसनीय
Unstable अस्थायी
Stable स्थायी
Unstable equilibrium अस्थायी साम्य
Unsymmetrical असम्मित
Up ऊपर, उच्च
Down नीचे
Upper उच्चतर
Upper bound उच्च परिमा
Upper derivative उच्च अवकलन
Upper limit उच्च सीमा
Upper sign उच्च चिह्न
Upthrust उछाल
Upward ऊर्धगामी
Downward अधोगामी
Upwards ऊपर की ओर
Downwards नीचे की ओर
Vertically upwards ऊर्धमुखी
Urn बरतन
Use उपयोग
Use as operator कारक के रूप में उपयोग
Use of multipliers गुणकों का उपयोग
Practical use व्यावहारिक उपयोग
Useful उपयोगी
Usefulness उपयोगिता
Useless अनुपयोगी
Utility उपयोगिता
U-tube यू-नली

V

Vacillation डोलन
  Fluctuation डोलन
  Oscillation दोलन
Vacuum खं
  Zero शून्य
  Vacuum gauge खं प्रमापक
  Torricelli vacuum टौरीसेली खं
Value मान
  Price मूल्य
  Value line मान रेखा
  Value of testimony प्रमाण का मान
  Absolute value निरपेक्ष मान
  Accumulated value पुंजीभूत मान
  Accurate value परिशुद्ध मान
  Admissible value ग्राह्य मान
  Approximate value उपनीत मान
  Arithmetical value संख्यात्मक मान
  Calculation of value मान परिकलन
  Close value सूक्ष्म मान
  Critical value चरम मान
  Euler's exponent value औयलर घातांक मान
  Exponential value घातीय मान
  Face value अंकित मान
  False value मिथ्या मान
    Finite value सान्त मान
  Future value भविष्य का मान
  General value व्यापक मान
  Greatest value महत्तम मान
  Indeterminate value अनिर्णीत मान
  Initial value आदि मान
  Integral value पूर्णांक मान
  Intermediate value मध्यवर्ती मान
  Intrinsic value नैज मान
  Least value लघुतम मान
  Limiting value सीमान्त मान
  Line value रेखा मान
  Loan value उधार मान
  Local value स्थानीय मान
  Market value बाजारू मूल्य
  Mean value मध्यक मान
  Mean value theorem मध्यक मान प्रमेय
  Normal value प्राकृत मान
  Numerical value संख्यात्मक मान
  Original value मौलिक मान
  Par value सम मूल्य
  Permissible value ग्राह्य मान
  Place value स्थिति मान
  Present value तत्काल मान
  Principal value मुख्य मान
  Rough value स्थूल मान
  Turning value परिणमन मान
  Range of values मान गोचर
Valued मानीय
  Double valued द्विमानीय
  Many valued बहुमानीय
  Multiple valued बहुमानीय
    Multiple valued function बहुमानीय फलिन
  One-valued एकमानीय

Single valued	एकमानीय
Valuedness	मानीयता
Multiple valuedness	बहुमानीयता
Valve	कपाट (र)
Safety valve	अभय कपाट
Vandermonde	वैन्दमौंन्द
Vandermonde's determinant	वैन्दमौंन्द सारणिक
Vandermonde theorem	वैन्दमौंन्द प्रमेय
Vanish	लुप्त होना
Vanish identically	एकात्मतः लुप्त होना
Vanishing	लोपन
Cancellation	निरसन
Crossing out	निरसन, काटना
Deletion	अपमृजन
Elimination	विलोपन
Exclusion	अपवर्जन
Ignoring	उपेक्षण
Leaving out	त्यजन
Neglecting	उपेक्षण
Omission	उत्सृजन
Rejection	अस्वीकरण
Removal	अपनयन
Vanishing factor	लुप्तप्रायः अपवर्तक
Vanishing fraction	लुप्तप्रायः भिन्न
Vanishing line	लुप्तप्रायः रेखा
Vanishing point	लुप्तप्रायः बिन्दु
Vargnon theorem	वर्गनौन प्रमेय
Variability	विचलता, विचरणशीलता
Measure of variability	विचलता माप
Variable (Adj.)	चल, विचरणशील
Variable (Noun)	चल
Constant	अचल
Invariable	अविचल
Parameter	प्राचल
Variable acceleration	विचल गतिवृद्धि
Varible motion	विचल गति
Variable parameter	विचल प्राचल
Variable quantity	चल राशि
Variable speed	विचल चाल
Variable velocity	विचल वेग
Auxiliary variable	सहायक चल
Complex varialbe	संकर चल
Dependent variable	परतन्त्र चल
Independent variable	स्वतन्त्र चल
Range of a variable	चल गोचर
Real varialbe	वास्तविक चल
Change of variable	चल परिवर्तन
Separable variables	विभेद्य चल
Separation of variables	चल विभेदन, चल पार्थक्य
Variate	विचरक
Variation	विचरण
Variation formula	विचरण सूत्र
Variation of a function	फलिन विचरण
Variation of parameters	प्राचल विचरण
Variation of sign	चिह्न परिवर्तन
Variations in sign	चिह्नों में परिवर्तन
Combined variation	संयुक्त विचरण
Damped variation	अवरुद्ध विचरण
Direct variation	अनुक्रम विचरण
Inverse variation	व्युत्क्रम विचरण
Joint variation	संयुक्त विचरण
Rate of variation	विचरण अर्घ
Seasonal variation	ऋतु विचरण
Calculus of Variations	विचरण कलन
Varies	विचरता है
Varies directly	अनुक्रमतः विचरता है
Varies inversely	व्युत्क्रमतः विचरता है
Variety	विविधता, विभिन्नता
Varignon	वैरिग्नौन
Varignon theorems	वैरिग्नौन प्रमेय
Various	विविध
Various groups	विविध समुदाय
Various references	विविध अनुषंग
Vary	विचरना, विचरण करना

Vary directly अनुक्रमतः विचरना
Vary inversely व्युत्क्रमतः विचरना
Vary jointly संयुक्त विचरना
Varying (Adj) विचल
Varying action विचल क्रिया
Varying quantity विचल राशि, चल राशि
Uniformly varying एकरूपतः विचल
Uniformly varying quantity एकरूपतः विचल राशि
Vault गुम्बज
Vector सदिश
Scalar अदिश
Tensor प्रदिश
Vector acceleration सदिश त्वरण
Vector addition सदिश योग
Vector analysis सदिश विश्लेषण
Vector basis सदिश आधार
Vector charge सदिश निक्षेप
Vactor charge and current सदिश निक्षेप और धारा
Vector covariant सदिश सहचल
Vector field सदिश क्षेत्र
Vector force सदिश बल
Vector function सदिश फलिन
Vector length सदिश लम्बाई
Vector multiplication सदिश गुणन
Vector potential सदिश विभव
Vector product सदिश गुणनफल
Vector quantity सदिश राशि
Component vector संघटक सदिश
Column vector स्तम्भ सदिश
Curl of a vector सदिश का कुन्तल
Force vector बल सदिश
Latent vector गुप्त सदिश
Length vector लम्बाई सदिश
Position vector स्थिति सदिश
Poynting vector पौइण्टिग सदिश
Radius vector सदिश त्रिज्या, त्रिज्या सदिश
Symbolic vector सांकेतिक सदिश
Velocity vector वेग सदिश
Zero vector शून्य सदिश
Collinear vectors सरैखिक सदिश
Composition of vectors सदिश संयोजन
Coplanar vectors समतली सदिश
Like vectors समान सदिश
Multiplication of vectors सदिश गुणन
Vectorial सदिश–
Vectorial angle सदिश कोण
Vectorial coordinates सदिश नियामक
Vein नाड़ी
Contracted vein लघुतम काट
Velocities वेग
Parallelogram of velocities वेग समानाभुज
parallelopiped of velocities वेग समानाफलक
Polygon of velocities वेग बहुभुज
Projection of velocities वेग विक्षेप
Resolution of velocities वेग विश्लेषण
Triangle of velocities वेग त्रिभुज
Velocity वेग
Speed चाल
Velocity at an instant किसी क्षण का वेग
Velocity head वेगोत्सेध
Velocity of approach उपगमन वेग
Velocity of separation पार्थक्य वेग
Velocity of translation स्थानान्तरण वेग
Velocity potential वेग विभव
Velocity ratio वेग निष्पत्ति
Velocity-time curve वेग-काल वक्र
Velocity vector वेग सदिश
Absolute velocity निरपेक्ष वेग
Angular velocity कोणीय वेग
Areal velocity क्षेत्रीय वेग
Average velocity माध्य वेग
Constant velocity अचल वेग
Curvilinear velocity वक्रात्मक वेग

Downward velocity	अधोमुखी वेग	Vertical angle	शीर्ष कोण
Dynamical velocity	गति वेग	Vertical circle	ऊर्ध्व वृत्त
Eliptic velocity	दीर्घवृत्ती वेग	Vertical direction	ऊर्ध्व दिशा
Instantaneous velocity	तत्काल वेग	Vertical line	ऊर्ध्व रेखा
Kinematical velocity	गति वेग	Vertical motion	ऊर्ध्व गति
Limiting velocity	सीमान्त वेग	Vertical plane	ऊर्ध्व समतल
Linear velocity	रैखिक वेग	Vetical pressure	ऊर्ध्व निपीड
Muzzle velocity	मुख वेग	Vertical prime	प्राक्प्रतीची वृत्त
Non-uniform velocity	अनेकरूप वेग	Vertical resultant	ऊर्ध्व लब्धबल
Normal velocity	अभिलम्ब वेग	Vertical section	ऊर्ध्व काट
Radial velocity	त्रिज्यीय वेग	Vertical surface	ऊर्ध्व पृष्ठ
Rectilineal velocity	ऋजुरेख वेग	Vertical thrust	ऊर्ध्व ठेल
Relative velocity	आपेक्षिक वेग	Prime vertical	प्राक् प्रतीची वृत्त
Tangential velocity	स्पर्शी वेग	Vertically	ऊर्ध्वतः
Terminal velocity	आवसानिक वेग	Vertically downward	अधोगामी
Translational velocity	स्थानान्तरण वेग	Vertically opposite angles	सम्मुख शीर्ष कोण
Uniform velocity	एकरूप वेग	Vertically upward	ऊर्ध्वगामी
Variable velocity	विचल वेग	Very	अति, बहुत
Virtual velocity	आभास वेग	Very small	अति अल्प
Vena contracta	लघुतम काट	Very unequal	अति विषम
Verification	सत्यापन, जाक्रच	Vessel	पात्र
Geometrical verification	ज्यामितीय सत्यापन	Containing vessel	धारक पात्र
Numeriacal verification	संख्यात्मक सत्यापन	Vibrate	कम्पित होना
Verified	सत्यापित	Vibrating (Adj.)	कम्पमान
Verify	सत्यापन करना	Vibrating string	कम्पमान डोरी
Veronese	बेरोनीज़	Vibration	कम्पन
Veronese theory	वेरोनिज़ सिद्धान्त	Undulation	हिलोर
Versed cosine	कोशरज्या	Component vibration	संघटक कम्पन
Versed sine	शरज्या	Forced vibration	बलित कम्पन
Versiera	वर्सीरा	Short-range vibration	लघु-गोचर कम्पन
Versine	शरज्या	Torsional vibration	मरोड़ी कम्पन
Vertex	शीर्ष	Transverse vibrasion	अनुप्रस्थ कम्पन
Vertex angle	शीर्ष कोण	Vibratory motion	कम्पन गति
Opposite vertex	सम्मुख शीर्ष	Vice versa	व्युत्पतः
Vertical	ऊर्ध, ऊर्ध्व, ऊर्ध्वाधर	Vecious circle	दुष्चक्र
Horizontal	क्षैतिज	View	1. दृष्टि 2. मत
Vertical acceleration	ऊर्ध्व त्वरण	Vinculum	रेखाकोष्ठक

Braces	धनुकोष्ठक
Crotchets	गुरुकोष्ठक
Parentheses	लघुकोष्ठक
Violin string	वायलिन का तार
Virtual	आभासमान, आभास–
Actual	वास्तविक
Virtual circle	आभास वृत्त
Virtual moment	आभास घूर्ण
Virtual velocity	आभास वेग
Virtual work	आभास कार्य
Viscosity	सान्द्रता
Viscous	सान्द्र
Brittle	भिदुर
Ductile	तन्य
Elastic	लचीला
Flexible	नम्य
Hard	कठिन
Malleable	वर्द्धनीय
Palstic	सुनम्य
Rigid	दृढ़
Soft	मृदु, कोमल
Tough	कठोर
Visibility	दृश्यता
Visible	दृश्य
Visible difference	दृश्यान्तर
Visible horizon	दृश्य क्षितिज
Vis viva	गति शक्ति
Relative vis viva	आपेक्षिक गति शक्ति
Vital	जीवनावश्यक (र)
Vital statistics	जीवनांक
Vitali	विटाली
Vitali theorem	विटाली प्रमेय
Vivani	विवानी
Vivani curve	विवानी वक्र
Vocabulary	शब्दभण्डार
Correlative vocabulary	बन्धु शब्द भण्डार
Volume	आयतन
Volume (Music)	स्वरसंहति
Volume density	आयतन घनत्व
Volume elasticity	आयतन लोच
Volume element	आयतन अल्पांश
Volume expansion	आयतन प्रसार
Volume integral	आयतन अनुकल
Volume of revolution	परिक्रमण आयतन
Co efficient of volume	आयतन गुणक
Element of volume	आयतन अल्पांश
General volume	व्यापक आयतन
Unit volume	इकाई आयतन
Vortex	भँवर
Vortex motion	भँवर गति
Vulgar fraction-Common fraction	साधारण भिन्न

W

Wall	दीवार
Wallis	वालिस
Wallis expression	वालिस व्यंजक
Wallis formula	वालिस सूत्र
Wallis theorem	वालिस प्रमेय
Waring	वेरिंग
Waring's problem	वेरिंग प्रश्न
Warnsdorf	वार्न्सडौर्फ
Warnsdorf rule	वान्सडौर्फ़ नियम
Warren	वारेन
Warren girder	वारेन धरिन
Water	जल
Water line	जल रेखा
Water plane	जल समतल
Water pump	जल पम्प
Water surface	जल पृष्ठ
Dead water	मृत जल
Displacement of water	जल विस्थापन
Watson	वाट्सन
Watson lamina	वाट्सन पटल
Watson's lemma	वाट्सन पूर्वप्रमेय
Watt	वाट
Watt curve	वाट वक्र
Watt governor	वाट शासक
Wave	तरंग
Wave equation	तरंग समीकरण
Wave length	तरंग लम्बाई
Wave surface	तरंग पृष्ठ
Capillary wave	केश तरंग
Crest of a wake	तरंग शीर्ष
Gernster's trochoidal wave	गर्न्स्टर की चक्रज तरंगें
Reflected wave	परावर्तित तरंग
Stantding wave	स्तब्ध तरंग
Tide wave	भाटे की तरंग
Way	मार्ग
Milky way	आकाश मार्ग
Both ways	उभयतः, दोनों प्रकार से
Weak	दुर्बल
Weak convergence	दुर्बल संसृति
Weber-Fechner law	वेबर-फेचनर नियम
Weddle	वेडिल
Weddle formula	वेडिल सूत्र
Weddle rule	वेडिल नियम
Wedge	टंक, फन्नी
Elliptic wedge	दीर्घवृत्तीय टंक
Spherical wedge	गोलीय टंक
Steel wedge	स्पात का टंक
We have	हमें हस्तगत है
We have seen	हमने देखा है
Weierstrass	वीर्स्ट्रास
Weierstrass formula	वीर्स्ट्रास सूत्र
Weierstrass function	वीर्स्ट्रास फलिन
Weierstrass inequality	वीर्स्ट्रास असमता
Weierstrass test	वीर्स्ट्रास परीक्षण
Weierstrass theorem	वीर्स्ट्रास प्रमेय
Weierstrassian rigour	वीर्स्ट्रासी परुषता
Weigh	तौलना

Weighing	तौलना
By weighing	तौल से
Double weighing	द्विस्तोलन
Weight	भार
Weight (of a function)	भार
Weight	बोझ
A weight of 10 lbs.	10 पौण्ड का एक बोझ
Equivalent weight	तुल्य भार
False weight	मिथ्या भार
Mean weight	मध्यक भार
Resultant weight	लब्ध भार
Without weight	भारहीन
Weighted	भाराक्रान्त
Weighted mean	भाराक्रान्त मध्यक
Weighting	भाराक्रान्त करना
Biased weighting	पक्षपाती भाराक्रान्ति
Weights	बाट, बटखरे
Weights and measures	नाप तौल
Weyl	वाइहल
Weyl formula	वाइल सूत्र
Weyl theory	वाइल सिद्धान्त
Wheel	पहिया, चक्र
Wheel and axle	चक्र और धुरी
Differential wheel and axle	अन्तरीय चक्र और धुरी
Pelton wheel	पेल्टन चक्र
Whirling	प्रभ्रमण
Centrifugal whirling	केन्द्रापसारी प्रभ्रमण
Whittaker	विट्टेकर
Whittaker formula	विट्टेकर सूत्र
Whittaker's method	विट्टेकर विधि
Whitworth	व्हिट्वर्थ
Whitworth theorem	व्हिट् वर्थ प्रमेय
Whole	पूर्ण
Whole curvature	पूर्ण वक्रता
Whole number	पूर्णांक
Whole pressur	पूर्ण नीपीड
Whole surfac	पूर्ण पृष्ठ

Wholly	पूर्णतः
Wholly imaginary	पूर्णतः काल्पनिक
Lies wholly in the plane	पूर्णतः समतल में स्थित है
Will	इच्छा-शक्ति
Free will	स्वेच्छा
Wilson	विल्सन
Wilson theorem	विल्सन प्रमेय
Wind	पवन
Wind (Verb)	लपेटना, चाभी देना
Wire	तार
Sag of a wire	तार का लटकाव
Strained wire	प्रतत तार
Telegraph wire	दूरलिख तार (र)
Transverse of a wire	तार का अनुप्रस्थ
Witch of Agnesi	अग्नेसी वक्र
With	सहित
With arrow-head	शरांकित
With reference to	के अनुषंग में
With respect to	के अनुसार
Without	रहित
Without loss of generality	बिना व्यापकता के ह्रास के
Without mass	अमात्र, मात्राहीन
Without Weight	भारहीन
Wolf	भेड़िया
Dogs and wolf (Game)	कुत्ते और भेड़िया (खेल)
Wood measure	काष्ठ माप
Woolhouse	ऊल्हाउस
Woolhouse formula	ऊल्हाउस सूत्र
Work	कार्य, कर्म
Work function	कार्य फलिन
Element of work	कार्य अल्पांश
Principle of work	कार्य नियम
Rate of work	कार्य अर्घ, कार्य की दर
Unit work	इकाई कार्य
[illegible]al work	आभास कार्य
W[illegible]	कार्यकरण
[illegible]orking	कार्यकरण अर्घ

Working (Adj.) — क्रियात्मक
- Working formula — क्रियात्मक सूत्र
- Working rule — क्रियात्मक नियम
- Working uni formly — एकरूपत: कार्य करना
- World Geometry — विश्व ज्यामिति
- World line — विश्व रेखा

Worth — अर्हा, मूल्य (र)
- Present worth — तत्काल धन

Wrench — रिंच

Wrong — गलत, अयुक्त

Wronski — रौन्स्की
- Wronski relation — रौन्स्की सम्बन्ध
- Wronski theorem — रौन्स्की प्रमेय

Wronskian — रौन्स्कियन
- Wronskian matrix — रौन्स्कियन श्रेणिक

X

X-(Unknown quantity)	य (अज्ञात राशि)
Axis of X	य अक्ष
X-axis	याक्ष
X-ray	क्ष किरण

Y

Y (Unknown quantity)	र (अज्ञात राशि)
Axis of Y	र अक्ष
Y-axis	राक्ष
Yard	गज
Cubic yard	घन गज
Square yard	वर्ग गज
Steel yard	विषमभुज तुला
Year	वर्ष
Commercial year	वाणिज्य वर्ष
Young	यंग
Young integral	यंग अनुकल
Young's modulus	यंग मापांक
Young test	यंग परीक्षण
Young theorem	यंग प्रमेय

Z

Z (Unknown quantity)	ल (अज्ञात राशि)	A line of zero segment	शून्य खण्ड रेखा
Axis of Z	ल अक्ष	Zero vector	शून्य सदिश
Zenith	शिरोबिन्दु	Absolute zero	परम शून्य
Zeno	ज़ीनो	Factorial zero	क्रमगुणित शून्य
Zeneo's paradox	ज़ीनो विरोधाभास	Real zero	वास्तविक शून्य
Zero	शून्य	Zeta	ज़ीटा
Vacuum	खं	Zeta function	ज़ीटा फलिन
Zero angle	शून्य कोण	Zimmerman	ज़िमर्मैन
Zero curvature	शून्य वक्रता	Zimmerman table	ज़िमर्मैन तालिका
Zero exponent	शून्य घातांक	Zonal	कटिबन्धी
Zero index	शून्य घातांक	Zonal Harmonics	कटिबन्धी हरमिति
Zero meridean	शून्य याम्योत्तर	Zone	कटिबन्ध
Zero of a function	फलिन का शून्य	Zone of a sphere	गोले का कटिबन्ध
Zero point	शून्य बिन्दु	Cylindrical zone	बेलनीय कटिबन्ध
Zero polynomial	शून्य बहुपद	Huygen's zone	हाइगेन कटिबन्ध
Zero position	शून्य स्थिति	Meridean zone	याम्योत्तर कटिबन्ध
Zero root	शून्य मूल	Spherical zone	गोलीय कटिबन्ध
Zero segment	शून्य खण्ड	Torrid zone	उष्ण कटिबन्ध

□□